普通高等教育"十二五"规划教材

计算机绘图与三维造型

主　编　汤爱君
副主编　段　辉　陈清奎
主　审　廖希亮

机械工业出版社

本书介绍计算机辅助绘制二维工程图样及三维实体造型技术。第1~7章介绍使用 AutoCAD 2012 绘图软件进行机械工程图样设计的方法,内容包括软件的基本操作、图层管理、基本绘图命令、精确绘图命令、图形编辑、文字和尺寸标注以及实用工具操作。第8~14章介绍使用 SolidWorks 2012 软件进行三维实体造型技术,内容包括零件特征造型、装配设计、钣金设计、二维工程图样的自动生成。每章的最后都精心安排了课后练习,便于读者巩固和检验所学的知识。

本书结构合理,深入浅出,步骤清晰明确,能够使读者快速、全面地掌握计算机二维绘图与三维造型技术。本书既可作为高等工科院校计算机绘图课程的教材,也可作为高职高专、函授等相应课程的教材及工程技术人员的参考书。

图书在版编目(CIP)数据

计算机绘图与三维造型/汤爱君主编. —北京:机械工业出版社,2013.7(2019.6 重印)
普通高等教育"十二五"规划教材

ISBN 978-7-111-43080-3

Ⅰ. ①计… Ⅱ. ①汤… Ⅲ. ①计算机制图—高等学校—教材 ②三维动画软件—高等学校—教材 Ⅳ. ①TP391.41

中国版本图书馆 CIP 数据核字(2013)第 145089 号

机械工业出版社(北京市百万庄大街22号 邮政编码100037)
策划编辑:商红云 责任编辑:商红云 牟桂玲
责任校对:陈 越 封面设计:张 静
责任印制:邹 敏
涿州市京南印刷厂印刷
2019年6月第1版第4次印刷
184mm×260mm • 16.75 印张 • 413 千字
标准书号:ISBN 978-7-111-43080-3
定价:33.00 元

电话服务   网络服务
客服电话:010 - 88361066   机 工 官 网:www.cmpbook.com
         010 - 88379833   机 工 官 博:weibo.com/cmp1952
         010 - 68326294   金 书 网:www.golden-book.com
封底无防伪标均为盗版   机工教育服务网:www.cmpedu.com

前　言

　　计算机绘图技能在计算机日益普及的今天越来越受到重视。目前，企业的产品设计过程正从计算机二维辅助设计逐渐向三维实体设计转变，逐步使产品的设计过程进入完全的数字化设计中。本书将计算机二维绘图技术和三维造型技术融合为一体，强调知识的系统性和完整性。本书结合编者十多年的计算机绘图教学经验，根据当前企业对计算机辅助设计的实际要求而编写的。

　　本书共分两部分内容：以 AutoCAD 2012 绘图软件为例介绍二维计算机交互绘图技术，以 SolidWorks 2012 软件为例介绍三维造型技术。本书的特点是：

　　（1）计算机绘图知识紧密结合工程制图的教学内容，针对性、实践性强，便于学习和应用，可以起到工程图学与计算机软件有效结合的作用。

　　（2）从零开始，轻松入门。由于这门课的学时安排不尽相同，有的可能较短，所以在内容的编排上作了精心处理，1~7 章构成一个平台，主要讲解绘制平面图应掌握的最基本、最常用的命令，使学生可以在很短的时间内完成平面图形的绘制。8~14 章主要讲解三维绘图应掌握的一些常用命令及常用模块，学生可通过学习完成三维零件的造型与装配。

　　（3）图解案例，清晰直观，精心挑选能充分体现操作命令特点的内容和实例。

　　（4）内容简明扼要，重点突出，在命令的介绍上，省略了不常用的功能介绍。

　　本书既可作为高等工科院校计算机绘图课程的教材，也可作为高职高专、函授等相应课程的教材及工程技术人员的参考书。

　　本书由山东建筑大学汤爱君任主编，段辉和陈清奎任副主编，山东大学廖希亮教授任主审。参加本书编写的有汤爱君（编写第 3，4，5，12，13 章）、陈清奎（编写第 6，7 章）、段辉（编写第 9，10，11 章）、马海龙（编写第 1，2 章）、王日君（编写第 8，14 章），参与编写的人员还有王全景、成红梅、赵文波、李英杰、阎玉芹、吕英波、刘建华、秦月霞、管殿柱、宋一兵、王献红、李文秋、付本国、赵景波、赵景伟、田绪东、张轩、张洪信等，他们为本书提供了大量实例和素材。

　　由于编者水平有限，加之时间仓促，书中难免有些错误和不足之处，敬请各位专家、同仁及读者批评指正。

编　者

目 录

前言

第1章 AutoCAD 2012 入门基础 ············· 1
  1.1 AutoCAD 2012 的基本功能 ············ 1
  1.2 AutoCAD 2012 的启动与退出 ········· 2
  1.3 AutoCAD 2012 工作界面 ············· 3
  1.4 AutoCAD 2012 工作空间 ············· 7
  1.5 AutoCAD 2012 命令的执行方式 ······· 8
  1.6 文件的基本操作 ···················· 12
  1.7 视图的控制 ······················· 15
  1.8 AutoCAD 2012 的坐标系和
     数据输入方法 ····················· 18
  1.9 课后练习 ························· 20

第2章 AutoCAD 绘图环境 ················ 22
  2.1 设置图形单位和绘图界限 ············ 22
  2.2 图层的概念 ······················· 23
  2.3 图层特性管理器 ··················· 24
  2.4 综合实例：设置一幅 A4 图纸的
     绘图环境 ························· 29
  2.5 课后练习 ························· 31

第3章 二维绘图命令 ···················· 32
  3.1 点和直线命令 ····················· 32
  3.2 绘制多段线和样条曲线 ·············· 35
  3.3 圆命令 ··························· 38
  3.4 平面图形命令 ····················· 42
  3.5 图案填充 ························· 43
  3.6 多线 ····························· 48
  3.7 课后练习 ························· 49

第4章 AutoCAD 精确绘图工具 ············ 51
  4.1 设置捕捉和栅格 ··················· 51
  4.2 设置对象捕捉 ····················· 53
  4.3 设置自动追踪 ····················· 58
  4.4 设置正交模式 ····················· 61
  4.5 线宽显示 ························· 61

  4.6 课后练习 ························· 62

第5章 AutoCAD 图形编辑 ················ 63
  5.1 选择对象 ························· 63
  5.2 常用的编辑命令 ··················· 65
  5.3 夹点编辑 ························· 75
  5.4 编辑对象特性 ····················· 78
  5.5 课后练习 ························· 81

第6章 AutoCAD 文字和尺寸标注 ·········· 82
  6.1 文字书写 ························· 82
  6.2 尺寸标注 ························· 85
  6.3 课后练习 ························ 101

第7章 AutoCAD 的实用工具 ············· 102
  7.1 建立样板图 ······················ 102
  7.2 创建与编辑图块 ·················· 105
  7.3 AutoCAD 设计中心 ··············· 112
  7.4 绘制零件图 ······················ 113
  7.5 绘制装配图 ······················ 116
  7.6 课后练习 ························ 121

第8章 SolidWorks 2012 软件概述 ······· 123
  8.1 SolidWorks 2012 概述 ············ 123
  8.2 SolidWorks 2012 的操作界面 ······ 127
  8.3 SolidWorks 2012 按键操作 ········ 130
  8.4 SolidWorks 2012 图形文件管理 ···· 131
  8.5 课后练习 ························ 133

第9章 二维草图绘制 ··················· 134
  9.1 草图概述 ························ 134
  9.2 绘图命令 ························ 138
  9.3 图形编辑命令 ···················· 142
  9.4 草图尺寸标注 ···················· 149
  9.5 综合实例：法兰盘的绘制 ·········· 154
  9.6 课后练习 ························ 158

第 10 章　零件特征造型 ································ 160
10.1　零件特征造型概述 ································ 160
10.2　基础特征造型 ·· 161
10.3　附加特征造型 ·· 168
10.4　操作特征造型 ·· 180
10.5　特征编辑 ·· 182
10.6　综合实例 ·· 185
10.7　课后练习 ·· 191

第 11 章　装配设计 ·· 192
11.1　装配设计模块概述 ································ 192
11.2　零部件的装配关系 ································ 195
11.3　装配实例 ·· 198
11.4　配合关系的编辑、删除与压缩 ············ 202
11.5　零部件的操作 ·· 204
11.6　干涉检查 ·· 206
11.7　爆炸视图 ·· 208
11.8　课后练习 ·· 210

第 12 章　钣金设计 ·· 211
12.1　钣金设计概述 ·· 211
12.2　钣金模块常用特征 ································ 213
12.3　钣金设计实例 ·· 221
12.4　课后练习 ·· 225

第 13 章　二维工程图样的自动生成 ············ 227
13.1　工程图界面 ·· 227
13.2　建立工程图模板文件 ···························· 228
13.3　视图的生成 ·· 231
13.4　工程图尺寸标注 ···································· 237
13.5　工程图其他标注 ···································· 239
13.6　装配工程图 ·· 242
13.7　课后练习 ·· 245

第 14 章　其他应用 ·· 247
14.1　运动仿真及动画 ···································· 247
14.2　静力分析 ·· 251
14.3　焊接件设计 ·· 256
14.4　课后练习 ·· 261

参考文献 ·· 262

第 1 章　AutoCAD 2012 入门基础

【内容与要求】

AutoCAD 是由美国 Autodesk 公司于 20 世纪 80 年代初为计算机上应用 CAD 技术而开发的计算机绘图软件包。AutoCAD 经过 20 多次的升级和不断地完善，现已经成为国际上广为流行的绘图工具。它具有完善的图形绘制功能、强大的图形编辑功能，可采用多种方式进行二次开发或用户定制，可进行多种图形格式的转换，具有较强的数据交换能力，同时支持多种硬件设备和操作平台。目前，AutoCAD 已经在航空航天、造船、建筑、机械、电子、化工、轻纺等很多领域得到了广泛应用，并取得了丰硕的成果和巨大的经济效益。

AutoCAD 2012 是 AutoCAD 系列软件的最新版本，它在性能和功能方面都有较大的增强，同时保证与低版本完全兼容。学习本章应达到如下目标：

- 了解 AutoCAD 2012 的基本功能。
- 掌握 AutoCAD 2012 的命令输入方法。
- 掌握 AutoCAD 2012 图形文件的基本操作。

1.1　AutoCAD 2012 的基本功能

1.1.1　AutoCAD 概述

AutoCAD 是由美国 Autodesk 公司于 20 世纪 80 年代初为计算机上应用计算机辅助设计技术（Computer Aided Design，CAD）而开发的计算机绘图软件包，用于二维绘图、详细绘制、设计文档和基本三维设计。经过不断地完善，AutoCAD 现已经成为国际上广为流行的绘图工具。

AutoCAD 具有良好的用户界面，通过交互菜单或命令行方式便可以进行各种操作。它的多文档设计环境，让非计算机专业人员也能很快地学会使用。

AutoCAD 具有广泛的适应性，它可以在各种操作系统支持的微型计算机和工作站上运行，并支持分辨率由 320×200 到 2048×1024 的各种图形显示设备 40 多种，以及数字化仪和鼠标 30 多种，绘图仪和打印机数十种，这就为 AutoCAD 的普及创造了条件。

1982 年底推出 R1.0 版，现在最新的版本是 AutoCAD 2012。

AutoCAD 是一个计算机辅助设计软件，可以满足通用设计和绘图的主要需求，并提供各种接口，也可以和其他软件共享设计成果，并能十分方便地进行管理。软件主要提供如下功能：

- 强大的图形绘制功能：AutoCAD 提供了创建直线、圆、圆弧、曲线、文本、表格和尺寸标注等多种图形对象的功能。
- 精确定位定形功能：AutoCAD 提供了坐标输入、对象捕捉、栅格捕捉、追踪、动态输入等功能，利用这些功能可以精确地为图形对象定位和定形。
- 方便的图形编辑功能：AutoCAD 提供了复制、旋转、阵列、修剪、倒角、缩放、偏移等方便实用的编辑工具，大大提高了绘图效率。
- 图形输出功能：图形输出包括屏幕显示和打印出图。AutoCAD 提供了缩放和平移等屏幕显示工具，模型空间、图纸空间、布局、图纸集、发布和打印等功能，极大地丰富了出图选择。

- 三维造型功能：AutoCAD 三维建模可让用户使用实体、曲面和网格对象创建图形。
- 辅助设计功能：可以查询绘制好的图形的长度、面积、体积和力学特性等，提供多种软件的接口，可方便地将设计数据和图形在多个软件中共享，进一步发挥各软件的特点和优势。
- 允许用户进行二次开发：AutoCAD 自带的 AutoLISP 语言可让用户自行定义新命令和开发新功能。通过 DXF、IGES 等图形数据接口，可以实现 AutoCAD 和其他系统的集成。此外，AutoCAD 还支持 Object、ARX、ActiveX、VBA 等技术，提供了与其他高级编程语言的接口，具有很强的开发性。

1.1.2 AutoCAD 2012 的新特性

1. 可导入更多格式的外部数据

AutoCAD 2012 的模型文件相对于以前的版本更加完美了，其中三维模型支持 UG、SolidWorks、IGES、CATIA、Rhino、Pro/Engineer、STEP 等文件的导入。

2. UCS 可进行更多操作

在以前的 AutoCAD 版本中 UCS（用户坐标系）是不能被选取的，在 AutoCAD 2012 中 UCS 是能被选取的。

3. 界面更加人性化

AutoCAD 2012 的界面与以前的版本相比发生了许多变化，新的界面更加人性化，具体体现在以下方面：

- 打开 AutoCAD 2012，首先可看到在快速访问工具栏上增加了【切换工作空间】选项。
- 打开功能区选项板，发现功能区选项板比以前的版本更加优化与规范了，并且新增加了【插件】选项和【联机】选项。
- 在状态栏上新增加了【推断约束】、【三维对象捕捉】、【显示/隐藏透明度】、【选择循环】4 个选项。
- 当进行对象捕捉设置时，发现【草图设置】对话框也出现了变化，AutoCAD 2012 的【草图设置】对话框相对以前版本，多出了【三维对象捕捉】选项和【选择循环】选项。

4. 增加了命令的自动完成功能

AutoCAD 2012 提供自动完成选项，可以帮助用户更有效地访问命令。当用户输入命令时，系统自动提供一份清单，列出匹配的命令名称、系统变量和命令别名。

5. 夹点编辑增加了更多选项和菜单

AutoCAD 2012 的【多功能夹点】命令支持直接操作，能够加速并简化编辑工作。相对以前的版本，【多功能夹点】命令有很多优化和改进的地方，经扩充后，功能更强大，广泛应用于直线、弧线、椭圆弧、尺寸和多重引线，还可以用于多段线和影线物件上。在一个夹点上悬停即可查看相关命令和选项。

更多新功能，用户可在使用中慢慢体会和学习，这里就不一一介绍了。

1.2 AutoCAD 2012 的启动与退出

1.2.1 AutoCAD 2012 的启动

首先在计算机中装载 AutoCAD 2012 应用程序，按照系统提示安装完软件后会在桌面上出现 AutoCAD 2012 快捷图标，然后双击桌面上的图标启动它，进入 AutoCAD 2012 的工作界面。

启动 AutoCAD 2012 还有一种方法，通过执行【开始】/【程序】/【Autodesk】/【AutoCAD 2012-Simplified Chinese】/【AutoCAD 2012-Simplified Chinese】命令。

1.2.2 AutoCAD 2012 的退出

AutoCAD 2012 支持多文档操作，也就是说，可以同时打开多个图形文件，同时在多张图纸上进行操作，这对提高工作效率是非常有帮助的。但是，为了节省系统资源，用户要学会有选择地关闭一些暂时不用的文件。当完成绘制或者修改工作，暂时不用 AutoCAD 2012 时，最好先退出 AutoCAD 2012 系统，再进行其他的操作。

退出 AutoCAD 2012 系统的方法，与关闭图形文件的方法类似。单击标题栏中的【关闭】按钮，如果当前的图形文件以前没有保存过，则系统会给出是否存盘的提示。如果不想存盘，则单击 否(N) 按钮；要保存，则参照着前面讲过的方法与步骤进行即可。

也可以单击应用程序菜单中的【退出】按钮 退出 AutoCAD 2012 退出 AutoCAD 2012 系统。

1.3 AutoCAD 2012 工作界面

启动 AutoCAD 2012 后，会打开 AutoCAD 2012 工作界面，如图 1-1 所示。

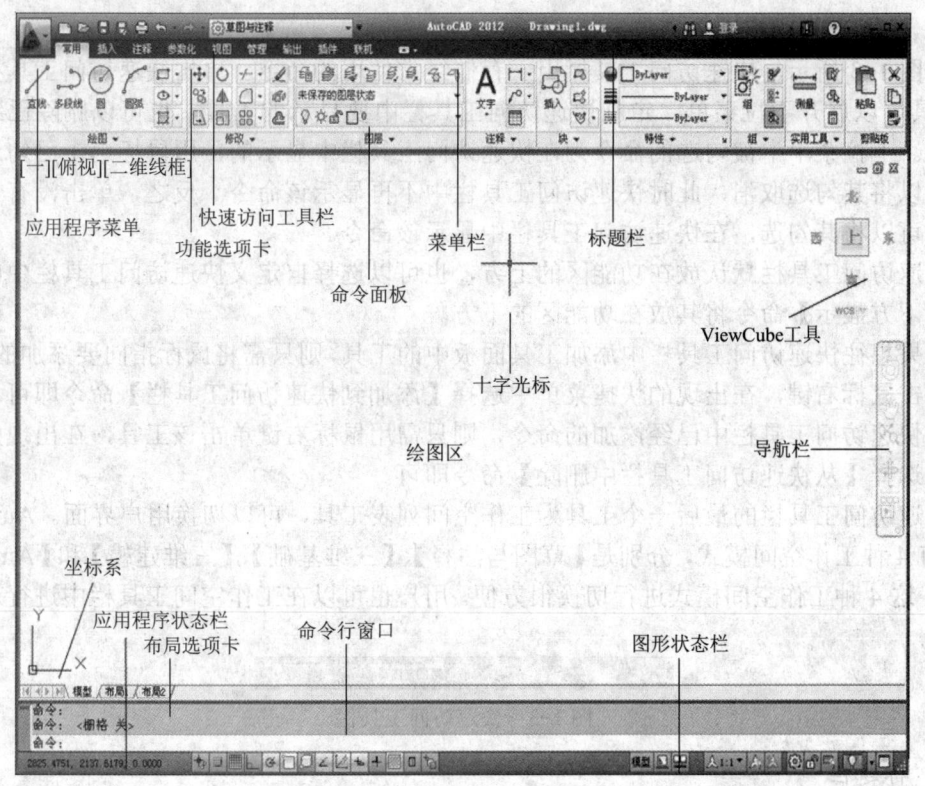

图 1-1　AutoCAD 2012 工作界面

1. 应用程序菜单

单击【菜单浏览器】按钮，出现应用程序菜单，其中列有常用的文件操作命令，如图 1-2 所示。

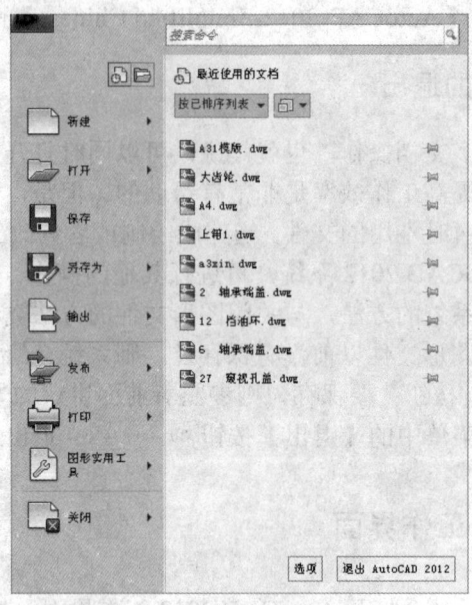

图 1-2　应用程序菜单

2. 快速访问工具栏

如图 1-3 所示，快速访问工具栏用于存储经常使用的命令。单击快速访问工具栏最后的▼工具可以展开下拉菜单，定制快速访问工具栏中要显示的工具，也可以删除已经显示的工具。下拉菜单中被勾选的命令为在快速访问工具栏中显示的，用鼠标单击已勾选的命令，可以将其勾选取消，此时快速访问工具栏中不再显示该命令。反之，单击没有勾选的命令，可以将其勾选，在快速访问工具栏中显示该命令。

快速访问工具栏默认放在功能区的上方，也可以选择自定义快速访问工具栏中的【在功能区下方显示】命令将其放在功能区的下方。

如果想往快速访问工具栏中添加工具面板中的工具，则只需将鼠标指向要添加的工具，然后单击鼠标右键，在出现的快捷菜单中选择【添加到快速访问工具栏】命令即可。如果想移除快速访问工具栏中已经添加的命令，则只需用鼠标右键单击该工具，在出现的快捷菜单中选择【从快速访问工具栏中删除】命令即可。

快速访问工具栏的最后一个工具为工作空间列表工具，可以切换用户界面。AutoCAD 2012 有 4 种工作空间模式，分别是【草图与注释】、【三维基础】、【三维建模】和【AutoCAD 经典】，这 4 种工作空间模式进行切换很方便。用户也可以在工作空间工具栏中进行选择和切换。

图 1-3　快速访问工具栏

3. 标题栏

标题栏位于应用程序窗口的最上面，用于显示当前正在运行的程序名及文件名等信息，如果是 AutoCAD 默认的图形文件，则其名称为"Drawing1.dwg"。单击标题栏右端的按钮 ▬ ▫ ✕，可以最小化、最大化或关闭应用程序窗口。

4. 功能区（选项卡和面板）

如图 1-4 所示，功能区由许多面板组成，这些面板被组织到按任务进行标记的选项卡中。功能区面板包含的很多工具和控件与工具栏和对话框中的相同。与当前工作空间相关的操作都单一简洁地置于功能区中。使用功能区时无需显示多个工具栏，它通过单一紧凑的界面使应用程序变得简洁有序，同时使可用的工作区域最大化。单击按钮 ▭ 可以使功能区最小化为面板标题。

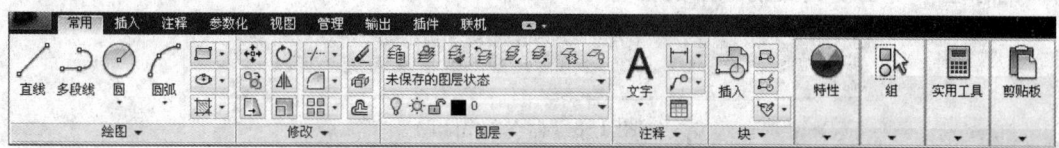

图 1-4 功能区

5. 绘图区

在 AutoCAD 中，绘图区是用户绘图的工作区域，所有的绘图结果都反映在这个窗口中。用户可以根据需要关闭其周围和里面的各个工具栏，以增大绘图空间。当图纸比较大，需要查看未显示部分时，可以单击窗口右边与下边滚动条上的箭头，或拖动滚动条上的滑块来移动图纸。

在绘图区中，除了显示当前的绘图结果外，还显示了当前使用的坐标系类型以及坐标原点、X 轴、Y 轴、Z 轴的方向等。默认情况下，坐标系为"世界坐标系（WCS）"。用户可以关闭它，让其不显示，也可以定义一个方便自己绘图的"用户坐标系"。

绘图窗口的下方有【模型】和【布局】选项卡 模型 布局1 布局2 ，单击其标签可以在模型空间或图纸空间之间来回切换。

6. 状态栏

状态栏位于工作界面的最底部，如图 1-5 所示。状态栏分为应用程序状态栏和图形状态栏。

图 1-5 状态栏

应用程序状态栏在状态栏的左半部分，如图 1-6 所示。

应用程序状态栏显示了光标所在位置的坐标值以及辅助绘图工具的状态。当光标在绘图区移动时，状态栏的左边区域可以实时显示当前光标的 X、Y、Z 三维坐标值。如果不想动态显示坐标，则只需在显示坐标的区域单击鼠标左键即可。用户可以以图标或文字的形式查看辅助绘图工具按钮。用鼠标右键单击捕捉工具、极轴工具、对象捕捉工具和对象追踪工具，在弹出的快捷菜单中，用户可以轻松地更改这些辅助绘图工具的设置。

图形状态栏在状态栏的右半部分，如图 1-7 所示。

图 1-6 应用程序状态栏　　　　图 1-7 图形状态栏

使用图形状态栏,用户可以预览打开的图形和图形中的布局,并在其间进行切换,还可以显示用于缩放注释的工具。

通过工作空间按钮,用户可以切换工作空间。锁定按钮可锁定工具栏和窗口的当前位置。如果要展开图形显示区域,则单击【全屏显示】按钮即可。

7. 命令行与文本窗口

命令行窗口位于绘图区的底部,用于接收用户输入的命令,并显示 AutoCAD 提示信息,如图 1-8 所示。在 AutoCAD 2012 中,命令行窗口可以拖放为浮动窗口,双击命令行窗口的标题栏可以使其回到原来的位置。

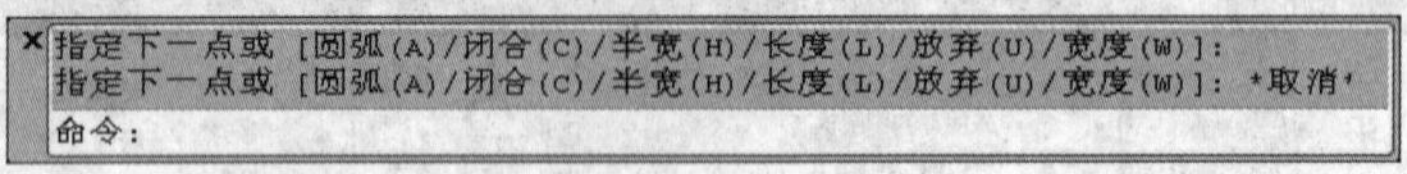

图 1-8 命令行窗口

AutoCAD 文本窗口是记录 AutoCAD 命令的窗口,是放大的命令行窗口,它记录了已执行的命令,也可以用来输入新命令。在 AutoCAD 2012 中,可以执行【视图】/【窗口】/【用户界面】/【文本窗口】命令、执行【TEXTSCR】命令或按 F2 键来打开 AutoCAD 文本窗口,它记录了对文档进行的所有操作,如图 1-9 所示。

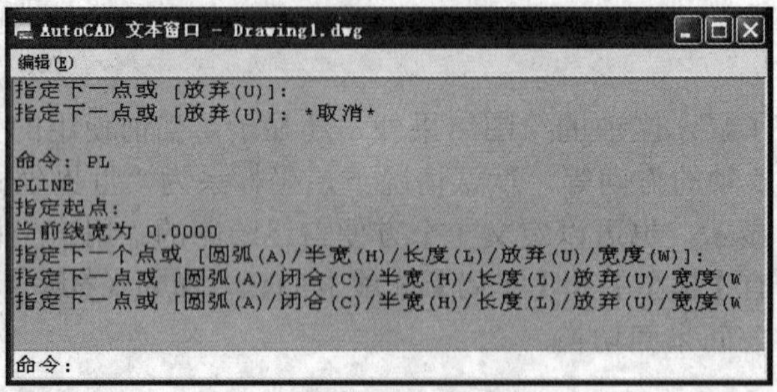

图 1-9 AutoCAD 文本窗口

8. 导航栏和 ViewCube 工具

在绘图区的右上角会出现 ViewCube 工具,用于控制图形的显示和视角,如图 1-10 所示。一般在二维状态下,不用显示该工具。

导航栏位于绘图区的右侧,如图 1-11 所示。导航栏具有控制图形的缩放、平移、回放、动态观察等功能,一般二维状态下不用显示导航栏。

执行【视图】/【窗口】/【用户界面】命令可以关闭或打开导航栏和 ViewCube 工具;要关闭导航栏,也可以单击导航栏右上角的 按钮。

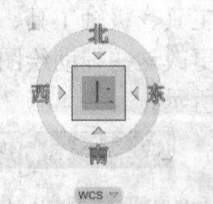

图 1-10 ViewCube 工具

图 1-11 导航栏

1.4 AutoCAD 2012 工作空间

中文版 AutoCAD 2012 提供了【草图与注释】、【三维基础】、【三维建模】和【AutoCAD 经典】4 种工作空间模式。

1. 选择工作空间

要在 4 种工作空间模式中进行切换，可通过快速访问工具栏右侧的工作空间列表工具来切换，如图 1-12 所示。或在状态栏中单击【切换工作空间】按钮，在弹出的菜单中选择相应的命令即可。

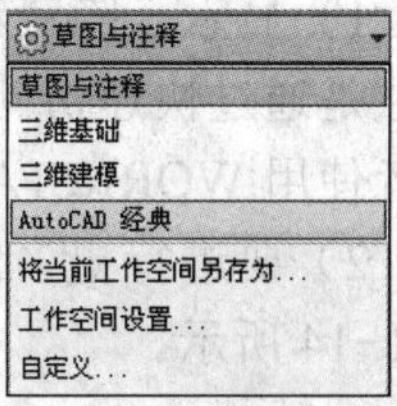

图 1-12 工作空间列表工具

2.【草图与注释】工作空间

默认状态下，打开【草图与注释】工作空间，其界面主要由【菜单浏览器】按钮、【功能区】选项板、快速访问工具栏、命令行与文本窗口、状态栏等元素组成。在该工作空间中，可以使用【绘图】、【修改】、【图层】、【注释】、【块】等面板方便地绘制二维图形。

3.【三维基础】工作空间和【三维建模】工作空间

【三维基础】工作空间，显示特定于三维建模的基础工具，用于绘制基础的三维模型。

【三维建模】工作空间，可以更加方便地在三维空间中绘制图形。在【功能区】选项板中集成了【实体】、【曲面】、【网格】、【参数化】、【渲染】等面板，从而为绘制三维图形、编辑图形、观察图形、创建动画、设置光源、为三维对象附加材质等操作提供了非常便利的环境。

4.【AutoCAD 经典】工作空间

对于习惯了 AutoCAD 传统界面的用户来说，可以使用【AutoCAD 经典】工作空间，其界面主要由【菜单浏览器】按钮、快速访问工具栏、菜单栏、工具栏、命令行与文本窗口、状态栏等元素组成。【AutoCAD 经典】工作空间和早期的 AutoCAD 版本界面类似，是多数 AutoCAD 软件用户所熟知的，这里不再具体介绍了。【AutoCAD 经典】工作空间如图 1-13 所示。

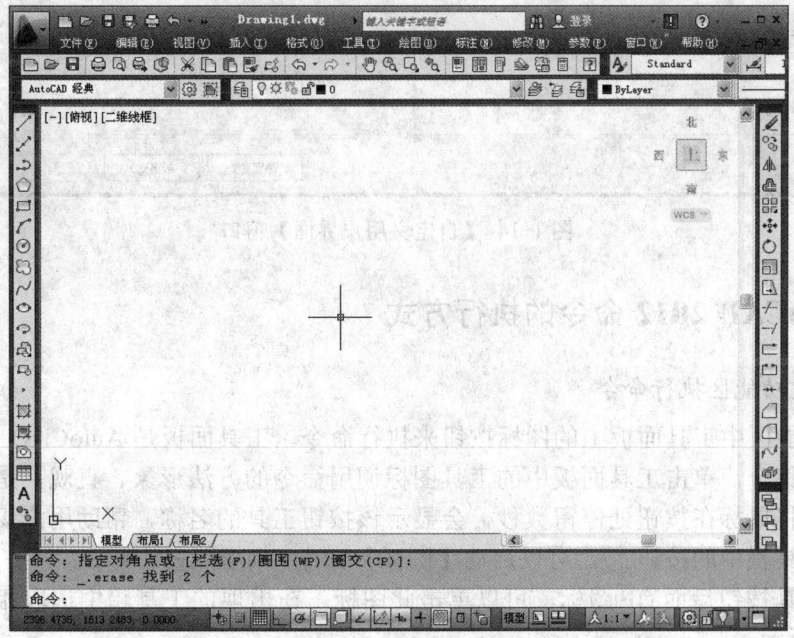

图 1-13 【AutoCAD 经典】工作空间

5. 自定义工作空间

用户可以创建自己的工作空间，还可以修改默认工作空间。要创建或更改工作空间，可使用以下方法之一。

1）显示、隐藏和重新排列工具栏和窗口、修改功能区设置，然后保存当前工作空间，方法是通过快速访问工具栏、状态栏、【工作空间】工具栏或【窗口】菜单的工作空间图标或者使用 WORKSPACE 命令。

2）要进行更多的更改，可以打开【自定义用户界面】窗口来设置工作空间环境，如图 1-14 所示。

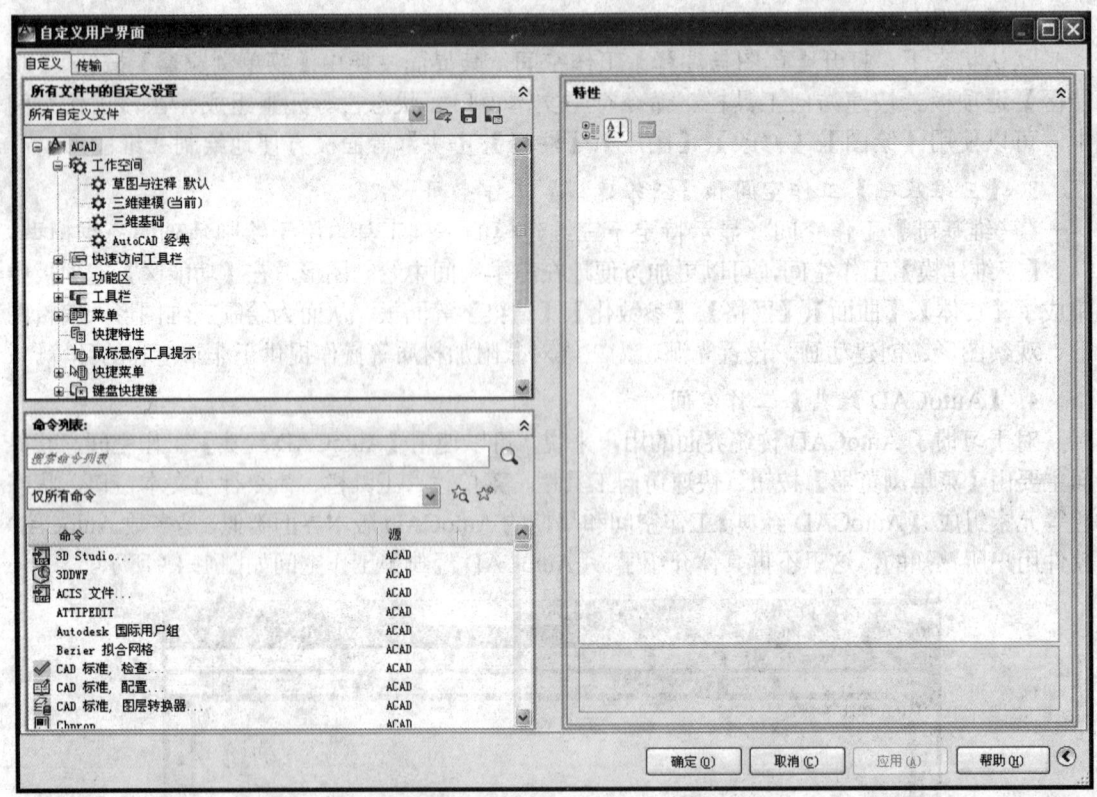

图 1-14 【自定义用户界面】窗口

1.5 AutoCAD 2012 命令的执行方式

1. 通过功能区执行命令

单击功能区中工具面板上的图标按钮来执行命令。工具面板是 AutoCAD 2012 最富有特色的工具集合，单击工具面板中的工具图标调用命令的方法形象、直观，是初学者最常用的方法。将鼠标在按钮处停留数秒，会显示该按钮工具的名称，帮助用户识别。例如，单击绘图工具栏中的按钮 ，可以启动【圆弧】命令，如图 1-15 所示。

有的工具按钮后面有 图标，可以单击此图标，在出现的工具箱中选取相应的工具，如图 1-16 所示。

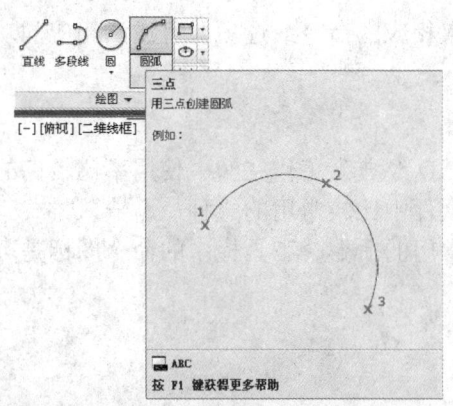
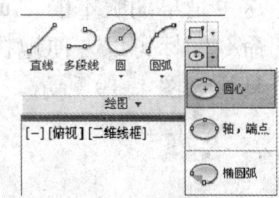

图 1-15 执行【圆弧】命令　　　　图 1-16 打开【椭圆】命令工具

2. 通过菜单栏执行命令

AutoCAD 2012 默认状态下不显示菜单，单击快速访问工具栏最后的 按钮，在出现的下拉菜单中选择【显示菜单栏】命令，即可显示菜单栏。

单击下拉菜单中相应命令：一般的命令都可以在下拉菜单中找到，它是一种较实用的命令执行方法。例如，选择下拉菜单中【绘图】→【圆】→【三点】命令，可以执行通过"起点，中间点和结束点"绘制圆的命令，如图 1-17 所示。由于下拉菜单较多，它又包含许多子菜单，所以准确地找到菜单命令需要熟练记忆它们。由于使用下拉菜单单击次数较多，降低了绘图效率，故而较少使用下拉菜单方式绘图。

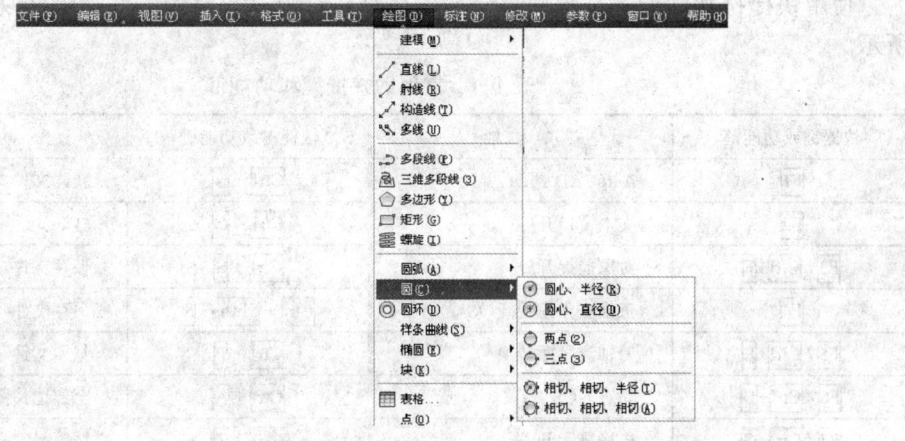

图 1-17 通过菜单栏执行命令

3. 通过键盘输入执行命令

在 AutoCAD 2012 命令行中的命令提示符【命令:】后，输入命令名（或命令别名）并按 Enter 键或空格键，然后以命令行提示为向导进行操作。

例如【直线】命令，可以输入"LINE"或命令别名"L"。有些命令输入后，将显示对话框。这时，可以在这些命令前输入"-"，则显示等价的命令行提示信息，而不再显示对话框（如"-Array"）。但是，与之相比对话框操作更加友好和灵活。

4. 通过鼠标右键执行命令

为了更加方便地执行命令或者命令中的选项，AutoCAD 提供了右键快捷菜单，用户只需单击鼠标右键,在弹出的快捷菜单中选取相应的命令或选项即可激活相应的功能。右键快捷菜单如图 1-18 所示。

5. 通过工具栏执行命令

AutoCAD 2012 的工具栏是在【AutoCAD 经典】工作空间中使用率比较高的一种命令执行方式,这也是早期版本的 AutoCAD 软件中比较常用的一种命令输入方式。通过单击工具栏上的命令图标可以方便地执行一些常用的命令。工具栏中的命令图标是可以修改和增减的。工具栏如图 1-19 所示。

图 1-18　右键快捷菜单　　　　　图 1-19　工具栏

6. 使用快捷键和功能键执行命令

使用快捷键和功能键是最简单快捷的命令执行方式,常用的快捷键和功能键如表 1-1 所示。

表 1-1　常用的快捷键和功能键

快捷键或功能键	功　能	快捷键或功能键	功　能
F1	AutoCAD 帮助	Ctrl + N	新建文件
F2	文本窗口开/关	Ctrl + O	打开文件
F3 / Ctrl+F	对象捕捉开/关	Ctrl + S	保存文件
F4	三维对象捕捉开/关	Ctrl + Shift + S	另存文件
F5 / Ctrl+E	等轴测平面转换	Ctrl + P	打印文件
F6 / Ctrl+D	动态 UCS 开/关	Ctrl + A	全部选择图线
F7 / Ctrl+G	栅格显示开/关	Ctrl + Z	撤销上一步的操作
F8 / Ctrl+L	正交开/关	Ctrl + Y	重复撤销的操作
F9 / Ctrl+B	栅格捕捉开/关	Ctrl + X	剪切
F10 / Ctrl+U	极轴开/关	Ctrl + C	复制
F11 / Ctrl+W	对象追踪开/关	Ctrl + V	粘贴
F12	动态输入开/关	Ctrl + J	重复执行上一命令
Delete	删除选中的对象	Ctrl + K	超级链接
Ctrl + 1	对象特性管理器开/关	Ctrl + T	数字化仪开/关
Ctrl + 2	设计中心开/关	Ctrl + Q	退出 CAD

7. 命令的重复与取消

按 Enter 键或空格键可以重复刚执行完的命令。例如，刚执行了【直线】命令，按 Enter 键或空格键可以重复执行【直线】命令。或者在绘图区中单击鼠标右键，在弹出的快捷菜单中选择【重复 XX】命令，则重复执行上一次执行的命令。因为绘图时有大量重复使用的命令，所以这是 AutoCAD 中使用最广的一种调用命令的方式。

使用键盘 ↑ 键和 ↓ 键选择曾经使用过的命令：使用这种方式时，必须保证最近曾经执行过欲调用的命令，此时可以使用 ↑ 键和 ↓ 键上翻或者下翻一个命令，直至所需命令出现，然后按空格键或者 Enter 键执行命令。

中途取消命令或取消选中目标的方法有两种：

（1）使用 Esc 键

按 Esc 键：Esc 键功能非常强大，无论命令是否完成，都可通过按 Esc 键取消命令，回到命令提示状态下。在编辑图形时，也可通过按 Esc 键取消对已激活对象的选择。

（2）使用快捷菜单

在执行命令过程中，单击鼠标右键，在出现的快捷菜单中选择【取消】命令即可结束命令。

8. 命令的响应方法

在启动命令后，用户需要输入点的坐标值、选择对象以及选择相关的选项来响应命令。在 AutoCAD 中，一类命令是通过对话框来执行的，另一类命令是根据命令行提示来执行的。从 AutoCAD 2006 开始又新增加了动态输入功能，可以实现在绘图工作区操作，完全可以取代传统的命令行。当动态输入功能被激活时，光标附近将显示工具栏提示。

在命令行中操作是 AutoCAD 最传统的方法。在启动命令后，根据命令行的提示，用键盘输入坐标值，再按 Enter 键或空格键。对 "[ ]" 中选项的选择可以通过用键盘输入 "( )" 中的关键字母，然后按 Enter 键或空格键。

9. 放弃与重做

放弃最近执行过的一次操作，回到未执行该命令前的状态，方法有：

- 单击快速访问工具栏中的 ⇐ 按钮。
- 在命令行中输入 "undo" 或 "u" 命令，按空格键或 Enter 键。
- 使用快捷键 Ctrl+Z。
- 选择【编辑】→【放弃】命令。

放弃近期执行过的一定数目操作的方法有：

- 单击快速访问工具栏中的 ⇐ 按钮右侧列表箭头 ▾，在列表中选择一定数目要放弃的操作。
- 在命令行中输入 "undo" 命令后按 Enter 键，根据提示操作。

重做指恢复 "undo" 命令刚刚放弃的操作。它必须紧跟在 "u" 或 "undo" 命令后执行，否则命令无效。

重做单个操作的方法有：

- 单击快速访问工具栏中的 ⇒ 按钮。
- 在命令行中输入 "redo" 命令，按空格键或 Enter 键。
- 使用快捷键 Ctrl+Y。

- 选择【编辑】→【重做】命令。

重做一定数目的操作的方法有：
- 单击快速访问工具栏中的按钮右侧列表箭头，在列表中选择一定数目要重做的操作。
- 在命令行中输入"mredo"命令后按 Enter 键，根据提示操作。

1.6 文件的基本操作

在使用 AutoCAD 绘图之前，应先掌握 AutoCAD 文件的各种管理方法，如创建新的图形文件、打开已有的图形文件、关闭图形文件以及保存图形文件等操作。

1.6.1 创建新的图形文件

选择【文件】→【新建】命令，或者单击快速访问工具栏中的【新建】按钮，就会出现【选择样板】对话框，如图 1-20 所示。

图 1-20 【选择样板】对话框

用户可以在样板列表中选择合适的样板文件，然后单击 打开(O) 按钮，这样就可以以选定的样板新建一个图形文件，一般使用 acadiso.dwt 样板即可。

1.6.2 打开已有的图形文件

选择【文件】→【打开】命令，或者单击快速访问工具栏中的【打开】按钮，弹出【选择文件】对话框，如图 1-21 所示。在对话框中选择要打开的文件。

选择需要打开的图形文件，在右面的【预览】框中将显示出该图形的预览图像，如图 1-21 所示。默认情况下，打开的图形文件的格式为*.dwg。在【文件类型】列表框中，用户可以选择 DXF（*.dxf）、标准（*.dws）、图形样板（*.dwt）的格式文件。

在【选择文件】对话框中选择欲打开的文件，然后单击 打开(O) 按钮右侧的黑色三角形，出现下拉列表框，从中可以选择打开图形文件的方式，包括打开、以只读方式打开、局部打开、以只读方式局部打开，如图 1-22 所示。

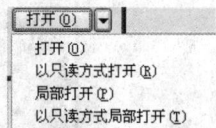

图 1-21 【选择文件】对话框　　　　图 1-22 打开文件的方式选择

- 打开：直接打开所选的图形文件。
- 以只读方式打开：单击该选项表明文件以只读方式打开，以此方式打开的文件可以进行编辑操作，但编辑后不能直接以原文件名存盘。
- 局部打开：单击该选项，出现如图 1-23 所示的对话框。如果图样中除了轮廓线、中心线外，还有尺寸、文字等内容，则分别属于不同的图层。这时，采用"局部打开"方式，可只选择其中某些图层打开图样。图样文件较大的情况下可以采用此方式打开，从而提高绘图效率。
- 以只读方式局部打开：以只读方式打开图样的部分图层图样。

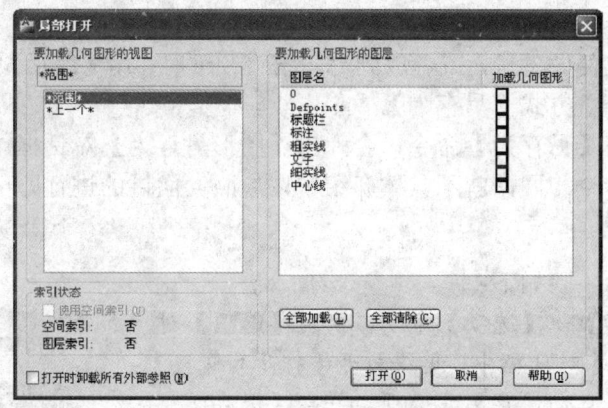

图 1-23 【局部打开】对话框

1.6.3 保存图形文件

在绘图过程中应随时注意保存图形，以免因死机、停电等意外事故造成图形丢失。如果要绘制新图形或修改旧图形而又不影响原图形，则可以用一个新名称保存它。

在 AutoCAD 2012 中，可以使用多种方式将所绘图形以文件形式存入磁盘。

1. 保存（Save）。

单击【保存】按钮，出现【图形另存为】对话框，如图 1-24 所示。在【文件名】文本框中输入要保存文件的名称，在【保存于】下拉列表中选择要保存文件的路径，当这

些都设置完成后,单击 保存(S) 按钮,图形文件就会存放在选择的目录下了。AutoCAD
图样默认的扩展名为.dwg。

图 1-24 【图形另存为】对话框

 保存图形后标题栏会有变化,即显示当前文件的名字和路径。如果继续绘制,则再单击【保存】按钮 时就不会出现上述的对话框,系统会自动以原名和原目录保存修改后的文件。

【保存】命令可以通过选择【文件】→【保存】命令来实现。如果在上次保存后,所作的修改是错误的,则可以在关闭文件时不保存,文件将仍保存原来的结果。

2. 另存为(Save as)

当需要把图形文件做备份,或者放到另一条路径下时,用【保存】方式是完成不了的。这时可以用另一种存盘方式【另存为】。

选择【文件】→【另存为】命令,会弹出【图形另存为】对话框,其文件名称和路径的设置与【保存】命令相同,就不具体介绍了,参照上面讲的进行即可。

3. 自动保存

自动保存图形的步骤如下:

选择【工具】→【选项】命令,出现【选项】对话框。在【选项】对话框中,单击打开【打开和保存】选项卡,选择【自动保存】复选项,并在【保存间隔分钟数】输入框内输入数值,如图 1-25 所示。单击 确定 按钮完成设置。

这是 AutoCAD 的一种安全措施,这样每隔指定的间隔时间,系统就会自动地对文件进行一次保存。

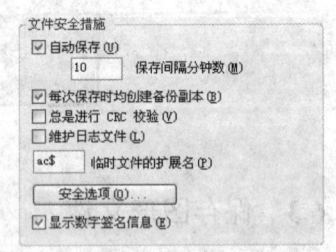

图 1-25 【打开和保存】选项卡

1.6.4 关闭文件

在 AutoCAD 2012 中,要关闭图形文件,可以单击菜单栏右边的【关闭】按钮 (如果不显示菜单栏,则可以单击文件窗口右上角的【关闭】按钮 ,注意不是应用程序窗口),如果当前的图形文件还没存盘,则 AutoCAD 2012 会给出是否存盘的提示,如图 1-26 所示。

单击[是(Y)]按钮，会弹出【图形另存为】对话框，存盘方法同前面讲过的，按照上面的步骤进行即可。存盘后，文件被关闭。如果单击[否(N)]按钮，则文件不保存退出，选择[取消]按钮，会取消关闭文件操作。

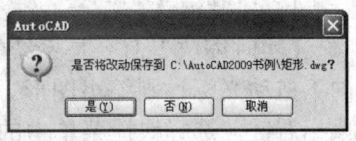

图 1-26　提示信息

1.7　视图的控制

1.7.1　视图缩放

使用视图缩放命令可以放大或缩小图样在屏幕上的显示范围和大小。AutoCAD 2012 向用户提供了多种视图缩放的方法，可以使用多种方法获得需要的缩放效果。

执行视图缩放命令的方法有：

- 下拉菜单：选择【视图】→【缩放】命令，如图 1-27 所示。
- 面板：选择功能区的【视图】选项卡，使用【导航】面板的各个工具，如图 1-28 所示。

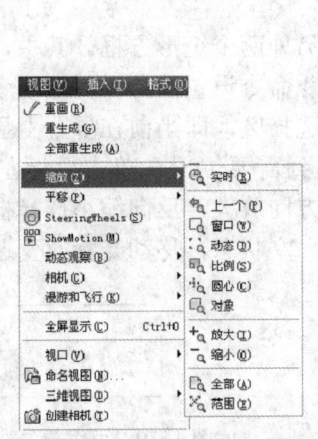
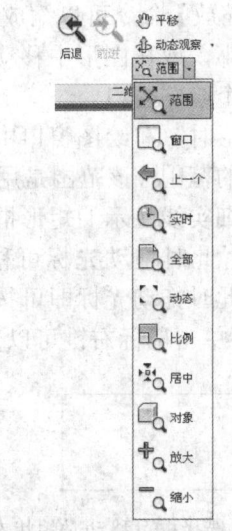

图 1-27　【缩放】命令菜单　　图 1-28　【导航】面板的缩放工具

- 导航栏中的【缩放】工具。
- 使用鼠标控制：滚动鼠标滚轮，即可完成缩放视图，这是最常用的缩放方式。
- 命令行：使用"zoom"或"z"命令。

在命令行中输入"zoom"后按 Enter 键，命令行提示如下：

　　命令: zoom

　　　指定窗口的角点，输入比例因子 (nX 或 nXP)，或者

　　　[全部(A)/中心(C)/动态(D)/范围(E)/上一个(P)/比例(S)/窗口(W)/对象(O)] <实时>:

AutoCAD 具有强大的缩放功能，用户可以根据自己的需要显示查看图形信息。常用的缩放工具有：实时缩放、窗口缩放、动态缩放、范围缩放、对象缩放、全部缩放和其他缩放等。

1. 实时缩放

【实时缩放】命令是系统默认选项。按住鼠标左键，向上拖动光标，就可以放大图形，向下拖动光标，则缩小图形。可以通过按 Esc 键或 Enter 键来结束实时缩放操作，或者单击鼠标右键，选择快捷菜单中的【退出】命令也可以结束当前的实时缩放操作。

实际操作时，一般滚动鼠标中键完成视图的实时缩放。当光标在绘图工作区时，向上滚动鼠标滚轮可以实时放大视图，向下滚动鼠标滚轮可以实时缩小视图。

2. 窗口缩放

【窗口缩放】命令通过指定要查看区域的两个对角，可以快速缩放图形中的某个矩形区域。确定要查看的区域后，该区域的中心成为新的屏幕显示中心，该区域内的图形被放大到整个显示屏幕。在使用窗口缩放后，图形中所有对象均以尽可能大的尺寸显示，同时又能适应当前视口或当前绘图区域的大小。

角点在选择时，将图形要放大的部分全部包围在矩形框内。矩形框的范围越小，图形显示越大。

3. 动态缩放

使用【动态缩放】命令可以缩放显示在用户设定的视图框中的图形。视图框表示视口，可以改变它的大小，或在图形中移动。移动视图框或调整它的大小，将其中的图像平移或缩放，以充满整个绘图窗口。

动态缩放图形时，在绘图窗口中还会出现另外两个矩形方框。其中，用蓝色虚线显示的方框表示图纸的范围，该范围是用"LIMITS"命令设置的绘图界限或者是图形实际占据的区域；用黑色细实线显示的矩形框是当前的选择区，即当前在屏幕上显示的图形区域，如图 1-29 所示。此时拖动光标可移动选择框到需要位置，单击鼠标左键选择框变为如图 1-30 所示，此时拖动光标即可按箭头所示方向放大，反向缩小选择框并可上下移动。在图 1-30 状态下单击鼠标右键可以变换为图 1-29 状态，移动光标改变选择框的位置。

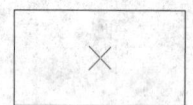   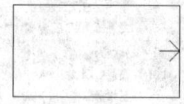

图 1-29　选择框可移动时的状态　　　　图 1-30　可缩放的选择框

4. 范围缩放

【范围缩放】命令使用尽可能大的、可包含图形中所有对象的放大比例显示视图。此视图包含已关闭图层上的对象，但不包含冻结图层上的对象。图形中所有对象均以尽可能大的尺寸显示，同时又能适应当前视口或当前绘图区域的大小。

5. 对象缩放

【对象缩放】命令使用尽可能大的、可包含所有选定对象的放大比例显示视图。可以在启动"zoom"命令之前或之后选择对象。

6. 全部缩放

【全部缩放】命令显示用户定义的绘图界限和图形范围，无论哪一个视图较大。在当前视口中缩放显示整个图形。在平面视图中，所有图形将被缩放到栅格界限和当前范围两者中较大的区域中。图形栅格的界限将填充当前视口或绘图区域，如果在栅格界限之外存在对象，则它们也被包括在内。

7. 其他缩放
- 使用【比例缩放】命令以指定的比例因子缩放显示图形。
- 使用【上一个缩放】命令可以恢复上次的缩放状态。
- 使用【中心缩放】命令缩放显示由中心点和放大比例（或高度）所定义的窗口。

1.7.2 视图平移

视图平移可以使用下面几种方法：

- 单击【实时平移】按钮 即可进入视图平移状态，此时鼠标指针形状变为 ，按住鼠标左键拖动鼠标，视图的显示区域就会随着实时平移。按 Esc 键或者 Enter 键，可以退出该命令。
- 光标位于绘图区时，按下鼠标滚轮，此时鼠标指针形状变为 ，按住鼠标左键并拖动光标，视图的显示区域就会随着实时平移。松开鼠标滚轮，可以直接退出该命令。
- 单击导航栏中的【平移】按钮 即可进入视图平移状态，此时光标指针形状变为 ，按住鼠标左键并拖动光标，视图的显示区域就会随着实时平移。按 Esc 键或者 Enter 键，可以退出该命令。

1.7.3 重画与重生成

在绘图和编辑过程中，屏幕上常常留下对象的拾取标记，这些临时标记并不是图形中的对象，有时会使当前的图形画面显得混乱，这时就可以使用 AutoCAD 的重画与重生成功能清除这些临时标记。

1. 重画（REDRAW）

删除由 VSLIDE 和当前视口中的某些操作遗留的临时图形。

在 AutoCAD 中，使用【重画】命令，系统将在显示内存中更新屏幕，清除临时标记。使用【重画】命令（REDRAW），可以更新用户使用的当前视区。

选择【视图】→【重画】命令，或者输入"REDRAW"命令可以执行该命令。

2. 重生成（REGEN）

通过从数据库中重新计算屏幕坐标来更新图形的屏幕显示，还可以重新生成图形数据库的索引，以优化显示和对象选择性能。

重生成与重画在本质上是不同的，利用【重生成】命令可重生成屏幕，此时系统从磁盘中调用当前图形的数据，比【重画】命令执行速度慢，更新屏幕花费时间较长。在 AutoCAD 中，某些操作只有在使用【重生成】命令后才生效，如改变点的格式。如果一直使用某个命令修改编辑图形，但该图形似乎看不出发生什么变化，此时可使用【重生成】命令更新屏幕显示。

【重生成】命令有以下两种形式：

- 选择【视图】→【重生成】命令，或者输入"REGEN"命令，可以更新当前视区。
- 选择【视图】→【全部重生成】命令，或者输入"REGENALL"命令，可以同时更新多重视口。

1.8 AutoCAD 2012 的坐标系和数据输入方法

1.8.1 坐标系

坐标系是 AutoCAD 中确定一个对象位置的基本手段。任何物体在空间中的位置都是通过一个坐标系来定位的。要想正确、高效地进行绘图，在创建图形之前必须首先掌握各种坐标系的概念和正确的坐标点输入方法。

在 AutoCAD 中有世界坐标系（WCS）和用户坐标系（UCS）两种坐标系。世界坐标系是固定坐标系，其 x 轴是水平的，y 轴是垂直的，z 轴垂直于 xy 平面，原点是图形界限左下角 x、y 和 z 轴的交点（0，0，0），如图 1-31 所示。用户坐标系是一种可移动坐标系，用户可以根据世界坐标系自行定义。实际上所有的坐标输入都是使用当前 UCS。按照坐标值参考点的不同，可以分为绝对坐标系和相对坐标系；按照坐标轴的不同，可以分为直角坐标系、极坐标系、球坐标系和柱坐标系。

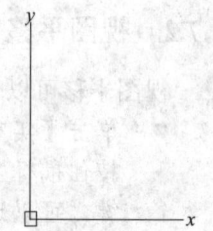

图 1-31 世界坐标系

1.8.2 数据输入方法

用户在作图的过程中，AutoCAD 2012 经常要求用户输入点的坐标，如直线的端点和圆的圆心等。常用的输入点的方法有 5 种。

1. 绝对直角坐标

直接输入 x，y 坐标值或 x，y，z 坐标值（如果绘制平面图形，则 z 坐标默认为 0，可以不输入），表示相对于当前坐标原点的坐标值。

 坐标值应以英文逗号分割，也就是半角格式的逗号。

【例1-1】 已知矩形一个角点的 x 坐标值为 50，y 坐标值为 30，用绝对直角坐标方式绘制如图1-32所示的矩形。

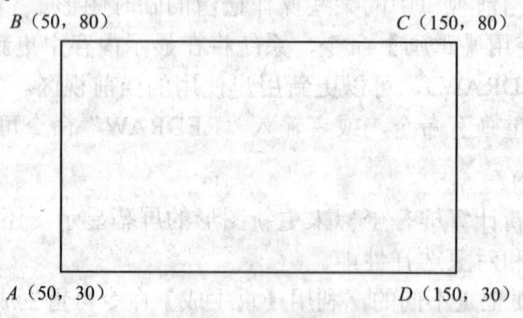

图 1-32 矩形图

本例练习绝对直角坐标的输入方法，练习操作步骤如下：

❶ 单击状态栏的【动态输入】按钮，关闭动态输入。

❷ 单击【直线】按钮，命令行提示如下：
 命令：_line 指定第一点：50,30 （输入 A 点的绝对坐标值）
 指定下一点或 [放弃(U)]：50,80 （输入 B 点的绝对坐标值）

指定下一点或 [放弃(U)]: 150,80 （输入 C 点的绝对坐标值）
指定下一点或 [闭合(C)/放弃(U)]: 150,30 （输入 D 点的绝对坐标值）
指定下一点或 [闭合(C)/放弃(U)]: 50,30 （输入 A 点的绝对坐标值，图形封闭）
指定下一点或 [闭合(C)/放弃(U)]:按 Enter 键

2. 相对直角坐标

用相对于上一已知点之间的绝对直角坐标值的增量来确定输入点的位置。输入 x, y 偏移量时，在前面必须加"@"。

【例1-2】 已知矩形一个角点的 x 坐标值为30，y 坐标值为20，用相对直角坐标方式绘制如图1-33所示的矩形。

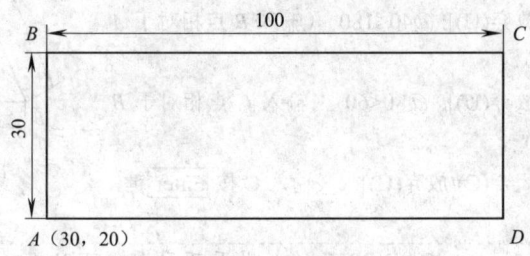

图1-33 矩形图

本例练习相对直角坐标的输入方法，练习操作步骤如下：
❶ 单击状态栏的【动态输入】按钮，关闭动态输入。
❷ 单击【直线】按钮，命令行提示如下：
  命令:_line 指定第一点: 30,20 （输入 A 点的绝对坐标值）
  指定下一点或 [放弃(U)]: @0,30 （输入 B 点相对于 A 点的坐标值）
  指定下一点或 [放弃(U)]: @100,0 （输入 C 点相对于 B 点的坐标值）
  指定下一点或 [闭合(C)/放弃(U)]: @0,-30 （输入 D 点相对于 C 点的坐标值）
  指定下一点或 [闭合(C)/放弃(U)]: c （输入 C 按 Enter 键，图形封闭）

3. 绝对极坐标

直接输入"长度<角度"。这里长度是指该点与坐标原点的距离，角度是指该点与坐标原点的连线与 x 轴正向之间的夹角，逆时针为正，顺时针为负。

【例1-3】 用绝对极坐标方式绘制如图1-34所示的直角三角形。

本例练习绝对极坐标的输入方法，练习操作步骤如下：
❶ 单击状态栏的【动态输入】按钮，关闭动态输入。
❷ 单击【直线】按钮，命令行提示如下：
  命令:_line 指定第一点: 0,0 （输入 A 点的绝对坐标值）
  指定下一点或 [放弃(U)]: 100<60 （输入 AB 的长度及夹角60°）
  指定下一点或 [放弃(U)]: 50<0 （输入 AC 的长度及夹角0°）
  指定下一点或 [闭合(C)/放弃(U)]: c （输入 C 按 Enter 键，图形封闭）

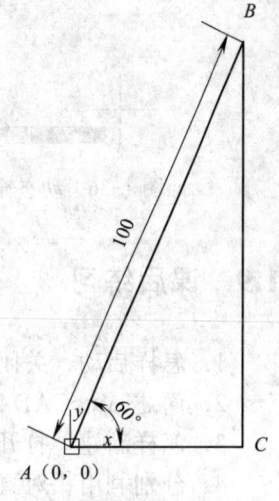

图1-34 直角三角形

4. 相对极坐标

用相对于上一已知点之间的距离和与上一已知点的连线与 x 轴正向之间的夹角来确定输入点的位置。格式为"@长度<角度"。

【例 1-4】 用相对极坐标方式绘制如图 1-35 所示的直角三角形。

本例练习相对极坐标的输入方法，练习操作步骤如下：

❶ 单击状态栏的【动态输入】按钮 ，关闭动态输入。

❷ 单击【直线】按钮 ，命令行提示如下：

命令: _line 指定第一点: 40,40（输入 A 点的绝对坐标值）
指定下一点或 [放弃(U)]: @40<180 （输入 B 点相对于 A 点的长度及夹角）
指定下一点或 [放弃(U)]: @80<60 （输入 C 点相对于 B 点的长度及夹角）
指定下一点或 [闭合(C)/放弃(U)]: c（输入 C 按 Enter 键，图形封闭）

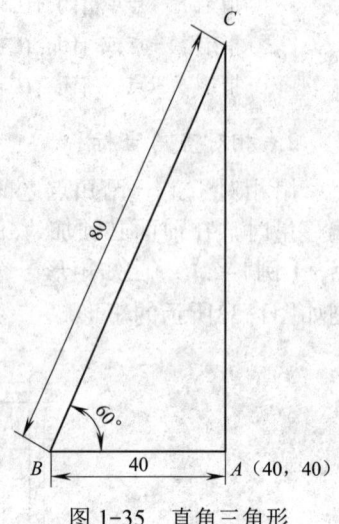

图 1-35 直角三角形

> 提示　如果用户对 AutoCAD 2012 的新界面不习惯，可以将 AutoCAD 2012 设置为经典界面，经典界面和以前 AutoCAD 老版本的界面类似。

5. 动态坐标输入

单击状态栏的【动态输入】按钮 ，系统打开动态输入功能，可以在屏幕上动态地输入某些参数数据。当单击【直线】按钮 时，光标附近会动态地显示"指定第一点"，以及后面的坐标框。当前显示的是光标所在位置，可以输入数据，两个数据之间用逗号隔开，如图 1-36 所示。指定第一点后，系统动态地显示直线的角度，同时要求输入直线的长度，如图 1-37 所示，输入效果与相对极坐标方式相同。

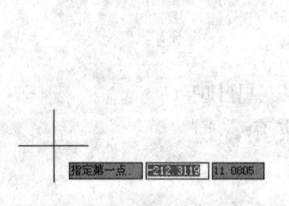

图 1-36 动态输入坐标值

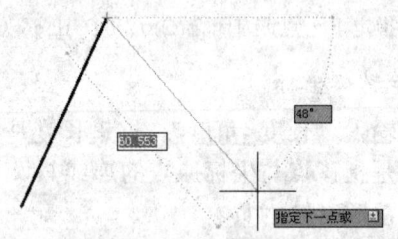

图 1-37 动态输入直线的长度

1.9 课后练习

1. 怎样启动、关闭 AutoCAD 2012？
2. 简述 AutoCAD 2012 提供了哪几种工作空间模式。
3. 怎样新建、打开、保存一个 AutoCAD 2012 图形文件？
4. 分别利用相对直角坐标、相对极坐标输入方法，绘制如图 1-38 所示的图形。

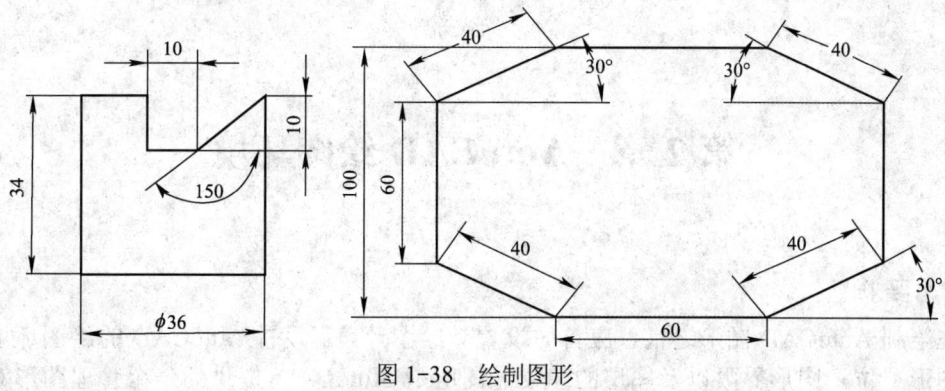

图 1-38 绘制图形

第 2 章　AutoCAD 绘图环境

【内容与要求】

在绘制 AutoCAD 图形之前，应首先设置其绘图环境。设置 AutoCAD 的绘图环境包括设置图形单位、图形界限以及图层的建立。图层是 AutoCAD 提供的一个管理图形对象的工具，用户可以根据图层对图形几何对象、文字、标注等进行归类处理。在中文版 AutoCAD 2012 中，所有图形对象都具有图层、颜色、线型和线宽这 4 个基本属性。用户可以使用这些基本属性绘制不同的对象和元素。

本章应达到如下目标：

- 掌握 AutoCAD 2012 的图形单位的设置。
- 掌握 AutoCAD 2012 的图形界限的设置。
- 掌握 AutoCAD 2012 图层的建立和编辑。

2.1　设置图形单位和绘图界限

在绘制 AutoCAD 图形之前，都需要设置图形单位和绘图界限。设置图形单位主要是设置长度和角度的类型、精度，以及角度的起始方向。设置绘图界限（或称为绘图区域）就是要标明用户的工作区域和图纸的边界，让用户在设置好的区域内绘图，以避免所绘制的图形超出该边界。

单击快速访问工具栏右边黑色小三角符号，弹出自定义快速访问工具栏，如图 2-1 所示。单击【显示菜单栏】选项，则在界面上显示菜单栏。

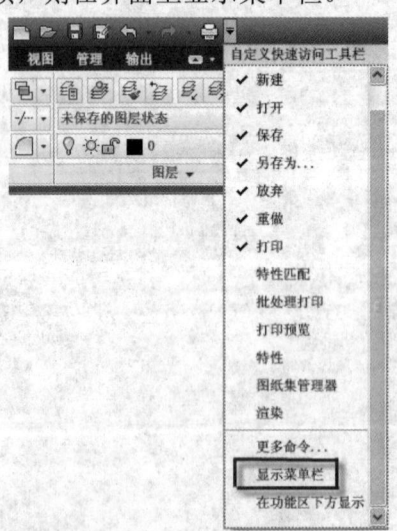

图 2-1　自定义快速访问工具栏

2.1.1 设置图形单位

对任何图形而言，总有其大小、精度以及所采用的单位。在 AutoCAD 中，在屏幕上显示的只是屏幕单位，但屏幕单位应该对应一个真实的单位。不同的单位其显示格式是不同的。同样，也可以设定或选择角度类型、精度和方向。

在中文版 AutoCAD 2012 中，用户可以选择【格式】→【单位】命令，在打开的【图形单位】对话框中设置绘图时使用的长度单位、角度单位，以及单位的显示格式和精度等参数，如图 2-2 所示。

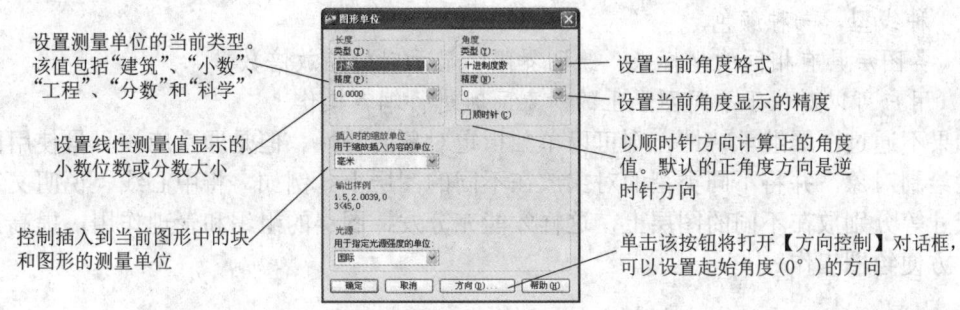

图 2-2 【图形单位】对话框

2.1.2 设置绘图界限

AutoCAD 的绘图区可以被看做一幅无穷大的图纸。也就是说，用户可以绘制任何范围尺寸的图形。如果不想在绘图时固定在一定的范围内，则一般情况下没有必要设置图形界限。绘图界限就是给定用户的绘图区域和图纸的边界。设置界限的目的是防止所绘制的图形超出界限范围，在默认情况下绘图区域不受限制，绘图界限无效。

设置绘图界限或使界限生效的最简单的方法是选择【格式】→【图形界限】命令。重新设置工作空间的界限，命令行提示如下：

指定左下角点或 [开（ON）/关（OFF）] <0.0,0.0>：　　（输入左下角坐标）
指定右上角点 <420.0,297.0>：　　（输入右上角坐标）

> **提示**　绘图界限的功能分为打开（ON）和关闭（OFF）两种状态。在 ON 状态下绘图元素不能超出边界，否则出错；在 OFF 状态下，AutoCAD 不进行边界检查。

设置绘图范围后，要使绘图范围全部显示在绘图区域，选择【视图】→【缩放】→【全部】命令即可。

2.2 图层的概念

图层是 AutoCAD 的一大特色。用户可以把图层想像为没有厚度的透明片，各层之间完全对齐，一层上的某一基准点准确地对齐于其他各层上同一基准点，如图 2-3 所示。引入图层后，用户就可以给每一个图层指定绘图所用的线型、颜色和状态，并将具有相同线型和颜色的对象放到相应的图层上。这样便于对所有实体的可见性、颜色、线型和线宽进行全面控制。

图 2-3 图层

图层的特性是指分配给图层的颜色、线型、线宽和打印样式。每一个图层都有它的特性，创建图层时要给图层指定相应的特性。图层本身是无色透明的，图层的颜色、线型、线宽和打印样式是为对象准备的。AutoCAD 的图层在使用过程中具有以下特性：

- 图层名：每个图层都有一个名字，其中 0 层是 AuotCAD 自动定义的，其余由用户定义，字符不超过 31 个。
- 在一幅图中使用的层数不限，每层容纳的实体数量不限制。
- 在绘制图形时，只有当前层起作用，也就是绘制图形时均画在当前层上。
- 同一图层上的实体处于同一状态，如可见或不可见。一个图层上的对象应该是一种线型，一种颜色。
- 各图层具有相同的坐标系、绘图界限、显示时的缩放倍数。
- 用户可以对位于不同图层上的对象同时进行编辑操作。

如果不通过图层继承特性，则可以单独指定对象的特性。但是通常应该尽量使用图层的特性绘制对象，并将不同类型的对象放在不同的图层上。例如，将中心线、说明文字、标注尺寸等分别放在不同的图层上，这样才能充分发挥图层的组织和管理作用，提高工作效率，方便绘图工作。

2.3 图层特性管理器

在 AutoCAD 中，使用图层特性管理器可以很方便地创建图层以及设置其基本属性。在 AutoCAD 2012 的菜单浏览器中选择【格式】→【图层】命令或单击【图层】按钮 ，即可打开【图层特性管理器】对话框，如图 2-4 所示。

利用该对话框可直接设置及改变图层的参数和状态，即设置层的颜色、线型、可见性、建立新层、设置当前层、冻结或解冻图层、锁定或解锁图层以及列出所有存在的层名等操作。

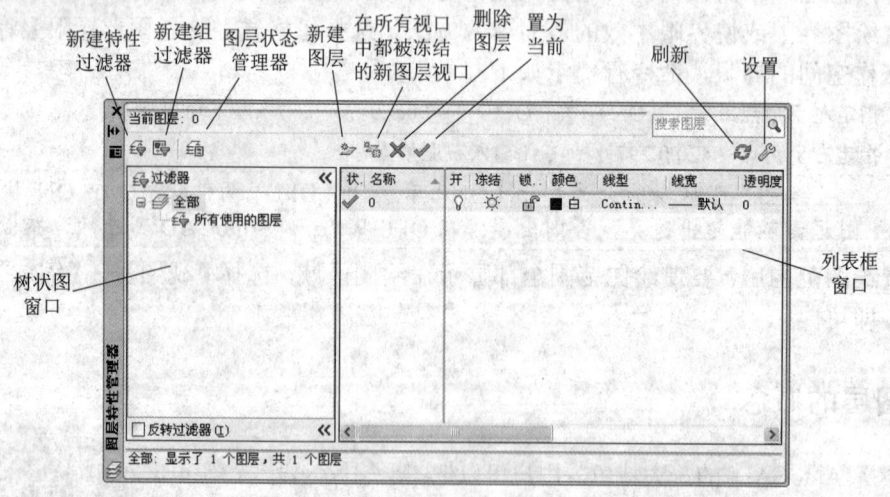

图 2-4 【图层特性管理器】对话框

2.3.1 新建特性过滤器

在 AutoCAD 中，新特性过滤器的功能大大简化了在图层方面的操作。当图形中包含大量图层时，在【图层特性管理器】对话框中单击【新建特性过滤器】按钮，可以打开如图 2-5 所示的【图层过滤器特性】对话框，可以使用此对话框来命名图层过滤器。

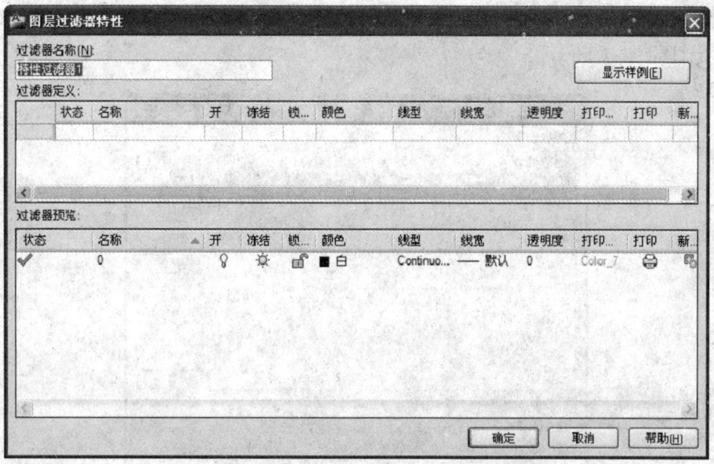

图 2-5 【图层过滤器特性】对话框

2.3.2 新建组过滤器

在 AutoCAD 2012 中，可以通过新组过滤器过滤图层。可在【图层特性管理器】对话框中单击【新建组过滤器】按钮，并在对话框左侧过滤器树列表中添加一个"组过滤器 1"（也可以根据需要命名组过滤器），如图 2-6 所示。在过滤器树中单击【所有使用的图层】节点或其他过滤器，显示对应的图层信息，然后将需要分组过滤的图层拖动到创建的"组过滤器 1"上即可。

在组过滤器名称上单击鼠标右键，在弹出的快捷菜单中选择【选择图层】→【添加】命令，AutoCAD 切换到图形界面并提示选择对象，选择一个或多个对象，则该对象所在的图层被添加到组过滤器中。还可以在快捷菜单中选择【选择图层】→【替换】命令，重新定义该组过滤器中的图层。

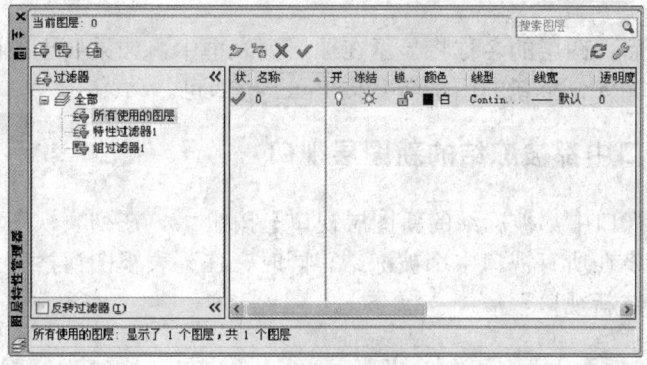

图 2-6 新建组过滤器

2.3.3 图层状态管理器

图层设置包括设置图层状态和图层特性。图层状态包括图层是否打开、冻结、锁定、打印和在新视口中自动冻结。图层特性包括颜色、线型、线宽和打印样式。用户可以选择要保存的图层状态和图层特性。例如，用户可以选择只保存图形中图层的"冻结/解冻"设置，忽略所有其他设置。恢复图层状态时，除了每个图层的冻结或解冻设置以外，其他设置仍保持当前设置。在 AutoCAD 2012 中，可以使用【图层状态管理器】对话框来管理所有图层的状态，如图 2-7 所示。

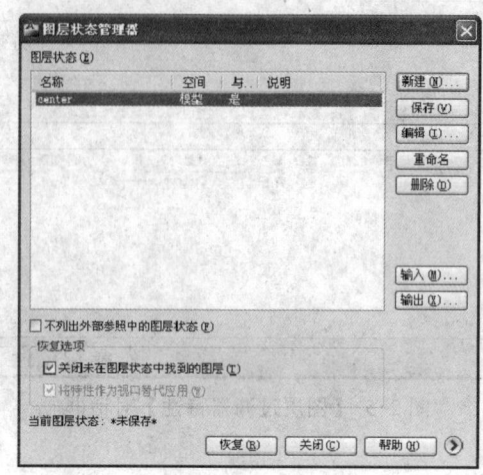

图 2-7 【图层状态管理器】对话框

2.3.4 新建图层

开始绘制新图形时，AutoCAD 将自动创建一个名为 0 的图层。默认情况下，该图层将被指定使用 7 号颜色（白色或黑色，由背景色决定）、Continuous 线型、"默认"线宽及"normal"打印样式，用户不能删除或重命名该图层。在绘图过程中，如果用户要使用更多的图层来组织图形，则需要先创建新图层。

在【图层特性管理器】对话框中单击【新建图层】按钮，可以创建一个名称为"图层 1"的新图层。默认情况下，新建图层与当前图层的状态、颜色、线型、线宽等设置相同。

当创建了图层后，图层的名称将显示在图层列表框中，如果要更改图层名称，则可单击该图层名，然后输入一个新的图层名并按 Enter 键即可。

2.3.5 在所有视口中都被冻结的新图层视口

单击【在所有视口中都被冻结的新图层视口】按钮，在列表视图窗格中将出现一个新的图层，该图层将在所有视口中都被冻结。同时，在列表视图窗格中该图层行的最右面的图表显示为"冻结新视口"。

2.3.6 删除图层

该按钮用于删除指定的图层。删除的方法为：在列表视图窗格中选中对应的图层行，单击【删除】按钮，即可删除图层。

2.3.7 置为当前

如果要在某一图层上绘图，则必须首先将该图层设为当前层。在列表视图窗格中选择一个图层名，然后单击【置为当前】按钮✓，就可以将该层设置为当前层。将某图层置为当前层后，在列表视图窗格中，与【状态】列对应的地方会显示出置为当前层的符号✓，同时在【图层特性管理器】对话框的右侧显示出"当前图层：图层名"。此外，在列表视图窗格中某图层行上双击与【状态】列对应的图标，可以直接将该层置为当前层。

在实际绘图时，为了便于操作，主要通过【图层】工具栏和【对象特性】工具栏来实现图层切换，如图2-8所示。这时只需选择要将其设置为当前层的图层名称即可。此外，【图层】工具栏和【对象特性】工具栏中的主要选项与【图层特性管理器】对话框中的内容相对应，因此也可以用来设置与管理图层特性。

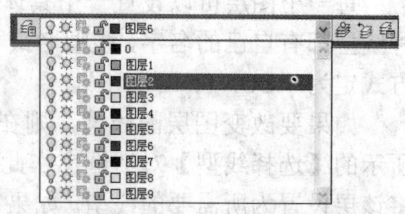

图2-8 【图层】和【对象特性】工具栏

2.3.8 列表框窗口

使用图层绘制图形时，新对象的各种特性将默认为随层，由当前图层的默认设置决定。在【列表框窗口】对话框中，每个图层都包含状态、名称、打开/关闭、冻结/解冻、锁定/解锁、线型、颜色、线宽和打印样式等特性。

1. 打开或关闭图层

在 AutoCAD 中，可以通过"开/关"控制图层的可见性。某个图层对应的小灯泡的颜色为黄色💡，则表示该图层打开；若小灯泡的颜色是灰色💡，则表示该图层关闭。默认情况下为"打开"状态，图层上实体可见，关闭图层后，该层上的实体不可见而且不能被打印输出。虽然图层不可见，但可以将它设为当前层，仍然可添加新图形，只是在屏幕上不显示，用于绘制保密图形。

2. 冻结或解冻图层

在 AutoCAD 中，可以冻结图层或将图层解冻。若是太阳图标☀，则表示该图层没有被冻结；若是雪花图标❄，则表示该图层被冻结。图层冻结后，该层上的实体不可见也不能打印，但与"关闭"的差别是不能冻结当前层，不能在冻结的层上添加图形。

3. 锁定或解锁图层

图层还可以被锁定或解锁，若对应的是关闭的锁图标🔒，则表示该图层锁定；若对应的是打开的锁图标🔓，则表示该图层非锁定。图层锁定后，用户只能观察该层上的图形，不能编辑修改，相当于背景图案。

4. 设置图层颜色

颜色在图形中具有非常重要的作用，可用来表示不同的组件、功能和区域。图层的颜色实际上是图层中图形对象的颜色。每个图层都拥有自己的颜色，对不同的图层可以设置相同的颜色，也可以设置不同的颜色，绘制复杂图形时就可以很容易区分图形的各部分。如果要改变某一图层的颜色，则单击对应的图标，AutoCAD 就会弹出如图2-9所示的【选择颜色】对话框，从中选择所需要的颜色。

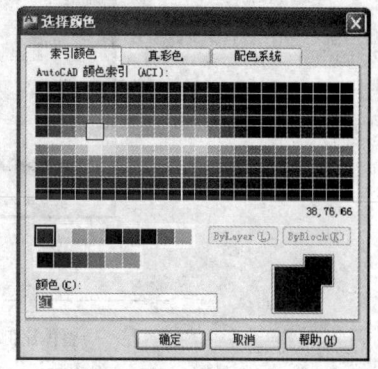

图2-9 【选择颜色】对话框

5. 使用与管理线型

线型在工程图样中具有非常重要的作用，根据国际标准或者国家标准的规定，不同线型具有不同的含义。AutoCAD 2012 包含了丰富的线型，可以满足不同国家或行业标准的要求。

（1）加载线型

每一个图层可以设置一个具体的线型，不同的图层线型可以相同，也可以不同。每一种线型都有自己的名字，线型名最长不超过 31 个字符。所有新生成的层上的线型都按默认方式定为"CONTINUOUS"。

如果要改变图层的线型，则在对话框中选择一个图层名后单击线型，出现如图 2-10 所示的【选择线型】对话框，在此对话框中选取需要的线型，单击【确定】按钮，就可以将该层设置为所需要的线型。如果在【选择线型】对话框中没有所需要的线型，则单击【加载】按钮，出现如图 2-11 所示的【加载或重载线型】对话框，在【可用线型】列表框中选取所需线型，单击【确定】按钮即可。

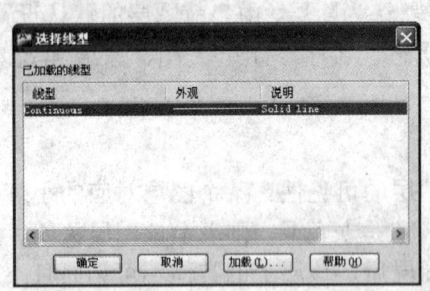
图 2-10 【选择线型】对话框

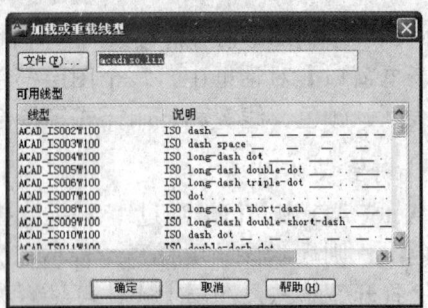
图 2-11 【加载或重载线型】对话框

（2）线型管理器

选择【格式】→【线型】命令，打开如图 2-12 所示的【线型管理器】对话框，可设置图形中的线型比例，从而改变非连续线型的外观。如图 2-13 所示，整体比例分别为 1 和 2 时，对虚线的影响。

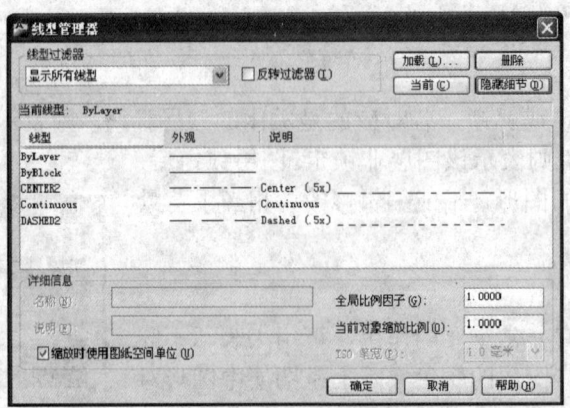
图 2-12 【线型管理器】对话框

整体比例=1　　　　　　　　　　整体比例=2
图 2-13 不同的全局比例因子对线型的影响

6. 设置图层线宽

设置线宽就是改变线条的宽度。在 AutoCAD 中，使用不同宽度的线条表现对象的大小或类型，可以提高图形的表达能力和可读性。图层线宽的设置是在对话框中选择一个图层名，然后单击【线宽】按钮，出现如图 2-14 所示的【线宽】对话框，在此对话框中选取所需线宽后，单击【确定】按钮，就可以将该层设置为所需线宽。

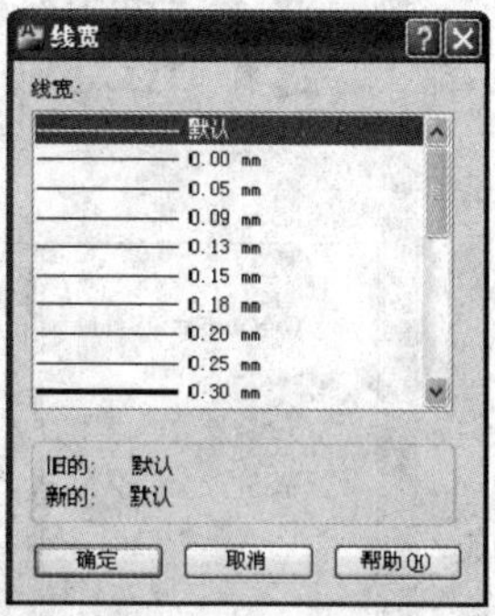

2.4 综合实例：设置一幅 A4 图纸的绘图环境

首先使用新建图形文件命令创建一个新的图形文件，接着使用单位、图形界限和图层设置命令设置该文件的绘图环境，并保存该文件。

图 2-14 【线宽】对话框

本实例的练习操作步骤如下：

步骤1 设置图形界限和草图

❶ 单击标准工具栏中的【新建】按钮，系统弹出【选择样板】对话框，如图 2-15 所示。采用常用的样板文件 "acadiso.dwt"，单击【打开】按钮。

❷ 选择【格式】→【图形界限】命令，命令行提示如下：

指定左下角点或 [开(ON)/关(OFF)] <0.0000,0.0000>: Enter （设定图形界限的左下角端点坐标）

指定右上角点 <420.0000,297.0000>: 297,210 （设定图形界限右上角端点坐标）

❸ 再次按 Enter 键，则重复设置模型空间界限命令，命令行提示如下：

指定左下角点或 [开(ON)/关(OFF)] <0.0000,0.0000>: on （打开图形界限）

❹ 选择【工具】→【草图设置】命令，系统弹出【草图设置】对话框，选择【对象捕捉】选项卡。选择【中点】复选框，如图 2-16 所示，单击【确定】按钮，即完成了对象捕捉模式的设置。

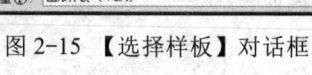

图 2-15 【选择样板】对话框

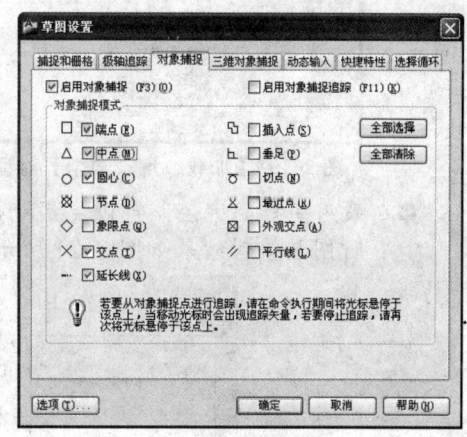

图 2-16 【草图设置】对话框

步骤2 设置图层属性

❶ 单击【图层】工具栏中的【图层特性管理器】按钮，系统弹出【图层特性管理器】对话框，如图 2-17 所示。

❷ 单击【图层特性管理器】对话框中的【新建图层】按钮，即可创建一个新的图

层，然后在【名称】文本框中输入新的图层名"中心线"。

❸ 单击"中心线"图层对应的【颜色】按钮，系统弹出【选择颜色】对话框，从中选择"红"，如图 2-18 所示，单击【确定】按钮，即完成了图层颜色的设置。

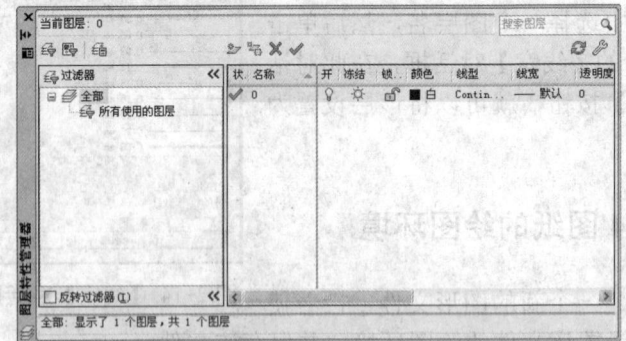

图 2-17 【图层特性管理器】对话框

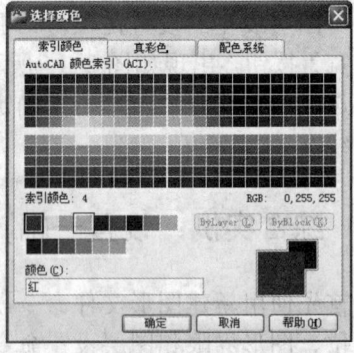

图 2-18 【选择颜色】对话框

❹ 单击"中心线"图层对应的【线型】按钮，系统弹出【选择线型】对话框，单击【加载】按钮，出现如图 2-19 所示的【加载或重载线型】对话框，在【可用线型】列表框中选取"CENTER2"线型，单击【确定】按钮。回到【选择线型】对话框，再次选中刚加载的"CENTER2"线型，单击【确定】按钮，即完成了图层线型的设置。

❺ 单击"中心线"图层对应的【线宽】按钮，系统弹出【线宽】对话框，从中选择【0.25mm】选项，如图 2-20 所示，单击【确定】按钮，即完成了图层线宽的设置。

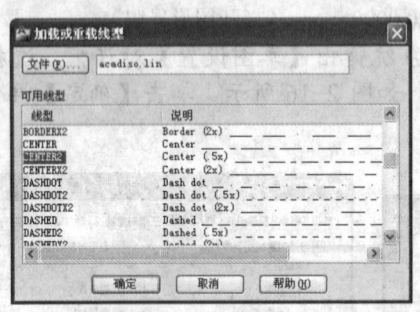

图 2-19 【加载或重载线型】对话框

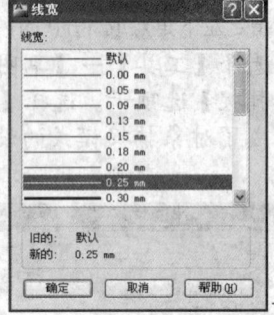

图 2-20 【线宽】对话框

❻ 采用同样的方法，可以完成"虚线""粗实线""细实线"等图层的属性设置，此时图层编辑结果如图 2-21 所示。

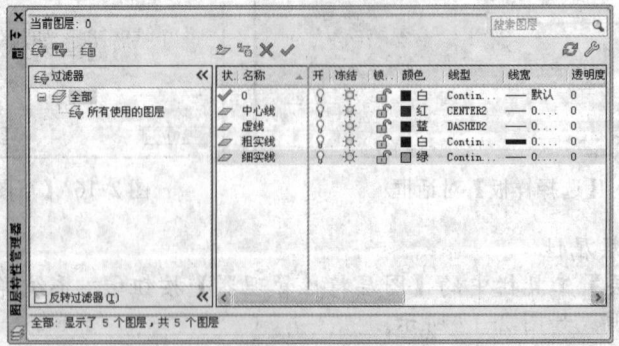

图 2-21 图层的属性设置

步骤3 保存图形文件

单击【保存】按钮■，出现【图形另存为】对话框，如图 2-22 所示。在【文件名】文本框中输入要保存文件的名称"设置绘图环境"，在【保存于】下拉列表中选择要保存文件的路径，当这些都设置完成后，单击 保存(S) 按钮，图形文件就会存放在选择的目录下了。

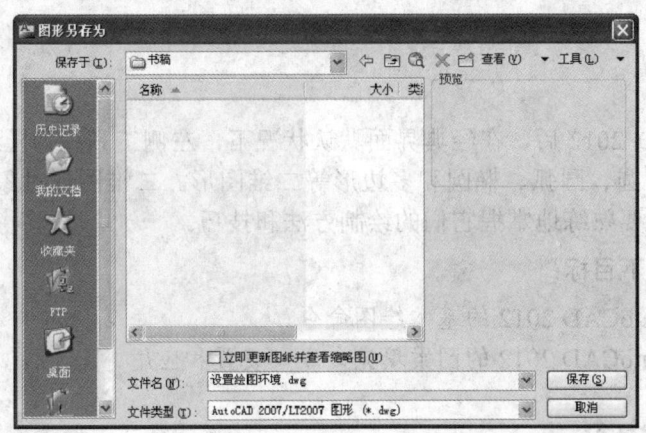

图 2-22 【图形另存为】对话框

2.5 课后练习

1．图层的创建、编辑与管理各有什么作用？
2．如何进行绘图单位的设置？
3．自己设置一幅 A3 图纸的绘图环境。

第 3 章　二维绘图命令

【内容与要求】

运行 AutoCAD 2012 后，在经典界面默认状况下，左侧工具栏为【绘图】工具栏，可以绘制点、直线、圆、圆弧、椭圆和多边形等二维图形。二维图形对象是整个 AutoCAD 的绘图基础，因此要熟练地掌握它们的绘制方法和技巧。

本章应达到如下目标：
- 掌握 AutoCAD 2012 的基本绘图命令。
- 掌握 AutoCAD 2012 的图案填充命令、设置和应用。

3.1　点和直线命令

3.1.1　点

在 AutoCAD 2012 中，点对象有单点、多点、定数等分和定距等分 4 种。图 3-1 所示为下拉菜单中的点命令；图 3-2 所示为【绘图】工具栏中的点命令（框选部分）。

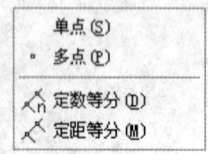

图 3-1　下拉菜单中的点命令

图 3-2　【绘图】工具栏中的点命令

选择【绘图】→【点】→【单点】命令，可以在绘图窗口中一次指定一个点。

选择【绘图】→【点】→【多点】命令，可以在绘图窗口中一次指定多个点，最后可按 Esc 键结束。

选择【绘图】→【点】→【定数等分】命令，可以在指定的对象上绘制等分点或者在等分点处插入块。

选择【绘图】→【点】→【定距等分】命令，可以在指定的对象上按指定的长度绘制点或者插入块。

在系统默认状况下，点的样式是不明显的，因此在绘制点之前应先给点定义一种比较明显的样式。执行下拉菜单中的【格式】/【点样式】命令，进入如图 3-3 所示的【点样式】对话框，选择一种点的样式，如选择 ⊕ 样式，单击 确定 按钮保存并退出。

【例3-1】　绘制坐标为（100，100）的点。

选择【绘图】→【点】→【多点】命令，绘制点（100，100），命令行提示如下：

命令：_point
当前点模式：PDMODE=3　PDSIZE=0.0000

指定点: 100,100

在【指定点:】提示下输入点的坐标，或者直接在屏幕上拾取点，系统提示输入下一个点，若要退出该命令，则按 Esc 键。

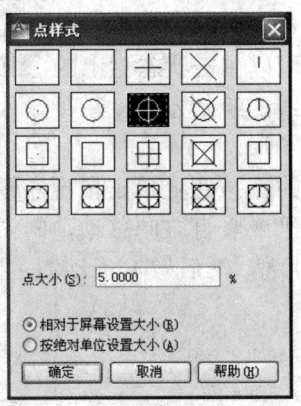

图 3-3 【点样式】对话框

3.1.2 直线

直线是各种绘图中最常用、最简单的图形对象，只要指定了起点和终点即可绘制一条直线。在 AutoCAD 2012 中，可以用二维坐标（x, y）或三维坐标（x, y, z）来指定端点，也可以混合使用二维坐标和三维坐标。如果输入二维坐标，则 AutoCAD 将会用当前的高度作为 z 轴坐标值，默认值为 0。

单击【绘图】工具栏中的【直线】按钮，或者在命令行提示中输入"line"命令，即可绘制直线。图 3-4 所示为绘制直线时 AutoCAD 2012 的相应提示，由此可看出 AutoCAD 2012 对于命令的相应提示十分丰富，更方便了用户绘图。

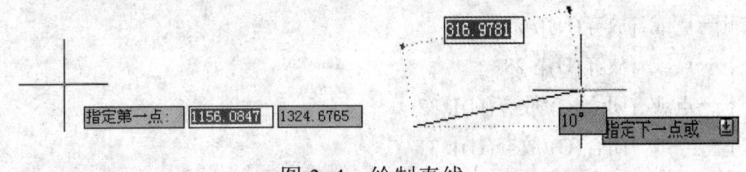

图 3-4 绘制直线

【例3-2】 利用【直线】命令来绘制图3-5所示的图形（平行四边形）。

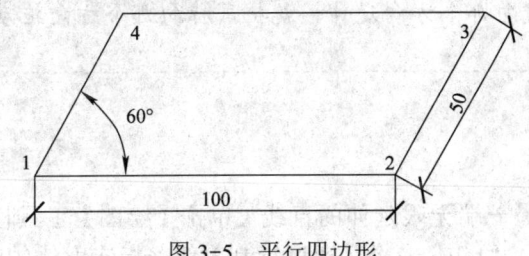

图 3-5 平行四边形

单击【绘图】工具栏中的【直线】按钮，命令行提示如下：

命令: line
指定第一点:　　　　　　　　　　　　　　（单击鼠标确定 1 点）

指定下一点或 [放弃(U)]: @100,0　　　　　（确定2点）
指定下一点或 [放弃(U)]: @50<60　　　　　（确定3点）
指定下一点或 [闭合(C)/放弃(U)]: @-100,0　（确定4点）
指定下一点或 [闭合(C)/放弃(U)]: c　　　　（输入C闭合图形，命令会自动结束）

如果要绘制水平或垂直线，可以单击状态栏上的 按钮，使正交状态开启，在确定了直线的起始点后，用光标控制直线的绘制方向，直接输入直线的长度即可。利用正交方式可以方便地绘制如图3-6所示的图形。

打开正交工具：在状态栏上的 按钮处单击鼠标左键或者使用功能键 F8 键都可以开启正交状态，这时光标只能在水平或竖直方向移动，向右拖动光标，确定直线的走向沿 x 轴正向，如图3-7所示，输入长度值77后按 Enter 键。用同样方法确定其余直线的方向，输入长度值。

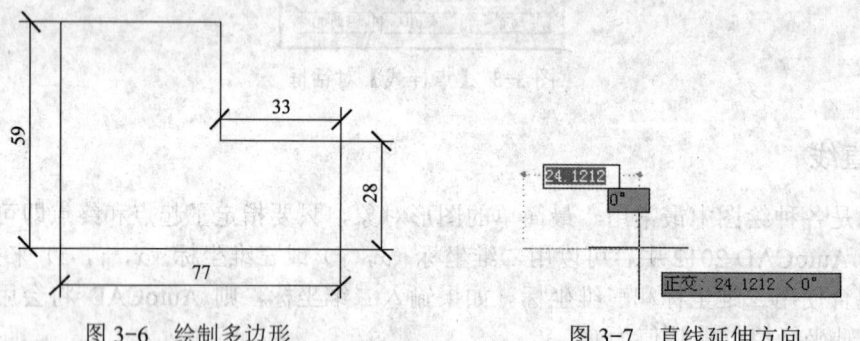

图3-6　绘制多边形　　　　　　　　图3-7　直线延伸方向

【例3-3】　利用【直线】命令来绘制图3-6所示的图形。
单击【直线】按钮 ，命令行提示如下：

命令:_line 指定第一点:
指定下一点或 [放弃(U)]: 77
指定下一点或 [放弃(U)]: 28
指定下一点或 [闭合(C)/放弃(U)]: 33
指定下一点或 [闭合(C)/放弃(U)]: 31
指定下一点或 [闭合(C)/放弃(U)]: 44
指定下一点或 [闭合(C)/放弃(U)]: c

提
示　　　要画的线向哪个方向延伸，就把鼠标向哪个方向拖动，然后输入正的长度值即可。

3.1.3　绘制射线

射线为一端固定，另一端无限延伸的直线。单击【绘图】工具栏中的【射线】按钮 ，或者在命令行提示中输入"ray"命令，即可绘制射线。指定射线的起点和通过点即可绘制一条射线。在AutoCAD中，射线主要用于绘制辅助线。

指定射线的起点后，可在"指定通过点:"提示下指定多个通过点，绘制以起点为端点的多条射线，直到按 Esc 键或 Enter 键退出为止。

3.1.4 绘制构造线

构造线为两端可以无限延伸的直线，没有起点和终点，可以放置在三维空间的任何地方，主要用于绘制辅助线。单击【绘图】工具栏中的【构造线】按钮，或者在命令行提示中输入"xline"命令，即可绘制构造线。

3.2 绘制多段线和样条曲线

3.2.1 多段线

多段线（Polyline）是 AutoCAD 中较为重要的一种图形对象。多段线由彼此首尾相连的、可具有不同宽度的直线段或弧线组成，并作为单一对象使用。

单击【绘图】工具栏中的【多段线】按钮，或者在命令行提示中输入"pline"命令即可绘制多段线。绘制多段线的命令行提示比较复杂，如下所示：

  命令: _pline
  指定起点:
  当前线宽为 0.0000
  指定下一个点或 [圆弧(A)/半宽(H)/长度(L)/放弃(U)/宽度(W)]:
  指定下一点或 [圆弧(A)/闭合(C)/半宽(H)/长度(L)/放弃(U)/宽度(W)]:

下面分别介绍这些选项：

1. 圆弧（A）

输入 A，可以画圆弧方式的多段线。按 Enter 键后重新出现一组命令选项，用于生成圆弧方式的多段线。命令行提示如下：

  指定圆弧的端点或
  [角度(A)/圆心(CE)/方向(D)/半宽(H)/直线(L)/半径(R)/第二个点(S)/放弃(U)/宽度(W)]:

在该提示下，可以直接确定圆弧终点，拖动十字光标，屏幕上会出现预显线条。选项序列中各项意义如下：

- 角度（A）：该选项用于指定圆弧所对的圆心角。
- 圆心（CE）：为圆弧指定圆心。
- 方向（D）：取消直线与弧的相切关系设置，改变圆弧的起始方向。
- 直线（L）：返回绘制直线方式。
- 半径（R）：指定圆弧半径。
- 第二个点（S）：指定三点画弧。

其他各选项与"pline"命令下的同名选项意义相同，下面再介绍。

2. 闭合（C）

该选项自动将多段线闭合，即将选定的最后一点与多段线的起点连接起来，并结束命令。

3. 半宽（H）

该选项用于指定多段线的半宽值，AutoCAD 将提示用户输入多段线段的起点半宽值与终点半宽值。在绘制多段线的过程中，宽线线段的起点和端点位于宽线的中心。

4. 长度（L）

定义下一段多段线的长度，AutoCAD 将按照上一线段的方向绘制这一段多段线。若上一段是圆弧，则将绘制出与圆弧相切的线段。

5. 放弃（U）

取消刚刚绘制的那一段多段线。

6. 宽度（W）

该选项用来设定多段线的宽度值。选择该选项后，将出现如下提示：

指定起点宽度 <0.0000>: 5　　　　　　（起点宽度）

指定端点宽度 <5.0000>: 0　　　　　　（终点宽度）

起点宽度值均以上一次的输入值为默认值，而终点宽度值以起点宽度为默认值。

用户可以通过不同参数的设定绘制出各种丰富的多段线形式，如图 3-8 所示。

图 3-8　绘制多段线

【例3-4】　使用【多段线】命令绘制如图3-9所示的图形。

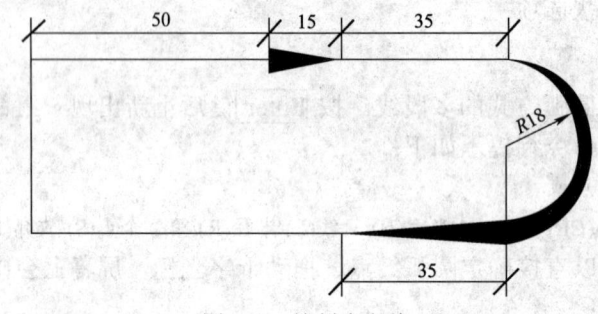

图 3-9　绘制多段线

在【绘图】工具栏中单击【多段线】按钮，命令行提示如下：

命令: _pline

指定起点:　　　　　　　　　　　　　　　　　　　　　　（指定起点）

当前线宽为 0.0000

指定下一个点或 [圆弧(A)/半宽(H)/长度(L)/放弃(U)/宽度(W)]: @50,0　（指定第二点坐标值）

指定下一点或 [圆弧(A)/闭合(C)/半宽(H)/长度(L)/放弃(U)/宽度(W)]: w　（选择宽度）

指定起点宽度 <0.0000>: 5　　　　　　　　　　　　　　　（起点宽度 5）

指定端点宽度 <5.0000>: 0　　　　　　　　　　　　　　　（端点宽度 0）

指定下一点或 [圆弧(A)/闭合(C)/半宽(H)/长度(L)/放弃(U)/宽度(W)]: @15,0　（下一点坐标）

指定下一点或 [圆弧(A)/闭合(C)/半宽(H)/长度(L)/放弃(U)/宽度(W)]: @35,0　（下一点坐标）

指定下一点或 [圆弧(A)/闭合(C)/半宽(H)/长度(L)/放弃(U)/宽度(W)]: a　　（选择圆弧）

指定圆弧的端点或

```
[角度(A)/圆心(CE)/闭合(CL)/方向(D)/半宽(H)/直线(L)/半径(R)/第二个点(S)/放弃(U)/宽度(W)]:
w                                                              (选择宽度)
指定起点宽度 <0.0000>:                                          (起点宽度0)
指定端点宽度 <0.0000>: 5                                        (端点宽度5)
指定圆弧的端点或
[角度(A)/圆心(CE)/闭合(CL)/方向(D)/半宽(H)/直线(L)/半径(R)/第二个点(S)/放弃(U)/宽度(W)]:
@0,-35                                                         (圆弧端点坐标)
指定圆弧的端点或
[角度(A)/圆心(CE)/闭合(CL)/方向(D)/半宽(H)/直线(L)/半径(R)/第二个点(S)/放弃(U)/宽度(W)]:
l                                                              (选择直线)
指定下一点或 [圆弧(A)/闭合(C)/半宽(H)/长度(L)/放弃(U)/宽度(W)]: w
指定起点宽度 <5.0000>:                                          (起点宽度5)
指定端点宽度 <5.0000>: 0                                        (端点宽度0)
指定下一点或 [圆弧(A)/闭合(C)/半宽(H)/长度(L)/放弃(U)/宽度(W)]: @-35,0  (端点坐标)
指定下一点或 [圆弧(A)/闭合(C)/半宽(H)/长度(L)/放弃(U)/宽度(W)]: @-65,0  (端点坐标)
指定下一点或 [圆弧(A)/闭合(C)/半宽(H)/长度(L)/放弃(U)/宽度(W)]: c     (选择闭合)
```

3.2.2 样条曲线

在 AutoCAD 的二维绘图中，绘制样条曲线必须给定 3 个以上的点，若想要画出的样条曲线具有更多的波浪，则要给定更多的点。样条曲线是由用户给定若干点，AutoCAD 自动生成的一条光滑曲线。

在 AutoCAD 2012 中，提供了两种样条曲线的绘制方式：【拟合点】方式和【控制点】方式，绘制出的曲线分别如图 3-10 和图 3-11 所示。

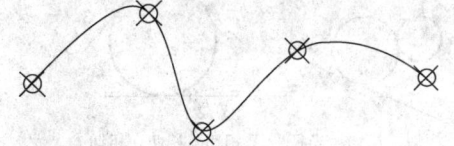 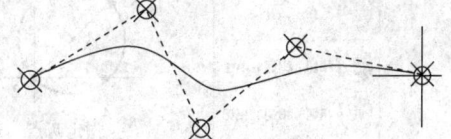

图 3-10 【拟合点】方式的样条曲线　　图 3-11 【控制点】方式的样条曲线

1.【拟合点】方式

通过指定样条曲线必须经过的拟合点来创建 3 阶（三次）B 样条曲线。在公差值大于 0 时，样条曲线必须在各个点的指定公差距离内。

单击【绘图】工具栏中的【样条曲线拟合点】按钮 ~，或者在下拉菜单中选择【绘图】→【样条曲线】→【拟合点】命令，可以绘制如图 3-10 所示的【拟合点】方式的样条曲线。

2.【控制点】方式

通过指定控制点来创建样条曲线。使用此方法创建 1 阶（线性）、2 阶（二次）、3 阶（三次）直到最高为 10 阶的样条曲线。通过移动控制点调整样条曲线的形状通常可以提供比移动拟合点更好的效果。

单击【绘图】工具栏中的【样条曲线控制点】按钮 ~，或者在下拉菜单中选择【绘图】→【样条曲线】→【控制点】命令，可以绘制如图 3-11 所示的【控制点】方式的样条曲线。

3. 编辑样条曲线

选择绘制好的样条曲线，上面会出现控制句柄，移动鼠标到上面，会出现编辑选项，可以选择不同选项对曲线进行编辑，如图 3-12 所示。

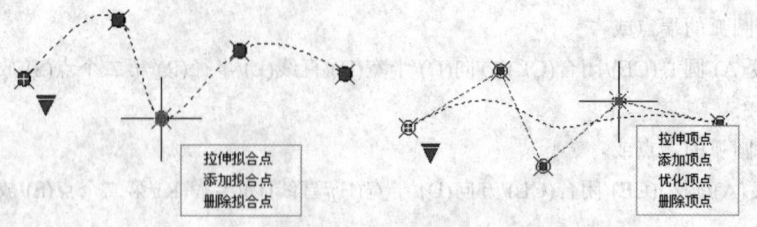

图 3-12　样条曲线编辑选项

3.3　圆命令

3.3.1　绘制圆

单击【绘图】工具栏中的【圆】按钮⊙，或者在命令行提示中输入"circle"命令，即可绘制圆。在 AutoCAD 2012 中，可以使用 6 种方法绘制圆，如图 3-13 所示。

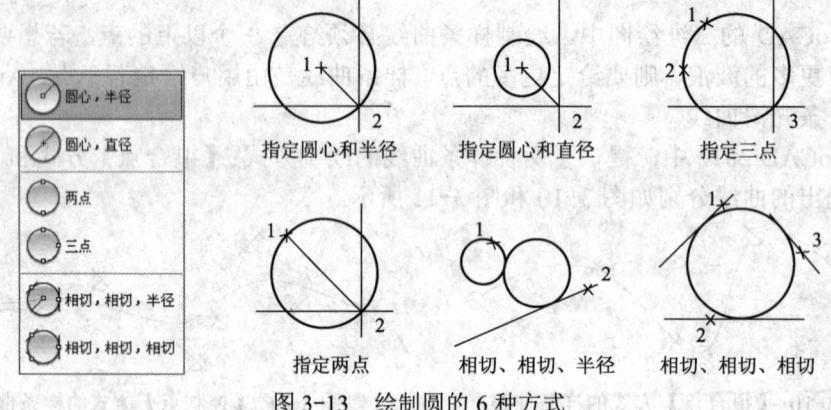

图 3-13　绘制圆的 6 种方式

【例3-5】　用【三点】方式绘制如图3-14所示的圆。

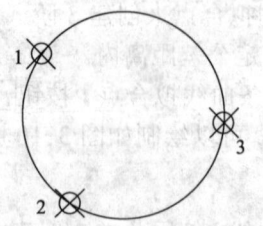

图 3-14　【三点】方式绘制圆

单击【绘图】工具栏中的【圆】→【三点】按钮○，命令行提示如下：

命令:_circle 指定圆的圆心或 [三点(3P)/两点(2P)/切点、切点、半径(T)]: _3p 指定圆上的第一个点:　　　　　　　　（指定 1 点）

指定圆上的第二个点：　　　　　　　（指定2点）

指定圆上的第三个点：　　　　　　　（指定3点）

提示　　3个点的顺序可以任意调整。

还可选择下拉菜单【绘图】→【圆】→【三点】命令来实现。在确定圆周上3个点时，除了用坐标定位外，还可以用鼠标左键拾取点，这种方法若结合后面将介绍的捕捉命令使用，绘制圆会很方便。

【例3-6】　用【相切，相切，半径】方式绘制如图3-15所示的圆，已知半径为30。

单击【相切，相切，半径】按钮，命令行提示如下：

命令：_circle 指定圆的圆心或 [三点(3P)/两点(2P)/切点、切点、半径(T)]：_ttr

指定对象与圆的第一个切点：（移动鼠标到左边直线上，出现拾取切点符号 ○... 时，单击鼠标左键）

指定对象与圆的第二个切点：（移动鼠标到右边直线上，出现拾取切点符号 ○... 时，单击鼠标左键）

指定圆的半径 <14.9522>: 30　　（输入直径值30）

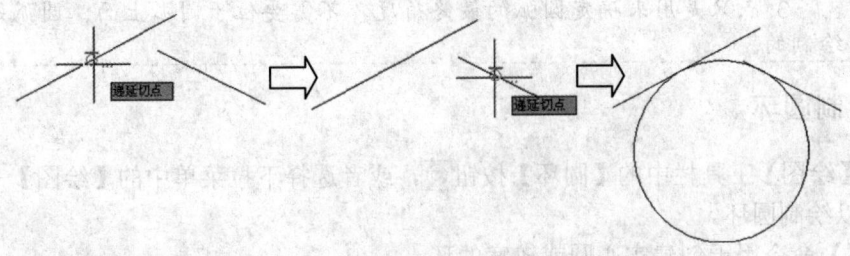

图3-15　【相切，相切，半径】方式绘制圆

如果输入圆的半径过小或过大，则系统绘制不出圆，命令行提示："圆不存在。"并退出绘制命令。此方法还可通过下拉菜单【绘图】→【圆】→【相切、相切、半径】命令来实现。

3.3.2　绘制圆弧

单击【绘图】工具栏中的【圆弧】按钮，或者在命令行提示中输入"arc"命令，即可绘制圆弧。AutoCAD 2012提供了11种绘制圆弧的方式，如图3-16所示。

图3-16　绘制圆弧的11种方式

虽然 AutoCAD 提供了这么多种绘制圆弧的方法，但经常用到的仅是其中的几种。在以后的章节中，将学到用【倒圆角】和【修剪】命令来间接生成圆弧。

【例3-7】 用【圆心，起点，端点】方式绘制圆弧，已知1点为圆心，1、2点之间距离为半径，如图3-17所示。

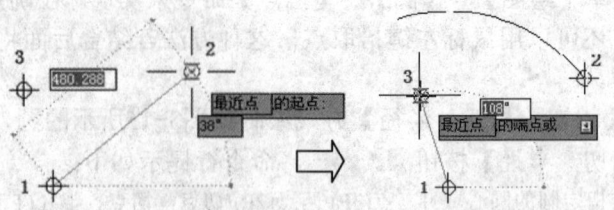

图 3-17 【圆心，起点，端点】方式绘制圆弧

单击【圆心，起点，端点】按钮，命令行提示如下：

命令：_arc 指定圆弧的起点或 [圆心(C)]：_c 指定圆弧的圆心： （选择1点作为圆心）
指定圆弧的起点： （选择2点作为起点）
指定圆弧的端点或 [角度(A)/弦长(L)]： （选择3点作为端点）

> 提示　3点只是用来确定圆弧的最终角度，不需要位于圆弧上面；圆弧是逆时针绘制的。

3.3.3 绘制圆环

单击【绘图】工具栏中的【圆环】按钮，或者选择下拉菜单中的【绘图】→【圆环】命令都可以绘制圆环。

【圆环】命令用于创建实心圆或较宽的环。

圆环由两条圆弧多段线组成，这两条圆弧多段线首尾相接而形成圆形。多段线的宽度由指定的内直径和外直径决定。要创建实心的圆，请将内径值指定为零。

3.3.4 绘制椭圆与椭圆弧

单击【绘图】工具栏中的【椭圆】按钮，或者在命令行提示中输入"ellipse"命令，即可绘制椭圆或者椭圆弧。图3-18所示分别为绘图面板上和下拉菜单中的【椭圆】命令。

可以选择【绘图】→【椭圆】→【圆心】命令，指定椭圆中心、一个轴的端点（主轴）以及另一个轴的半轴长度绘制椭圆；也可以选择【绘图】→【椭圆】→【轴，端点】命令，指定一个轴的两个端点（主轴）和另一个轴的半轴长度绘制椭圆；或者选择【绘图】→【椭圆】→【椭圆弧】命令，绘制椭圆弧，如图3-19所示。

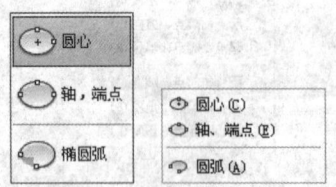

图 3-18 【椭圆】命令菜单

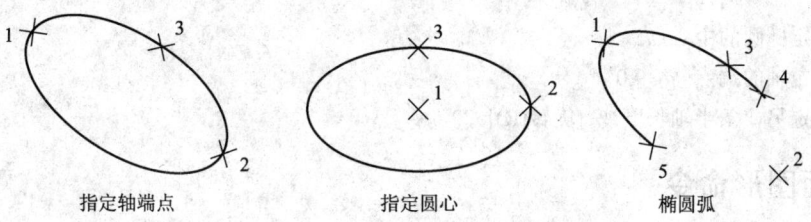

|指定轴端点|指定圆心|椭圆弧|

图 3-19 绘制椭圆与椭圆弧的 3 种方式

3.3.5 绘制圆实例

【例3-8】 已知等边三角形，完成如图3-20所示的图形。

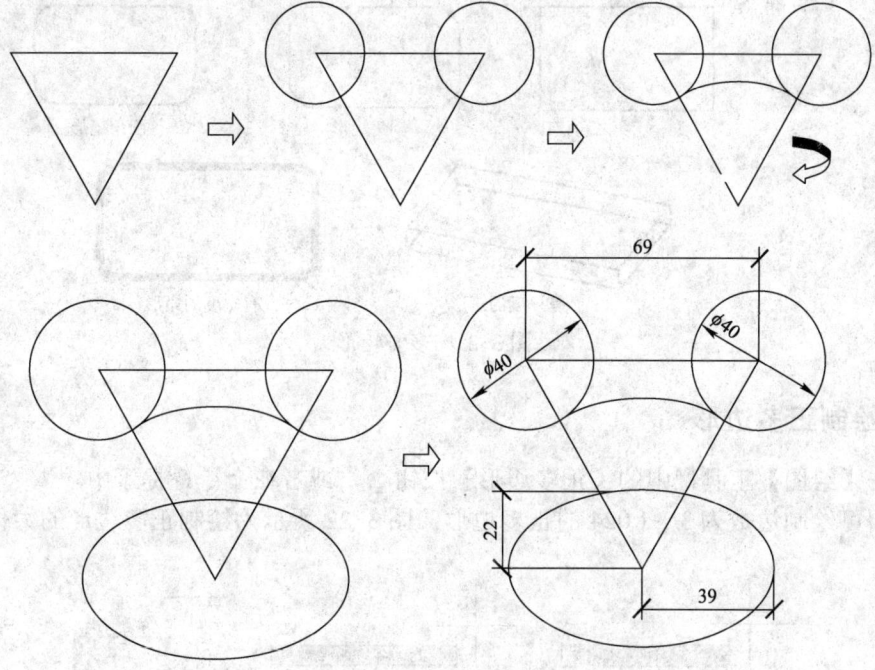

图 3-20 绘制圆实例

本例分别调用【圆】、【圆弧】、【椭圆】命令可以完成该图形，具体操作步骤如下：

命令: _circle 指定圆的圆心或 [三点(3P)/两点(2P)/切点、切点、半径(T)]:

指定圆的半径或 [直径(D)] <20.0000>: 20

命令:

CIRCLE 指定圆的圆心或 [三点(3P)/两点(2P)/切点、切点、半径(T)]:

指定圆的半径或 [直径(D)] <20.0000>: 20

命令:

命令: _arc 指定圆弧的起点或 [圆心(C)]: _c 指定圆弧的圆心:

指定圆弧的起点:

指定圆弧的端点或 [角度(A)/弦长(L)]:

命令:

命令: _ellipse

指定椭圆的轴端点或 [圆弧(A)/中心点(C)]: _c

指定椭圆的中心点:
指定轴的端点: @39,0
指定另一条半轴长度或 [旋转(R)]: 22

3.4 平面图形命令

3.4.1 绘制矩形

单击【绘图】工具栏中的【矩形】按钮，或者在命令行提示中输入"rectang"命令，即可绘制倒角矩形、圆角矩形、有厚度的矩形等多种矩形，如图3-21所示。

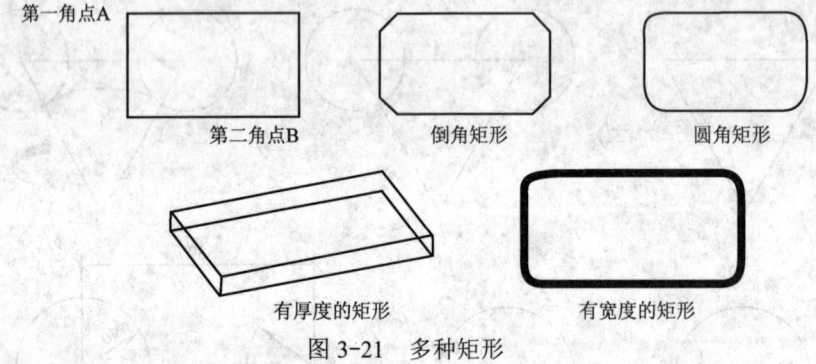

图 3-21　多种矩形

3.4.2 绘制正多边形

单击【绘图】工具栏中的【正多边形】按钮，或者在命令行提示中输入"polygen"命令，即可绘制边数为3～1 024的正多边形。图3-22所示为绘制正多边形的大体步骤。

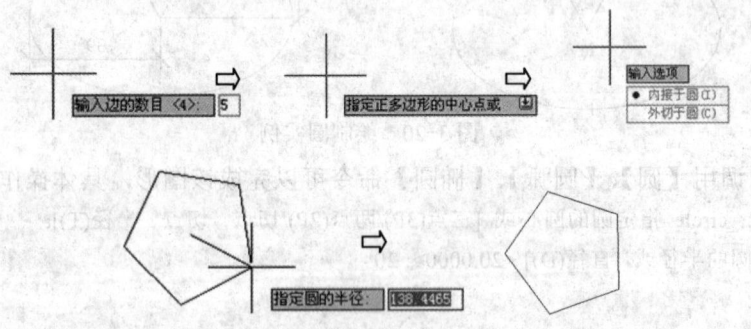

图 3-22　绘制正多边形的大体步骤

【例3-9】　绘制如图3-23所示的图形。

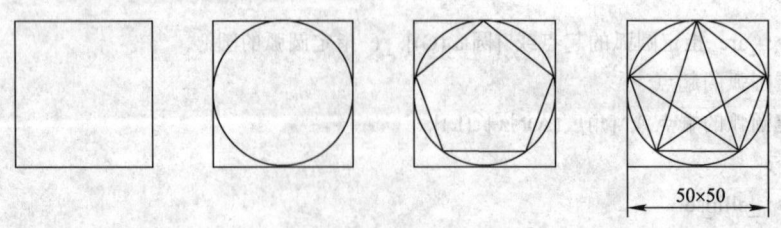

图 3-23　绘制平面图形

本例分别使用【矩形】、【圆】、【多边形】和【直线】命令可以完成该图形，具体步骤如下：

命令：_rectang
指定第一个角点或 [倒角(C)/标高(E)/圆角(F)/厚度(T)/宽度(W)]:
指定另一个角点或 [面积(A)/尺寸(D)/旋转(R)]: @50,50　　（用相对直角坐标方式给定另一点）
命令:
命令: _circle 指定圆的圆心或 [三点(3P)/两点(2P)/切点、切点、半径(T)]: _3p 指定圆上的第一个点: _tan 到　　　　　（用相切、相切、相切方式绘制圆）
指定圆上的第二个点: _tan 到
指定圆上的第三个点: _tan 到
命令:
命令: _polygon 输入侧面数 <5>:
指定正多边形的中心点或 [边(E)]:
输入选项 [内接于圆(I)/外切于圆(C)] <I>:
指定圆的半径:25
命令:
命令: _line 指定第一点:
指定下一点或 [放弃(U)]:　　　（依次捕捉 5 个交点，捕捉方式后面章节讲述）
指定下一点或 [放弃(U)]:
指定下一点或 [闭合(C)/放弃(U)]:
指定下一点或 [闭合(C)/放弃(U)]:
指定下一点或 [闭合(C)/放弃(U)]:

3.5 图案填充

3.5.1 基本概念

在 AutoCAD 中，图案填充是一种使用指定线条图案来充满指定区域的图形对象，常用于表达剖切面和不同类型物体对象的外观纹理。

国家标准《房屋建筑制图统一标准》GB/T50001—2010 中对图案填充的类型进行了统一规定（见表 3-1）。在建筑工程图样中绘制图案填充时应该按照国家标准的样式绘制。

表 3-1　常用建筑材料图例

序　号	名　　称	图　　例	备　　注
1	自然土壤		包括各种自然土壤
2	夯实土壤		
3	沙、灰土		
4	砂砾石、碎砖三合土	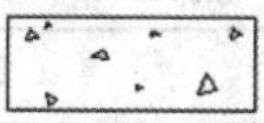	

(续)

序号	名称	图例	备注
5	石材		
6	毛石		
7	普通砖		包括实心砖、多孔砖、砌块等砌体。断面较窄不易绘出图例线时，可涂红，并在图样备注中加注说明，画出该材料图例
8	耐火砖		包括耐酸砖等砌体
9	空心砖		指非承重砖砌体
10	饰面砖		包括铺地砖、马赛克、陶瓷锦砖、人造大理石等
11	焦渣、矿渣	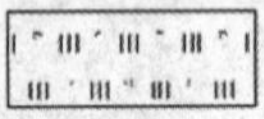	包括与水泥、石灰等混合而成的材料
12	混凝土		1. 本图例指能承重的混凝土 2. 包括各种强度等级、骨料、添加剂的混凝土 3. 在剖面图上画出钢筋时，不画图例线 4. 断面图形小，不易画出图例线时，可涂黑
13	钢筋混凝土		
14	多孔材料		包括水泥珍珠岩、沥青珍珠岩、泡沫混凝土、非承重加气混凝土、软木、蛭石制品等
15	纤维材料		包括矿棉、岩棉、玻璃棉、麻丝、木丝板、纤维板等
16	泡沫塑料材料		包括聚苯乙烯、聚乙烯、聚氨脂等多孔聚合物类材料
17	木材		1. 上图为横断面，分别为垫木、木砖或木龙骨 2. 下图为纵断面
18	胶合板		应注明为 x 层胶合板
19	石膏板		包括圆孔、方孔石膏板、防水石膏板、硅钙板、防火板等
20	金属		1. 包括各种金属 2. 图形小时，可涂黑
21	网状材料		1. 包括金属、塑料网状材料 2. 应注明具体材料名称
22	液体		应注明具体液体名称
23	玻璃		包括平板玻璃、磨砂玻璃、夹丝玻璃、钢化玻璃、中空玻璃、夹层玻璃、镀膜玻璃等
24	橡胶		
25	塑料	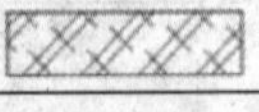	包括各种软、硬塑料及有机玻璃等
26	防水材料		构造层次多或比例大时，采用上面图例
27	粉刷		本图例采用较稀的点

注：图例中的斜线、短斜线、交叉斜线等均为45°。

3.5.2 设置图案填充

要重复绘制某些图案以填充图形中的一个区域,从而表达该区域的特征,这种填充操作称为图案填充。图案填充的应用非常广泛。例如,在机械或建筑工程图样中,可以用图案填充表达一个剖切的区域,也可以使用不同的图案填充来表达不同的零部件或者材料。

选择【绘图】→【图案填充】命令(BHATCH),或在【绘图】工具栏中单击【图案填充】按钮,打开【图案填充和渐变色】对话框的【图案填充】选项卡,可以设置图案填充时的类型和图案、角度和比例等特性,如图 3-24 所示。本节以【AutoCAD 经典】界面为例进行介绍。

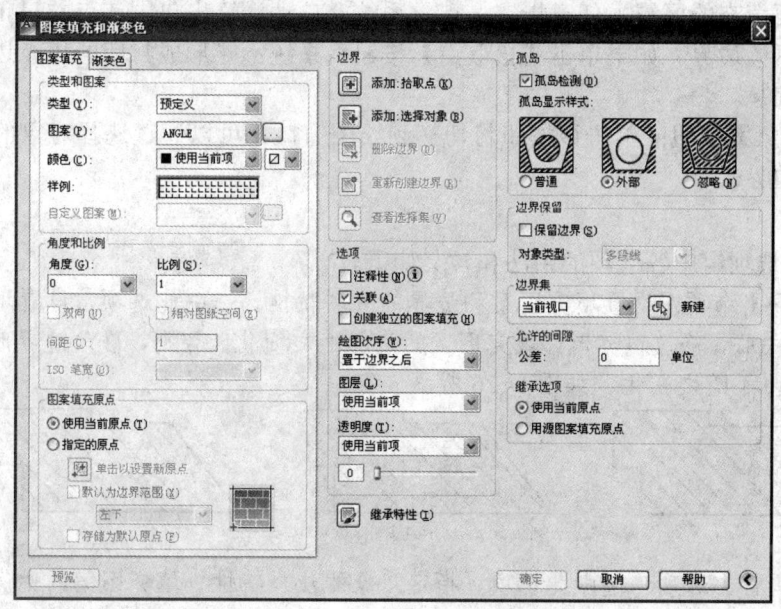

图 3-24 【图案填充】选项卡

1. 类型和图案

在【类型和图案】选项组中,可以设置图案填充的类型和图案。

例如在建筑图样中,一般选择【类型】下拉列表框中的【ANSI32】选项图案作为砖墙的剖面图。如果需要其他图案,则用户可在【预定义】、【用户定义】和【自定义】3 个选项中根据需要设定。

2. 角度和比例

在【角度和比例】选项组中,可以设置用户定义类型的图案填充的角度和比例等参数。在机械图样中,对于剖面线不同方向和间隔,可以在此设定。

3. 图案填充原点

【图案填充原点】选项组控制填充图案生成的起始位置。某些图案填充(如砖块图案)需要与图案填充边界上的一点对齐。默认情况下,所有图案填充原点都对应于当前的 UCS 原点。使用该选项组里的工具,可以调整填充图案原点的位置,如图 3-25 所示。

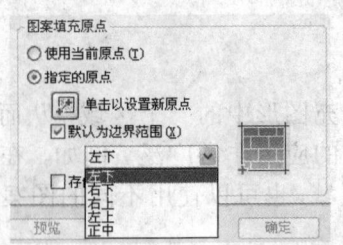

图 3-25 【图案填充原点】选项组

4. 边界

【边界】选项组包括【拾取点】、【选择对象】等按钮，其功能如下。

【拾取点】按钮：以拾取点的形式来指定填充区域的边界。单击该按钮切换到绘图窗口，可在需要填充的区域内任意指定一点，系统会自动计算出包围该点的封闭填充边界，同时高亮显示该边界。如果单击【拾取点】按钮后系统不能形成封闭的填充边界，则会显示错误提示信息。

【选择对象】按钮：单击该按钮将切换到绘图窗口，可以通过选择对象的方式来定义填充区域的边界。

5. 选项

【选项】选项组中各选项的用法和含义如下。

- 【关联】选项：设置填充图案和边界的关联特性。选中此选项，设置填充图案和边界有关联，修改边界时，填充图案的边界随之变化；否则，修改边界时，填充图案的边界不随之变化，如图 3-26 所示。

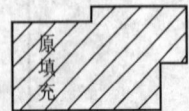  

图 3-26 边界和填充图案关系

- 【注释性】选项：选中此选项，指定对象的注释特性，填充图案的比例根据视口的比例自动调整。
- 【创建独立的图案填充】选项：选中此选项，使其处于按下状态时，使用一次图案填充工具填充的多个独立区域内的填充图案相互独立。反之，此按钮处于浮起状态时，使用一次图案填充工具填充的多个独立区域内的填充图案是一个关联的对象。
- 【绘图次序】列表，单击 按钮，出现下拉列表，如图 3-27 所示，从中选择相应的方式设置填充图案和其他图形对象的绘图次序。如果将图案填充"置于边界之后"，可以更容易地选择图案填充边界。

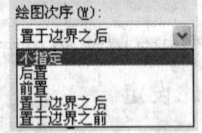 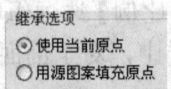

图 3-27 【绘图次序】列表　　　　图 3-28 【继承选项】选项组

6. 其他选项组

- 【继承特性】按钮：单击该按钮，根据系统提示在图形区选择源图案填充，然后选择填充边界，新的填充图案和源填充图案相同。

- 【继承选项】选项组：如图3-28所示,【使用当前原点】选项根据系统提示在图形区选择源图案填充,然后选择填充边界,新的填充图案和源填充图案相同且使用当前填充边界的原点;【用源图案填充原点】选项根据系统提示在图形区选择源图案填充,然后选择填充边界,新的填充图案和源填充图案相同且使用和源填充图案相同的原点。
- 【允许的间隙】选项组：设定将对象用作图案填充边界时可以忽略的最大间隙。默认值为0,此值指定对象必须封闭区域而没有间隙。任何小于或等于允许的间隙中指定的值的间隙都将被忽略,并将边界视为封闭。
- 【孤岛检测】选项：从中选择相应的方式设置最外层边界内部图案填充或填充边界的定义方法,对于如图3-29所示的图形,在"⊠"标志处拾取点。

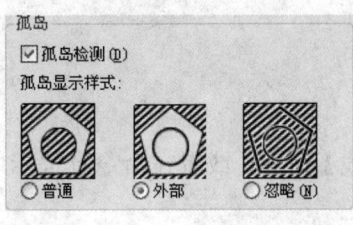 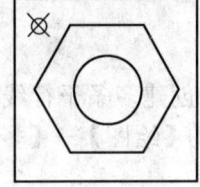

图 3-29 孤岛检测

【例3-10】 绘制如图3-30a所示的图形。

由于该图被中心线分割成4个封闭线框,所以选择边界时单击【添加:选择对象】按钮比较合适。图案填充步骤如下:

1)选择【绘图】→【图案填充】命令。
2)在【图案填充】对话框中,设置如图3-31a所示的选项。
3)在边界选择中单击【添加:选择对象】按钮,如图3-31b所示。
4)在图3-30a所示的点位置选择圆边界,单击鼠标右键,在弹出的菜单中选择【确认】命令。
5)单击【图案填充】对话框中的 确定 按钮即可。

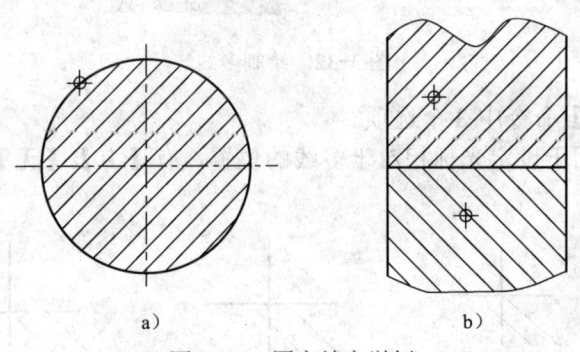

图 3-30 图案填充举例

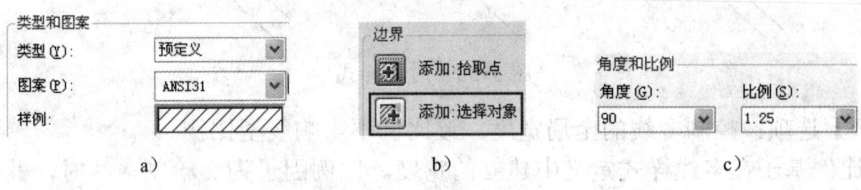

图 3-31 图案填充步骤

【例3-11】 绘制如图3-30b所示的图形。

该图的图案填充由两部分组成,根据国家标准规定,相邻的剖面线方向或者间隔要有区别,因此进行图案填充时,其中一处要做角度或者比例的变化。因此,其中一处可以重复上面的操作过程,只是由于该填充部分是一个独立的封闭线框,所以可以在边界选择时单击【添加:拾取点】按钮。另一处在设定角度和比例时可以按照图3-31c所示来设置。

> 说明 图案填充中【比例】的设置,要根据图像尺寸进行调整,以得到合适的间隔。

3.6 多线

3.6.1 绘制多线

【多线】命令用于创建多条平行线。

选择下拉菜单中的【绘图】→【多线】命令,或者在命令行提示中输入"mline"命令,即可绘制多线。

【例3-12】 使用【多线】命令绘制如图3-32所示的图形。

命令: mline
当前设置: 对正 = 上,比例 = 20.00,样式 = STANDARD
指定起点或 [对正(J)/比例(S)/样式(ST)]:
指定下一点: @150<60
指定下一点或 [放弃(U)]: @300<330
指定下一点或 [闭合(C)/放弃(U)]: c

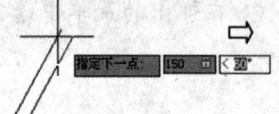
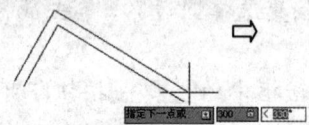
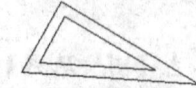

图 3-32 绘制多线

下面介绍【多线】命令中3个选项。

【对正】选项:用于设定光标相对于多线的位置,有【上】、【无】、【下】3种选择,如图3-33所示。

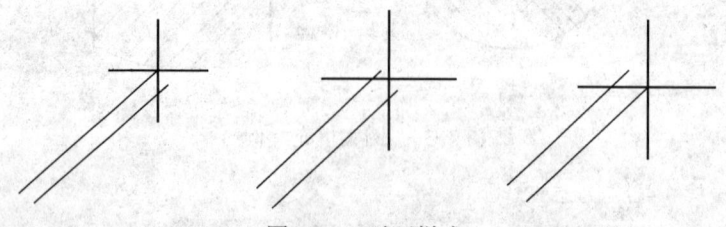

图 3-33 对正样式

【比例】选项:控制多线的全局宽度。该比例不影响线型比例。

这个比例基于在多线样式定义中建立的宽度。比例因子为2绘制多线时,其宽度是样式定义的宽度的两倍。负比例因子将翻转偏移线的次序:当从左至右绘制多线时,偏移最小的多线绘制在顶部。负比例因子的绝对值也会影响比例。比例因子为 0 将使多线变为单一的直线。

【样式】选项：指定多线的样式。指定已加载的样式名或创建的多线库（MLN）文件中已定义的样式名。

3.6.2 编辑多线

【编辑多线】命令用于编辑多线交点、打断点和顶点。

双击一条已绘制的多线，或者在命令行提示中输入 "mledit" 命令，即可打开如图 3-34 所示的【多线编辑工具】对话框。

单击【十字闭合】按钮，然后依次选择水平多线和垂直多线，结果如图 3-35b 所示。
单击【十字打开】按钮，然后依次选择水平多线和垂直多线，结果如图 3-35c 所示。
单击【T 形闭合】按钮，然后依次选择水平多线和垂直多线，结果如图 3-35d 所示。
其他选项用户可自行尝试，这里不再赘述。

图 3-34 【多线编辑工具】对话框

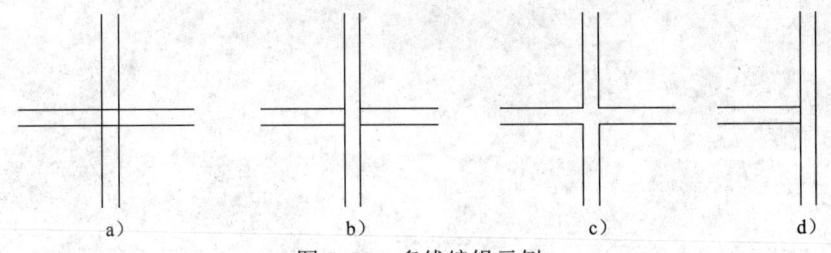

图 3-35 多线编辑示例
a）未编辑 b）十字闭合 c）十字打开 d）T 形闭合

3.7 课后练习

1. 在 AutoCAD 中，系统默认的角度的正方向和圆弧的形成方向是逆时针还是顺时针？

2．用【正多边形】命令绘制正多边形时有两个选择：圆内接和圆外切。试问用这两种方法怎样控制正多边形的方向？

3．绘制如图3-36所示的图形。

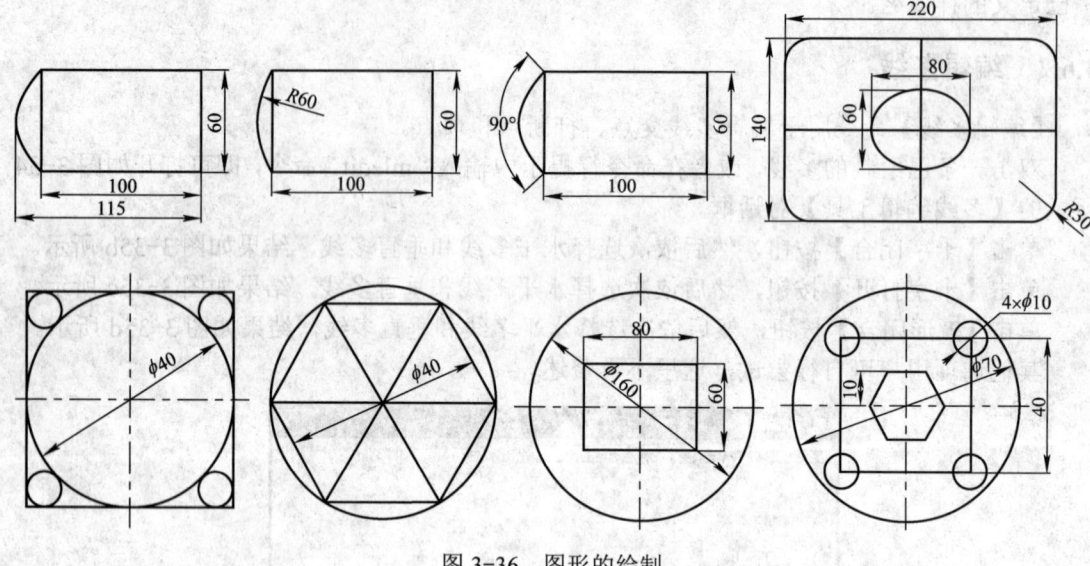

图3-36　图形的绘制

第 4 章　AutoCAD 精确绘图工具

【内容与要求】

在 AutoCAD 中设计和绘制图形时，如果对图形尺寸比例要求不太严格，则可以大致输入图形的尺寸，用鼠标在图形区域中直接拾取和输入。但是，有的图形对尺寸要求比较严格，必须按给定的尺寸精确绘图。这时可以通过常用的指定点的坐标法来绘制图形，还可以使用系统提供的"捕捉"、"对象捕捉"、"对象追踪"、"线宽"和"动态输入"等功能，在不输入坐标的情况下快速、精确地绘制图形。

本章应达到如下目标：

- 掌握 AutoCAD 2012 各种精确绘图工具。
- 掌握 AutoCAD 2012 图形的显示控制命令。

4.1 设置捕捉和栅格

在绘制图形时，尽管可以通过移动光标来指定点的位置，但很难精确地指定点的某一位置。在 AutoCAD 中，使用"捕捉"和"栅格"功能，可以用来精确定位点，提高绘图效率。

4.1.1 捕捉

【捕捉】命令用于设定光标移动的间距。

1. 打开或关闭捕捉

要打开或关闭"捕捉"功能，可以选择以下几种方法：

- 在 AutoCAD 窗口的状态栏中，单击【捕捉】按钮。
- 按 F9 键打开或关闭捕捉。
- 选择【工具】→【草图设置】命令，打开【草图设置】对话框，在【捕捉和栅格】选项卡中选中或取消【启用捕捉】复选框。

2. 设置捕捉参数

在状态栏的【捕捉】按钮处单击鼠标右键，选择【设置】命令，或利用【草图设置】对话框中的【捕捉和栅格】选项卡，可以设置捕捉和栅格的相关参数，如图 4-1 所示。各选项的功能如下：

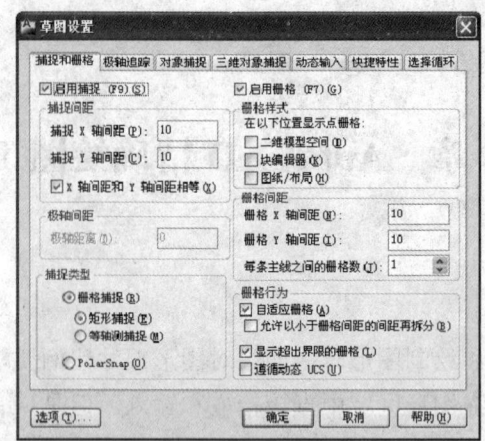

图 4-1 【草图设置】对话框

- 【启用捕捉】复选框：打开或关闭捕捉方式。选中该复选框，可以启用捕捉。
- 【捕捉间距】选项组：设置捕捉间距，分别设置水平和垂直两个方向的间距。
- 【极轴间距】选项组：该选项组只有在"极轴捕捉"类型时才可用。可以在文本框中输入距离值。
- 【捕捉类型】选项组：可以设置捕捉类型和样式，包括"栅格捕捉"和"极轴捕捉"两种。

4.1.2 栅格

启动【栅格】命令，在绘图区域中将出现可见的网格，就像传统的坐标纸一样，可以提供直观的距离和位置参照。

1. 打开或关闭栅格

要打开或关闭"栅格"功能，可以选择以下几种方法：

- 在 AutoCAD 窗口的状态栏中，单击【栅格】按钮▦。
- 按 F7 键打开或关闭栅格。
- 选择【工具】→【草图设置】命令，打开【草图设置】对话框，在【捕捉和栅格】选项卡中选中或取消【启用栅格】复选框。

栅格在绘图区中只起辅助绘图的作用，不会打印输出。设置捕捉功能的光标移动间距与栅格的间距相同，这样光标就会自动捕捉到相应的栅格点上。

2. 设置栅格参数

在状态栏的【栅格】按钮处单击鼠标右键，选择【设置】命令，或利用【草图设置】对话框中的【捕捉和栅格】选项卡，可以设置捕捉和栅格的相关参数，如图 4-1 所示。各选项的功能如下。

- 【启用栅格】复选框：打开或关闭栅格的显示。选中该复选框，可以启用栅格。
- 【栅格间距】选项组：设置 x 轴和 y 轴的栅格间距。
- 【栅格行为】选项组：用于设置"视觉样式"下栅格线的显示样式（三维线框除外）。

4.2 设置对象捕捉

在绘图过程中,经常要指定一些对象上已有的点,如端点、圆心和两个对象的交点等。如果只凭观察来拾取,则不可能非常准确地找到这些点。在 AutoCAD 中,可以通过【对象捕捉】工具栏和【草图设置】对话框等方式调用对象捕捉功能,迅速、准确地捕捉到某些特殊点,从而精确地绘制图形。

4.2.1 【对象捕捉】工具栏

把鼠标放在任意一个命令按钮上,单击鼠标右键,在弹出的快捷菜单中选择【对象捕捉】命令,可以打开如图 4-2 所示的【对象捕捉】工具栏。用户也可以按下 Shift 键或 Ctrl 键后单击鼠标右键,弹出【对象捕捉】菜单,如图 4-3 所示,启用对象捕捉功能。

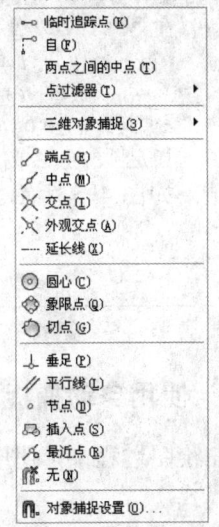

图 4-2 【对象捕捉】工具栏　　图 4-3 【对象捕捉】菜单

在绘图过程中,当要求指定点时,单击【对象捕捉】工具栏中相应的特征点按钮,再把光标移到要捕捉对象上的特征点附近,即可捕捉到相应的对象特征点。下面介绍主要选项:

- 临时追踪点:建立临时追踪点。
- 自:建立一个临时参考点,作为后续点的基点。
- 两点之间的中点:捕捉两个独立点之间的中点。
- 点过滤器:由坐标选择点。
- 端点(END):捕捉直线段或圆弧等对象的端点。
- 中点(MID):捕捉直线段或圆弧等对象的中点。
- 交点(INT):捕捉直线段或圆弧等对象之间的交点。
- 外观交点(APPINT):捕捉二维图形中看上去是交点,而在三维图形中并不相交的点。
- 延长线(EXT):捕捉对象延长线上的点。
- 圆心(CEN):捕捉圆或圆弧的圆心。
- 象限点(QUA):捕捉圆或圆弧的最近象限点。

- 切点（TAN）：捕捉所绘制的圆或圆弧上的切点。
- 垂足（PER）：捕捉所绘制的线段与其他线段的正交点。
- 平行线（PAR）：捕捉与某线平行的点。
- 节点（NOD）：捕捉单独绘制的点。
- 插入点（INS）：捕捉对象上的距光标中心最近的点。

> **提示** 捕捉【自】选项经常与对象捕捉一起使用。在使用相对坐标指定下一个应用点时，捕捉【自】选项可以提示用户输入基点，并将该点作为临时参考点。

【例4-1】 画一半径为10mm的圆，圆心在如图4-4所示直线的延长线上，距离端点A为20mm的位置。

本例练习捕捉【自】选项的操作方法，练习操作步骤如下：
单击【绘图】工具栏中的【圆】按钮⊙，命令行提示如下：
命令：_circle 指定圆的圆心或 [三点（3P）/两点（2P）/切点、切点、半径（T）]：（单击捕捉【自】按钮）
_from 基点：（选择如图4-4所示的直线端点A）
<偏移>：@20,0
指定圆的半径或[直径（D）]：10

结果如图4-5所示。

图4-4 直线 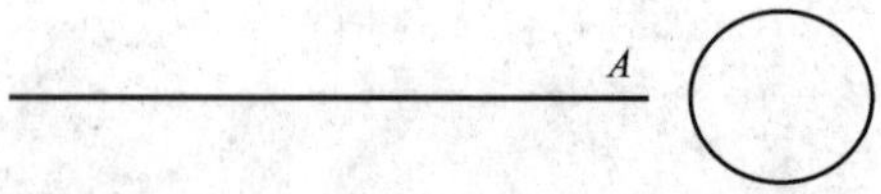   图4-5 利用捕捉【自】选项绘制圆

4.2.2 使用自动捕捉功能

在绘图过程中，使用对象捕捉的频率非常高。为此，AutoCAD又提供了一种自动对象捕捉模式。

自动捕捉就是当把光标放在一个对象上时，系统自动捕捉到对象上所有符合条件的几何特征点，并显示相应的标记。如果把光标放在捕捉点上多停留一会，系统会显示捕捉的提示。这样，在选点之前，就可以预览和确认捕捉点。

打开对象捕捉模式，有以下几种方式：
- 如图4-6所示，在【草图设置】对话框的【对象捕捉】选项卡中，选中【启用对象捕捉】复选框，然后在【对象捕捉模式】选项组中选中相应的复选框。
- 在状态栏的【对象捕捉】按钮处单击鼠标右键，选择【设置】命令。
- 单击状态栏中的【对象捕捉】按钮，该按钮呈凹下状态时即启用了对象捕捉功能。
- 按 F3 键也可启用或关闭对象捕捉功能。

当启用了对象捕捉功能后，将光标移动到某些特殊的点上，系统就会自动捕捉该点进行精确绘图。通过对象捕捉功能可以捕捉端点、中点、圆心、节点、交点等点对象。

在使用AutoCAD绘图时，经常会出现这样的情况：当AutoCAD提示确定点时，用户可能希望通过鼠标来拾取屏幕上的某一点，但由于拾取点与某些图形对象的距离很接近，可能得到的点并不是所拾取的点，而是已有对象上的某一特殊点。造成这种结果的原因是启用了自动对象捕捉功能，使AutoCAD自动捕捉到某个捕捉点。如果事先单击状态栏中的【对象捕捉】按钮，关闭自动捕捉功能，就可以避免上述情况的发生。因此，在绘制

AutoCAD 图形时，一般会根据绘图需要不断地单击状态栏中的【对象捕捉】按钮，启用或关闭对象捕捉功能，以达到最佳绘图效果。

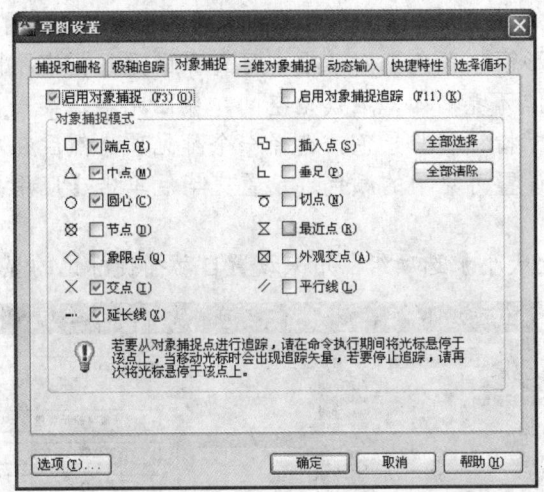

图 4-6 【对象捕捉】选项卡

4.2.3 自动捕捉参数设置

在 AutoCAD 2012 执行目标捕捉命令时，会自动在目标捕捉点处显示一个标记，有时还会出现相应的解释框等，这些目标捕捉的相关参数可以通过【选项】对话框，设置【草图】选项卡中【自动捕捉设置】选项组中的选项，如图 4-7 所示。其各选项功能如下：

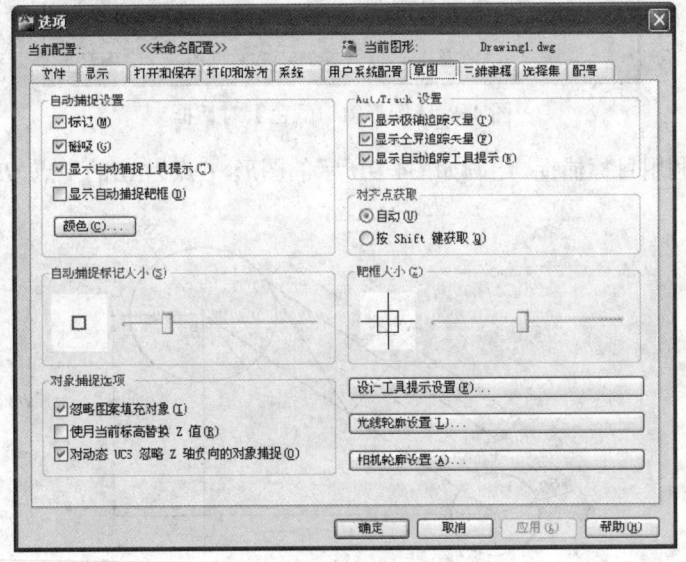

图 4-7 【草图】选项卡

- 【标记】复选框：捕捉到指定点时将显示捕捉标记。
- 【磁吸】复选框：当拾取点光标接近捕捉点时，光标会自动移动并锁定到最近的捕捉点上。
- 【显示自动捕捉工具提示】复选框：当捕捉到指定点之后，会显示一个表示当前捕捉标记的小标签。
- 【显示自动捕捉靶框】复选框：当启用对象捕捉时在十字光标的内部将出现方框。
- 【颜色】按钮：单击【颜色】按钮，将打开【图形窗口颜色】对话框，如图4-8所示。在【图形窗口颜色】对话框中可对界面元素指定不同的颜色。背景显示窗是一种操作环境，如二维模型空间。界面元素是某一操作环境中的可见项，如十字光标指针和背景色。选择一个可见项，然后在右侧的【颜色】下拉列表框中可设置可见项的颜色。设置完毕后单击【应用并关闭】按钮，完成设置。
- 【自动捕捉标记大小】选项组：用来设置自动捕捉标记的显示尺寸。

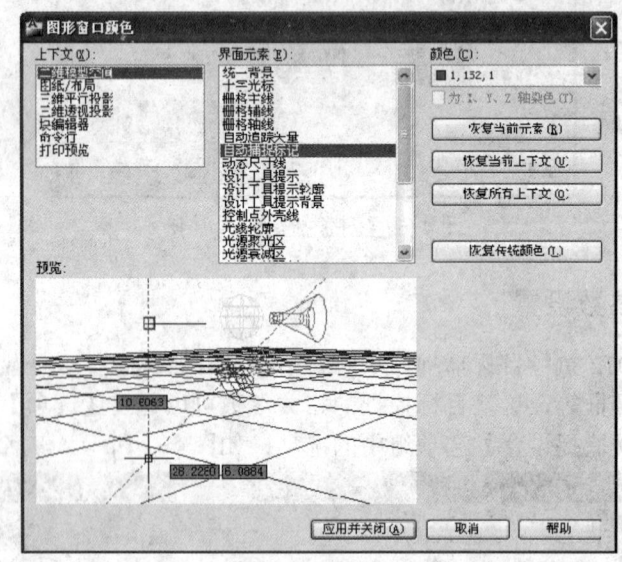

图4-8 【图形窗口颜色】对话框

【例4-2】 利用目标捕捉，绘制如图4-9所示的图形，C点为AB的中点，DE//AB，CF⊥ED。

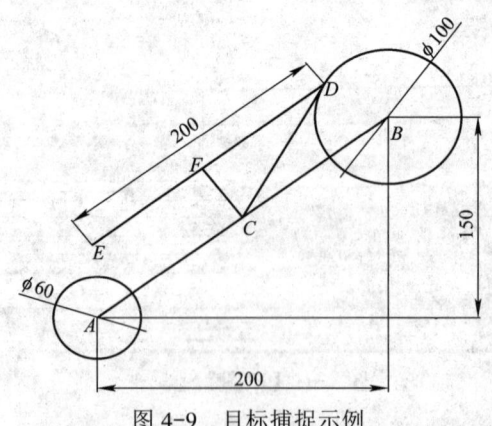

图4-9 目标捕捉示例

本例练习对象捕捉命令的操作方法，练习操作步骤如下：

步骤1 绘制φ60mm的圆

❶ 建立不同的图层，将当前层切换到"粗实线"图层中。

❷ 单击【绘图】工具栏中的【圆】按钮 ⊙。命令行提示如下:

命令:_circle 指定圆的圆心或 [三点(3P)/两点(2P)/切点、切点、半径(T)]:(在界面上任意选一点)

指定圆的半径或 [直径(D)]: 30

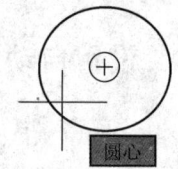

图 4-10 捕捉圆心

步骤2 绘制 φ100mm 的圆

单击【绘图】工具栏中的【圆】按钮 ⊙。命令行提示如下:

命令:_circle 指定圆的圆心或 [三点(3P)/两点(2P)/切点、切点、半径(T)]:

单击【对象捕捉】工具栏中的捕捉【自】按钮 ,然后单击 φ60mm 的圆心点。命令行提示如下:

_from 基点:<偏移>: @200,150

指定圆的半径或 [直径(D)] <30.0000>: 50

步骤3 绘制线段 AB 和 CD

❶ 单击【绘图】工具栏中的【直线】按钮 /。命令行提示如下:

_line 指定第一点:(鼠标移到 φ60mm 的圆心附近,出现如图 4-10 所示的提示,单击【确定】按钮)

指定下一点或 [放弃(U)]:(鼠标移到 φ100mm 的圆心附近,出现"圆心"提示,单击【确定】按钮)

❷ 单击【绘图】工具栏中的【直线】按钮 /。命令行提示如下:

_line 指定第一点:(鼠标移到 AB 直线的中心附近,出现"中点"提示,单击【确定】按钮)

指定下一点或 [放弃(U)]:(单击【对象捕捉】工具栏中的【切点】按钮 ○,鼠标移到 D 点附近,出现"切点"提示,单击【确定】按钮)

步骤4 绘制线段 DE 和 CF

❶ 命令:按 Enter 键,继续直线绘制。移动鼠标到 D 点附近,出现"端点"提示,单击【确定】按钮。

单击【对象捕捉】工具栏中的【平行】按钮 //,鼠标移到 AB 直线上,出现"平行"提示,移动鼠标,出现如图 4-11 所示的提示,输入线段 DE 的长度 200mm。

命令行提示如下:

命令:指定下一点或 [放弃(U)]: _par 到 200

❷ 命令:按 Enter 键,继续直线绘制。移动鼠标到 C 点附近,出现"端点"提示,单击【确定】按钮。

单击【对象捕捉】工具栏中的【垂足】按钮 ⊥,鼠标移到 DE 直线上,出现如图 4-12 所示的"垂足"提示,单击【确定】按钮。

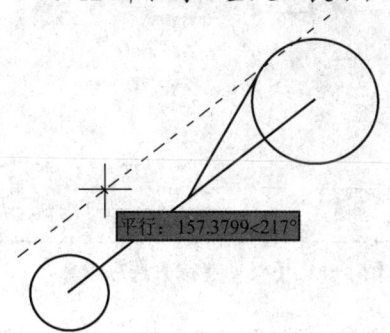

图 4-11 绘制平行线

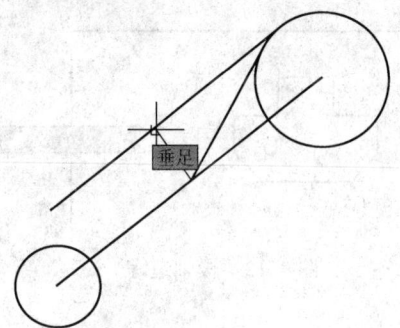

图 4-12 绘制垂直线

4.3 设置自动追踪

在 AutoCAD 中，自动追踪可按指定角度绘制对象，或者绘制与其他对象有特定关系的对象。自动追踪功能分极轴追踪和对象捕捉追踪两种，是非常有用的辅助绘图工具。

极轴追踪是按事先给定的角度增量来追踪特征点。而对象捕捉追踪按与对象的某种特定关系来追踪，这种特定的关系确定了一个未知角度。也就是说，如果事先知道要追踪的方向（角度），则使用极轴追踪；如果事先不知道具体的追踪方向（角度），但知道与其他对象的某种关系（如相交），则用对象捕捉追踪。极轴追踪和对象捕捉追踪可以同时使用。

4.3.1 极轴追踪

极轴追踪捕捉可捕捉所设角增量线上的任意点。极轴追踪捕捉可通过单击状态栏中的【极轴追踪】按钮来打开或关闭，也可按 F10 键打开或关闭。启用该功能以后，当执行 AutoCAD 的某一操作并根据提示确定了一点（追踪点）同时系统继续提示用户确定另一点位置时，移动光标，使光标接近预先设定的方向，自动将光标指引线吸引到该方向，同时沿该方向显示出极轴追踪矢量，并且浮出一个小标签，标签中说明当前光标位置相对于当前一点的极坐标，如图 4-13 所示。

用户还可以设置极轴追踪方向等性能参数。在【草图设置】对话框的【极轴追踪】选项卡中，或在状态栏中的【极轴追踪】按钮处单击鼠标右键，选择【设置】命令，弹出对话框如图 4-14 所示。通过设置对话框中的【增量角】下拉列表框，用户可以确定追踪方向的角度增量。【附加角】复选框用于确定除了【增量角】下拉列表框设置的追踪方向外，是否再附加追踪方向。如果选中此复选框，则可以单击【新建】按钮确定附加追踪方向的角度，单击【删除】按钮可以删除已有的附加角度。

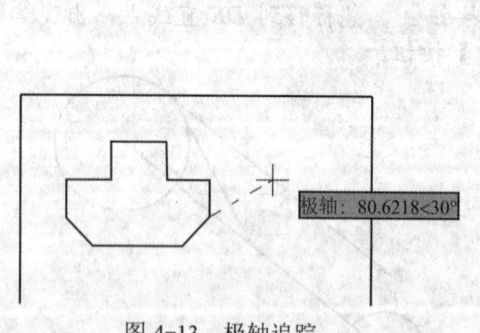

图 4-13 极轴追踪

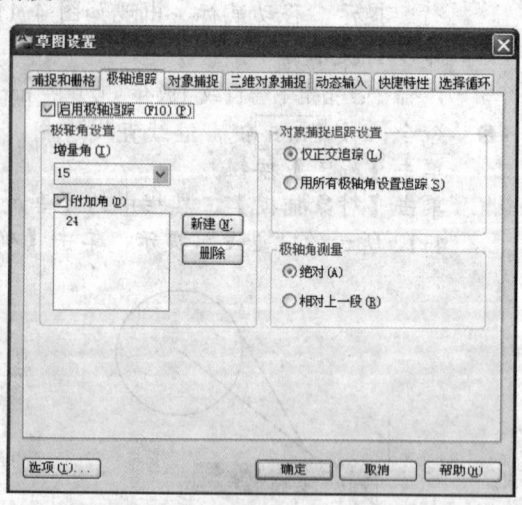

图 4-14 【极轴追踪】选项卡

【例4-3】 绘制如图4-15所示的图形，线段的长度均为100mm。

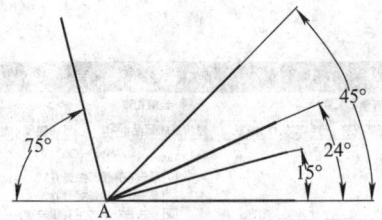

图 4-15 极轴追踪示例

本例练习极轴追踪的操作方法,练习操作步骤如下。
❶ 设置极轴追踪参数如图 4-14 所示,增量角为 15°,单击【新建】按钮,增加追踪角度为 24°。
❷ 单击【绘图】工具栏中的【直线】按钮。命令行提示如下:

　　指定第一点:(任意给定一点)
　　指定下一点或 [放弃(U)]:100(水平移动光标,出现如图 4-16 所示的提示,输入 100)
　　命令:回车　(继续【直线】命令,捕捉到起点 A)
　　指定下一点或 [放弃(U)]:100(移动光标,出现如图 4-17 所示的提示,输入 100)

采用同样的方法,将光标移到相应的角度位置,输入 100,即可绘制出其他的图形。

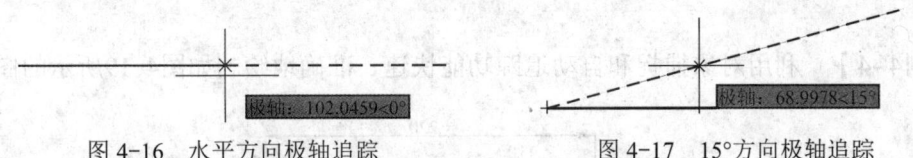

图 4-16　水平方向极轴追踪　　　　　图 4-17　15°方向极轴追踪

4.3.2　对象捕捉追踪

　　对象捕捉追踪是按与对象的某种特定关系来追踪,这种特定的关系确定了一个未知角度。当不知道具体的追踪方向和角度,但知道与其他对象的某种关系(如相交)时,可以应用对象捕捉追踪。对象捕捉追踪必须和对象捕捉同时工作,对象捕捉追踪可通过单击状态栏中的按钮来打开或关闭。

　　单击状态栏中的【对象捕捉追踪】按钮,该按钮变亮即启用了对象捕捉追踪功能。按 F11 键或在图 4-6 所示的【对象捕捉】选项卡中选中 ☑启用对象捕捉追踪 (F11)(K) 复选框也可启用对象捕捉追踪功能。对象捕捉追踪是根据捕捉点沿正交方向或极轴方向进行追踪,该功能可理解为对象捕捉和极轴追踪功能的联合应用。

　　若要取消对象追踪功能,只需单击状态栏中的【对象捕捉追踪】按钮,使其变灰即可。

4.3.3　自动追踪设置

　　使用自动追踪功能可以快速而且精确地定位点,在很大程度上提高了绘图效率。在 AutoCAD 2012 中,要设置自动追踪功能选项,可打开【选项】对话框,选择【草图】选项卡中的【AutoTrack 设置】选项组中各选项,如图 4-18 所示。其各选项功能如下。
● 显示极轴追踪矢量:设置是否显示极轴追踪的矢量数据。
● 显示全屏追踪矢量:设置是否显示全屏追踪的矢量数据。
● 显示自动追踪工具提示:设置在追踪特征点时是否显示工具栏中的相应按钮的提

示文字。

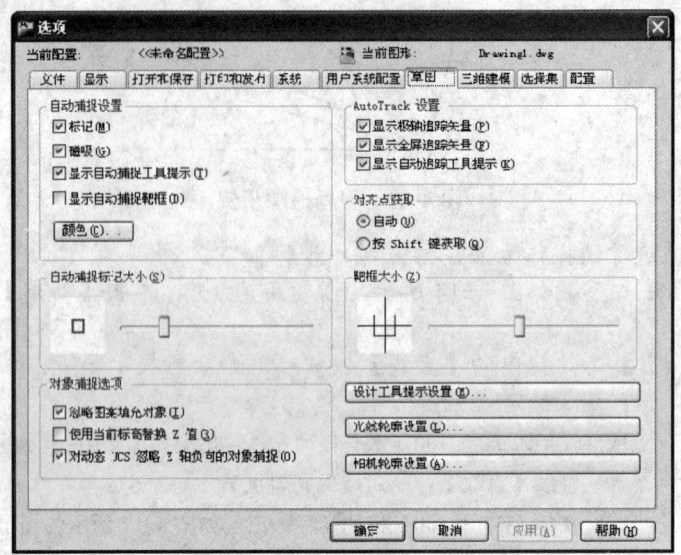

图4-18 【草图】选项卡

【例4-4】 利用对象捕捉和自动追踪功能快速、准确地绘制如图4-19所示的图形。

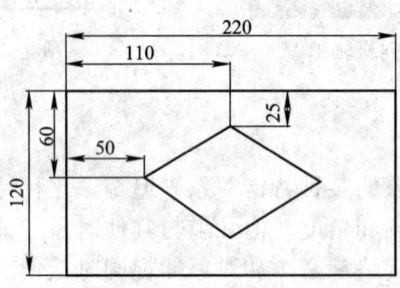

图4-19 自动追踪实例

本例练习对象捕捉和自动追踪功能的操作方法，练习操作步骤如下：

步骤1 绘制外围矩形

❶ 建立不同的图层，将"粗实线"图层设为当前层。

❷ 单击【绘图】工具栏中的【矩形】按钮□。命令行提示如下：
指定第一个角点或 [倒角（C）/标高（E）/圆角（F）/厚度（T）/宽度（W）]：（在绘图区域任意单击一点）
指定另一个角点或[面积（A）/尺寸（D）/旋转（R）]: @220,120 （输入矩形的尺寸）

步骤2 绘制中间菱形

❶ 设置自动捕捉模式如图 4-20 所示。

❷ 单击【绘图】工具栏中的【直线】按钮╱。将鼠标移到竖直边的中点附近，水平移动光标，当出现如图 4-21 所示的虚线和提示时，输入距离 50，再移动光标当出现如图 4-22 所示的虚线和提示时，输入距离 25，采用同样的方法绘制菱形的其余直线。

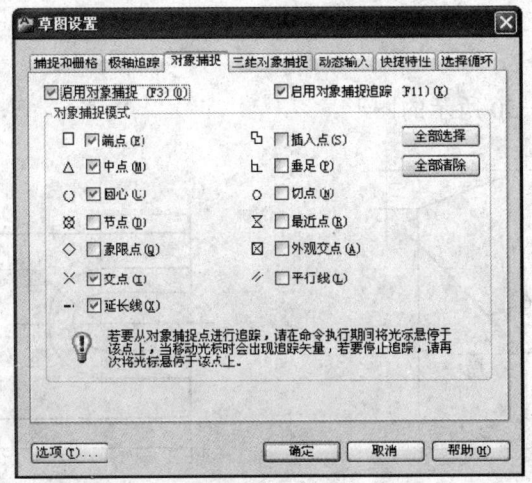

图 4-20 【对象捕捉】选项卡

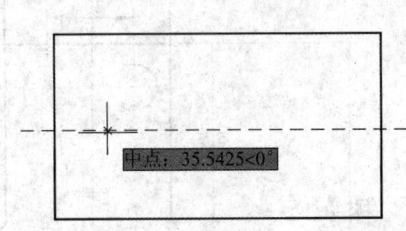

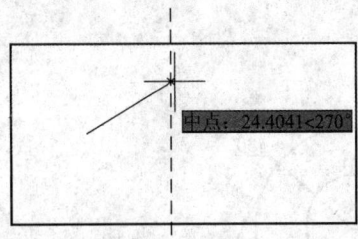

图 4-21 捕捉菱形的一个端点　　图 4-22 捕捉菱形的另外一个端点

4.4 设置正交模式

　　AuotCAD 提供的正交模式将定点设备的输入限制为水平或垂直。在 AutoCAD 程序窗口的状态栏中单击【正交】按钮，或按 F8 键，可以打开或关闭正交方式。该按钮变亮，即启用了正交功能。

　　打开正交功能后，输入的第一点是任意的，但当移动光标准备指定第二点时，引出的橡皮筋线已不再是这两点之间的连线，而是如图 4-23 所示。此时单击，只能绘制平行于 x 轴或 y 轴的线段或平行于某一轴测轴的线段（当捕捉为等轴测模式时）。

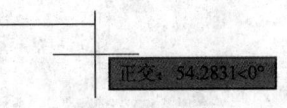

图 4-23 正交提示

4.5 线宽显示

　　单击状态栏中的【线宽】按钮，当该按钮变亮时，绘图区中的所有图形均以实际设定的线宽显示，如图 4-24 所示。若【线宽】按钮呈灰色状态时，则当前绘图区中的所有图形均以系统默认线宽显示，并不影响其实际的线宽，如图 4-25 所示。

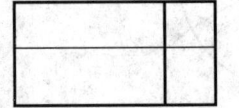　　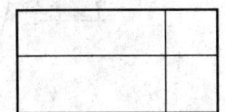

图 4-24 以实际的线宽显示　　图 4-25 以默认的线宽显示

4.6 课后练习

绘制图 4-26～图 4-30 所示的图形。

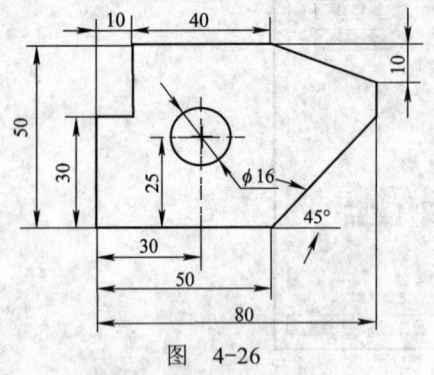

图 4-26

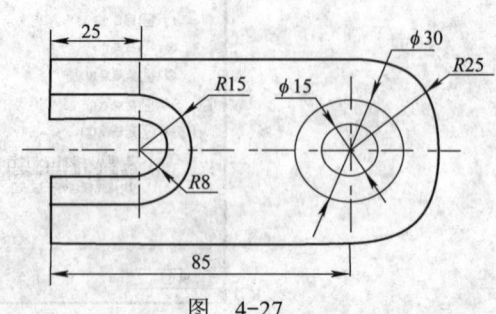

图 4-27

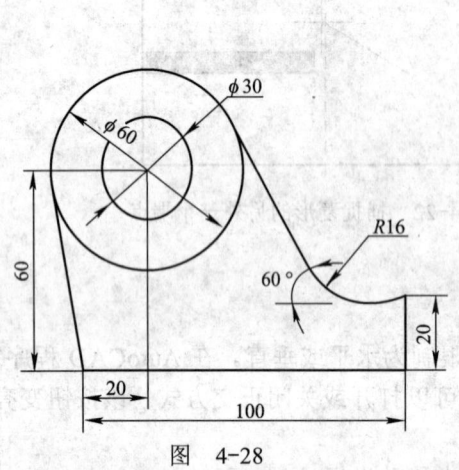

图 4-28

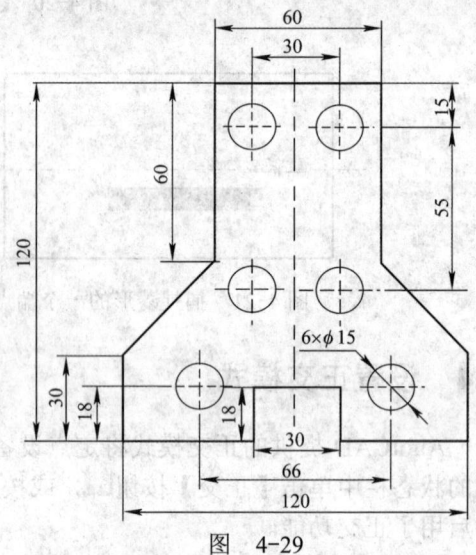

图 4-29

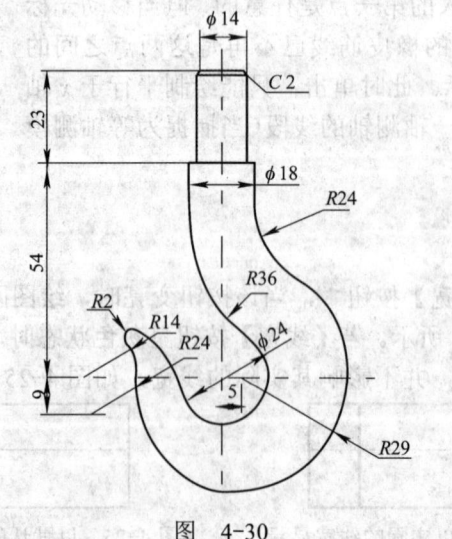

图 4-30

第 5 章　AutoCAD 图形编辑

【内容与要求】

绘图和编辑命令是 AutoCAD 绘图系统的两大重要部分，单纯地使用绘图命令或绘图工具只能创建出一些基本的图形对象，要绘制较为复杂的图形，就必须借助于图形编辑命令。在使用过程中只有灵活运用绘图和编辑命令，才能节省大量的时间。AutoCAD 具有强大的图形编辑功能，可以帮助用户合理地构造与组织图形，保证作图准确度，减少重复的绘图操作，从而提高设计绘图效率。

本章应达到如下目标：
- 掌握 AutoCAD 2012 图形对象选择的常用方式。
- 掌握 AutoCAD 2012 的图形编辑命令。
- 熟练掌握应用【夹点】命令进行图形的编辑。

5.1　选择对象

在对图形编辑之前，首先要选择编辑目标，即告诉 AutoCAD 要对哪些图形进行编辑。一般在使用有关编辑命令过程中，AutoCAD 会自动向用户提问，在"选择目标"下让用户为图形编辑指定目标，不同的对象可能需要不同的对象选择方式，有些编辑对象往往需要几种选择方式并用。下面介绍 AutoCAD 中常用的几种对象选择方式。

1. 选择单个对象

选择单个对象是最简单、最常用的一种对象选择方式。在执行编辑命令过程中，当命令行提示选择对象时，十字光标变为一个小正方形框，这个方框叫做拾取框。此时将方框移到某个目标对象上，单击鼠标左键即可将其选择。

选择对象完成后，按 Enter 键即可结束选择，进入下一步操作。同时，被选择的对象将呈虚线显示。

2. 以窗口方式选择对象

以窗口方式选择对象也称为窗选方式。窗选是指在选择对象的过程中，需要用户指定一个矩形框，选择矩形框内或与矩形框相交的对象。窗选方式可分为两种，即矩形窗选和交叉窗选。

（1）矩形窗选

它是指在执行编辑命令过程中，当命令行提示中显示"选择对象"时，将光标移至目标对象的左侧，按住鼠标左键向右上方或右下方拖动鼠标，在绘图工作区中呈现一个矩形的蓝色实线方框，释放鼠标，被方框完全包围的对象即被选择，但不会选择与方框交叉的对象，如图 5-1 所示。

（2）交叉窗选

该方式与矩形窗选方式类似，当命令行提示中显示"选择对象"时，将光标移至目标对象的右侧，按住鼠标左键向左上方或左下方拖动鼠标，在绘图工作区中呈现一个虚线显示的绿色矩形方框，当用户释放鼠标后，将选择与方框相交和被方框完全包围的对象，如图5-2所示。

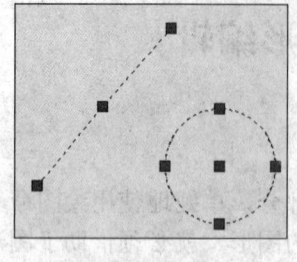
图5-1 矩形窗选

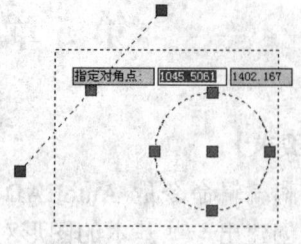
图5-2 交叉窗选

3. 选择全部对象

在 AutoCAD 中选择全部对象的操作方法主要有如下两种：
- 当命令行提示中显示"选择对象"时，在该提示信息后执行"ALL"命令，按 Enter 键。
- 在未执行任何命令的情况下，按 Ctrl+A 键也可选择绘图工作区中的全部对象。

4. 向选择集中添加或删除对象

若创建了选择集，则可以向选择集中添加或删除对象，以便更好地进行绘图操作。
通过如下几种方式向选择集中添加对象：
- 按住 Shift 键，单击要添加的目标对象。
- 直接使用鼠标单选方式点取需选择的对象。
- 在命令行提示中显示"选择对象"时，执行"A"命令，然后选择要添加的对象。

通过如下几种方式将从选择集中删除对象：
- 按住 Shift 键，单击要从选择集中删除的对象。
- 在命令行提示中显示"选择对象"时，执行"R"命令，然后选择要删除的对象。

5. 对话框确定选择目标

选择下拉式菜单【工具】→【选项】命令，选择【选择集】选项卡，如图5-3所示。
在【选择集】选项卡中用户可选择多种模式，并可设置选择框的大小。

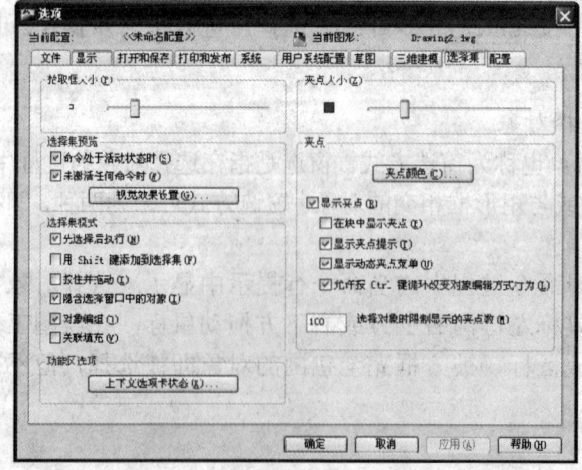
图5-3 【选择集】选项卡

5.2 常用的编辑命令

图形编辑是指对已有图形进行修改、移动、复制和删除等操作。在实际绘图过程中需要经常对某些实体进行这方面的操作，而且与绘图命令同时使用，保证作图准确，减少重复的绘图操作，从而提高设计绘图效率。本节将详细地介绍删除、复制、镜像、偏移、阵列、移动、旋转、缩放、拉伸、修剪、延伸、打断、倒角、圆角和分解等命令的使用方法。

5.2.1 删除

在 AutoCAD 2012 中，选择【修改】→【删除】命令，或在【修改】工具栏中单击【删除】按钮 ✐，都可以删除图形中选中的对象。

命令启动后，命令行提示如下：

命令：erase

选择对象：（用各种选择方法选择要擦去的对象）

按空格键或 Enter 键结束选择

5.2.2 复制

在 AutoCAD 2012 中，可以使用【复制】命令，创建与原有对象相同的图形。选择【修改】→【复制】命令，或单击【修改】工具栏中的【复制】按钮 ✵，即可复制已有对象的副本，并放置到指定的位置。执行该命令时，首先需要选择对象，然后指定位移的基点和位移矢量（相对于基点的方向和大小）。

【例5-1】 将如图5-4所示的图形中左侧的小圆复制到右侧大圆的中心位置。

本例练习【复制】命令的操作方法，练习操作步骤如下：

单击【修改】工具栏中的【复制】按钮 ✵，命令行提示如下：

选择对象：（选择小圆）

当前设置：复制模式 = 多个

指定基点或 [位移(D)/模式(O)] <位移>：（选择小圆圆心点）

指定第二个点或 <使用第一个点作为位移>：（选择大圆圆心点）

指定第二个点或 [退出(E)/放弃(U)] <退出>：↙

结果如图 5-5 所示。

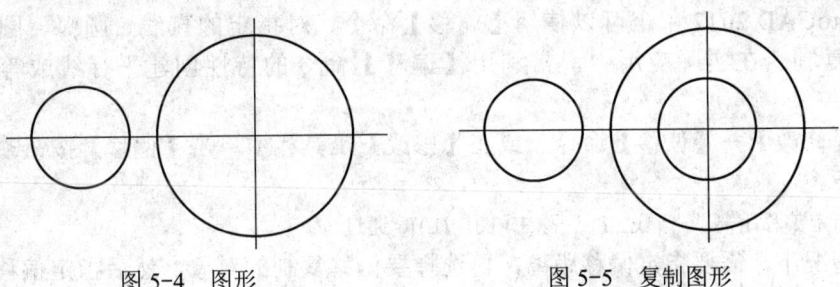

图 5-4 图形　　　　　图 5-5 复制图形

使用【复制】命令还可以同时创建多个副本。在"指定第二个点或[退出(E)/放弃(U)<退出>："提示下，通过连续指定位移的第二点来创建该对象的其他副本，直到按 Enter 键结束。

5.2.3 镜像

在 AutoCAD 2012 中,可以使用【镜像】命令,将对象以镜像线对称复制。选择【修改】→【镜像】命令,或在【修改】工具栏中单击【镜像】按钮 ▲ 即可。

执行该命令时,可以生成与所选对象对称的图形,即镜像操作。在镜像对象时需要指出对称轴线,轴线是任意方向的,所选对象将根据该轴线进行对称,并且可选择删除或保留源对象。

【例5-2】 使用【镜像】命令,将如图5-6a所示的图形镜像为图5-6c所示的图形。
本例练习【镜像】命令的操作方法,练习操作步骤如下:
单击【修改】工具栏中的【镜像】按钮 ▲,命令行提示如下:

  选择对象:(选择图 5-6a 需要镜像的对象)
  指定镜像线的第一点:(选择水平中心线上一点)
  指定镜像线的第二点:(选择水平中心线上第二点)
  要删除源对象吗?[是(Y)/否(N)] <N>:回车(如图 5-6b 所示)
  命令:回车 MIRROR
  选择对象:(选择图 5-6b 需要镜像的对象)
  指定镜像线的第一点:(选择垂直中心线上一点)
  指定镜像线的第二点:(选择垂直中心线上第二点)
  要删除源对象吗?[是(Y)/否(N)] <N>:回车

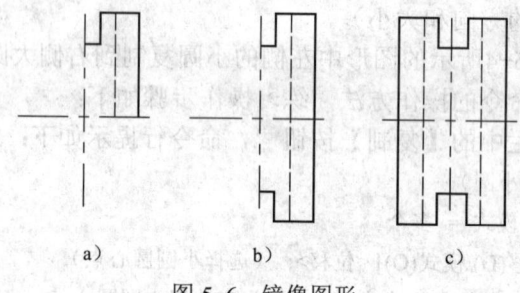

图 5-6 镜像图形

5.2.4 偏移

在 AutoCAD 2012 中,可以使用【偏移】命令,对指定的直线、圆弧、圆等对象作同心偏移复制。在实际应用中,常利用【偏移】命令的特性创建平行线或等距离分布图形。

选择【修改】→【偏移】命令,或在【修改】工具栏中单击【偏移】按钮 ,其命令行提示如下:

  指定偏移距离或 [通过(T)/删除(E)/图层(L)] <通过>:

默认情况下,需要指定偏移距离,再选择要偏移复制的对象,然后指定偏移方向,以复制出对象。

【例5-3】 图5-7a中的圆半径为30mm,采用【偏移】命令,在其内部绘制一个半径为15mm的同心圆,外部绘制一个通过A点的同心圆。

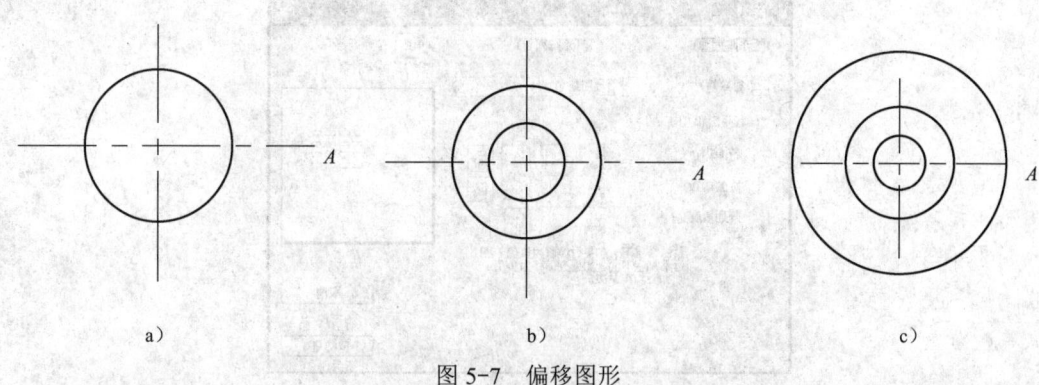

图 5-7 偏移图形

本例练习【偏移】命令的操作方法,练习操作步骤如下。

1) 单击【修改】工具栏中的【偏移】按钮,命令行提示如下:

指定偏移距离或[通过(T)/删除(E)/图层(L)]〈通过〉:15
选择要偏移的对象或[退出(E)/放弃(U)]〈退出〉:(选择半径为 30 的圆)
指定要偏移的那一侧上的点或[退出(E)/多个(M)/放弃(U)]〈退出〉:(单击圆内任意一点)

2) 屏幕显示如图 5-7b 所示。单击【偏移】按钮,命令行提示如下:

指定偏移距离或[通过(T)/删除(E)/图层(L)]〈15.000〉:t✓
选择要偏移的对象或[退出(E)/放弃(U)]〈退出〉:(选择半径为 30 的圆)
指定通过点或 [退出(E)/多个(M)/放弃(U)] <退出>:(单击点 A)

3) 屏幕显示如图 5-7c 所示。

对不同图形执行【偏移】命令,会有不同结果:

① 偏移圆弧时,新圆弧的长度要发生变化,但新旧圆弧的中心角相同。
② 对直线、构造线、射线偏移时,实际上是将它们进行平行复制。
③ 对圆或椭圆执行【偏移】命令,圆心不变,但圆半径或椭圆的长轴、短轴会发生变化。
④ 偏移样条曲线时,其长度和起始点要调整,使新样条曲线的各个端点均位于旧样条曲线相应端点处的法线方向上。

 说明　【偏移】命令通常只能选择一个图形要素。

5.2.5　阵列

在 AutoCAD 2012 中,通过【阵列】命令可以一次将选择的对象复制多个并按一定规律排列。阵列复制出的全部对象并不是一个整体,可对其中的每个对象进行单独编辑。阵列操作又分为矩形阵列和环形阵列。

选择【修改】→【阵列】命令,或在【修改】工具栏中单击【阵列】按钮,都可以打开【阵列】对话框,可以在该对话框中设置以矩形阵列或者环形阵列方式多重复制对象。

1. 矩形阵列复制

矩形阵列是指多个相同的结构按行、列的方式进行有序排列。在打开的【阵列】对话框中选中 矩形阵列(R) 单选按钮,即调用了矩形阵列方式,如图 5-8 所示。

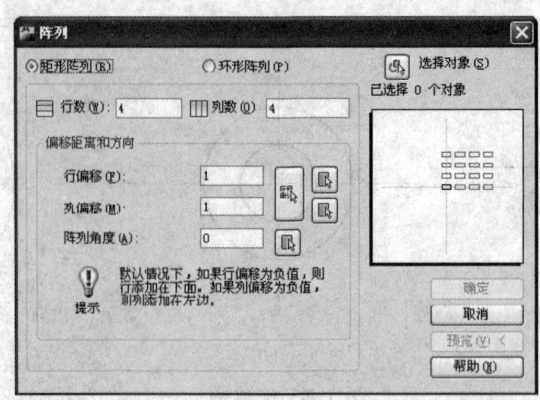

图 5-8 矩形阵列方式

该对话框中各选项含义如下:
- 行数:可在该文本框中指定矩形阵列对象的行数。
- 列数:可在该文本框中指定矩形阵列对象的列数。
- 行偏移:可在该文本框中指定矩形阵列对象之间的行间距,也可单击其后的按钮,在绘图工作区中拾取两点作为行偏移值。若行偏移值为负数,则在源对象的下方进行矩形阵列。
- 列偏移:可在该文本框中指定矩形阵列对象之间的列间距,也可单击其后的按钮,在绘图工作区中拾取两点作为列偏移值。若列偏移值为负数,则在源对象的左边进行矩形阵列。
- 阵列角度:可在该文本框中指定矩形阵列对象的角度。
- 选择对象:参数设置完成后,单击按钮,在绘图工作区中选择要进行阵列复制的对象。
- 若在【阵列】对话框中单击【行偏移】和【列偏移】文本框后面的按钮,则可在绘图工作区中指定一个矩形区域,系统将根据这个矩形区域自动计算矩形阵列的行偏移值和列偏移值。

例如,使用矩形阵列方式将如图 5-9a 所示的图形绘制为如图 5-9b 所示的图形。其中,阵列操作的行列间距均为 10。

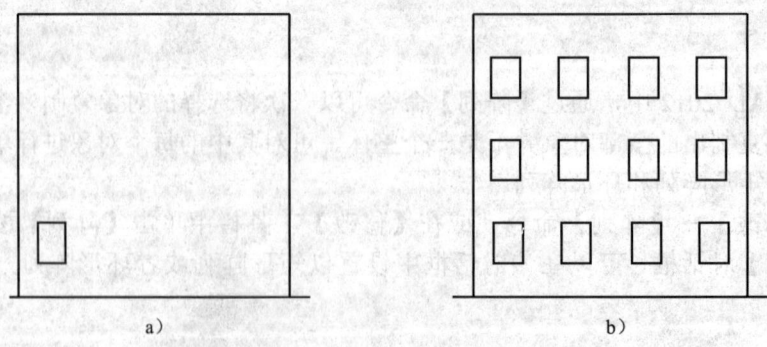

图 5-9 矩形阵列复制对象

2. 环形阵列复制

环形阵列是指将所选的对象绕某个中心点进行旋转,然后生成一个环形结构的图形。

在【阵列】对话框中，选择 ⊙环形阵列(P) 单选按钮，如图 5-10 所示。

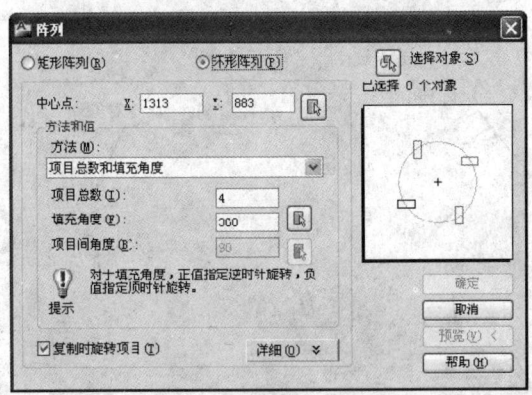

图 5-10　环形阵列方式

该对话框中各选项含义如下：
- 中心点：可在其后的【X】和【Y】文本框中指定环形阵列参照的中心点。单击其后的按钮，可在绘图区中以拾取点的方式指定中心点。
- 方法：可在该下拉列表框中选择环形阵列的方式，AutoCAD 提供了"项目总数和填充角度"、"项目总数和项目间的角度"和"填充角度和项目间的角度"3 种方式。
- 项目总数：可指定将所选对象进行环形阵列后生成的对象个数。
- 填充角度：可指定环形阵列围绕中心点进行旋转复制的角度。如果要环形阵列一周，则填充角度为 360°。
- 项目间角度：指定阵列对象基点之间的包含角和阵列的中心。默认为 90°。
- 复制时旋转项目：选中该复选框，则在环形阵列的同时，每一个阵列生成的对象也围绕中心点进行旋转。
- 【详细】按钮：若在该对话框中单击【详细】按钮，则将在对话框的下方显示如图 5-11 所示的【对象基点】选项组。在该选项组中可相对于选择对象指定新参照（基准）点，对对象进行阵列操作时，这些选择对象将与阵列圆心保持不变的距离。通常默认系统设置，即在【对象基点】选项组中选中【设为对象的默认值】复选框。

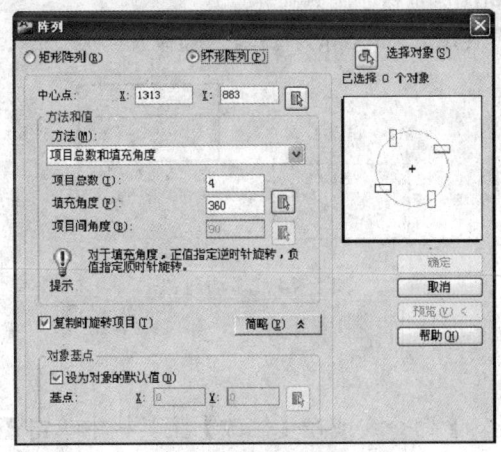

图 5-11　【对象基点】选项组

使用环形阵列的例子如图 5-12（环形阵列时对象旋转）和图 5-13（环形阵列时对象不旋转）所示。

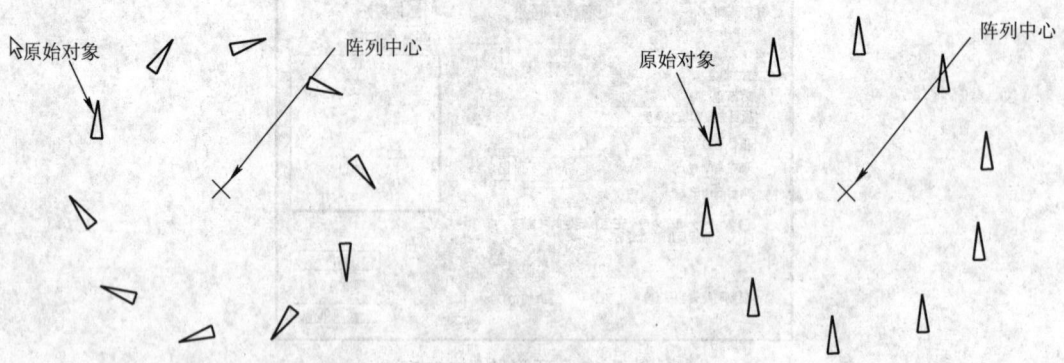

图 5-12　环形阵列时对象旋转　　　　　　图 5-13　环形阵列时对象不旋转

5.2.6　移动

移动对象是指对象的重定位。选择【修改】→【移动】命令，或在【修改】工具栏中单击【移动】按钮，都可以在指定方向上按指定距离移动对象，对象的位置发生了改变，但方向和大小不改变。

要移动对象，首先选择要移动的对象，然后指定位移的基点和位移矢量。在命令行的"指定基点或[位移]<位移>"提示下，如果单击或以键盘输入形式给出了基点坐标，则命令行将显示"指定第二点或 <使用第一个点作位移>："提示；如果按 Enter 键，那么所给出的基点坐标值就作为偏移量，即将该点作为原点（0，0），然后将图形相对于该点移动由基点设定的偏移量。

【例5-4】　如图5-14所示，将一矩形从 A 点移动到 B 点。

本例练习【移动】命令的操作方法，练习操作步骤如下。

单击【修改】工具栏中的【移动】按钮，命令行提示如下：

　　选择对象：（选中矩形边框）

　　指定基点或 [位移(D)]<位移>：（选择 A 点）

　　指定第二个点或 <使用第一个点作为位移>：（选择 B 点）

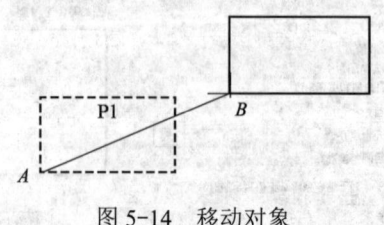

图 5-14　移动对象

5.2.7　旋转

选择【修改】→【旋转】命令，或在【修改】工具栏中单击【旋转】按钮，都可以将对象绕基点旋转指定的角度，如图 5-15 所示。

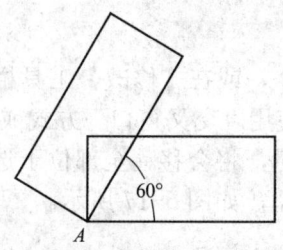

图 5-15 旋转对象

执行此命令后,命令行提示如下:

选择对象:(选择要旋转的对象)

选择对象:(按 Enter 键或继续选择对象)

指定基点:(指定旋转基点 A)

指定旋转角度或[复制(C)/参照(R)]:(指定旋转角 60º)

如果直接输入角度值,则可以将对象绕基点转动该角度,角度为正时逆时针旋转,角度为负时顺时针旋转;如果选择【参照(R)】选项,将以参照方式旋转对象,需要依次指定参照方向的角度值和相对于参照方向的角度值。

 在 AutoCAD 中逆时针方向为角度的正方向。

5.2.8 缩放

【缩放】命令可以按比例增大或缩小对象。在 AutoCAD 2012 的菜单浏览器中选择【修改】→【缩放】命令,或在【修改】工具栏中单击【缩放】按钮,都可以将对象按指定的比例因子相对于基点进行缩放。执行此命令后,命令行提示如下:

选择对象:(选择要缩放的对象)

选择对象:(按 Enter 键或继续选择对象)

确定基点:(指定基点)

指定比例因子或[复制(C)/参照(R)]:(指定比例因子)

如果直接指定缩放的比例因子,则对象将根据该比例因子相对于基点缩放,当比例因子大于 0 而小于 1 时缩小对象,当比例因子大于 1 时放大对象;如果选择【参照(R)】选项,则对象将按参照方式缩放,需要依次输入参照长度的值和新的长度值,AutoCAD 根据参照长度与新长度的值自动计算比例因子(比例因子=新长度值/参照长度值),然后进行缩放。图 5-16 所示为复制方式,比例因子为 1.2 缩放的图形。

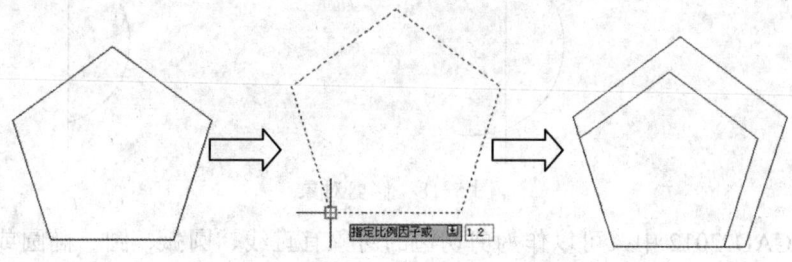

图 5-16 缩放图形

5.2.9 拉伸

选择【修改】→【拉伸】命令，或在【修改】工具栏中单击【拉伸】按钮，都可以拉伸对象。执行该命令时，可以使用"交叉窗口"方式或者"交叉多边形"方式选择对象，然后依次指定位移基点和位移矢量，将会移动全部位于选择窗口之内的对象，而拉伸（或压缩）与选择窗口边界相交的对象，如图 5-17 所示。

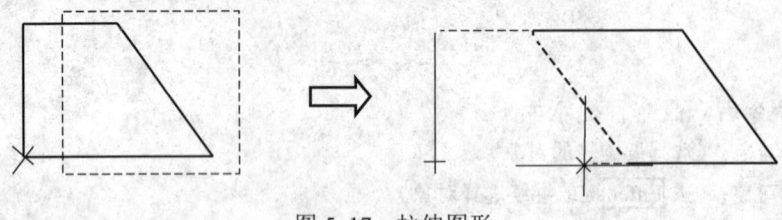

图 5-17 拉伸图形

 ①一定要用交叉方式选择要拉伸的对象。②"拉伸"实质上是将交叉方式中矩形选择框中框取的端点按基点到目的点的距离和方向进行移动，矩形选择框外的端点不动，从而实现拉伸或压缩。若预拉伸或压缩的对象端点均被选择在矩形选择框中，则执行的是与【移动】命令一样的平移操作。③圆、椭圆、文本等实体对象因没有端点，所以不能实现拉伸或压缩。

5.2.10 修剪

【修剪】命令可以将对象按指定的边界进行修剪。在 AutoCAD 2012 的菜单浏览器中选择【修改】→【修剪】命令，或在【修改】工具栏中单击【修剪】按钮，都可以以某一对象为剪切边修剪其他对象。

执行该命令时，首先要选择剪切边界，然后选择被修剪对象。默认情况下，选择要修剪的对象（即选择被剪边），系统将以剪切边为界，将被剪切对象上位于拾取点一侧的部分剪切掉。如果按 Shift 键，同时选择与修剪边不相交的对象，则修剪边将变为延伸边界，将选择的对象延伸至与修剪边界相交。修建对象如图 5-18 所示。

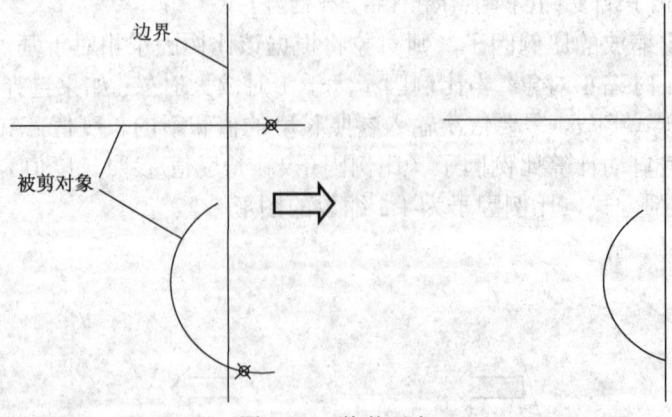

图 5-18 修剪对象

在 AutoCAD 2012 中，可以作为剪切边的对象有直线、圆弧、圆、椭圆或椭圆弧、多段线、样条曲线、构造线、射线以及文字等。剪切边也可以同时作为被剪边。

5.2.11 延伸

【延伸】命令可以将对象延伸到指定位置。在AutoCAD 2012的菜单浏览器中选择【修改】→【延伸】命令，或在【修改】工具栏中单击【延伸】按钮 -/|，都可以延长指定的对象与另一对象相交或外观相交。

【延伸】命令的使用方法和【修剪】命令的使用方法相似，不同之处在于：使用【延伸】命令时，如果按Shift键，同时选择对象，则执行【修剪】命令。延伸对象如图5-19所示。

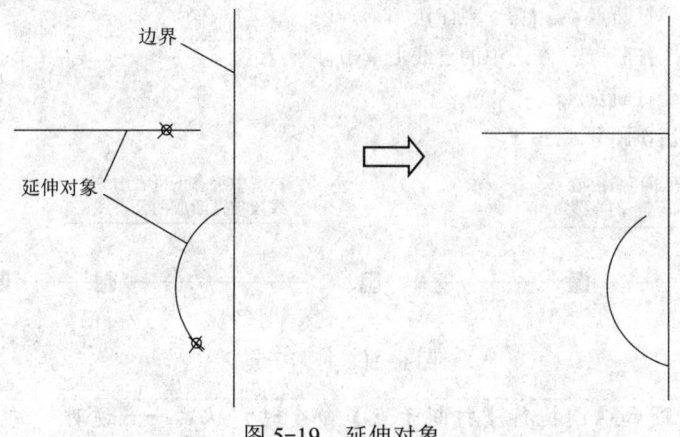

图 5-19 延伸对象

5.2.12 打断

【打断】命令可部分删除对象或把对象分解成两部分，还可以使用【打断于点】命令将对象在一点处断开成两个对象。使用【打断】命令时，被分离的线段只能是单独的线条，不能是任何组合形体，如图块、编组等。【打断】命令可通过指定两点和选择物体后再指定两点这两种方式断开。

1. 打断对象

在 AutoCAD 2012 的菜单浏览器中选择【修改】→【打断】命令，或在【修改】工具栏中单击【打断】按钮 □，都可以部分删除对象或把对象分解成两部分。例如，打断图 5-20a 所示的图形中的 AB 线段，选择【打断】命令过后，命令行提示如下：

选择对象：（选择直线上的 A 点）

指定第二个打断点 或 [第一点(F)]：（选择直线上的 B 点）

结果如图 5-20b 所示。

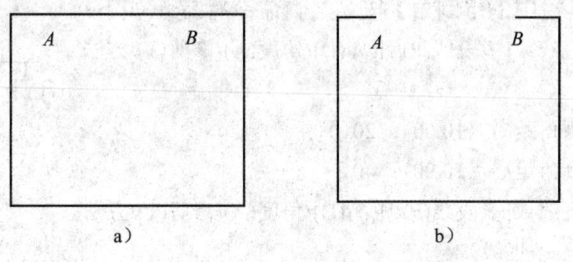

图 5-20 打断对象

2. 打断于点

在【修改】工具栏中单击【打断于点】按钮，可以将对象在一点处断开成两个对象。执行该命令时，首先需要选择被打断的对象，然后指定打断点，即可从该点打断对象。

【例5-5】 将图5-21a所示的图形中的线段断开。

本例练习【打断于点】命令的操作方法，练习操作步骤如下：

单击【修改】工具栏中的【打断于点】按钮，命令行提示如下：

　　选择对象:（选择需要打断的直线）
　　指定第二个打断点 或 [第一点(F)]: _f
　　指定第一个打断点:（在选中的直线上单击打断点）
　　指定第二个打断点:@

结果如图5-21b所示。

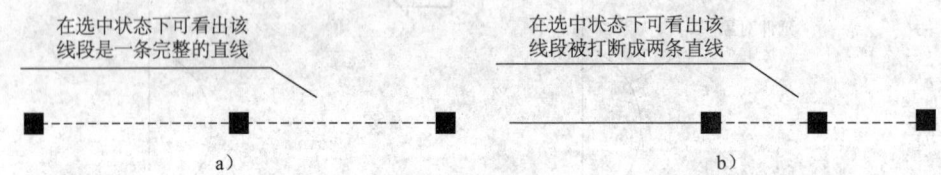

图 5-21　打断于点

> **注意**　对圆和椭圆执行【打断于点】命令时，从第一点逆时针到第二点的圆弧部分消失。

5.2.13 倒角

在 AutoCAD 2012 的菜单浏览器中选择【修改】→【倒角】命令，或在【修改】工具栏中单击【倒角】按钮，都可以为对象绘制倒角。

【倒角】命令的选项比较多，如图5-22所示。最常用的是首先选择【距离】选项，分别指定倒角的两个距离值，然后选择要倒角的两条线。也可以用指定倒角角度的方式绘制倒角。

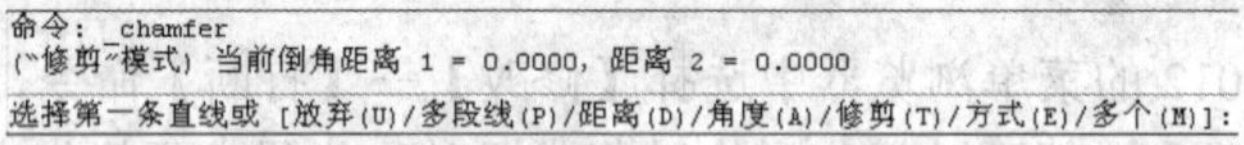

```
命令: _chamfer
("修剪"模式) 当前倒角距离 1 = 0.0000, 距离 2 = 0.0000
选择第一条直线或 [放弃(U)/多段线(P)/距离(D)/角度(A)/修剪(T)/方式(E)/多个(M)]:
```

图 5-22　【倒角】命令的提示

如果被倒角对象是多段线，则只需选择一次对象，即可生成所有倒角。

【例5-6】 在两条直线之间倒角，如图5-23所示。

本例练习【倒角】命令的操作方法，练习操作步骤如下：

单击【修改】工具栏中的【倒角】按钮，命令行提示如下：

　　选择第一条直线或[多段线(P)/距离(D)/角度(A)/修剪(T)/方法(M)]: D↙
　　指定第一个倒角距离〈10.00〉: 20↙
　　指定第二个倒角距离〈10.00〉: 40↙
　　选择第一条直线或[多段线(P)/距离(D)/角度(A)/修剪(T)/方法(M)]:（选择一条直线）
　　选择第二条直线:（选择第二条直线）

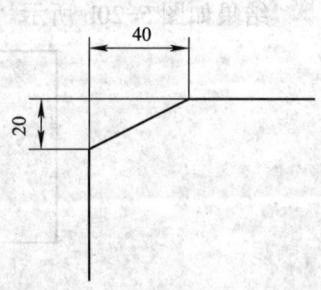

图 5-23　两条直线之间倒角

5.2.14 圆角

【圆角】命令修改对象使其以圆角相接。在AutoCAD 2012的菜单浏览器中选择【修改】→【圆角】命令，或在【修改】工具栏中单击【圆角】按钮，都可以对对象用圆弧倒圆角。

倒圆角的方法与倒角的方法相似，在命令行提示中，选择【半径（R）】选项，设置圆角的半径大小。

【例5-7】 在两条直线之间做R10的圆角。

本例练习【圆角】命令的操作方法，练习操作步骤如下：

单击【修改】工具栏中的【圆角】按钮，命令行提示如下：

    选择第一个对象或 [放弃(U)/多段线(P)/半径(R)/修剪(T)/多个(M)]: r↙
    指定圆角半径 <0.0000>: 10↙
    选择第一个对象或 [放弃(U)/多段线(P)/半径(R)/修剪(T)/多个(M)]: （单击第一条直线）
    选择第二个对象，或按住 Shift 键选择要应用角点的对象: （单击第二条直线）

结果如图5-24所示。

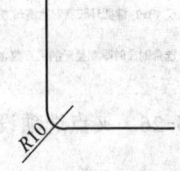

图 5-24 圆角

 注意：圆角半径是倒圆角的主要参数，半径不当（一般太大），不能完成倒圆角的操作；通过选项设置有关参数，参数设置后，参数将作为新的倒圆角的参数，但是绘制平行线间倒角时，半径参数不起作用。

5.2.15 分解

在 AutoCAD 2012 中，对于矩形（使用【矩形】命令绘制的）、块等由多个对象组成的组合对象，如果需要对单个成员进行编辑，则需要先将它分解。在菜单浏览器中选择【修改】→【分解】命令，或在【修改】工具栏中单击【分解】按钮，选择需要分解的对象后按 Enter 键，都可以分解图形并结束该命令。下面是对一个矩形进行分解，如图 5-25 所示。

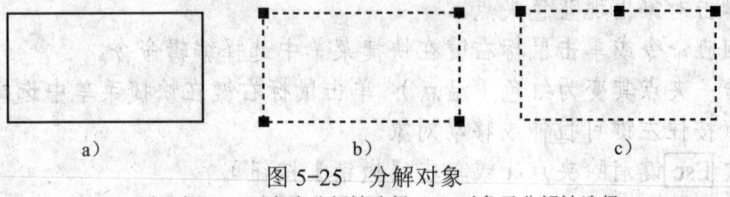

图 5-25 分解对象
a）原对象 b）对象未分解被选择 c）对象已分解被选择

5.3 夹点编辑

在默认情况下，AutoCAD 2012 的夹点编辑方式是开启的，当用户在无命令状态下选择实体后，实体上将出现若干蓝色方框，这些方框被称为"夹点"。将十字光标靠近方框并单击鼠标左键,夹点编辑模式被激活变成红色。此时,AutoCAD 2012自动进入"拉伸"编辑方式,连续按 Enter 键,可以执行拉伸、移动、旋转、缩放或镜像等操作。夹点可以将命令和对象选择结合起来,从而提高编辑速度。

5.3.1 夹点选项设置

选择【工具】→【选项】命令,在打开的【选项】对话框中选择【选择集】选项卡(见图 5-3),在该选项卡中可对夹点的开/关状态、是否在块中启用夹点、选择及未选择夹点的颜色、夹点的大小等状态进行设置,如图 5-26 所示。

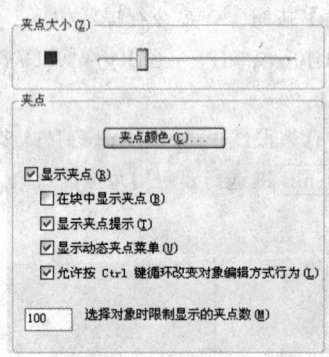

图 5-26 夹点选项设置

【选择集】选项卡的选项含义如下:
- 夹点大小(Z):该项用于控制夹点框的大小,可以通过拖动滑动按钮改变夹点框大小,在左边方框内动态显示夹点的颜色及大小。
- 夹点颜色:该项用于控制夹点的颜色,默认为蓝色,建议不要改动此项。
- 显示夹点:该项用于控制夹点方式是否可用,即能否在实体上建立夹点,默认状态下该项为打开。
- 在块中显示夹点:该项用于控制图块中是否可以使用夹点方式,默认为关闭,只可显示图块的插入点处夹点,打开后即可显示图块中各实体上特征点的夹点。

5.3.2 夹点编辑实体

采用【夹点】命令编辑对象时的步骤如下:
- 直接单击对象出现蓝色夹点。
- 选择相应命令或单击鼠标右键在快捷菜单中选择编辑命令。
- 再单击一夹点其变为红色(温点):单击鼠标右键在快捷菜单中选择相应命令;单击夹点按住左键可拉伸或移动对象。
- 按两次 Esc 键消除夹点(或单击【撤销】按钮)。

1. 使用夹点拉伸对象

在 AutoCAD 中,夹点是一种集成的编辑模式,提供了一种方便快捷的编辑操作途径。在不执行任何命令的情况下选择对象,显示其夹点,然后单击其中一个夹点作为拉伸的基点。例如,用夹点拉伸模式拉伸如图 5-27a 所示的图形,命令行提示如下:

命令:将光标压在矩形上,单击鼠标左键,则矩形四角出现蓝色方块

命令：在 A 点单击鼠标左键，将其变成红实心块
拉伸
指定拉伸点或[基点(B)/复制(C)/放弃(U)/退出(X)]：输入"@20,20"
结果如图 5-27b 所示。

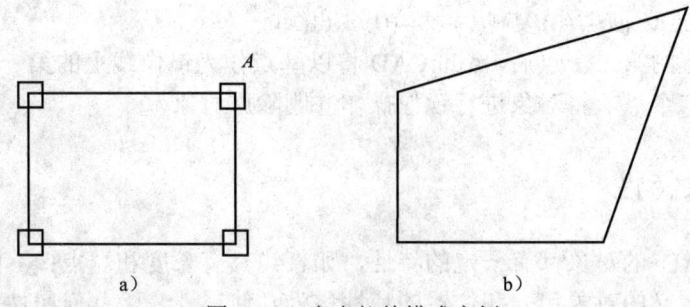

图 5-27　夹点拉伸模式实例

在默认情况下，指定拉伸点（可以通过输入点的坐标或者直接用鼠标指针拾取点）后，AutoCAD 将把对象拉伸或移动到新的位置。因为对于某些夹点，移动时只能移动对象而不能拉伸对象，如文字、块、直线中点、圆心、椭圆中心和点对象上的夹点。

2. 使用夹点移动对象

移动对象只是位置上的平移，对象的方向和大小并不会改变。要精确地移动对象，可使用捕捉模式、坐标、夹点和对象捕捉模式。在夹点编辑模式下确定基点后，在命令行提示中输入"MO"进入移动模式，命令行提示如下：
** 移动 **
指定移动点或 [基点(B)/复制(C)/放弃(U)/退出(X)]:

通过输入点的坐标或拾取点的方式来确定平移对象的目的点后，即可以基点为平移的起点，以目的点为终点将所选对象平移到新位置。

3. 使用夹点旋转对象

在夹点编辑模式下，确定基点后，在命令行提示中输入"RO"进入旋转模式，命令行提示如下：
** 旋转 **
指定旋转角度或 [基点(B)/复制(C)/放弃(U)/参照(R)/退出(X)]:

默认情况下，输入旋转的角度值后或通过拖动方式确定旋转角度后，即可将对象绕基点旋转指定的角度。也可以选择【参照】选项，以参照方式旋转对象，这与【旋转】命令中的【对照】选项功能相同。

4. 使用夹点缩放对象

在夹点编辑模式下确定基点后，在命令行提示中输入"SC"进入缩放模式，命令行提示如下：
** 比例缩放 **
指定比例因子或 [基点(B)/复制(C)/放弃(U)/参照(R)/退出(X)]:

默认情况下，当确定了缩放的比例因子后，AutoCAD 将相对于基点进行缩放对象操作。当比例因子大于 1 时，放大对象；当比例因子大于 0 而小于 1 时，缩小对象。

5. 使用夹点镜像对象

与【镜像】命令的功能类似，镜像操作后将删除原对象。在夹点编辑模式下确定基点后，在命令行提示中输入"MI"进入镜像模式，命令行提示如下：

** 镜像 **

指定第二点或 [基点(B)/复制(C)/放弃(U)/退出(X)]:

指定镜像线上的第二个点后，AutoCAD 将以基点作为镜像线上的第一点，新指定的点为镜像线上的第二个点，将对象进行镜像操作并删除原对象。

5.4 编辑对象特性

每个 AutoCAD 的对象都有一定的特性，如直线具有长度和端点； 圆具有圆心和半径。这些由用户定义的对象尺寸和位置的特性称为几何属性。除几何属性外，每个对象还有诸如颜色、线型、所在层、线型比例和厚度等其他一些特性，这些特性称为对象属性。为了方便用户编辑图形，AutoCAD 提供了一些命令用于查看和修改对象的几何特性和对象属性。

5.4.1 特性

1. 打开【特性】选项板

选择【标注】→【特性】命令，或单击【标注】工具栏中的【特性】按钮 ，都可以打开【特性】选项板，如图 5-28 所示。

【特性】选项板是一个形式简单的表格式对话框，表格中的内容即为所选对象的特性，根据所选对象的不同，表格中的内容也将不同。选项板左上方的文本框中显示了所选对象的类型名，如果没有选择对象，则列表框中显示"无选择"，对话框将显示图形整体属性；如果选择一个对象，则显示该对象的名称；如果选择多个或全部对象，则显示"全部（数字）"。

选项板右上方的 3 个按钮分别是"切换 PICKADD 系统变量的值"、"选择对象"、"快速选择"，单击它们可以进行相应的操作。

选项板下部是对象的特性表，可分别将特性按字母顺序和按分类排列。表格左边是特性的名称，右边显示该项的当前值或状态。对表中每个特性，可以通过单击特性栏进行修改，非常方便。当需要修改对象的某一属性时，单击列表框左边的特性名称，使其增亮。然后视情况用以下方式来修改该特性值：

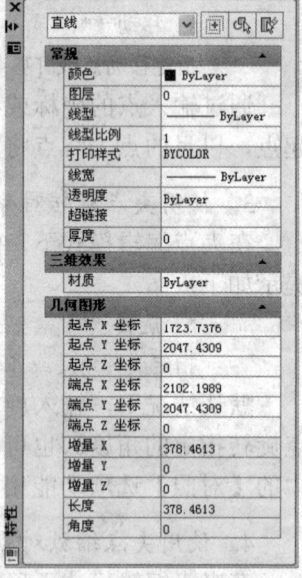

图 5-28 【特性】选项板

- 在该项右边的编辑框中输入一个新值
- 单击该项右边的按钮 ，从弹出的下拉列表中选择一个值。
- 单击该项右边的子对话框按钮 "…"，在弹出的子对话框中修改有关特性值。
- 如果是与点坐标有关的特性，则可以单击右边的【拾取点】按钮 ，然后在绘图区中直接拾取点来改变坐标值。

2. 固定或隐藏特性窗口

【特性】选项板默认处于浮动状态。在【特性】选项板的标题栏上右击，将弹出一个快捷菜单，如图5-29所示。可通过该快捷菜单确定是否隐藏选项板、是否在选项板内显示特性的说明部分以及是否将选项板锁定在主窗口中。

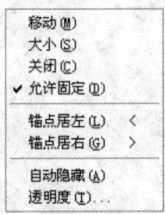

图 5-29 【特性】选项板的快捷菜单

【例5-8】 通过"特性"功能，将图5-30a所示半径为30mm的圆，改为半径为50mm，并将其放置在"细实线"图层上。

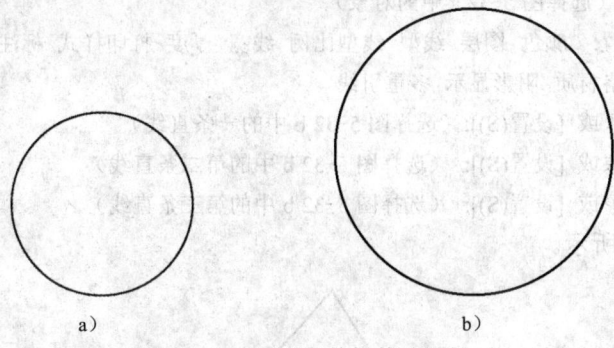

图 5-30 用对象特性修改图形

本例练习【特性】命令的操作方法，练习操作步骤如下：

❶ 调出【特性】选项板，如图 5-31 所示。
❷ 单击【基本】卷展栏，在【图层】栏中，选择【细实线】选项。
❸ 单击【几何图形】卷展栏，在【半径】栏中，将当前的 30 改为 50。
❹ 单击左上角的按钮⊠，退出【特性】选项板。

结果如图 5-30b 所示。

5.4.2 特性匹配

【特性匹配】命令的功能用于将源实体对象的特性复制给一个或多个目的对象，使目的对象的特性与源实体的特性部分或完全一致。可以复制的特性一般有图层、颜色、线型、线宽等，还可以复制标注样式、文字样式和填充图案，因此这种功能特性被称为"特性刷"。

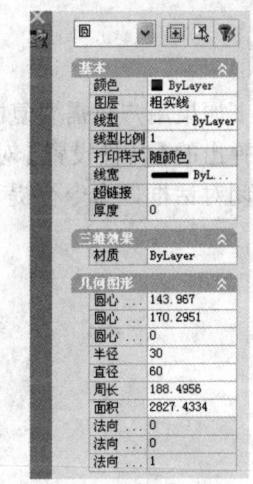

图 5-31 【特性】选项板

【特性匹配】命令常使用以下两种启动方式：

● 选择【修改】→【特性匹配】命令。

● 单击【标准】工具栏中的【特性匹配】按钮。

【例5-9】 用【特性匹配】命令,将图5-32a所示的源对象的线型和颜色匹配到图5-32b所示的目标对象上。

图 5-32 用特性匹配修改图形

本例练习【特性匹配】命令的操作方法,练习操作步骤如下:
单击【标准】工具栏中的【特性匹配】按钮,命令行提示如下:

  选择源对象:(选择图 5-32 a 中的对象)
  当前活动设置: 颜色 图层 线型 线型比例 线宽 厚度 打印样式 标注 文字 填充图案 多段线 视口 表格材质 阴影显示 多重引线
  选择目标对象或 [设置(S)]:(选择图 5-32 b 中的一条直线)
  选择目标对象或 [设置(S)]: (选择图 5-32 b 中的第二条直线)
  选择目标对象或 [设置(S)]: (选择图 5-32 b 中的第三条直线)↙

结果如图 5-33 所示。

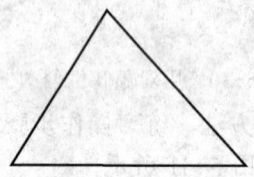

图 5-33 修改后的图形

如果用户只需要复制部分特性,则可以选择【特性匹配】命令中的【设置(S)】选项,在弹出的【特性设置】对话框中进行选择,如图 5-34 所示。按自己的要求修改特性设置后,关闭对话框,命令行提示中会重新显示当前有效设置。

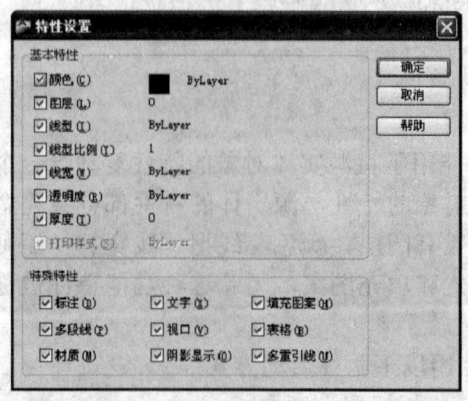

图 5-34 【特性设置】对话框

5.5 课后练习

绘制图 5-35～图 5-38 所示的图形。

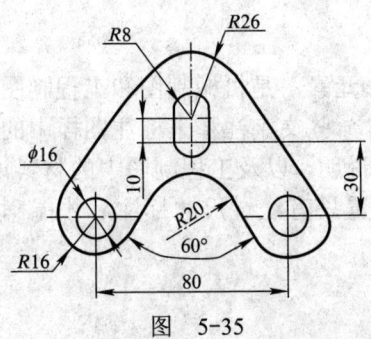

图 5-35

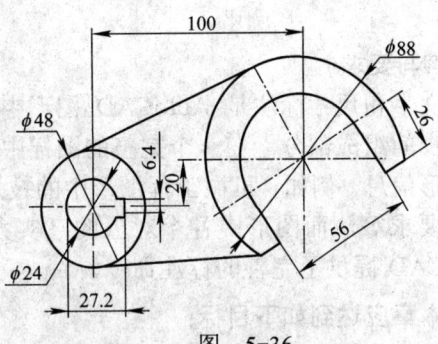

图 5-36

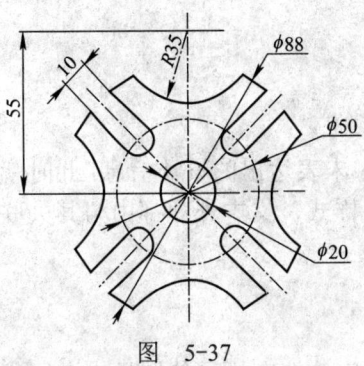

图 5-37

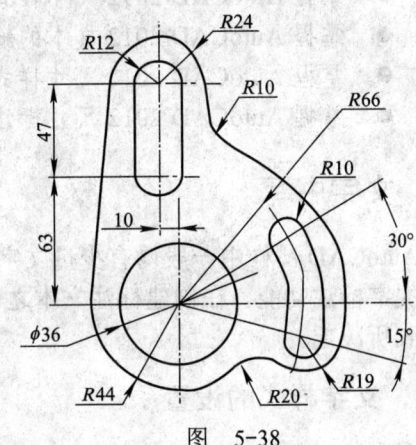

图 5-38

第 6 章　AutoCAD 文字和尺寸标注

【内容与要求】

文字和尺寸标注是 AutoCAD 图形中很重要的图形元素，是机械制图和工程制图中不可缺少的组成部分。在一个完整的图样中，通常都包含一些文字注释来标注图样中的一些非图形信息。例如，机械工程图形中的技术要求、装配说明，以及工程制图中的材料说明、施工要求等。而图形中各个对象的真实大小和相互位置只有经过尺寸标注后才能确定，AutoCAD 提供了完善的标注命令。

本章应达到如下目标：

- 掌握 AutoCAD 2012 文字样式的设置。
- 掌握 AutoCAD 2012 文本的输入方法与编辑。
- 掌握 AutoCAD 2012 尺寸样式的设置。
- 掌握 AutoCAD 2012 尺寸标注类型及用法。

6.1　文字书写

AutoCAD 图样中一般均有少量文字用于说明图样中未表达出的设计信息，此时就需要用到文字标注功能。在创建标注文本之前，应新建文字样式，文本外观都由与其关联的文字样式所决定。

6.1.1　文字样式的设置

我国机械制图标准规定，工程图样中的汉字为长仿宋体，在不同的图幅中书写相应高度的文字。在 AutoCAD 2012 中，应先设定文字的样式，然后在该样式下输入文字。

选择【格式】→【文字样式】命令，或单击【文字样式】按钮 A，打开【文字样式】对话框，系统默认的文字样式的名称为 "Standard"，它使用的字体文件为 "txt.shx"，不符合我国国标，需重新设置。单击【新建】按钮，弹出【新建文字样式】对话框，如图 6-1 所示，输入 "工程字" 作为新文字样式的名称。返回【文字样式】对话框后，按照图 6-2 所示设置，单击【应用】按钮后关闭对话框，当前的文字样式即为 "工程字"。

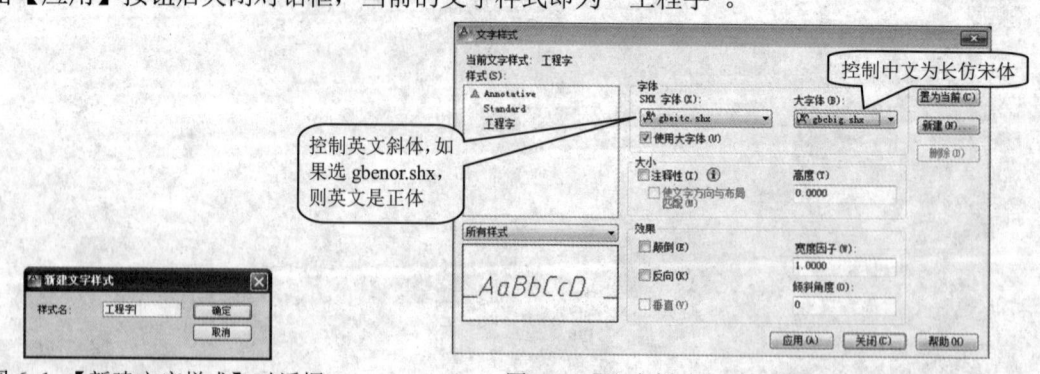

图 6-1　【新建文字样式】对话框　　　　图 6-2　【文字样式】对话框

6.1.2 应用文字样式

要应用文字样式，首先得将其置为当前文字样式，然后使用文字标注命令标注文字，所标注的文字即采用了当前的文字样式设置。在 AutoCAD 中有如下两种设置当前文字样式的方法：

- 选择【格式】→【文字样式】命令，打开【文字样式】对话框，在【样式名】下拉列表框中选择要置为当前的文字样式，单击 置为当前(C) 按钮，然后单击【关闭】按钮。
- 在【样式】工具栏中的【文字样式控制】下拉列表框中选择要置为当前的文字，如图 6-3 所示。

图 6-3 通过【样式】工具栏设置当前文字样式

6.1.3 文本的输入方法

AutoCAD 提供了两种文字输入方式：单行输入和多行输入。单行输入指输入的每一行文字都被看做一个单独的实体对象，输入几行就生成几个实体对象。多行输入指不管输入几行文字，系统都把它们作为一个实体对象来处理。

1. 单行文字

选择【绘图】→【文字】→【单行文字】命令，可以创建单行文字对象。

> **提示** 使用【单行文字】命令标注的文本，其每行文字都是独立的对象，可以单独进行定位、调整格式等编辑操作。

2. 多行文字

如果输入的文字较多，则用【多行文字】命令较方便。多行文字作为一个整体，可以进行移动、旋转、删除等多种编辑操作。

要输入如图 6-4 所示的文字，可选择【绘图】→【文字】→【多行文字…】命令，或单击【绘图】工具栏中的【多行文字】按钮 A，用户在系统提示下在绘图工作区确定多行文字窗口的第一角点和第二角点后，弹出多行文字编辑【文字格式】对话框，如图 6-5 所示。该对话框相当于一个文字编辑器，能够输入文字，并可对文字进行编辑。它可以输入不同字体、不同高度、不同颜色的多个段落的文字；也可以输入特殊字符，在符号选项中有角度、正负号、直径等符号；可将分数处理成斜排和水平两种形式；也可输入尺寸的上下偏差，比如先输入 "+0.030^-0.076"，然后将其选中，按钮 ᵇ⁄ₐ 随即变亮，单击该按钮后文字就变成上下偏差的形式。

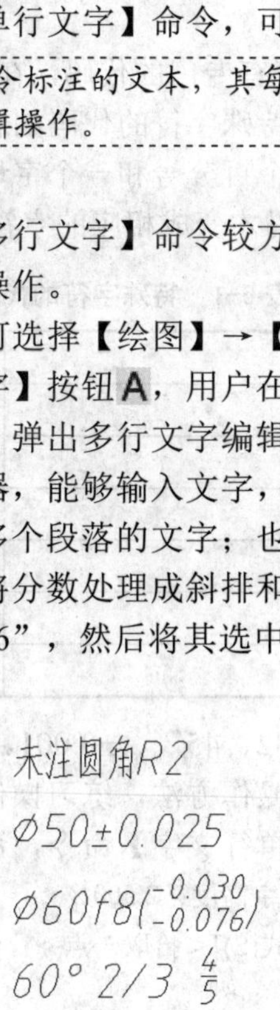

图 6-4 多行文字输入

在输入框中单击鼠标右键,弹出如图 6-6 所示的快捷菜单,在该快捷菜单中选择相应的选项也可对文字的各个参数进行设置。

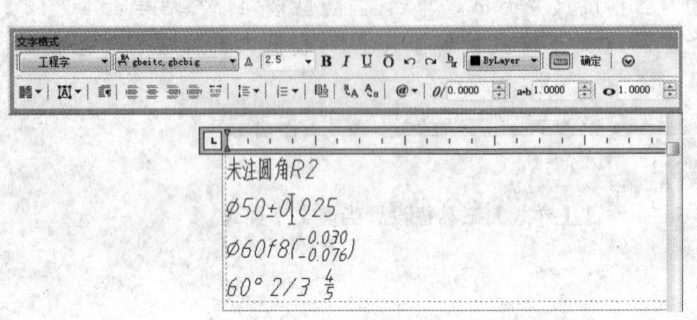

图 6-5 【文字格式】对话框

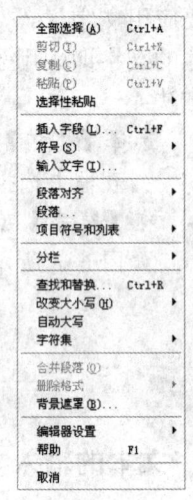

图 6-6 快捷菜单

3. 特殊字符

在书写文本和文本注释中,经常要输入一些特殊字符,如度数符号、直径符号等。这些特殊字符不能直接从键盘输入,可以通过以下方式输入。

(1) 控制码输入法

在 AutoCAD 中,这些特殊字符有专门的代码,在标注文字时,只要输入符号的代码,即可将该符号输入到图形中。这些特殊字符的代码如表 6-1 所示。

在表 6-1 中,控制码都是由两个百分号和一个字母组成,在输入过程中,并不显示特殊字符,只有按 Enter 键后,控制码才变成相应的字符。

表 6-1 特殊字符的代码

特 殊 字 符	代 码
"±" 正负号	%%P
"‾" 上画线	%%O
"_" 下画线	%%U
"φ" 直径	%%C
"°" 度号	%%D
"%" 百分号	%%%

【例6-1】 用单行文字输入 φ32、45°、±0.001、80%、<u>cad</u>。

本例练习【单行文字】命令的操作方法,练习操作步骤如下:

选择【绘图】→【文字】→【单行文字】命令,命令行提示如下:

    当前文字样式:工程字当前文字高度:2.500✓

    指定文字的起点或[对正(J)/样式(S)]<拾取一点>:(选择屏幕上一点)

    指定高度<2.500>:✓

    指定文字的旋转角度<0>:✓

输入文字： %%c32　45%%d　%%p0.001　80%%%　%%ucad%%u
输入文字：✓

（2）应用【多行文字编辑器】对话框输入特殊字符

在多行文字中输入特殊字符的方法有如下几种：
- 在输入框内输入符号的代码。
- 在输入框内单击鼠标右键，在弹出的快捷菜单中选择【符号】→【其他】命令，打开如图 6-7 所示的【字符映射表】窗口，通过该窗口也可在多行文字中插入特殊字符。

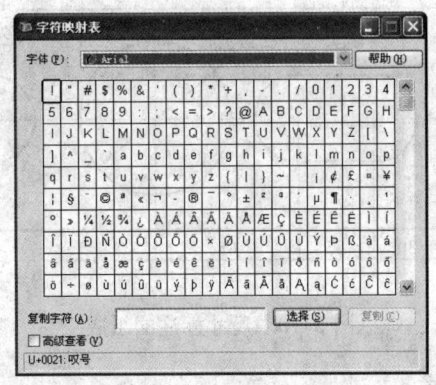

图 6-7　【字符映射表】窗口

6.1.4　文本的编辑

使用文字编辑命令可以很方便地修改文字或编辑文字的属性。常用的文本编辑方式有以下两种：
- 选择【修改】→【对象】→【文字】→【编辑】命令，单击所要编辑的文字。
- 双击文本。

若用户选取的是单行文本，则系统将打开文字框，用户可在该文字框中修改文本内容，如图 6-8 所示；若用户选取的是多行文本，则系统将打开【文字格式】对话框，如图 6-9 所示，在矩形框中修改文字。

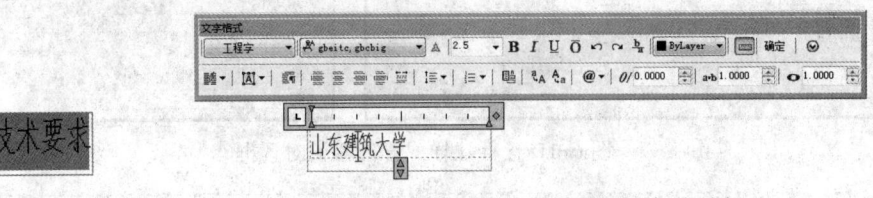

图 6-8　单行文本中编辑　　　　图 6-9　在【文字格式】对话框中编辑

6.2　尺寸标注

在图形设计中，尺寸标注是绘图设计工作中的一项重要内容，因为绘制图形的根本目的是反映对象的形状，而图形中各个对象的真实大小和相互位置只有经过尺寸标注后才能确定。AutoCAD 包含了一套完整的尺寸标注命令和实用程序，用户使用它们足以完成图样中要求的尺寸标注。用户在进行尺寸标注之前，必须了解 AutoCAD 尺寸标注的组成，标注样式的创建和设置方法。本节将介绍尺寸标注命令的使用方法。

6.2.1 尺寸标注基础

在机械制图或其他工程绘图中，一个完整的尺寸标注应由标注文字、尺寸线、尺寸界线、尺寸线的端点符号及起点等组成，如图 6-10 所示。

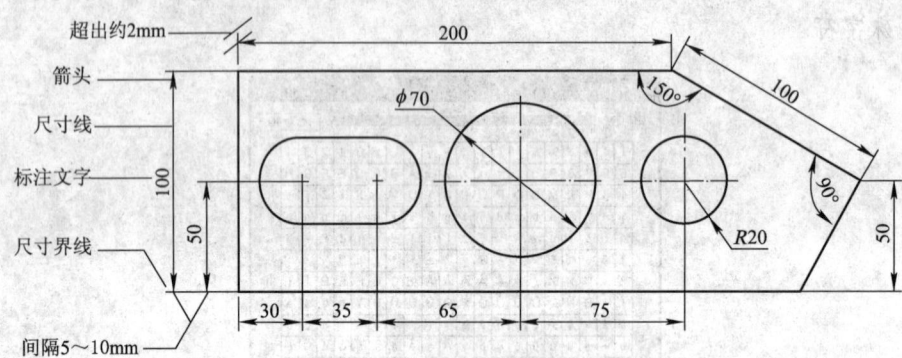

图 6-10 尺寸标注的组成

6.2.2 设置尺寸标注样式

在 AutoCAD 中，使用【标注样式】命令可以设置标注的格式和外观。要创建标注样式，选择【格式】→【标注样式】命令，打开【标注样式管理器】对话框，单击【新建】按钮，在打开的【创建新标注样式】对话框中即可创建新标注样式，如图 6-11 所示。

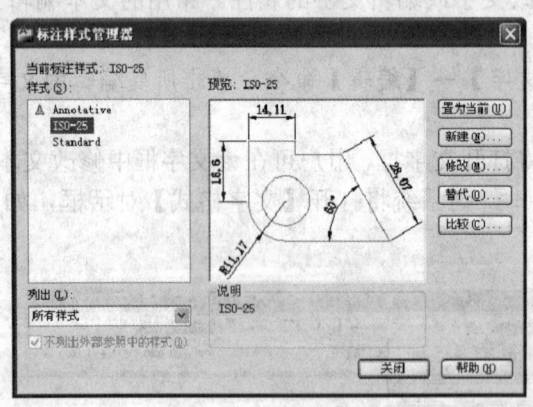
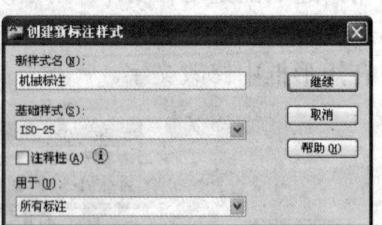

图 6-11 【标注样式管理器】对话框

> **说明** AutoCAD 属于通用绘图软件，其默认标注格式并不和我们的国家标准一致，在绘图前应按照国家标准进行标注样式的设置。

单击【继续】按钮，进入【新建标注样式：机械标注】对话框，如图 6-12 所示。该对话框共有 7 个选项卡，可依次进行如下设置。

1. 设置线

【线】选项卡包括【尺寸线】和【延伸线】选项组，如图6-12所示。

1)【尺寸线】选项组：尺寸线的颜色和线宽设为随层（Bylayer），基线标注的各尺寸线间的距离即"基线间距"设为7，【尺寸线1】和【尺寸线2】复选框不选中，即不进行抑制。

2)【延伸线】选项组：延伸线的颜色和线宽设为随层（Bylayer），尺寸界限超出尺寸线的长度即"超出尺寸线"设为2～3，尺寸界限离轮廓线的起点偏移量即"起点偏移量"设为0，尺寸界线的复选框不选中，即不进行抑制。

2. 设置符号和箭头

【符号和箭头】选项卡包括【箭头】、【圆心标记】、【折断标注】、【弧长符号】、【半径折弯标注】、【线性折弯标注】6个选项组。

1)【箭头】选项组：箭头大小设为2.5，箭头形式不变。

2)【圆心标记】选项组：类型选为"无"，即不标注圆心，如图6-13所示。其他不变。

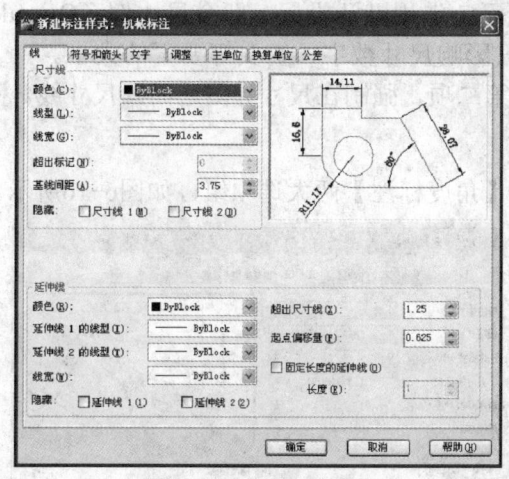 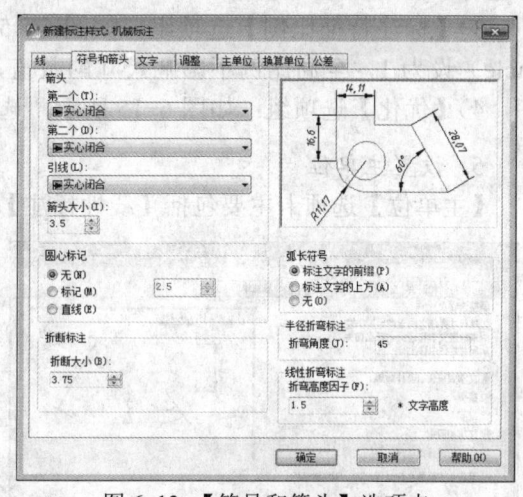

图6-12 【线】选项卡　　　　　图6-13 【符号和箭头】选项卡

3. 设置文字

【文字】选项卡包括【文字外观】、【文字位置】、【文字对齐】3个选项组。

1)【文字外观】选项组：文字样式选为"工程字"，文字颜色设为随层（ByBlock），高度设置为3.5，如图6-14所示。

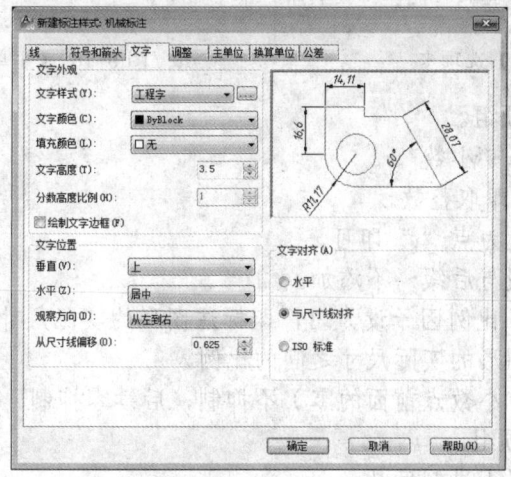

图6-14 【文字】选项卡

2)【文字位置】选项组：选用默认值，即垂直方向上设为文字在尺寸线的上方，水平方向上设为文字在尺寸线的中间，文字偏离尺寸线的距离设置为0.625。

3)【文字对齐】选项组：选用默认值，文字始终与尺寸线对齐。

4. 设置调整

【调整】选项卡主要分为【调整选项】、【文字位置】、【标注特征比例】、【优化】4个选项组。

1)【调整选项】选项组：如图6-15所示，选用默认设置，即当尺寸界线之间的空间狭小时，自动按最佳效果选择文字或箭头放在尺寸界线之间。

2)【文字位置】选项组：如图6-15所示，选用默认设置，即当尺寸文字不是放在默认位置时，将其放在尺寸线旁边。

3)【标注特征比例】选项组：如图6-15所示，选用默认设置，即全局比例（Overall sacle）设为1，全局比例不影响尺寸的数值，只影响尺寸数字、箭头等要素的大小。

4)【优化】选项组：如图6-15所示，选择第二项，强制在尺寸界限之间画尺寸线。

5. 设置主单位

【主单位】选项卡主要包括【线性标注】和【角度标注】两大选项组，如图6-16所示。

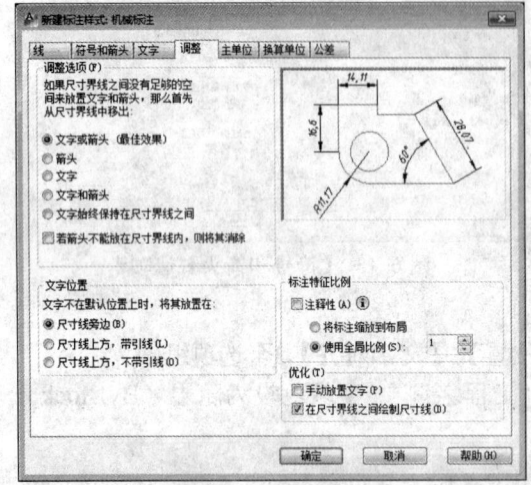

图6-15 【调整】选项卡　　　　图6-16 【主单位】选项卡

1)【线性标注】选项组。
- 单位格式：选择"小数"。
- 精度：设为0，即取整数。
- 小数分隔符：设为点"."即可。
- 尺寸文字的前缀与后缀：不添加。
- 测量单位比例：比例因子设为1，即标注图形的实际尺寸。测量比例指标注的尺寸数值与所绘图形的实际尺寸之间的比例。
- 消零：前导零（小数点前面的零）不抑制，后续零抑制。

2)【角度标注】选项组。
- 单位格式：选择十进制度数。

- 精度：设为 0，即取整数。
- 消零：都不抑制。

6. 设置换算单位

在工程制图中一般不用这一项。

7. 设置公差

暂时设置为不标注公差。

当所有的设置完成后，返回【标注样式管理器】对话框。

6.2.3 将标注样式设置为当前

若要使用【机械标注】样式进行尺寸标注，首先需将该标注样式置为当前，然后才能采用该样式所设置的参数进行尺寸标注。有如下几种方法将标注样式置为当前：

- 在如图 6-17 所示的【样式】工具栏中的【标注样式控制】下拉列表框中选择【机械标注】选项置为当前的标注样式。
- 在图 6-18 所示的【标注样式管理器】对话框左侧的【样式】列表框中双击"机械标注"，置为当前的标注样式。
- 在图 6-18 所示的【标注样式管理器】对话框左侧的【样式】列表框中单击"机械标注"，使之变蓝，再单击【置为当前】按钮，最后关闭对话框即可。
- 在【标注样式管理器】对话框左侧的【样式】列表框中【机械标注】样式上单击鼠标右键，在弹出的快捷菜单中选择【置为当前】命令。

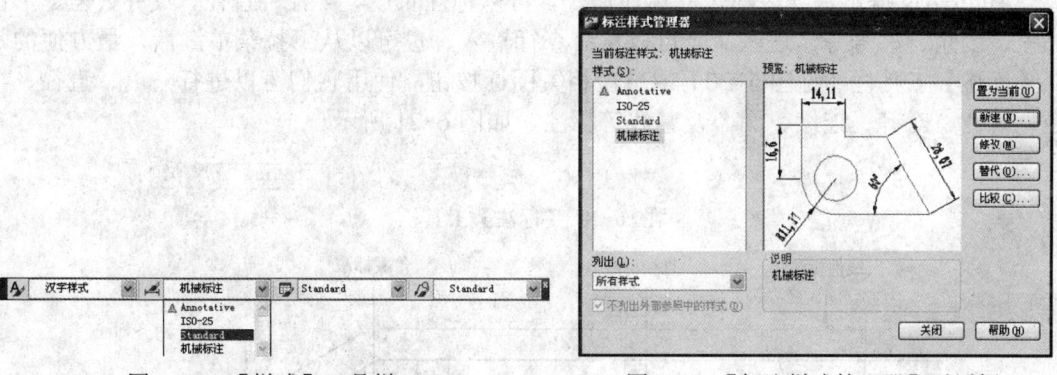

图 6-17 【样式】工具栏　　　　图 6-18 【标注样式管理器】对话框

6.2.4 修改与删除尺寸标注样式

设置尺寸标注样式后，可修改其参数设置，还可将不需要的标注样式删除。

1. 修改尺寸标注样式

修改尺寸标注样式的方法是在【标注样式管理器】对话框中，选择要修改的标注样式名称，单击 修改(M)... 按钮，在打开的如图 6-19 所示的【修改标注样式：机械标注】对话框中即可修改标注样式，该对话框的设置方法与【新建标注样式】对话框相同，用户可参照前面所讲的内容进行操作。

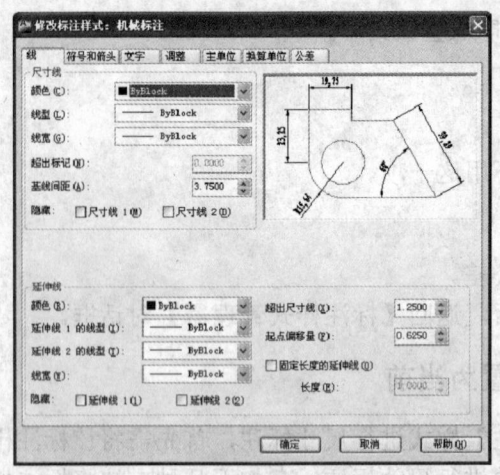

图 6-19 【修改标注样式：机械标注】对话框

2. 删除尺寸标注样式

如果不需要某个标注样式，可在【标注样式管理器】对话框左侧的【样式】列表框中需删除的标注样式上单击鼠标右键，在弹出的快捷菜单中选择【删除】命令。

> 注意：当前尺寸标注样式不能被删除。

6.2.5 尺寸标注类型

AutoCAD 提供了众多的尺寸标注命令，可以标注长度、半径、直径、尺寸公差、形位公差、倒角、序号等。这些命令可以从命令行输入，也可以从下拉菜单激活，最方便的是从【标注】工具栏（见图 6-20）中单击相关图标按钮，使用它们可以进行角度、直径、半径、线性、对齐、连续、圆心及基线等标注，如图 6-21 所示。

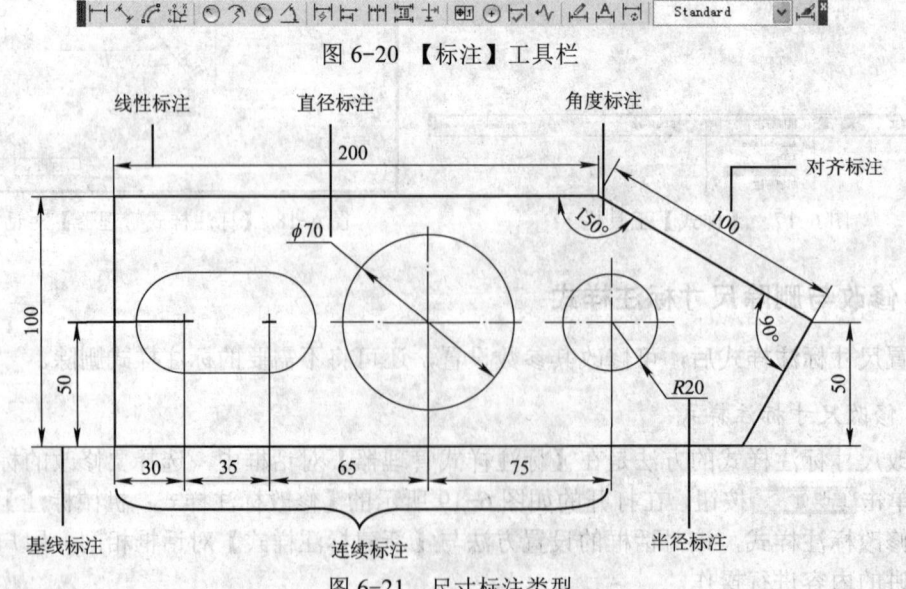

图 6-20 【标注】工具栏

图 6-21 尺寸标注类型

1. 线性标注

线性尺寸标注命令可以标注水平、垂直方向上的尺寸。用户选择【标注】→【线性】命令，或在【标注】工具栏中单击【线性】按钮，都可创建用于标注两个点之间的水平或竖直距离测量值，并通过指定点或选择一个对象来实现。

在工程图样中，经常要绘制和标注对称图形。如图 6-22 所示，可以建立一个专门的标注样式，即"抑制样式"，它与"基本样式"的设置基本相同，仅需要修改如图 6-12 所示的【线】选项卡，在【尺寸线】选项组中勾选【尺寸线 2】复选框，在【延伸线】选项组中勾选【延伸线 2】复选框。设置好"抑制样式"后，执行【线性】命令，命令行提示如下：

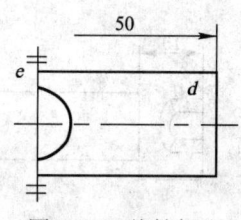

图 6-22 线性标注

命令：_dimlinear
指定第一条尺寸界线原点或<选择对象>：　　　　　　　　（捕捉 d 点）
指定第二条尺寸界线原点：　　　　　　　　　　　　　　（捕捉 e 点）
指定尺寸线位置或
[多行文字(M)/文字(T)/角度(A)/水平(H)/垂直(V)/旋转(R)]：t　　（准备修改尺寸数值）
输入标注文字 <25>：50
最后拖动光标确定尺寸的位置，按 Enter 键即可。

2. 对齐标注

选择【标注】→【对齐】命令，或在【标注】工具栏中单击【对齐】按钮，都可以对对象进行对齐标注。对齐标注是线性标注尺寸的一种特殊形式。在对直线段进行标注时，如果该直线的倾斜角度未知，那么使用线性标注方法将无法得到准确的测量结果，这时可以使用对齐标注。

【例6-2】　标注如图6-23所示的对齐尺寸。

单击"对齐"按钮后，命令行提示如下：

　　指定第 1 条尺寸界线起点或〈选择对象〉：(指定第一条尺寸界线起点)
　　指定第 2 条尺寸界线起点：(指定第二条尺寸界线起点)
　　指定尺寸线位置或[多行文字(M)/文字(T)/角度(A)/水平(H)/垂直(V)/旋转(R)]：(指定尺寸位置或选项)

3. 基线标注

选择【标注】→【基线】命令，或在【标注】工具栏中单击【基线】按钮，都可以创建一系列由相同的标注原点测量出来的标注，即并列尺寸。在进行基线标注之前必须先创建（或选择）一个线性、坐标或角度标注作为基准标注，然后执行【基线】命令。

【例6-3】　使用【基线】命令标注如图6-24a所示的图形中 AB、AC 线段的尺寸。

单击【基线】按钮，命令行提示如下：

　　选择基准标注：(单击大小为 10 的尺寸线)

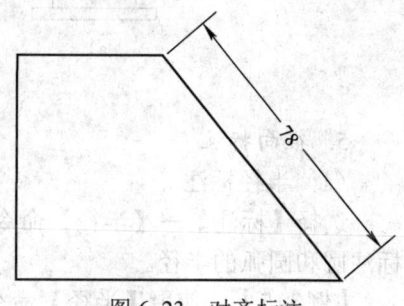

图 6-23 对齐标注

指定第二条尺寸界线原点或[放弃(U)/选择(S)]〈选择〉：(单击点 B)
指定第二条尺寸界线原点或[放弃(U)/选择(S)]〈选择〉：(单击点 C)

结果如图 6-24b 所示。

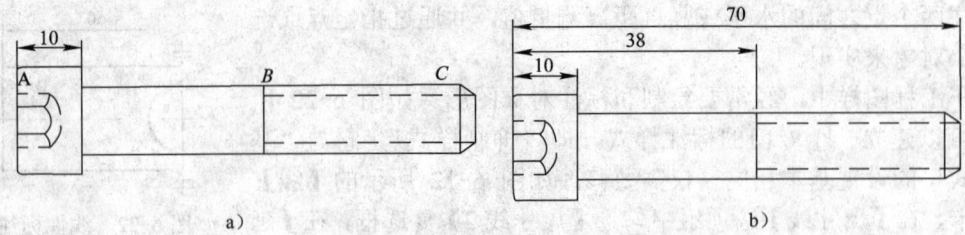

图 6-24　基线标注

4. 连续标注

选择【标注】→【连续】命令，或在【标注】工具栏中单击【连续】按钮，都可以创建一系列端对端放置的串列尺寸，每个连续标注都从前一个标注的第二个尺寸界线处开始。

在进行连续标注之前，必须先创建（或选择）一个线性、坐标或角度标注作为基准标注，以确定连续标注所需要的前一尺寸标注的尺寸界线，然后执行【连续】命令。

【例6-4】　使用【连续】命令标注如图6-25a所示的图形中AB和BC线段的尺寸。

单击【连续】按钮，命令行提示如下：

　　　选择基准标注：(单击大小为 50.8 的尺寸线)
　　　指定第二条尺寸界线原点或[放弃(U)/选择(S)]〈选择〉：(单击点 B)
　　　指定第二条尺寸界线原点或[放弃(U)/选择(S)]〈选择〉：(单击点 C)

结果如图 6-25b 所示。

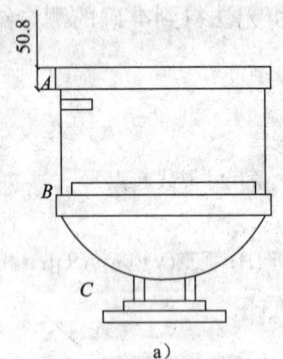 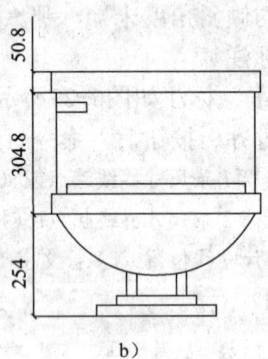

图 6-25　连续标注

5. 径向标注

（1）半径标注

选择【标注】→【半径】命令，或在【标注】工具栏中单击【半径】按钮，都可以标注圆和圆弧的半径。

【例6-5】　使用【半径】命令标注如图6-26所示的图形中圆弧的半径。

① 打开【标注样式管理器】对话框，将"机械标注"设为当前，单击[替代(O)...]按钮，选择【文字】选项卡，设置文字水平放置，如图 6-27 所示。返回【标注样式管理器】对话框，会发现在"机械标注"下生成了一个覆盖子样式。如图 6-28 所示。

❷ 单击【半径】按钮 ，命令行提示如下：
选择圆弧或圆：（选取被标注的圆弧或圆）
指定尺寸的位置或[多行文字(M)/文字(T)/角度(A)]：（移动光标指定尺寸的位置或选项）

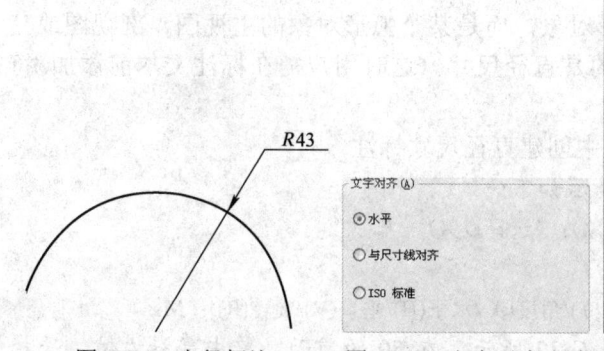
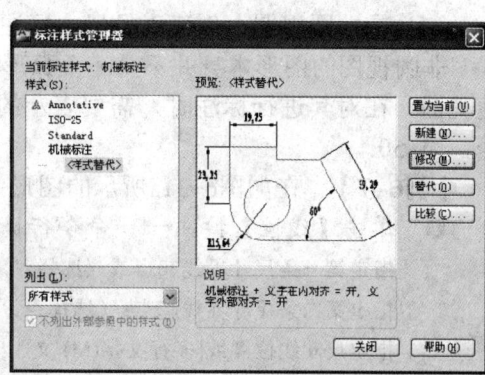

图 6-26 半径标注   图 6-27 文字对齐方式   图 6-28 【标注样式管理器】对话框

> 提示　替代子样式是一个临时样式。当要切换到其他标注样式时，替代子样式即被删除，但用它所标注的尺寸不受任何影响。

当指定了尺寸线的位置后，系统将按实际测量值标注出圆或圆弧的半径。也可以利用【多行文字（M）】、【文字（T）】或【角度（A）】选项，确定尺寸文字或尺寸文字的旋转角度。其中，当通过【多行文字（M）】和【文字（T）】选项重新确定尺寸文字时，只有给输入的尺寸文字加前缀 R，才能使标出的半径尺寸有半径符号 R，否则没有该符号。

（2）直径标注

选择【标注】→【直径】命令，或在【标注】工具栏中单击【直径】按钮 ，都可以标注圆和圆弧的直径。

【例6-6】　使用【直径】命令标注如图6-29所示的图形中圆的直径。

❶ 打开【标注样式管理器】对话框，将"机械标注"设为当前，单击 新建(N)... 按钮，新建"直径标注"样式，选择【调整】选项卡，如图 6-30 所示，选中【文字和箭头】单选按钮，单击【确定】按钮，将"直径标注"样式置为当前。

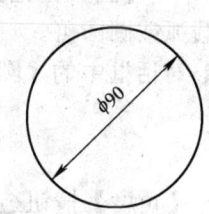
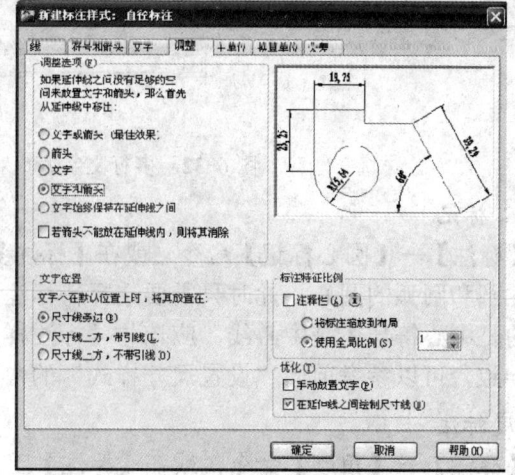

图 6-29 直径标注   图 6-30 【调整】选项卡

❷ 单击【直径】按钮◯，命令行提示如下：

选择圆弧或圆：(选取被标注的圆弧或圆)

指定尺寸的位置或[多行文字(M)/文字(T)/角度(A)]：(移动光标指定尺寸的位置或选项)

(3) 在非圆视图上创建直径尺寸标注

非圆视图的图形本身并不是一个弧形对象，而是某个弧形对象的主视图、剖视图或其他视图，在对其进行标注时，需要表示的是直径尺寸。这时用户需在标注文本前添加ϕ符号，如ϕ50。

【例6-7】 在如图6-31a所示的图形中创建直径尺寸标注。

❶ 单击【线性】按钮⊢⊣，命令行提示如下：

指定第一条尺寸界线起点或〈选择对象〉：(选择点A)

指定第二条尺寸界线起点：(选择点B)

指定尺寸线位置或[多行文字(M)/文字(T)/角度(A)/水平(H)/垂直(V)/旋转(R)]：M↙

❷ 打开多行文字编辑对话框，如图6-32所示。在50的前面，单击鼠标右键，选择【符号】和【直径】命令，单击【确定】按钮。命令行提示如下：

指定尺寸线位置或[多行文字(M)/文字(T)/角度(A)/水平(H)/垂直(V)/旋转(R)]：(移动光标指定尺寸的位置)

标注文字=50

结果如图6-31b所示。

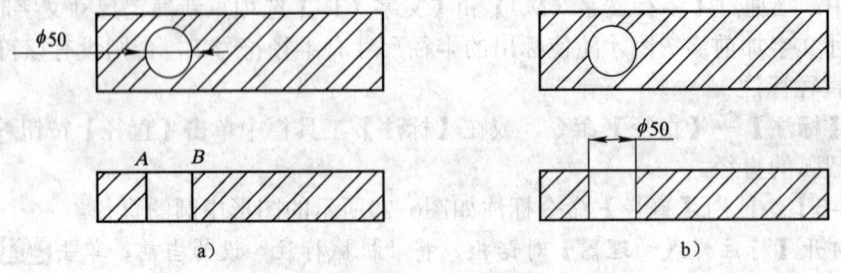

图6-31 在非圆视图上创建直径尺寸标注

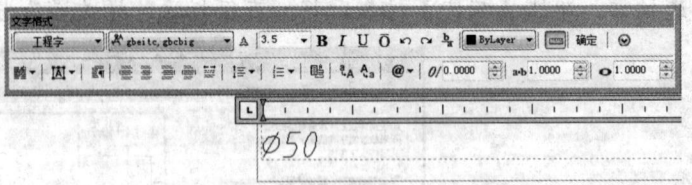

图6-32 多行文字编辑对话框

6. 圆心标记

选择【标注】→【圆心标记】命令，或在【标注】工具栏中单击【圆心标记】按钮⊕，都可以标注圆和圆弧的圆心。此时只需要选择待标注其圆心的圆弧或圆即可。

标注的是中心符号还是中心线，应该与【标注样式管理器】对话框中的【圆心标记】选项设置一致，可以参考前面"设置尺寸样式"的内容。

7. 角度标注

选择【标注】→【角度】命令，或在【标注】工具栏中单击【角度】按钮△，都可以测量圆和圆弧的角度、两条直线间的角度，或者三点间的角度。

8. 尺寸公差标注

工程图样中经常需要标注尺寸公差。尺寸公差是尺寸误差的允许变动范围。在一张工程图样中，各尺寸的公差值一般都不相同，用户需输入各尺寸的公差数值。

在【标注样式管理器】对话框中，将"机械标注"设为当前，单击【新建】按钮，弹出【创建新标注样式】对话框，输入样式名，进入【新建标注样式】对话框，选择【公差】选项卡。在【公差格式】选项组中的【方式】下拉列表框中选择公差标注的方式：对称、极限偏差、极限尺寸、基本尺寸。其中，如图 6-33 所示的对称偏差标注和如图 6-34 所示的极限偏差标注最为常用，现分别说明它们的设置方法。

图 6-33 对称偏差标注

图 6-34 极限偏差标注

（1）对称偏差设置

新建"对称偏差"样式。如图 6-35 所示，在【公差格式】选项组中，将"方式"选为"对称"，"精度"设为"0.000"，"上偏差"输入"0.025"（根据实际情况而变化），公差字高与尺寸数字的高度比例设为"1"，"垂直位置"设为"中"，其余选项设为默认值。单击【确定】按钮后返回【标注样式管理器】对话框，会发现在"样式"列表框中生成了一个"对称偏差"样式，关闭对话框后，执行线性标注命令即可。

（2）极限偏差设置

新建"极限偏差"样式。如图 6-36 所示，"方式"选为"极限偏差"，"精度"设为"0.000"，"上偏差"输入"0.016"，"下偏差"输入"0.006"（根据实际情况而变化），公差字高与尺寸数字的高度比例设为"0.67"，"垂直位置"设为"中"，其余选项设为默认值。单击【确定】按钮后退出对话框，执行线性标注命令即可。

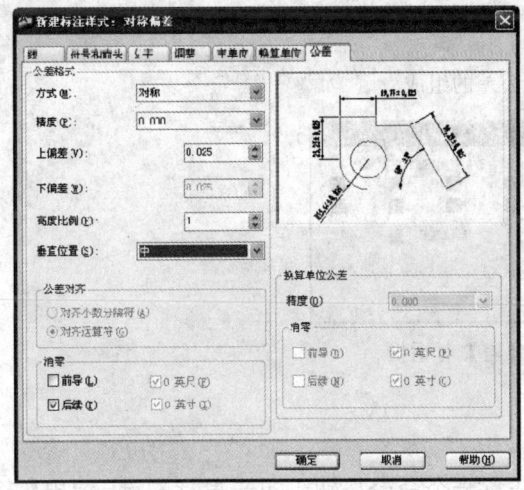
图 6-35 对称偏差的设置

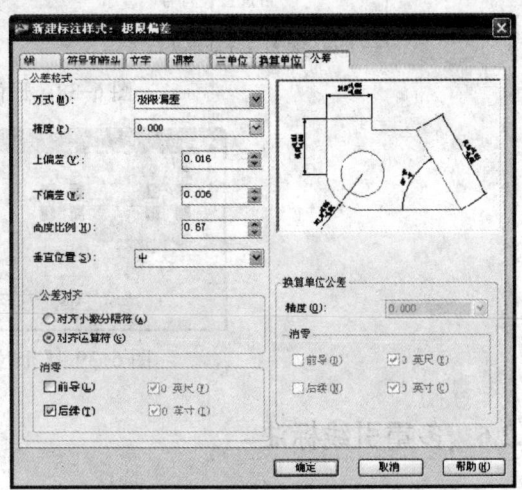
图 6-36 极限偏差的设置

> **注意** AutoCAD 系统默认设置上偏差为正值，下偏差为负值，输入的数值自动带正负符号。若再输入正负号，则系统会根据"负负得正"的数学原则显示数值的符号。

另外，在标注不同公差时，都调出【标注样式管理器】对话框是十分烦琐的。用户可以先建立一种对称偏差和极限偏差，在标注其他偏差值尺寸时，可以通过【特性】选项板，选择"公差"选项，分别修改上偏差和下偏差的数值，如图 6-37 所示。

9. 形位公差标注

零件图经常需要标注形位公差。形位公差是零件构成要素的几何形状及要素的实际位置对理想形状或理想位置的允许变动量。形位公差包括形状公差和位置公差。形状公差包括直线度公差、圆度公差、平面度公差等；位置公差包括平行度公差、垂直度公差、同轴度公差等。

（1）形位公差的组成

在 AutoCAD 中，可以通过特征控制框来显示形位公差信息，如图形的形状、轮廓、方向、位置和跳动的偏差等，如图 6-38 所示。

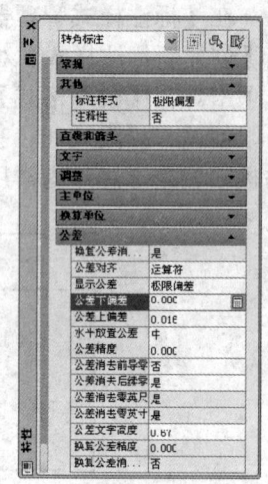

图 6-37 【特性】选项板

（2）标注形位公差

选择【标注】→【公差】命令，或在【标注】工具栏中单击【公差】按钮，打开【形位公差】对话框，可以设置公差的符号、值及基准等参数，如图 6-39 所示。

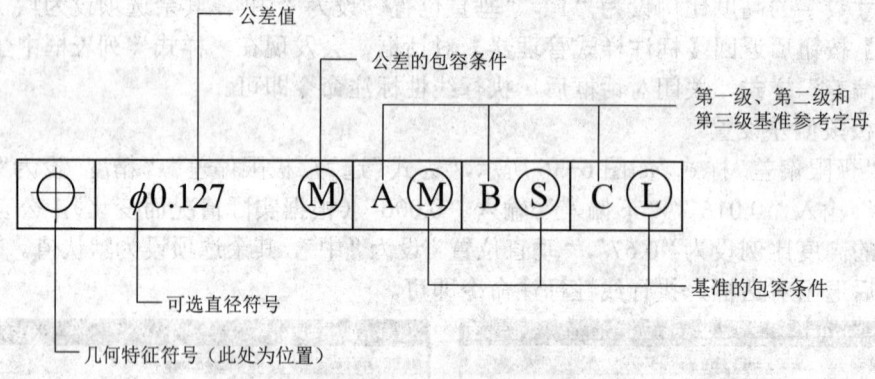

图 6-38 形位公差的组成

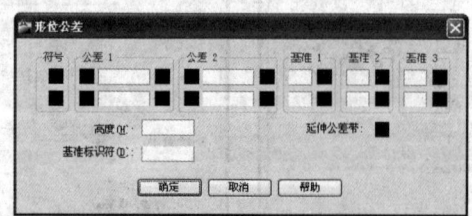

图 6-39 【形位公差】对话框

6.2.6 多重引线标注

多重引线是具有多个选项的引线对象。在任意一个命令按钮上单击鼠标右键，调出【多重引线】工具栏，如图 6-40 所示。

图 6-40 【多重引线】工具栏

引线对象是一条线或样条曲线，其一端带有箭头，另一端带有多行文字对象或块。在某些情况下，有一条短水平线（又称为基线）将文字或块和特征控制框连接到引线上，如图 6-41 所示。

基线和引线与多行文字对象或块关联，因此当重定位基线时，内容和引线将随其移动。

1. 定义引线样式

单击【多重引线】工具栏中的【多重引线样式】按钮，弹出【多重引线样式管理器】对话框，如图 6-42 所示。通过该对话框可以设置当前多重引线样式，以及创建、修改和删除多重引线样式。

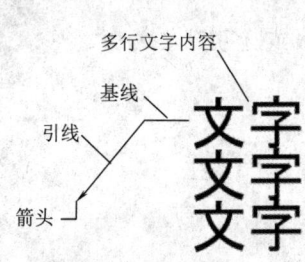

图 6-41 引线

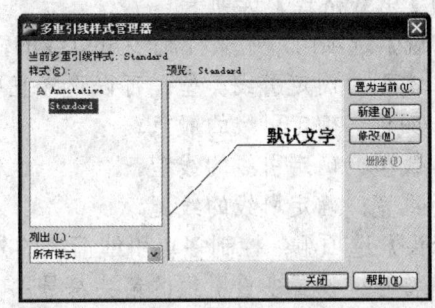

图 6-42 【多重引线样式管理器】对话框

下面分别介绍对话框中各主要选项的功能：
- 当前多重引线样式：显示应用于所创建的多重引线的多重引线样式的名称。默认的多重引线样式为 Standard。
- 样式：显示多重引线列表。当前样式被亮显。
- 列出：控制【样式】列表框中的内容。单击【所有样式】选项，可显示图形中可用的所有多重引线样式。单击【正在使用的样式】选项，仅显示被当前图形中的多重引线参照的多重引线样式。
- 预览：显示【样式】列表框中选定样式的预览图像。
- 置为当前：将【样式】列表框中选定的多重引线样式设置为当前样式。所有新的多重引线都将使用此多重引线样式进行创建。
- 新建：显示【创建新多重引线样式】对话框，从中可以定义新多重引线样式。
- 修改：显示【修改多重引线样式】对话框，从中可以修改多重引线样式。
- 删除：删除【样式】列表框中选定的多重引线样式。不能删除图形中正在使用的样式。

2. 创建和修改多重引线

如前面所述，在对话框中可以创建和修改多重引线，打开如图 6-43 所示的【修改多重引线样式：Standard】对话框。在该对话框中有【引线格式】、【引线结构】和【内容】3 个选项卡，下面分别介绍这些选项卡的功能。

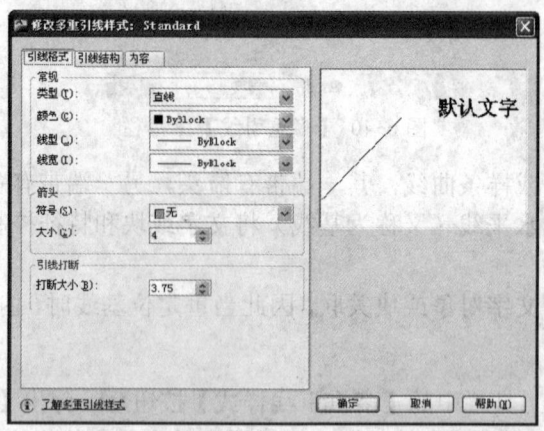

图 6-43 【修改多重引线样式：Standard】对话框

（1）【引线格式】选项卡

【常规】选项组：用来控制多重引线的基本外观。
- 类型：确定引线类型。可以选择直引线、样条曲线或无引线。
- 颜色：确定引线的颜色。
- 线型：确定引线的线型。
- 线宽：确定引线的线宽。

【箭头】选项组：控制多重引线箭头的外观。
- 符号：设置多重引线的箭头符号。
- 大小：显示和设置箭头的大小。

【引线打断】选项组：控制将打断标注添加到多重引线时使用的设置。

打断大小：选择多重引线后，显示和设置用于 DIMBREAK 命令的折断大小。

（2）【引线结构】选项卡

【约束】选项组：控制多重引线的约束。
- 最大引线点数：指定引线的最大点数。
- 第　段角度：指定引线中的第一个点的角度。
- 第二段角度：指定多重引线基线中的第二个点的角度。

【基线设置】选项组：控制多重引线的基线设置。
- 自动包含基线：将水平基线附着到多重引线内容。
- 设置基线距离：为多重引线基线确定固定距离。

【比例】选项组：控制多重引线的缩放。
- 注释性：指定多重引线为注释性。单击【信息】按钮以了解有关注释性对象的详细信息。如果多重引线非注释性，则以下选项可用。
- 将多重引线缩放到布局：根据模型空间视口和图纸空间视口中的缩放比例确定多重引线的比例因子。
- 指定缩放比例：指定多重引线的缩放比例。

（3）【内容】选项卡

【多重引线类型】选项组：确定多重引线是包含文字还是包含块。如果多重引线包含多行文字，则下列选项可用。

- 文字选项：控制多重引线文字的外观。
- 默认文字：为多重引线内容设置默认文字。单击【…】按钮将启动多行文字在位编辑器。
- 文字样式：指定属性文字的预定义样式。显示当前加载的文字样式，要加载或创建文字样式。
- 文字角度：指定多重引线文字的旋转角度。
- 文字颜色：指定多重引线文字的颜色。
- 文字高度：指定多重引线文字的高度。
- 始终左对正：指定多重引线文字始终左对齐。
- 文字加框：使用文本框对多重引线文字内容加框。

【引线连接】选项组：控制多重引线的引线连接设置。
- 连接位置-左：控制文字位于引线左侧时基线连接到多重引线文字的方式。
- 连接位置-右：控制文字位于引线右侧时基线连接到多重引线文字的方式。
- 基线间隙：指定基线和多重引线文字之间的距离。

【例6-8】 用【多重引线】命令标注如图6-44所示的倒角尺寸。

❶ 选择【格式】→【多重引线样式】命令，系统弹出【多重引线样式管理器】对话框。在【多重引线样式管理器】对话框中，单击 新建(N)... 按钮，弹出【创建新多重引线样式】对话框，在新样式名栏中输入"倒角"，单击【继续】按钮，弹出【修改多重引线样式：倒角】对话框。

❷ 在【引线格式】选项卡中，选择箭头符号为"无"。在【内容】选项卡中，引线连接选择"最后一行加下划线"，如图6-45所示，单击【确定】按钮。返回【多重引线样式管理器】对话框，再单击【置为当前】按钮，关闭对话框即可。

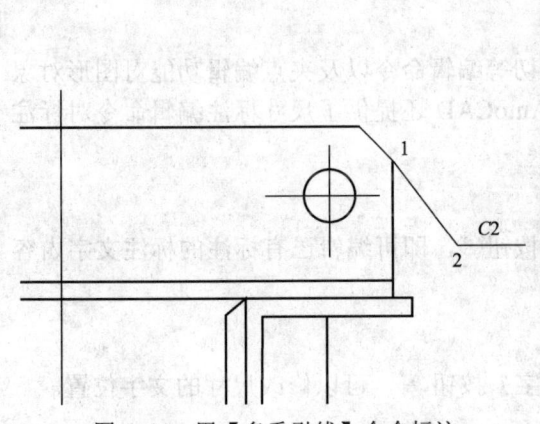

图 6-44 用【多重引线】命令标注

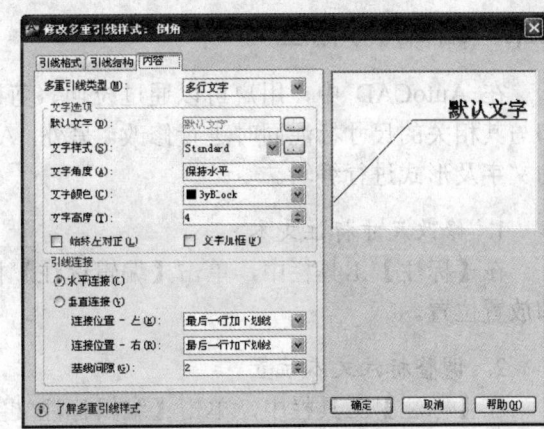

图 6-45 【内容】选项卡

❸ 选择【标注】→【多重引线】命令，命令行提示如下：
命令：_mleader
指定引线箭头的位置或[引线基线优先(L)/内容优先(C)/选项(O)] <内容优先>：（选择点1）
指定引线基线的位置：（选择点2）

❹ 打开【多行文字】编辑对话框，输入 C2，单击【确定】按钮。

3. 多重引线对齐

单击【多重引线对齐】按钮，可以沿指定的线对齐若干多重引线对象。水平基线将沿指定的不可见的线放置。箭头将保留在原来放置的位置。

【例6-9】 将图6-46a所示的引线标注改为图6-46b所示的样式。

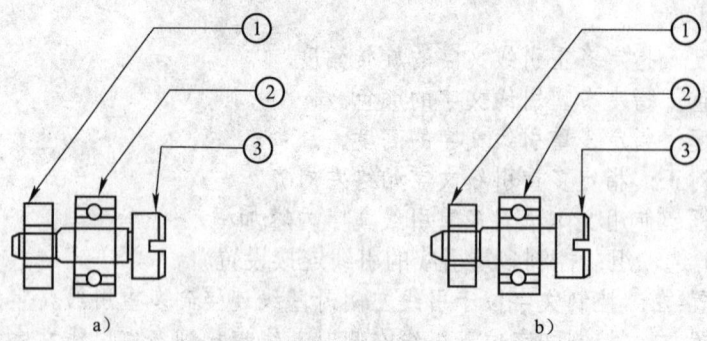

图 6-46 排列多重引线
a) 对齐多重引线之前　b) 对齐多重引线之后

单击【多重引线对齐】按钮，命令行提示如下：

　　选择多重引线：（选择标号为①的多重引线）
　　选择多重引线：（选择标号为②的多重引线）
　　选择多重引线：（选择标号为③的多重引线）↙
　　当前模式：使用当前间距
　　选择要对齐到的多重引线或[选项(O)]：（选择标号为①的多重引线）
　　指定方向：（选择指定的方向）

6.2.7 编辑尺寸标注

在 AutoCAD 中，用户可以通过拉伸、剪切等编辑命令以及夹点编辑功能对图形对象和与其相关的尺寸标注同时进行修改。另外，AutoCAD 还提供了尺寸标注编辑命令对标注的文字及形式进行编辑。

1. 修改尺寸标注文本

在【标注】工具栏中，单击【编辑标注】按钮，即可编辑已有标注的标注文字内容和放置位置。

2. 调整标注文本位置

在【标注】工具栏中，单击【编辑标注文字】按钮，可以修改尺寸的文字位置。

3. 标注更新

在创建尺寸标注过程中，若发现某个尺寸标注不符合要求，则可采用替代标注样式的方式修改尺寸标注的相关变量，然后通过【标注更新】按钮，使要修改的尺寸标注按所设置的尺寸样式进行更新。

选择【标注】→【更新】命令，或单击【标注】工具栏中的【标注更新】按钮，都可以调用更新标注命令。

4. 编辑尺寸标注属性

修改尺寸标注属性除了更新标注,也可在绘图区中选择要修改属性的尺寸标注,然后单击【标准】工具栏中的【特性】按钮,打开如图 6-47 所示的【特性】选项板,在其中可修改尺寸标注的各个参数,如箭头大小、尺寸线线宽、尺寸线范围等。

6.3 课后练习

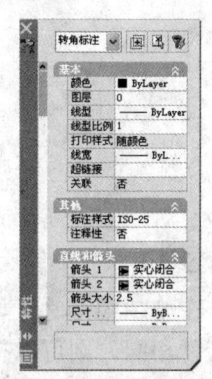

图 6-47 【特性】选项板

1. 如何创建符合我国国标的文字样式?
2. 单行文本和多行文本有何区别?
3. 如何创建符合我国国标的尺寸标注样式?
4. 如何标注和编辑各种形式的尺寸公差?如何标注形位公差?
5. 绘制如图 6-48 所示的图形,并进行尺寸标注和公差标注。

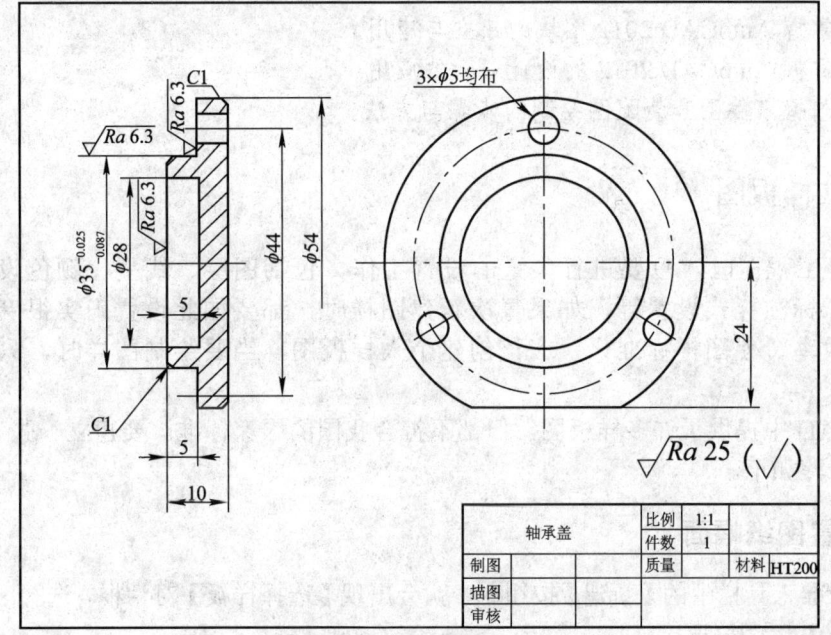

图 6-48 绘制图形

第 7 章　AutoCAD 的实用工具

【内容与要求】

在绘制图形时，如果图形中有大量相同或相似的内容，或者所绘制的图形与已有的图形文件相同，则可以把要重复绘制的图形创建成图块，或是通过 AutoCAD 设计中心浏览、查找、预览、使用和管理 AutoCAD 图形、块、外部参照等不同的资源文件。通过图块和设计中心可以帮助绘制零件图和装配图。

本章应达到如下目标：

- 掌握 AutoCAD 2012 图块的建立与应用。
- 掌握 AutoCAD 2012 的设计中心的应用。
- 掌握零件图和装配图绘制的步骤与方法。

7.1　建立样板图

在新建工程图时，总要进行大量的设置工作，包括图层、线型、颜色设置、文字样式设置、标注样式设置等，如果每次新建图样时，都要如此设置确实很麻烦。为了提高绘图效率，使图样标准化，应该创建个人样板图，当要绘制图样时，只需调用样板图即可。

AutoCAD 中提供了许多样板图，但都不符合我国的国家标准。要建立一张 A3 幅面的样板图，步骤如下。

7.1.1　设置图纸幅面

单击标准工具栏中的【新建】按钮，就会出现【选择样板】对话框，选择 acadiso.dwt 样板，单击 打开(O) 按钮。

单击【绘图】工具栏中的【矩形】按钮，命令行提示如下：

命令:_rectang
指定第一个角点或 [倒角(C)/标高(E)/圆角(F)/厚度(T)/宽度(W)]: 0,0
指定另一个角点或 [面积(A)/尺寸(D)/旋转(R)]: 420,297

选择【格式】→【绘图界限】命令，命令行提示如下：

命令:'_limits 重新设置模型空间界限:
指定左下角点或 [开(ON)/关(OFF)] <0.0000,0.0000>:回车
指定右上角点 <420.0000,297.0000>:回车
命令:回车
'LIMITS

重新设置模型空间界限:回车

指定左下角点或 [开(ON)/关(OFF)] <0.0000,0.0000>: on

单击标准工具栏中的【全部缩放】按钮，这时 A3 图纸幅面全屏显示。

7.1.2 设置图层、文本样式、标注样式

❶ 设置图层。建立如表 7-1 所示的图层。
❷ 设置文本样式。设置如表 7-2 所示的文本样式。
❸ 设置标注样式。设置如表 7-3 所示的标注样式。

表 7-1 设置图层

图层名	功能	颜色	线型	线宽/mm
粗实线	绘制可见轮廓线	黑	Continuous	0.5
细实线	绘制尺寸线	绿	Continuous	0.25
细点划线	绘制对称中心线、轴线等	红	CENTER	0.25
虚线	绘制不可见轮廓线	蓝	DASHED	0.25
剖面线	填充剖面区域	绿	Continuous	0.25

表 7-2 设置文本样式

式样名称	功能	字体
工程字	标注图中的文字说明内容	Gbcbig.shx
工程字	标注斜体文字	Gbeitc.shx
数字式样	标注图中的数字	Gbenor.shx

表 7-3 设置标注样式

样式名称	功能
基本样式	标注水平或竖直型长度尺寸或半径尺寸
非圆样式	标注非圆视图上的直径尺寸
直径样式	标注直径尺寸
抑制样式	对称图形的半标注
公差样式	标注带有公差的尺寸

7.1.3 绘制图纸边框、图框及标题栏

绘制图框。设置"粗实线"层为当前层，单击【绘图】工具栏中的【矩形】按钮，命令行提示如下:

命令: _rectang
指定第一个角点或 [倒角(C)/标高(E)/圆角(F)/厚度(T)/宽度(W)]: 25,5
指定另一个角点或 [面积(A)/尺寸(D)/旋转(R)]: @390,287

绘制标题栏。按标题栏的国家标准绘制，如图 7-1 所示。绘制标题栏时，可以用【偏移】命令结合【修剪】命令来完成。绘制完成后填写框内的文字，如图 7-2 所示。

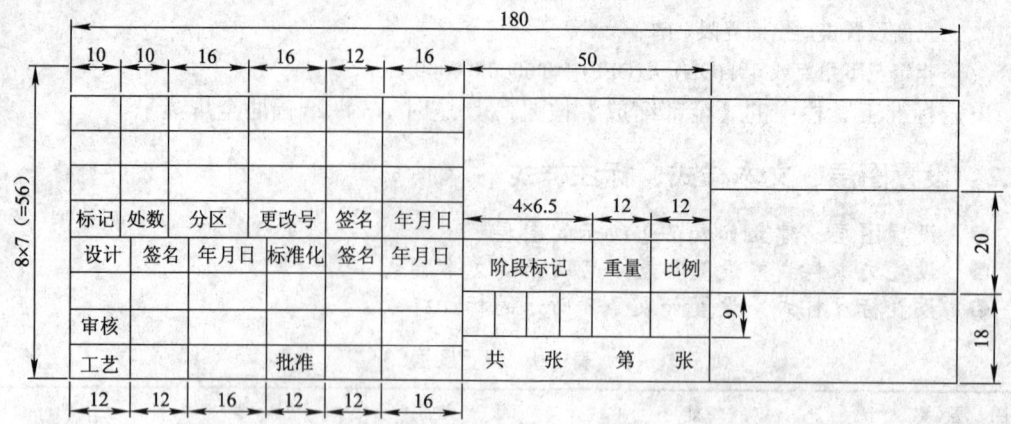

图 7-1 标题栏的国家标准绘制

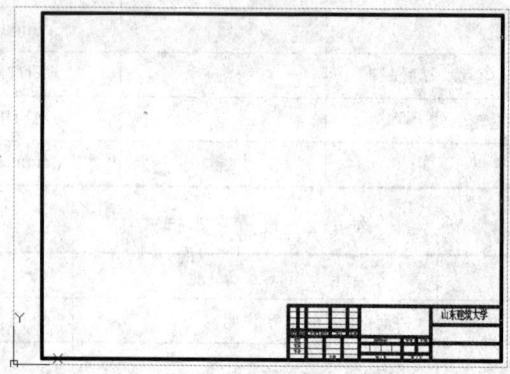

图 7-2 绘制边框和标题栏

7.1.4 建立样板图文件

建立样板图文件，将完成的各种设置的图形文件以".dwt"为扩展名保存。单击【保存】按钮 ，在弹出的【图形另存为】对话框中，将【文件类型】下拉列表框中的文件扩展名设置为*.dwt，文件名为 A3，如图 7-3 所示。

单击【保存】按钮，退出该对话框，弹出【样板选项】对话框，如图 7-4 所示。在【说明】栏中输入"A3 样板图"。单击【确定】按钮，退出对话框，完成样板图的存放。

图 7-3 【图形另存为】对话框

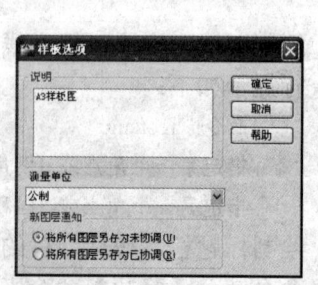

图 7-4 【样板选项】对话框

用同样的方法,可以建立 A0、A1、A2、A4 的样板图文件。

7.1.5 调用样板图

建好的样板图文件,可以随时打开,在样板图上绘制图形。单击【新建】按钮,显示【选择样板】对话框。从列表中选择 A3.dwt。单击【确定】按钮,A3 样板图即被打开。检查一下建立的图层和标注样式是否存在。可在上面进行绘图工作,完成后,以.dwg 文件保存类型保存图形文件即可。

7.2 创建与编辑图块

图块是一个或多个对象组成的对象集合,常用于绘制复杂、重复的图形。一旦一组对象组合成图块,就可以根据作图需要将这组对象插入到图中任意指定位置,还可以按不同的比例和旋转角度插入。在 AutoCAD 中,使用图块可以提高绘图速度、节省存储空间、便于修改图形。

在利用 AutoCAD 开发专业软件(如在机械、建筑、道路、电子等方面)时,可将一些经常使用的常用件、标准件及符号作成图块,使之成为一个图库,以便在绘图时随时调用,这样会减小重复性工作,提高绘图效率。

7.2.1 创建图块

AutoCAD 中的图块分为内部图块和外部图块两类。

1. 创建内部图块

内部图块只能在定义它的图形文件中调用,它跟随定义它的图形文件一同保存在图形文件内部,而不能插入到其他图形中。

创建内部图块的方法有如下几种:
- 单击【绘图】工具栏中的【创建块】按钮。
- 选择【绘图】→【块】→【创建】命令。
- 在命令行中执行"BLOCK"命令。

执行【创建块】命令后,打开如图 7-5 所示的【块定义】对话框,在该对话框中指定相应的参数后即可创建一个内部图块。

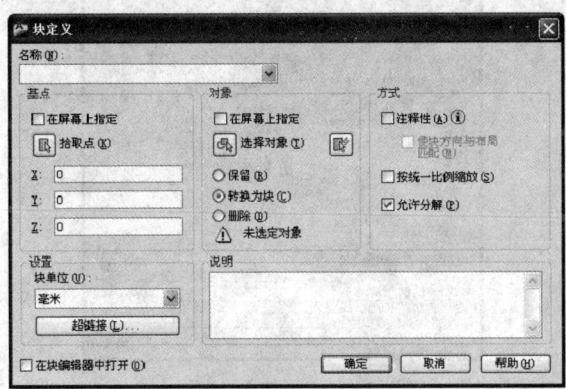

图 7-5 【块定义】对话框

对话框中各项含义如下：
- 名称：在该框中输入块名。单击右边的下拉按钮，显示已定义的块。
- 基点：指定块的插入基点。用户可以直接在 X、Y、Z 这 3 个文本框中输入基点坐标位置；如果单击【拾取点】按钮，则切换到绘图窗口并提示指定插入基点，在绘图区中指定一点作为新建块的插入基点，然后返回到【块定义】对话框，此时刚指定的基点坐标值显示在 X、Y、Z 文本框中。
- 对象：指定组成块的对象。单击【对象选择】按钮，返回绘图状态，并提示"选择对象："，在此提示下选择所需的对象。选取完毕，按 Enter 键，返回对话框。
- 保留：定义块后保留原对象。
- 转换为块：将当前图形中所选对象转换为块。
- 删除：定义块后在绘图区中删去组成块的对象。
- 方式：指定块的行为。
- 注释性：指定块为 annotative。
- 使块方向与布局匹配：指定在图纸空间视口中的块参照的方向与布局的方向匹配。如果未选择【注释性】选项，则该选项不可用。
- 按统一比例缩放：指定是否阻止块参照不按统一比例缩放。
- 允许分解：指定块参照是否可以被分解。
- 设置：选择插入单位。单击右边的下拉按钮，根据需要选择单位，也可指定无单位。
- 说明：用于输入块文字描述信息。

2. 创建外部图块

外部图块又称为外部图块文件，它是以文件的形式保存在计算机中。当定义好外部图块文件后，定义它的图形文件中不会包含该外部图块，也就是指外部图块与定义它的图块文件之间没有任何关联。用户可根据外部图块特有的功能，随时将其调用到其他图形文件中。

外部图块与内部图块的区别是，创建的图块作为独立文件保存，可以插入到任何图形中，并可以对图块进行打开和编辑。

在命令行中输入 WBLOCK，即可创建外部图块，打开如图 7-6 所示的对话框。

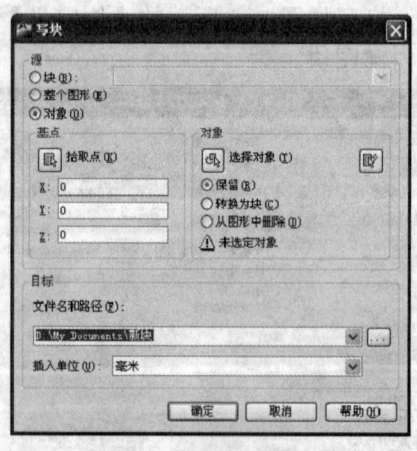

图 7-6 【写块】对话框

对话框中各项含义如下：
- 块：将块作为文件进行保存，可以从其后面的下拉列表框中选择定义过的块名。
- 整个图形：将整个图形作为块存盘。
- 对象：将选择的对象作为块并存盘。
- 基点：用于设置块的插入基点。其中，单击【拾取点】按钮用于切换到绘图窗口直接拾取基点。还可以在 X、Y、Z 文本框中直接输入基点的坐标值（该设置区域仅当"源"中的【对象】选项被选取时有效）。
- 选择对象：用于切换到绘图窗口直接选择对象。
- 保留、转换为块、从图形中删除：与【块定义】对话框中的含义相同。
- 文件名和路径：指定块存盘的文件名并确定保存文件的路径位置。
- 插入单位：确定图块插入时所用的单位。

7.2.2 插入图块

完成图块的定义后，可方便地在图形中插入所定义的图块。应注意，内部图块只能在定义该图块的图形内部插入使用，外部图块可在任何图形中插入使用。

直接插入图块的方法有如下几种：
- 单击【绘图】工具栏中的【插入块】按钮。
- 选择【插入】→【块】命令。
- 在命令行中执行"INSERT"命令。

执行命令后，打开【插入】对话框，如图 7-7 所示。在插入图块的过程中，可指定图块的缩放比例、旋转角度等参数。

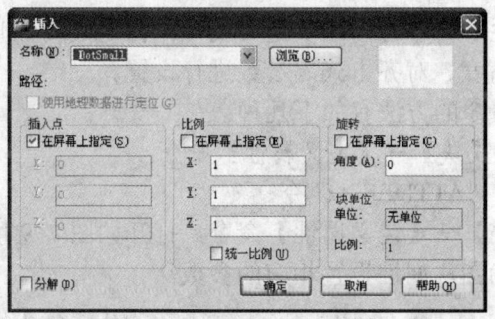

图 7-7 【插入】对话框

对话框中各项含义如下：
- 名称：在该框中输入要插入图块的块名。单击右边的下拉按钮，则显示已定义的块。可以从中选取要插入的图块。单击【浏览】按钮，则打开【选择图形文件】对话框，可在该对话框中选择图形文件，将所选择图形文件作为块插入。
- 插入点：指定块的插入点。选择【在屏幕上指定】复选框表示直接从绘图窗口或命令窗口指定，也可以在 X、Y、Z 文本框中输入插入点的坐标。
- 比例：设置插入的比例因子。可从绘图窗口，也可从文本框中输入。
- 统一比例：指定统一的 X、Y、Z 比例因子。选择该选项，仅 X 文本框有效，设置 X 的比例因子，Y、Z 采用与 X 相同的比例因子。

- 旋转：设置插入块的旋转角度。可从绘图窗口，也可从文本框中输入。
- 分解：选择此项，AutoCAD 在插入块的同时把块分解成单个的对象。

 比例因子可正可负。若为负值，则其结果是插入镜像图。

7.2.3 编辑与管理块属性

在绘制建筑图形时常需要插入多个带有不同名称或附加信息的图块，如果依次对各个图块进行标注，则会浪费很多时间。为了增强图块的通用性，可以为图块附加一些文本信息。将这些文本信息称为属性。在插入有属性的图块时，用户可以根据具体情况，通过属性来为图块设置不同的文本信息，这样就为绘图带来很大的方便。

1. 什么是图块属性

属性是与图块相关联的文字信息。属性定义是创建属性的样板，它指定了属性的特性及插入图块时将显示的提示信息。

在如图 7-8 所示的图形中，M1021、M0921、C1523 为图块的属性值，若要多次插入这些图块，则可将这些属性值定义给相应的图块。在插入图块时，也可为其指定相应的属性值，从而避免了为图块进行多次文字标注的操作。

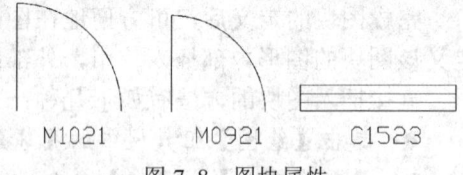

图 7-8　图块属性

为图块指定属性并将属性与图块再重新定义为一个新的图块后，即可为图块指定属性值。属性必须依赖图块存在，没有图块就没有属性。

2. 定义图块属性

使用【定义图块属性】命令可为图块定义属性。在定义属性时，需要对属性的提示信息、默认值、属性值的高度、对齐方式等参数进行设置。

调用定义图块属性命令的方法有如下几种：

- 选择【绘图】→【块】→【定义属性】命令。
- 在命令行中执行 "ATTDEF" 命令。

选择【绘图】→【块】→【定义属性】命令，打开如图 7-9 所示的【属性定义】对话框，在该对话框中即可为图块属性设置相应的参数。

图 7-9　【属性定义】对话框

对话框中各项含义如下：
- 模式：通过【不可见】、【固定】、【验证】复选框可以设置属性是否可见、是否为常量、是否验证以及是否预置。具体内容同上。
- 标记：设置属性标签。
- 提示：设置属性提示。
- 默认：设置属性的默认值。
- 插入点：确定属性文字的插入点，选中【在屏幕上指定】复选框，单击【确定】按钮后，AutoCAD 切换到绘图窗口要求指定插入点的位置。也可以在 X、Y、Z 文本框中输入插入基点的坐标。
- 对正：该下拉列表框中的选项用于设置属性文字相对于插入点的排列形式。
- 文字样式：设置属性文字的样式。
- 文字高度：设置属性文字的高度。
- 旋转：设置属性文字行的倾斜角度。
- 在上一个属性定义下对齐：表示该属性采用上一个属性的字体、字高以及倾斜角度，且与上一个属性对齐，此时【插入点】选项组与【文字设置】选项组均为低亮度显示。

确定了各项内容后，单击对话框中的【确定】按钮，即完成了属性定义。

3. 修改图块属性值

为图块指定相应的属性值后，若要对其进行修改，可选择【修改】→【对象】→【属性】→【单个】命令来完成。单击此命令，出现如图 7-10 所示的对话框。

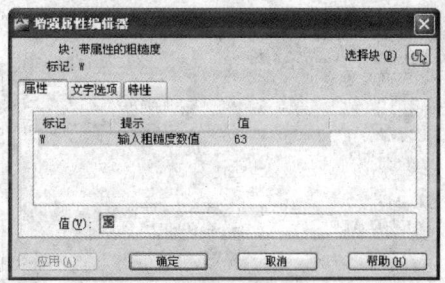

图 7-10 【增强属性编辑器】对话框

- 属性：在【值】文本框中可对图块的属性值进行修改。
- 文字选项：打开如图 7-11 所示的选项卡，在其中可对图块属性的部分参数进行设置，如对齐方式、高度、旋转角度和宽度比例等。

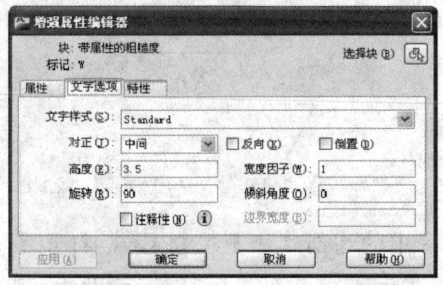

图 7-11 修改图块文字样式参数

- 特性：打开如图 7-12 所示的选项卡，在其中可对图块属性所在图层、线型和颜色等参数进行设置。

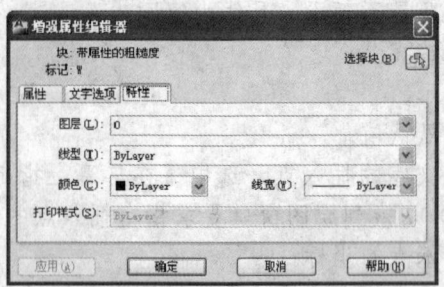

图 7-12　设置图块属性的特性

完成设置后，单击【确定】按钮即可。

【例 7-1】创建属性为 Ra 3.2 的粗糙度符号为一个外部块，并保存。

❶ 单击【直线】按钮，绘制如图 7-13 所示的图形。

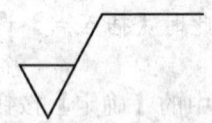

图 7-13　绘制基本符号

❷ 选择【绘图】→【块】→【属性定义】命令，打开【属性定义】对话框，在该对话框中为图块属性设置相应的参数（见图 7-14），单击【确定】按钮。

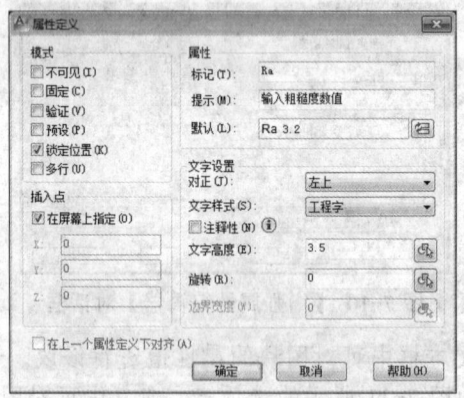

图 7-14　【属性定义】对话框

❸ 在绘图区指定起点，如图 7-15 所示。

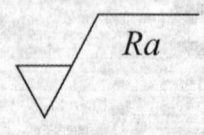

图 7-15　定义属性

❹ 单击【绘图】工具栏中的【创建块】按钮，打开【块定义】对话框，输入如图 7-16 所示的参数，单击"选择对象"前的按钮，用窗选方式选择如图 7-17 所

示的图形，单击鼠标右键，返回【块定义】对话框，单击【确定】按钮。

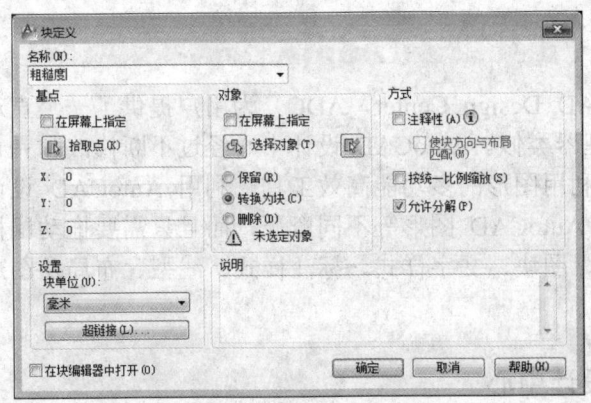

图 7-16 【块定义】对话框

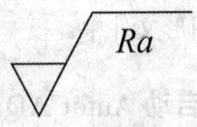

图 7-17 选择对象

❺ 根据命令行提示拾取插入基点为下角点，弹出如图 7-18 所示的【编辑属性】对话框，单击【确定】按钮。则返回图形界面，如图 7-19 所示。

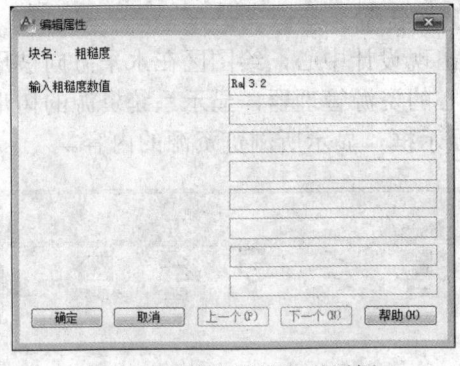

图 7-18 【编辑属性】对话框

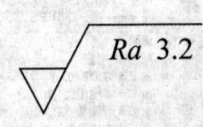

图 7-19 图块

❻ 在命令行中输入 WBLOCK，打开如图 7-20 所示的对话框，选择前面创建的"带属性的粗糙度"图块，并选择保存的路径，单击【确定】按钮。

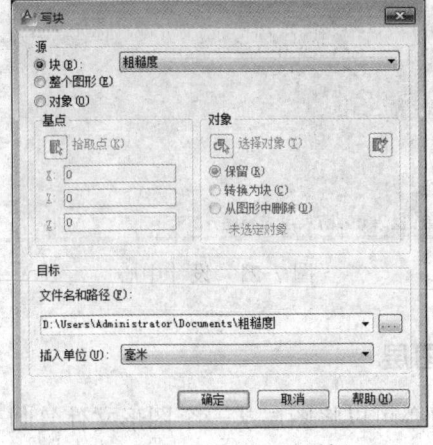

图 7-20 【写块】对话框

7.3 AutoCAD 设计中心

AutoCAD 设计中心（AutoCAD Design Center，ADC）为用户提供了一个直观且高效的工具，它与 Windows 资源管理器类似。AutoCAD 设计中心经过不断修改和完善补充，已经是一个集管理、查看和重复利用图形的多功能高效工具。利用 AutoCAD 设计中心，用户不仅可以浏览、查找、管理 AutoCAD 图形等不同资源，而且只需要拖动鼠标，就能轻松地将一张设计图样中的图层、图块、文字样式、标注样式、线型、布局及图形等复制到当前图形文件中。

7.3.1 启动 AutoCAD 2012 设计中心

可以从命令行、下拉菜单、标准工具栏启动 AutoCAD 设计中心，具体方法如下：
- 在命令行提示中输入 Adcenter 并按 Enter 键或空格键。
- 从【工具】菜单中选择【AutoCAD 设计中心】选项。
- 从标准工具栏中单击【设计中心】按钮。

启动后，在 AutoCAD 的绘图区左边出现设计中心，绘图区在水平方向被压缩。如图 7-21 所示。左边框内为 AutoCAD 设计中心的资源管理器，显示系统资源的树形结构；右边框内为 AutoCAD 设计中心窗口的内容显示框，显示所浏览资源的内容。

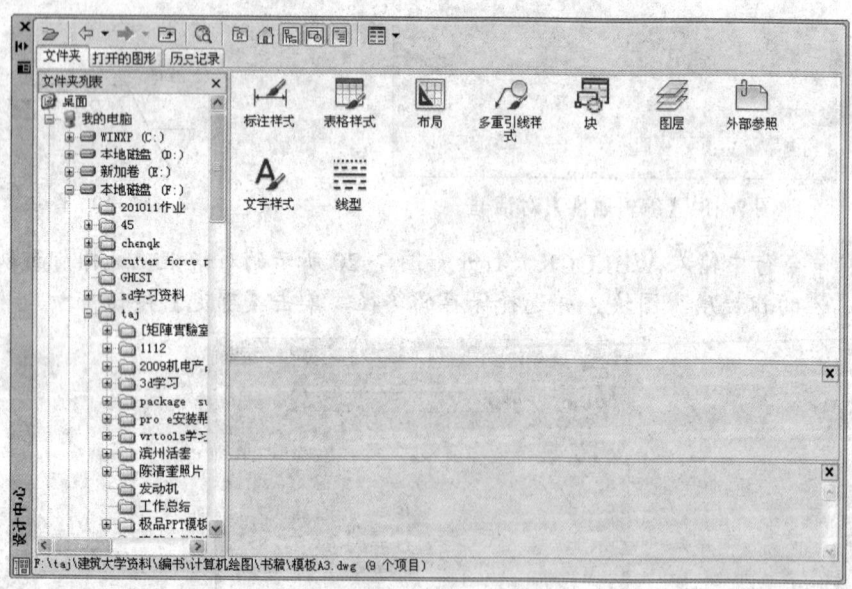

图 7-21 设计中心

7.3.2 在文件之间复制图层

利用 AutoCAD 设计中心可以将图层从一个图形文件复制到其他图形文件中。例如，在绘制新图时，可通过 AutoCAD 设计中心将已有的图层复制到新的图形文件，节省时间，并保证图形间的一致性。
1. 拖动图层到当前打开的图形中。可按以下步骤进行：
❶ 确认要复制图层的图形文件当前是打开的。
❷ 在内容显示框中，选择要复制的图层，如图 7-22 所示。
❸ 用鼠标左键拖动所选的图层到当前图形区，然后松开鼠标键，所选的图层就被复制到当前图形中，且图层的名称不变。

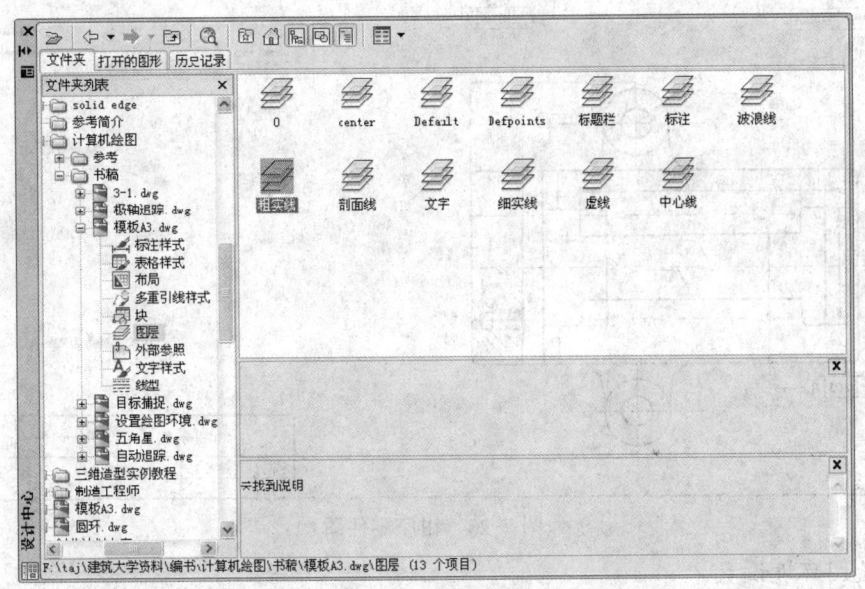

图 7-22　复制图层

2. 通过剪贴板复制图层。可按以下步骤进行：
❶ 确认要复制图层的图形文件当前是打开的。
❷ 在内容显示框中，选择要复制的图层。
❸ 右击所选图层，打开快捷菜单，选择菜单中的【复制】命令。
❹ 在图形区单击鼠标右键，打开另一个快捷菜单。
❺ 选择该菜单中【剪贴板】中的【粘贴】命令，则所选图层被复制到当前图形中。

7.3.3　在文件之间复制其他元素

利用 AutoCAD 设计中心可以浏览和装载需要复制的图块、标注样式、文字样式等元素，然后将图块复制到剪贴板，再利用剪贴板将图块粘贴到图形中。具体方法与复制图层类似，在这里就不详细叙述了。

7.4　绘制零件图

本节以虎钳中的钳座零件（见图 7-23）为例，介绍使用 AutoCAD 2012 绘制零件图的方法与步骤。

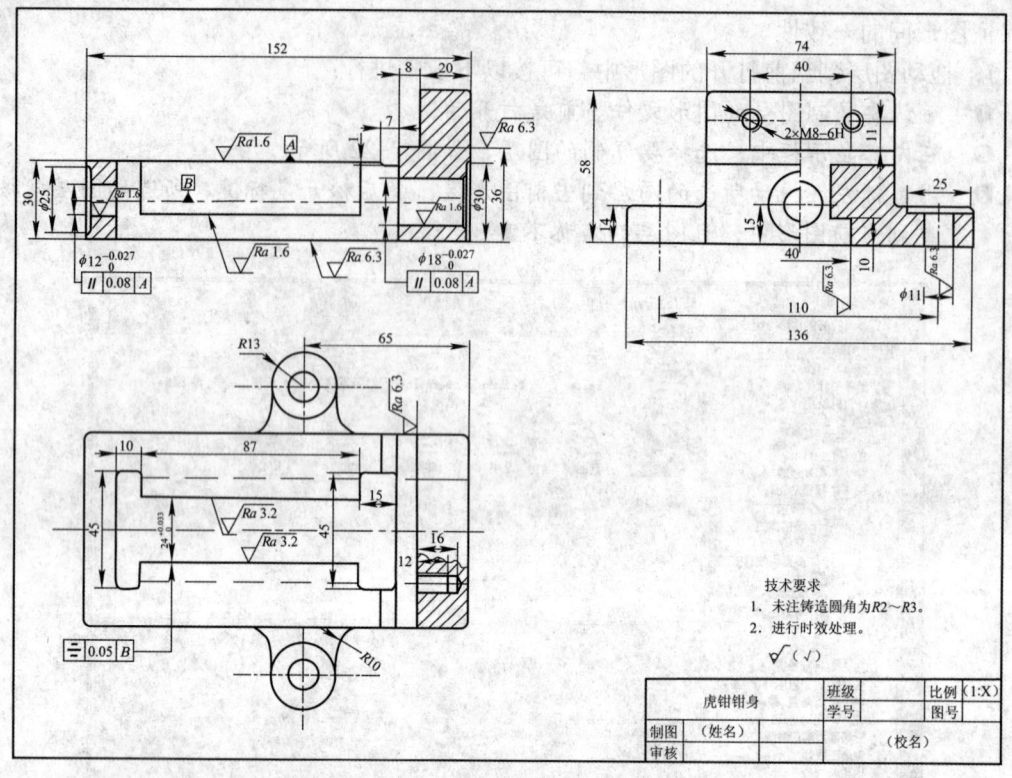

图 7-23 钳座零件图

1. 绘图环境设置

设置图幅、图层、标注样式,或者调用样板图。

2. 绘制零件图

(1) 绘制基准线

在图面合适的位置,按照 1:1 的比例绘制 3 个视图的辅助基准线(在中心线图层下绘制),如图 7-24 所示。

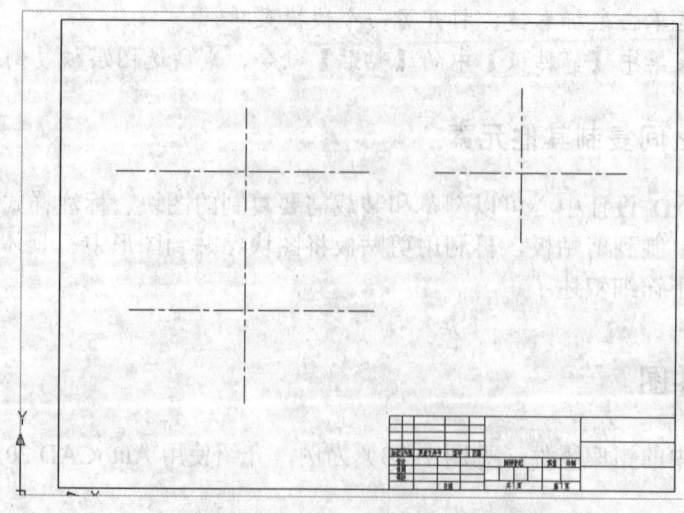

图 7-24 绘制基准线

（2）绘制钳座的三视图

通过基本绘图命令、精确绘图命令、图形编辑命令，绘制钳座的 3 个视图，如图 7-25 所示。

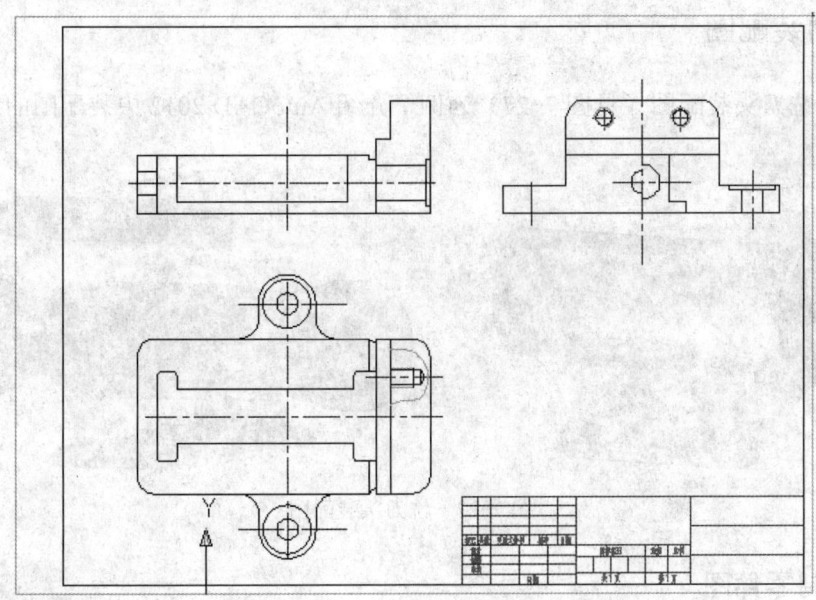

图 7-25　钳座的三视图

（3）作图案填充

在剖面线图层下作图案填充，如图 7-26 所示。

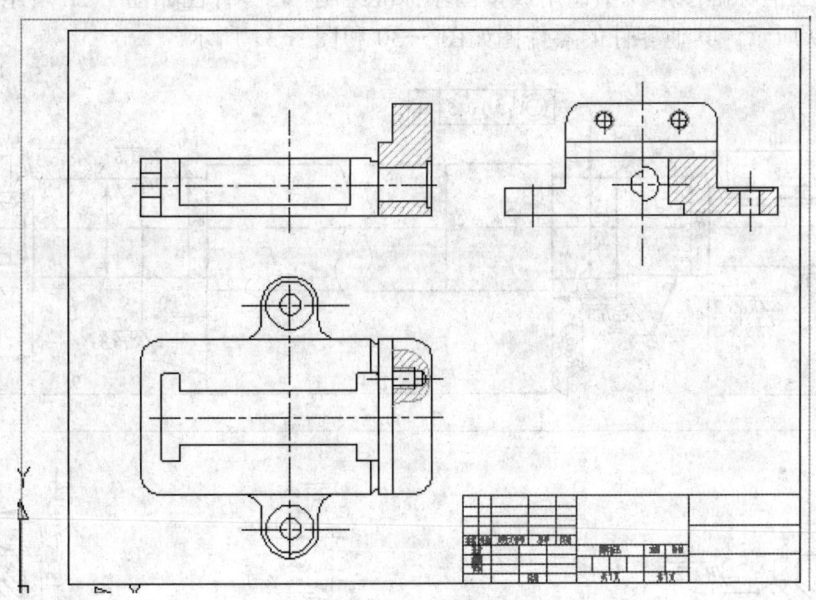

图 7-26　图案填充

3. 标注尺寸

通过样板图中的标注样式进行尺寸标注，并标注尺寸公差、形位公差以及粗糙度。

4. 进行技术要求标注

在"文字样式"下,书写技术要求及填写标题栏的内容。

7.5 绘制装配图

本节以铣刀头装配图(见图 7-27)为例,介绍 AutoCAD 2012 中装配图的绘制方法。

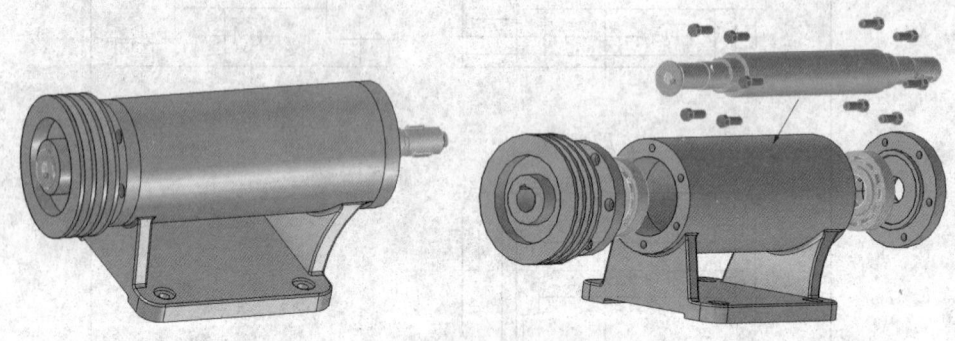

图 7-27 铣刀头装配图

7.5.1 绘制零件图

用前面所讲方法绘制铣刀头各零件的零件图,保存在指定的目录下,方便以后调用。铣刀头整个装配体包括 15 个零件,其中螺栓、轴承、挡圈等都是标准件,可根据规格、型号从用户建立的标准图形库中调用或按国家标准绘制。轴零件图如图 7-28 所示,座体零件图如图 7-29 所示,其他零件的零件图如图 7-30 和图 7-31 所示。

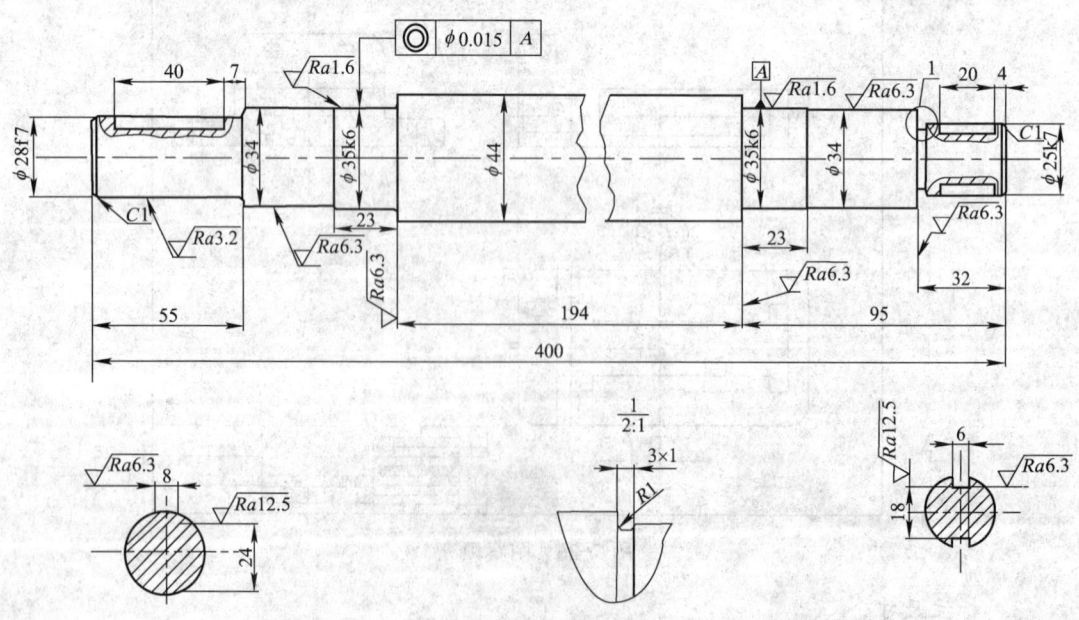

图 7-28 轴零件图

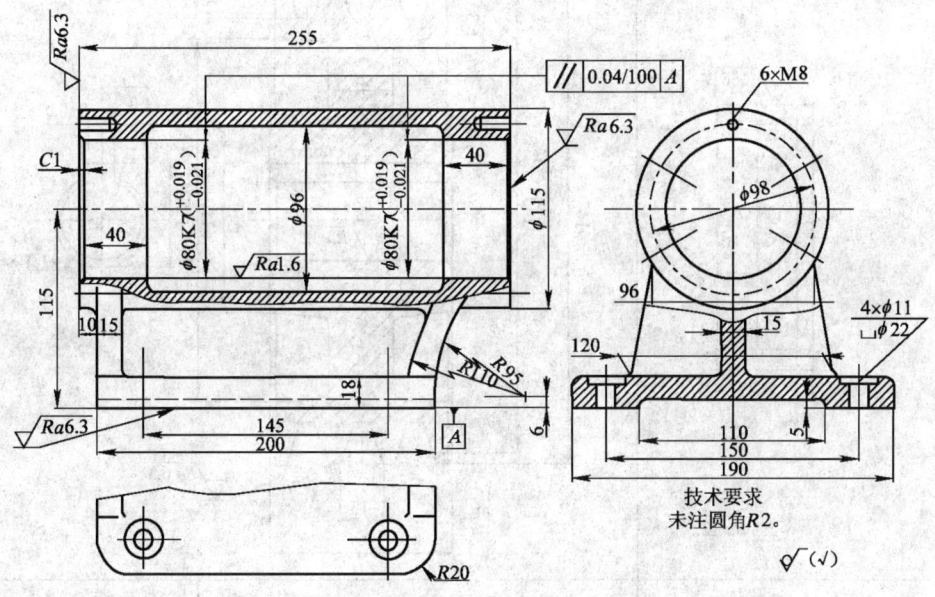

图 7-29 铣刀头底座零件图

图 7-30 垫片、挡圈和端盖零件图

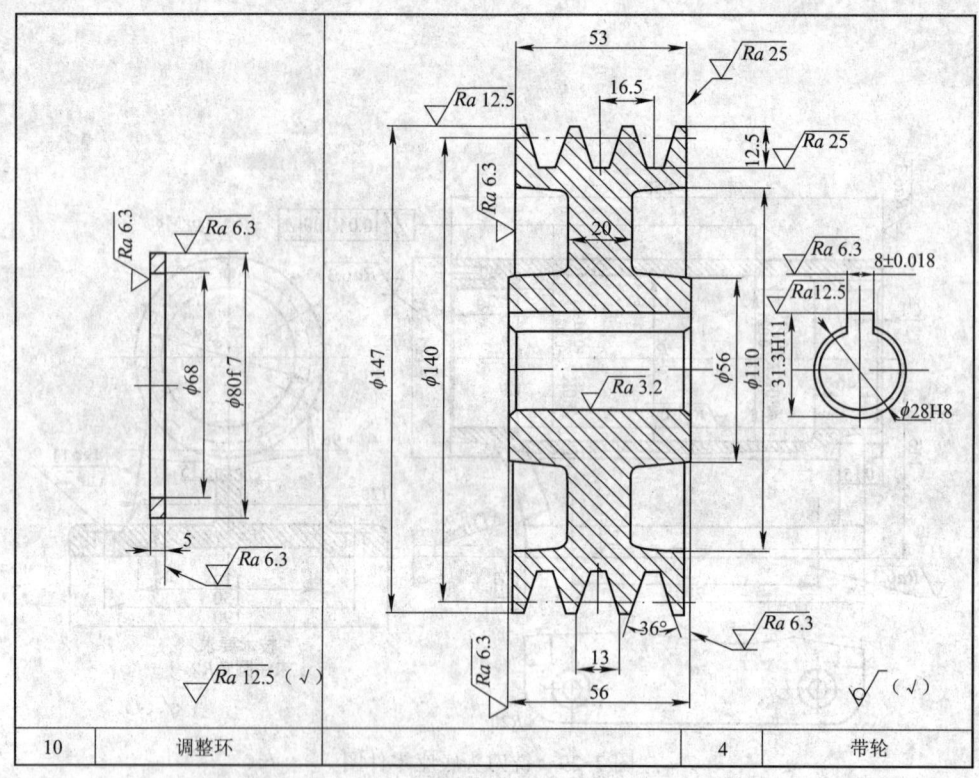

图 7-31　铣刀头其他零件图

7.5.2　绘制装配图的方法

绘制装配图通常采用直接绘制和拼装法两种方法。

1. 直接绘制

直接利用绘图及图形编辑命令，按手工绘图的步骤，结合对象捕捉、极轴追踪等辅助绘图工具绘制装配图。这种方法不但作图过程繁杂，而且容易出错，只能绘制一些比较简单的装配图。

2. 拼装法

先绘出各零件的零件图，然后将各零件图"拼装"在一起，构成装配图。

下面利用 AutoCAD 2012 提供的集成化图形组织和管理工具，用拼装法绘制铣刀头装配图。

（1）插入底座

选择【工具】→【选项板】→【设计中心】命令，或在标准工具栏中单击【设计中心】按钮，打开【设计中心】选项板，如图 7-32 所示。在文件列表中找到铣刀头零件图的存储位置，在内容区选择要插入的图形文件，如铣刀头底座.dwg，按住鼠标左键不放，将图形拖入绘图区空白处，释放鼠标左键，则座体零件图便插入到绘图区。

（2）插入左端盖

用同样的方法，插入左端盖。为保证插入准确，应充分使用【缩放】命令和对象捕捉功能，利用【擦除】和【修剪】命令删除或修剪多余线条，修改后的图形如图 7-33 所示。

第 7 章 AutoCAD 的实用工具 119

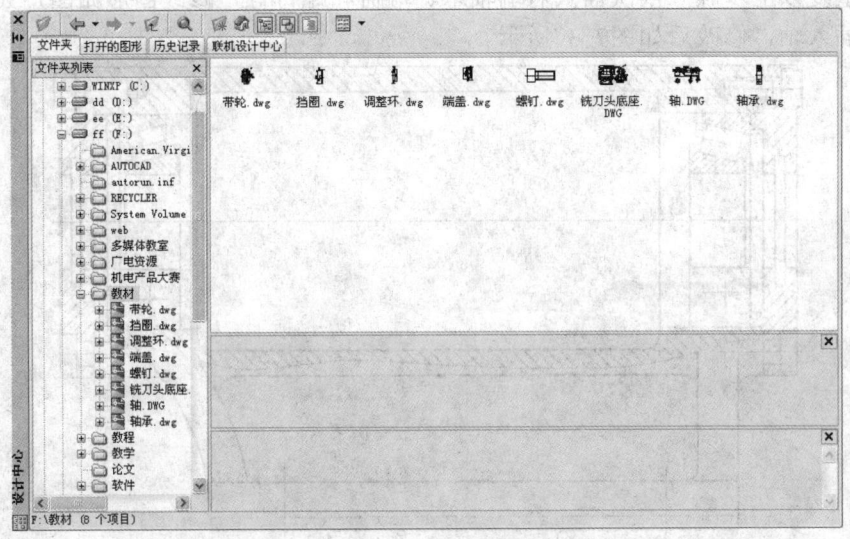

图 7-32 【设计中心】选项板

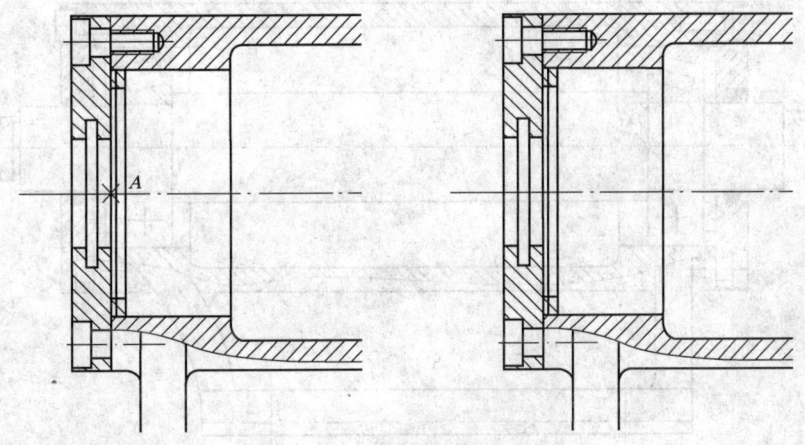

图 7-33 插入底座及左端盖

（3）插入螺钉

插入螺钉，删除、修剪多余线条，如图 7-34 所示。注意相邻两个零件的剖面线方向和间隔，以及螺纹联接等要符合制图标准中装配图的规定画法。

（4）插入轴承

插入左端轴承，并修改图形，如图 7-35 所示。

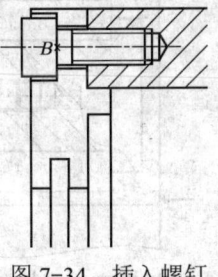   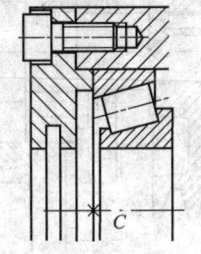

图 7-34 插入螺钉   图 7-35 插入轴承

(5) 重复以上步骤,依次插入右端轴承、端盖和螺钉等,修改图形如图7-36所示。
(6) 插入轴,修改后如图7-37所示。

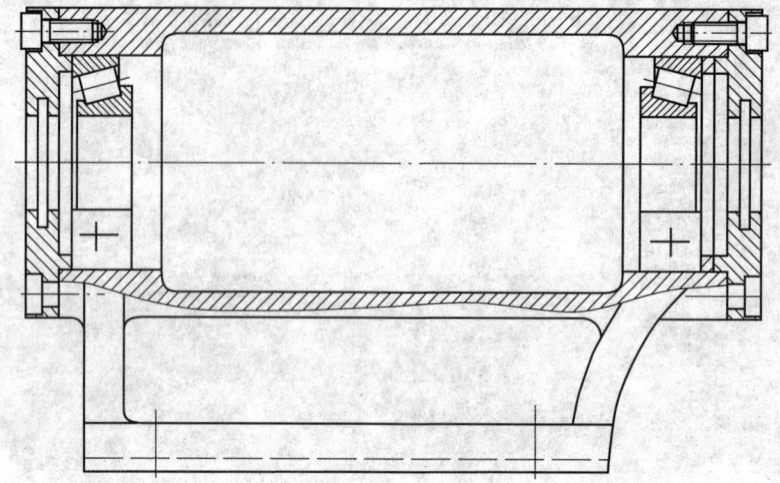

图 7-36 插入右端轴承、端盖和螺钉等

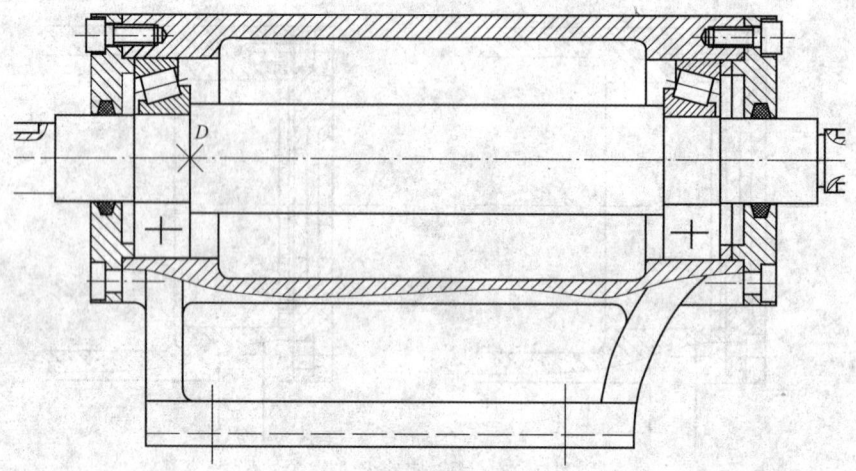

图 7-37 插入轴

(7) 插入带轮及轴端挡圈,按规定画法绘制键,如图7-38所示。
(8) 绘制铣刀、键,插入轴端挡板等,如图7-39所示。

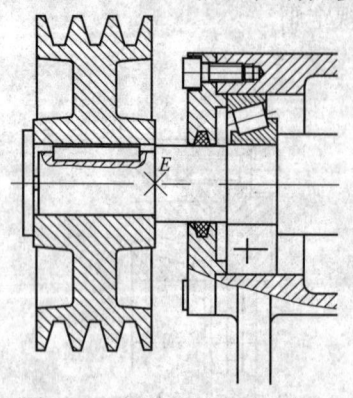 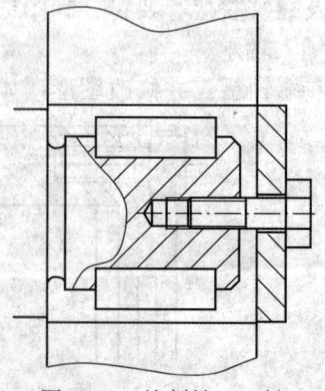

图 7-38 插入带轮及轴端挡圈　　　　图 7-39 绘制铣刀、键

(9) 画油封并对图形局部进行修改。

(10) 用相同的方法拼装出装配图的左视图。

(11) 标注装配图尺寸

装配图的尺寸标注一般只标注性能、装配、安装和其他一些重要尺寸,如图 7-40 所示。

(12) 编写序号

装配图中的所有零件都必须编写序号,其中相同的零件采用同样的序号,且只编写一次。装配图中的序号应与明细表中的序号一致,如图 7-40 所示。

(13) 绘制明细栏

明细栏中的序号自下往上填写,最后书写技术要求,填写标题栏,结果如图 7-40 所示。

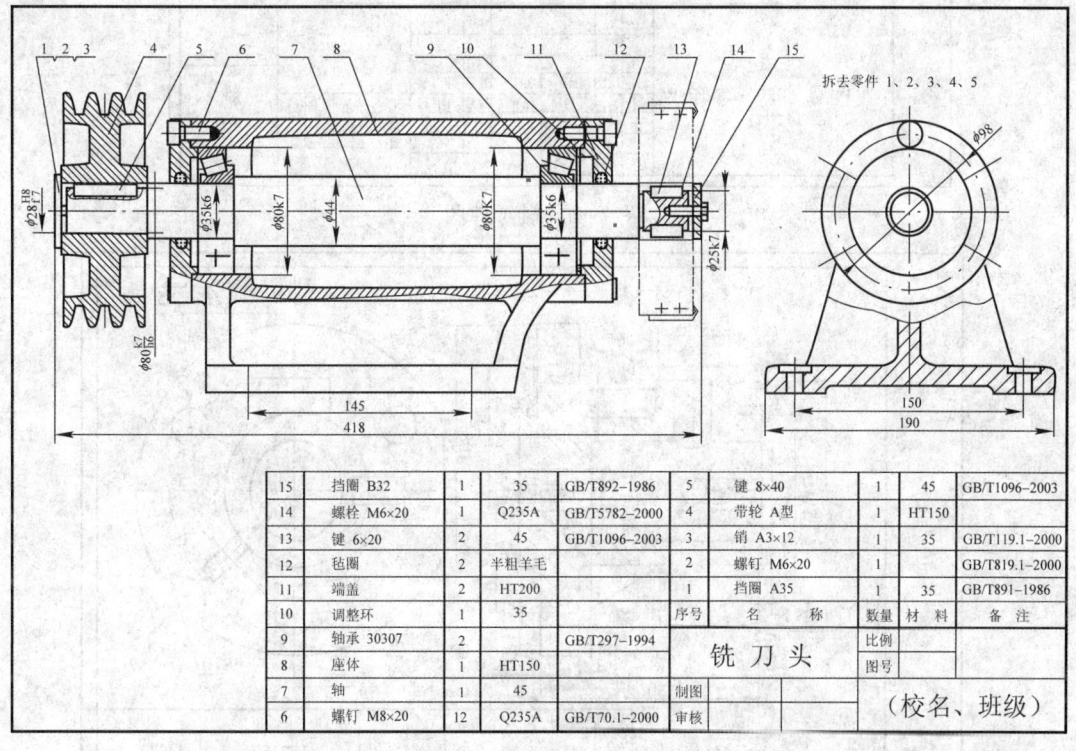

图 7-40 铣刀头装配图

7.6 课后练习

1. 怎样建立和调用样板图?
2. 如何建立图块和定义块属性?
3. 如何使用 AutoCAD 设计中心调用已有文件中的图层设置、标注样式与文本样式?
4. 如何使用 AutoCAD 2012 设计中心向当前已打开的文件中添加图块?
5. 绘制图 7-41 和图 7-42 所示的图样。
6. 自找素材绘制一幅装配图。

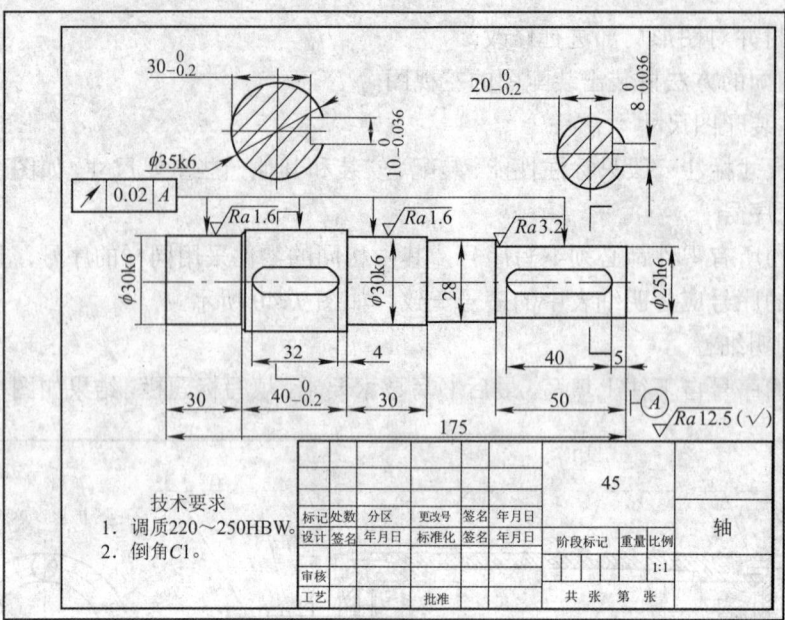

图 7-41 轴零件图

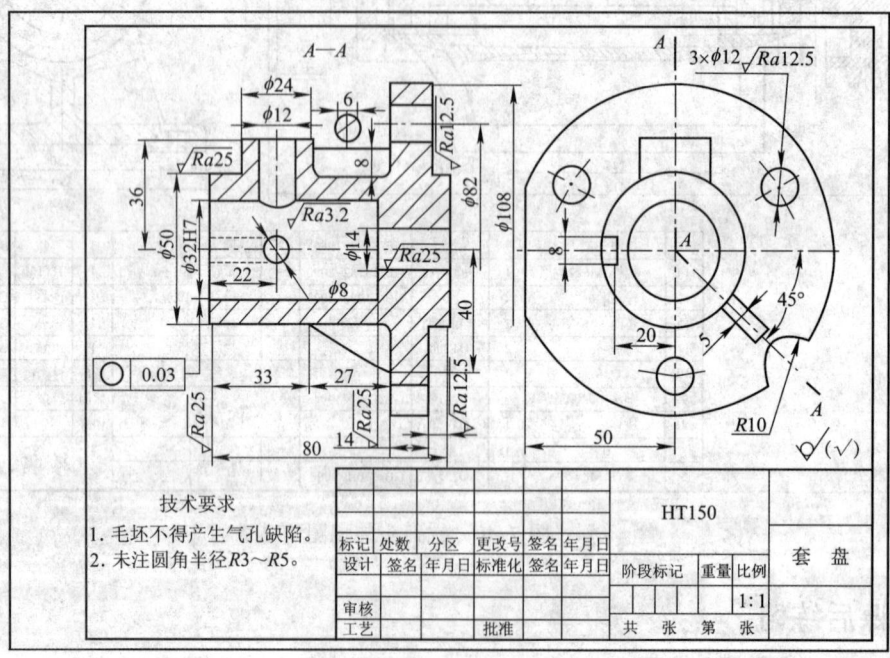

图 7-42 套盘零件图

第 8 章　SolidWorks 2012 软件概述

【内容与要求】

SolidWorks 软件从零部件的单件设计到总装配的整体规划、模具制作，以及最终完成符合企业标准的工程蓝图，各种功能无所不及。SolidWorks 2012 是该软件的最新版本，它在性能和功能方面都有较大的增强，同时保证与低版本完全兼容。

本章应达到如下目标：
- 掌握 SolidWorks 2012 的安装方法。
- 掌握 SolidWorks 2012 图形文件的基本操作。

8.1　SolidWorks 2012 概述

8.1.1　SolidWorks 2012 主要功能模块简介

SolidWorks 软件是一个基于特征、参数化、实体建模的设计工具。该软件采用 Windows™ 图形用户界面，易学易用。利用 SolidWorks 可以创建全相关的三维实体模型，设计过程中，实体之间可以存在或不存在约束关系；同时，还可以利用自动的或者用户定义的约束关系来体现设计意图。

功能强大、技术创新和易学易用是 SolidWorks 的三大主要特点，使得 SolidWorks 成为先进的主流三维 CAD 设计软件。SolidWorks 可以提供多种不同的设计方案，减少设计过程中的错误以及提高产品的质量。目前市场上所见到的三维 CAD 设计软件中，设计过程最简便的莫过于 SolidWorks 了。美国 Daratech 咨询公司曾这样评论该软件，"SolidWorks 是三维 CAD 软件快速增长的领导者，是三维 CAD 软件的第一品牌"。SolidWorks 不仅是设计部门的设计工具，也是企业各个部门产品信息交流的核心。三维数据将从设计工程部门延伸到市场营销、生产制造、供货商、客户以及产品维修等各个部门，在整个产品的生命周期过程中，所有的工作人员都将从三维实体中获益。

2011 年 9 月 20 日，SolidWorks 推出 SolidWorks 2012，这也是 SolidWorks 的 CAD 软件史上发布的第 20 个版本。在 SolidWorks 2012 中，新增和完善了 200 多项功能，可以更好地帮助提高企业创新能力和设计团队的工作效率。

SolidWorks 2012 主要有四大模块，分别是零件、装配、工程图和分析模块，其中"零件"模块中又包括草图设计、零件设计、曲面设计、钣金设计以及模具等小模块。通过认识 SolidWorks 中的模块，用户可以快速地了解它的主要功能。下面将介绍 SolidWorks 2012 中的一些主要模块。

1. 零件模块

SolidWorks "零件"模块主要可以实现实体建模、曲面建模、模具设计、钣金设计和焊件设计等。

(1) 实体建模

SolidWorks 提供了无与伦比的、基于特征的实体建模功能。通过拉伸、旋转、薄壁特征、高级抽壳、特征阵列及打孔等操作来实现产品的设计。通过对特征和草图的动态修改，用拖曳的方式实现实时的设计修改。三维草图功能为扫描、放样生成三维草图路径，或为管道、电缆、线和管线生成路径。

(2) 曲面建模

通过带控制线的扫描、放样、填充及拖动可控制的相切操作产生复杂的曲面。可以直观地对曲面进行修剪、延伸、倒角和缝合等曲面的操作。

(3) 模具设计

SolidWorks 提供内置模具设计工具，可以自动创建型芯及型腔。在整个模具的生成过程中，可以使用一系列的工具加以控制。SolidWorks 模具设计的主要过程包括以下部分：分型线的自动生成、闭合曲面的自动生成、分型面的自动生成和型芯—型腔的自动生成。

(4) 钣金设计

SolidWorks 提供了顶尖的、全相关的钣金设计能力。可以直接使用各种类型的法兰、薄片等特征，正交切除、角处理及边线切口等钣金操作将变得非常容易。

(5) 焊件设计

SolidWorks 可以在单个零件文档中设计结构焊件和平板焊件。焊件工具主要包括圆角焊缝、结构构件库、角撑板、焊件切割、顶端盖和剪裁和延伸结构构件。

2. 装配模块

SolidWorks 提供了非常强大的装配功能，其优点如下：

- 在 SolidWorks 的装配环境中，可以方便地设计及修改零部件。
- SolidWorks 可以动态地观察整个装配体中的所有运动，并且可以对运动的零部件进行动态的干涉检查及间隙检测。
- 对于由上千个零部件组成的大型装配体，SolidWorks 的功能也可以得到充分发挥。
- 镜像零部件是 SolidWorks 技术的一个巨大突破。通过镜像零部件，用户可以用现有的对称设计创建出新的零部件及装配体。
- 在 SolidWorks 中，可以用捕捉配合的智能化装配技术进行快速的总体装配。智能化装配技术可以自动地捕捉并定义装配关系。
- 使用智能零件技术可以自动完成重复的装配设计。

3. 工程图模块

SolidWorks 的"工程图"模块具有如下优点：

- 可以从零件的三维模型（或装配体）中自动生成工程图，包括各个视图及尺寸的标注等。
- SolidWorks 提供了生成完整的、生产过程认可的详细工程图工具。工程图是完全相关的，当用户修改图样时，零件模型、所有视图及装配体都会自动被修改。
- 使用交替位置显示视图可以方便地表现出零部件的不同位置，以便了解运动的顺序。交替位置显示视图是专门为具有运动关系的装配体所设计的独特的工程图功能。
- RapidDraft 技术可以将工程图与零件模型（或装配体）脱离，进行单独操作，以加快工程图的操作，但仍保持与零件模型（或装配体）的完全相关。

- 增强了详细视图及剖视图的功能，包括生成剖视图、支持零部件的图层、熟悉的二维草图功能以及详图中的属性管理。

4. 分析模块

SolidWorks 有很强大的分析功能。通过在制造原型之前分析设计的操作和物理特性，SIMULATION 应用程序可以降低测试成本、提高质量并加快产品上市速度。具体的 SIMULATION 产品包括以下 3 种。

SIMULATIONWorks：一款用于对零件和装配体进行虚拟测试的分析应用程序，它能够像展示实物一样向工程师展示它们设计的行为，并能够测试材料应力和热传导之类的因素。SIMULATIONWorks 向工程师提供了易于使用的高端分析工具，而且价格要比同类的应用程序更低。

SIMULATIONMotion：一种模拟设计机械操作的虚拟原型机仿真应用程序，它可以帮助工程师解决各种问题。例如，确定引擎的尺寸是否适合于设计，在操作过程中像齿轮和连动装置这样的运动零件是否相互干扰等。

SIMULATIONFloWorks：一种帮助设计人员在缺乏有关流动模拟方面专门技术的情况下执行流体分析的应用程序。它有助于提高涉及气体流动、液体流动或热传递的产品设计的可靠性。

8.1.2 SolidWorks 2012 安装

SolidWorks 2012 软件可以在工作站或个人计算机上运行，安装操作的步骤如下：

1. 软件解压

将软件包解压缩，单击软件包进行解压保存在计算机上，整个软件比较大，约 5.49GB，所以在保存时注意计算机空间是否够用。注意也可采用虚拟光驱直接安装软件的办法，在这不再介绍。

2. 软件安装

1）将软件包解压缩后，打开文件夹，单击 setup.exe 安装程序。弹出【欢迎】对话框，如图 8-1 所示。

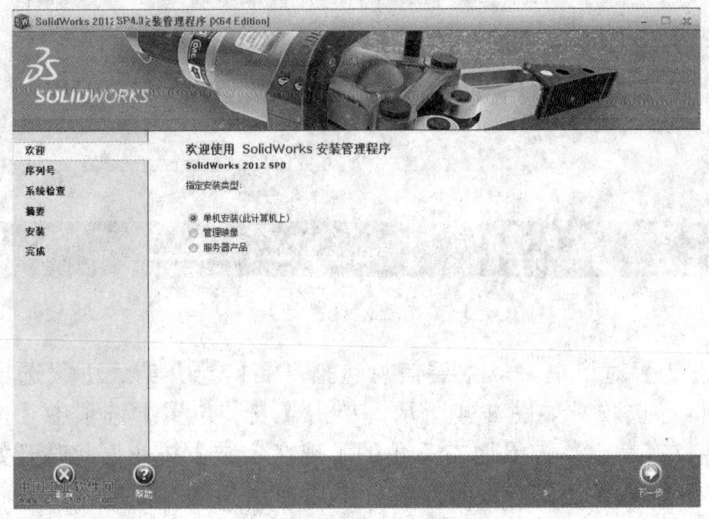

图 8-1　开始的安装界面

2）开始的安装界面有 3 个选项：单机安装（此计算机上）、管理映像和服务器产品。在本次安装中，默认选择为单机安装（此计算机上），并单击【下一步】按钮。

3）弹出【序列号】对话框，如图 8-2 所示。序列号已经由软件输入，直接单击【下一步】按钮，弹出【系统检查警告】对话框，如图 8-3 所示。这一步没有实际作用，继续单击【下一步】按钮。

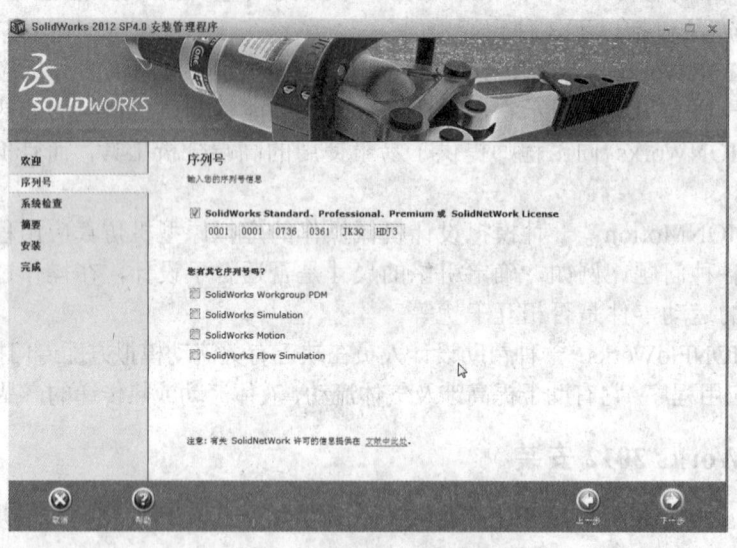

图 8-2 【序列号】对话框

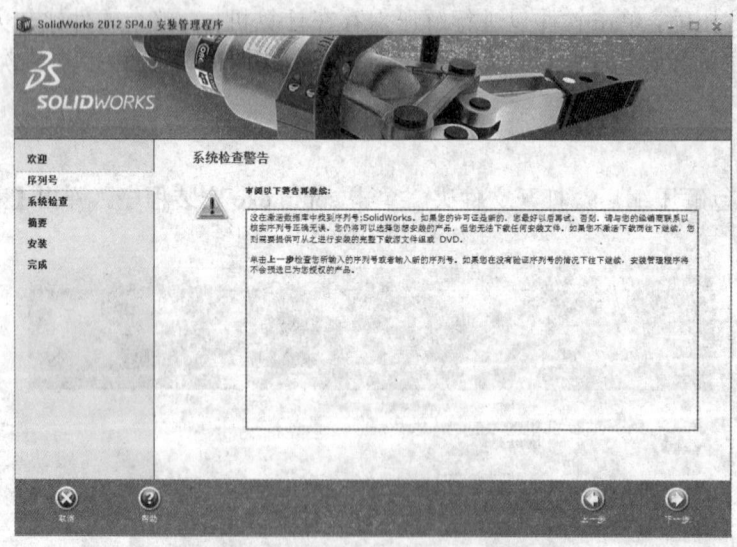

图 8-3 【系统检查警告】对话框

4）弹出【摘要】对话框，其主要信息包括产品信息介绍、下载选项、安装位置和 Toolbox/异型孔向导选项，如图 8-4 所示。单击【安装位置】选项中【更改】按钮，选择一个软件安装位置后，单击界面右下角的【现在安装】按钮，此时开始安装软件。安装的时间较长，可耐心等待，一直到安装完毕后弹出如图 8-5 所示的对话框，默认的设置，单击【完成】按钮，整个软件就安装完成。

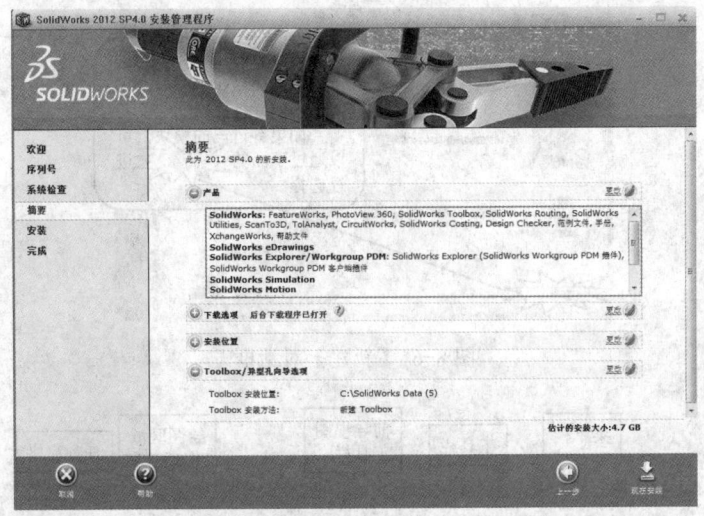

图 8-4 【摘要】对话框

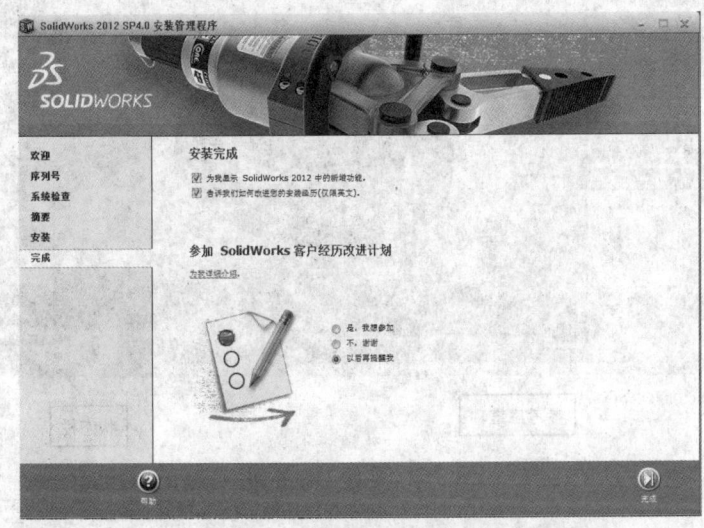

图 8-5 【安装完成】对话框

8.2 SolidWorks 2012 的操作界面

计算机中安装 SolidWorks 后，可选择【开始】→【程序】→【SolidWorks 2012】→【SolidWorks 2012】命令，或者在桌面中双击 SolidWorks 2012 的快捷方式图标，就可以启动 SolidWorks 2012，也可以直接双击打开已经做好的 SolidWorks 文件，启动 SolidWorks 2012 后，进入启动界面，单击【菜单】工具栏中的【新建】按钮，弹出如图 8-6 所示的对话框。

选择【零件】模块，进入 SolidWorks 2012 的零件工作界面，主要由菜单栏、工具栏、管理器窗口、状态栏和任务窗格等组成，如图 8-7 所示。

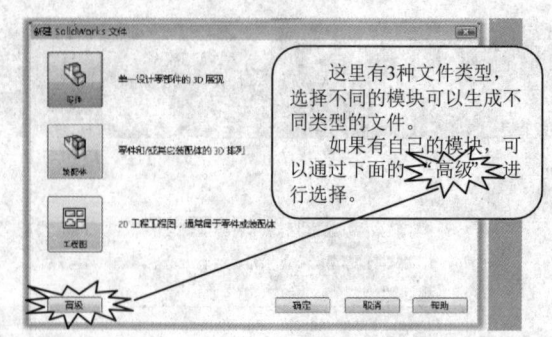

图 8-6 【新建】对话框

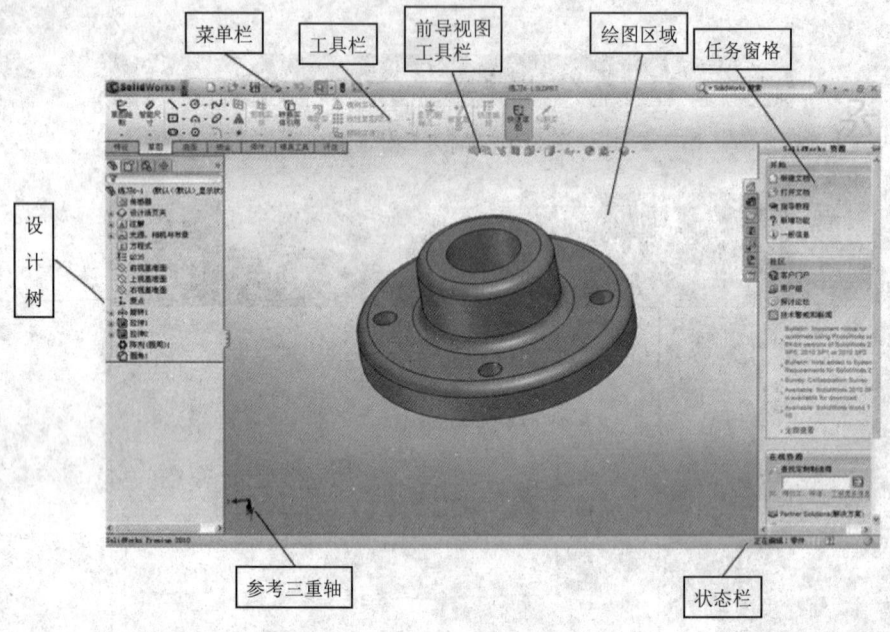

图 8-7 零件工作界面

1. 菜单栏

SolidWorks 2012 菜单栏如图 8-8 所示,包含 SolidWorks 所有的操作命令,即文件、编辑、视图、插入、工具、窗口和帮助 7 个菜单。当将鼠标光标移动到 SolidWorks 徽标上 或单击它时,菜单才可见。也可以单击菜单栏最右边 图标以固定菜单,使其始终可见。用户可以通过菜单来访问所有 SolidWorks 命令。

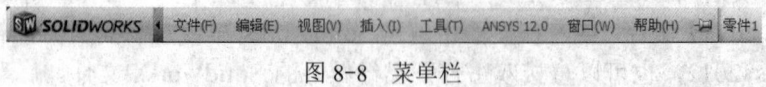

图 8-8 菜单栏

2. 工具栏

在 SolidWorks 中有丰富的工具栏,根据不同的类别有标准工具栏、常用工具栏、快捷栏和关联工具栏 4 种。如图 8-9 所示,标准工具栏中的工具按钮用来对文件执行最基本的操作,如新建、打开、保存、打印等。其中, (重建模型工具)按钮为 SolidWorks 2012

所特有的，单击该按钮可以根据所进行的更改重建模型。

图 8-9　标准工具栏

SolidWorks 2012 常用工具栏有很多，主要包括【草图】、【特征】、【钣金】和【焊件】工具栏，在不同的工作环境中显示不同的种类。若界面中没有显示想要的工具栏，则可将光标置于某一常用工具栏名称上右击鼠标，在弹出的快捷菜单中选择相应的工具栏即可。将光标置于常用工具栏上拨动鼠标，可以在显示的各常用工具栏之间切换或者直接用鼠标单击该工具栏的名称就可以显示该工具栏。

3. 设计树

如图 8-10 所示，SolidWorks 2012 设计树详细地记录零件、装配体和工程图环境下的每一个操作步骤（如添加一个特征、加入一个视图或插入一个零件等），非常有利于用户在设计过程中的修改与编辑。设计树各节点与图形区的操作对象相互联动，为用户的操作带来了极大的方便。

4. 绘图区域

绘图区域是进行零件设计、制作工程图、装配的主要操作窗口。以后提到的草图绘制、零件装配、工程图的绘制等操作，均是在这个区域中完成的。

5. 任务窗格

任务窗格包括 SolidWorks 资源、设计库、文件检索库、视图调色板、外观/背景和自定义属性 6 个选项，如图 8-11 所示。在默认情况下，它显示在右侧，不但可以移动、调整大小和打开/关闭，还可以将其固定于界面右边的默认位置或者移开。

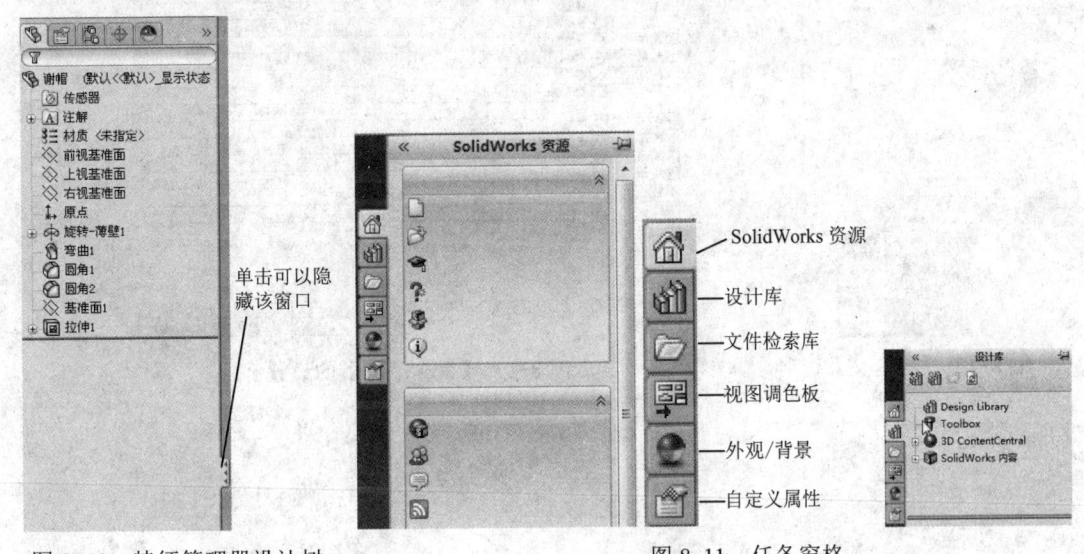

图 8-10　特征管理器设计树　　　　图 8-11　任务窗格

6. 状态栏

状态栏是当前命令的功能介绍及正在操作对象所处的状态，如当前光标所处的坐标值、正在编辑草图还是正在编辑零件图等，初学者应经常关注其中的提示信息。

8.3 SolidWorks 2012 按键操作

8.3.1 鼠标操作

1）左键：可以选择功能选项或者操作对象，如几何体、菜单按钮和特征管理器设计树中的特征等。

2）右键：激活显示快捷菜单。快捷菜单的内容取决于光标所处的位置。

3）中键：只能在图形区使用，一般用于旋转、平移和缩放。在零件图和装配体的环境下，按住鼠标中键不放，移动鼠标就可以实现旋转；在零件图和装配体的环境下，先按住 Ctrl 键，然后按住鼠标中键不放，移动鼠标就可以实现平移；在工程图的环境下，按住鼠标的中键，就可以实现平移；先按住 Shift 键，然后按住鼠标中键移动鼠标就可以实现缩放，如果是带滚轮的鼠标，直接转动滚轮就可以实现缩放。

4）鼠标笔势：可以使用鼠标笔势作为执行命令的一个快捷键，鼠标笔势的设置可以单击菜单栏中 按钮，选择【自定义】选项，如图 8-12 和图 8-13 所示。在绘制草图状态下和不在绘制状态下鼠标笔势如图 8-14 和图 8-15 所示。鼠标笔势的使用是按住鼠标右键在绘图区域拖动就会弹出，在选择命令按钮的过程中一直按住鼠标右键。

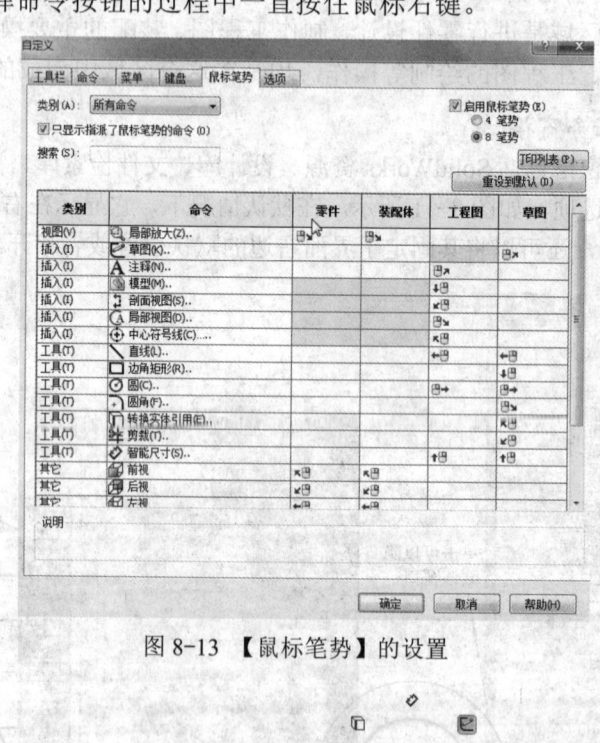

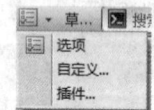

图 8-12 【自定义】选项　　　　　图 8-13 【鼠标笔势】的设置

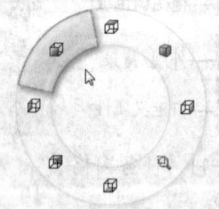 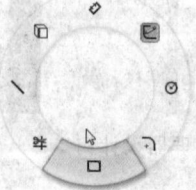

图 8-14 包含 8 种笔势的零件图指南　　　图 8-15 包含 8 种笔势的草图指南

5）鼠标指针：鼠标指针的形状 、 、 、 可以表明用户正在选取什么或系统建议选取什么。当光标经过模型时,光标形状就会示意用户的选择。

6)鼠标滚轮:将光标置于模型欲放大或缩小的区域,前后拨动滚轮,即可实现模型的放大或缩小;将光标置于模型上,按下滚轮不松开,前后、左右移动鼠标,可实现模型的翻转;双击滚轮,可实现模型的全屏显示,从而避免了频繁地选择【前导视图】工具栏中相应的命令。

8.3.2 常用的快捷键

SolidWorks 是专门针对 Windows 环境开发的应用程序,其用户界面同其他 Windows 应用软件非常相似,如文件操作、复制、粘贴、删除、退回等都采用了微软公司的操作习惯。表 8-1 是 SolidWorks 中常用的快捷键。

表 8-1 常用的快捷键

功　　能	快　捷　键	功　　能	快　捷　键
屏幕缩小	Z	试图定向	空格键
屏幕放大	Shift+Z	重新计算模型	Ctrl+B
屏幕重绘	Ctrl+R	复原	Ctrl+Z
平移	Ctrl+方向键	剪切	Ctrl+X
旋转	水平/竖直方向键	复制	Ctrl+C
自转	Alt+左或右方向键	粘贴	Ctrl+V
放弃某项操作	Esc	删除	Del
前视	Ctrl+1	右视	Ctrl+4
上视	Ctrl+5	整屏显示全图	F

8.4 SolidWorks 2012 图形文件管理

SolidWorks 2012 常用的文件管理命令有新建文件、打开文件、保存文件等命令。新建文件在前面已经介绍过,这里主要介绍如何打开文件、保存文件和退出系统。

8.4.1 打开文件

在 SolidWorks 2012 中,可以打开已存储的文件,对其进行相应的编辑和操作。打开文件的操作步骤如下:

❶ 选择【文件】→【打开】命令,或者单击标准工具栏中的【打开】按钮,执行打开文件命令。

❷ 弹出【打开】对话框,如图 8-16 所示。在【文件类型】下拉列表框中选择文件的类型,在对话框中将会显示文件夹中对应文件类型的文件。选中【缩略图】复选框,选择的文件就会显示在对话框的【预览】窗口中,但是并不打开该文件。

❸ 选取了需要的文件后,单击对话框中的【打开】按钮,就可以打开选择的文件,对其进行相应的编辑和操作。

在【文件类型】下拉列表框中,并不限于 SolidWorks 类型的文件,还可以调用其他软件(如 Pro/E、CATIA、UG 等)所形成的图形并对其进行编辑,如图 8-17 所示。

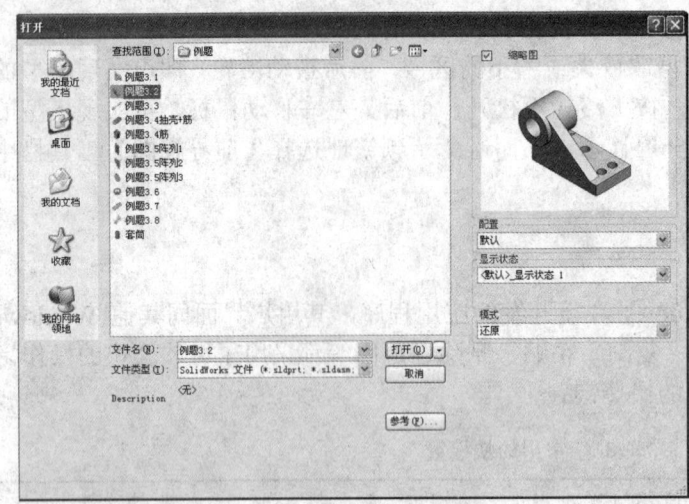

图 8-16 【打开】对话框　　　　　图 8-17 【文件类型】下拉列表框

8.4.2 保存文件

编辑好的图形只有保存后，才能在以后需要的时候打开进行相应的编辑和操作。保存文件可按如下步骤进行。选择菜单栏中的【文件】→【保存】命令，或者单击标准工具栏中 【保存】按钮，此时系统会弹出一个对话框，如图 8-18 所示。在【文件名】文本框中输入要保存的文件名称，在【保存类型】下拉列表框中选择要保存文件的类型，在不同的工作模式下，系统会自动设置文件的保存类型。在 SolidWorks 中不仅可以保存为自身的类型，还可保存成其他类型的文件，以便其他软件能调用和操作。

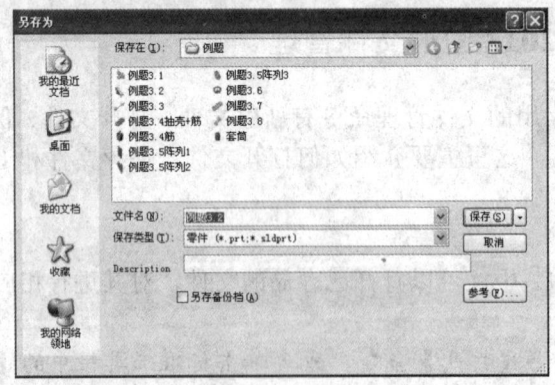

图 8-18 保存文件

8.4.3 退出 SolidWorks 2012

在文件编辑并保存完成后，就可以退出 SolidWorks 2012 了。选择【文件】→【退出】命令，或者单击操作界面右上角的【退出】按钮，都可以退出 SolidWorks 2012。

如果退出前对文件进行了编辑而没有保存，或者在操作过程中不小心执行了【退出】命令，则会弹出提示对话框，如图 8-19 所示。如果要保存对文件的修改，则单击【是】按钮，系统就会保存修改后的文件，并退出 SolidWorks；如果不保存对文件的修改，则单击

【否】按钮，系统将不保存修改后的文件，并退出 SolidWorks；单击【取消】按钮，则取消退出操作，回到原来的操作界面。

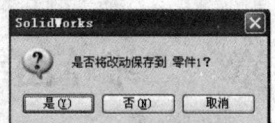

图 8-19　提示对话框

8.5　课后练习

1．SolidWorks 是什么样的软件？它有什么特点？
2．如何将零件另存为其他的格式，如 parasolid 文件、Step 文件？
3．SolidWorks 有哪些快捷键？

第 9 章 二维草图绘制

【内容与要求】

本章重点介绍二维草图的绘制方法，这是 SolidWorks 建模的基础。草图一般由点、线、圆弧、圆和抛物线等基本曲线构成的封闭或不封闭的几何图形，是三维实体建模的基础。一个完整的草图包括几何形状、几何关系和尺寸标注三方面。

通过学习，本章应达到如下目标：
- 掌握 SolidWorks 二维草图的基本绘制方法。
- 掌握 SolidWorks 二维草图的图形编辑命令。
- 掌握 SolidWorks 二维草图的尺寸约束和几何关系。

9.1 草图概述

草图设计是嵌入在 SolidWorks 各个功能模块中不可缺少的二维绘图环境。草图就是一个零件或者一个装配布局的二维表示。

SolidWorks 是基于特征造型的三维设计软件。特征是在基本轮廓线的基础上生成的。而轮廓线用草图来表示，因此掌握草图设计是学习 SolidWorks 软件的基础和前提。在本节中，以零件设计模块为例，介绍草图设计的常用绘图命令、编辑命令和使用技巧。

9.1.1 坐标系和基准面

1. 坐标系

进入 SolidWorks 零件模块以后，在绘图区域的中间会出现坐标原点↳，其 3 个箭头分别对应于空间的 x、y、z 坐标方向。该窗口左边的设计数中显示出前视、上视、右视 3 个基准面以及原点等项内容。

2. 基准面

绘制草图之前，必须先指定绘图基准面。绘图基准面有以下 3 种形式：
- 指定任意默认基准面作为草图绘图平面：SolidWorks 提供了一个默认的坐标系，由前视基准面、上视基准面、右视基准面组成了一个正交平面坐标系。默认基准面中的前视基准面相当于画法几何中正视图的方位，上视基准面相当于俯视图的方位，右视基准面则相当于右视图的方位。单击设计树中的某一基准面，图形区会出现一个相对应的平面（高亮桔色）。此时，就可以在此平面上绘制草图。

- 指定已有模型上的任意平面作为草图绘制平面：单击该平面，在弹出的关联工具栏中，单击【草图绘制】按钮，即可进入草图绘制状态。
- 创建一个新的基准面：如果要绘制的草图既不在默认基准面上又不在模型表面上，则需要单击【草图】工具栏中的【基准面】按钮 来创建一个新的基准面。单击【基准面】按钮 ，系统显示【基准面】对话框，如图 9-1 所示。

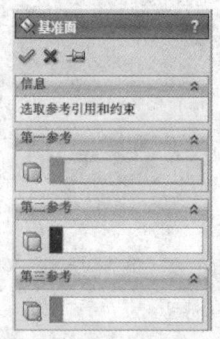

图 9-1 【基准面】对话框

从【基准面】对话框可知，Solidworks 提供了多种创建基准面的方法。可以说，只要是理论上能够生成的基准面，Solidworks 都可以完成。系统将创建基准面的方法归结为四大类，下面介绍常用的方法：

- 偏置平面——也可以称之为平行平面，选取一个参考平面，然后使用多种方法确定偏置的距离，如通过一点、输入具体数值等。图 9-2 所示是输入具体数值创建的偏置平面。

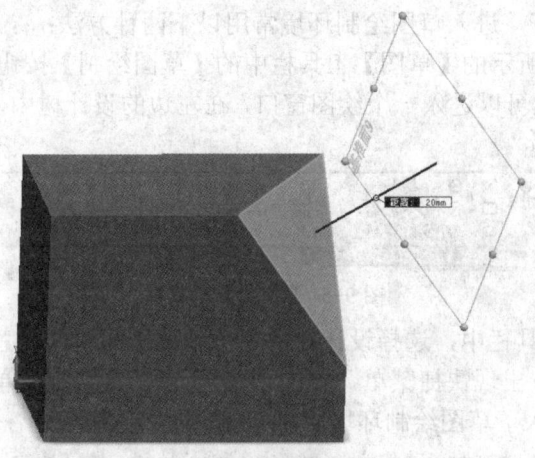

图 9-2 偏置平面

- 夹角平面——可创建一个与已有平面成一定角度的基准平面，通常需要设定一条轴线，如图 9-3 所示。

图 9-3 夹角基准平面

● 垂直曲线——主要是指过曲线上一点并与该曲线垂直的基准平面，如图 9-4 所示。

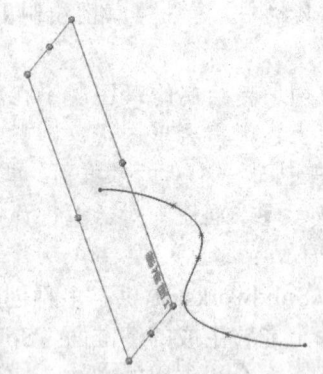

图 9-4　垂直与曲线的基准平面

9.1.2　进入草图绘制环境

在零件模块环境下，进入草图绘制环境常用以下两种方法：

1) 单击如图 9-5 所示的【草图】工具栏中的【草图绘制】按钮，在绘图区域中，选择任意一个基准面，就可以进入一个绘图窗口，在左边的设计树中，就会出现 ，即进入了草图绘制环境。

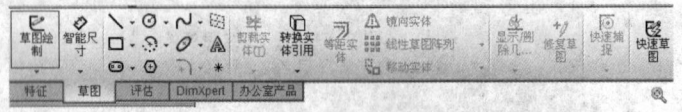

图 9-5　【草图】工具栏

2) 在【特征】工具栏中，选择设计树中 3 个基准平面中的任意一个，单击鼠标右键，在所选择基准面的上方出现快捷菜单，如图 9-6 所示。在快捷菜单 中单击【草图绘制】按钮 ，就进入了草图绘制环境。

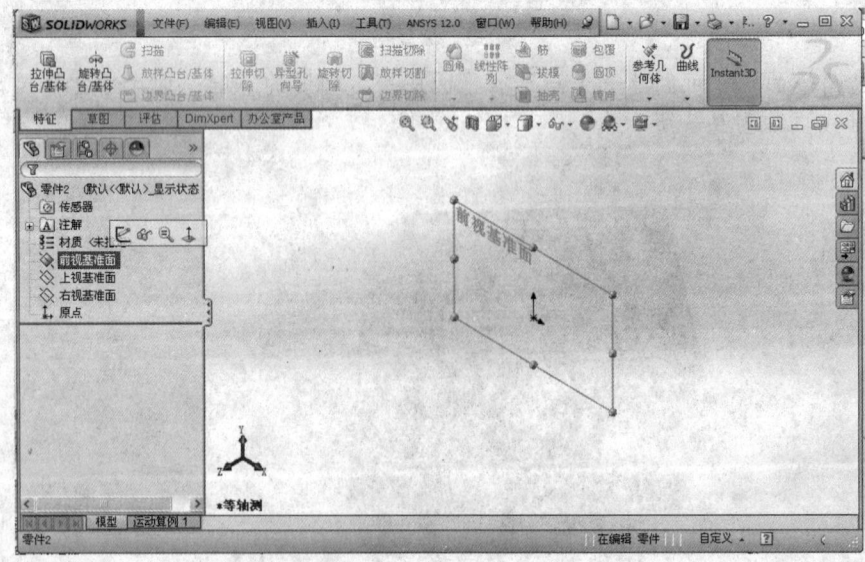

图 9-6　草图快捷菜单

9.1.3 退出草图环境及草图修改

1. 退出草图

在执行许多 SolidWorks 命令时,绘图区域的右上角会出现一个或一系列的符号,这个区域称为确认角。当草图被激活或打开时,确认角消失两个符号:一个符号是类似于【草图绘制】按钮的草图符号;另一个是红色的取消符号。单击【草图】按钮保存对草图所作的任何修改并退出草图绘制状态;单击【取消】按钮将退出草图绘制状态并放弃对草图所作的任何修改,如图 9-7 所示。

2. 草图修改

已经退出草图环境,在零件模块的设计树中找到对应的草图名称,单击鼠标右键,弹出快捷菜单,如图 9-8 所示。在快捷菜单中选择【编辑草图】按钮,可以返回草图环境进行修改。

图 9-7　草图指示器

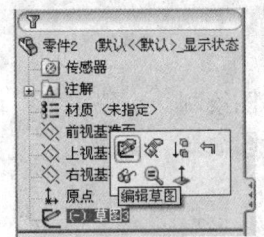

图 9-8　设计树

9.1.4 草图的状态

由于草图受到的约束不一样,会有 5 种状态。草图的状态显示于 SolidWorks 窗口底端的状态栏中。

(1) 未完整定义(欠定义)

在系统默认的颜色设置中,未完整定义的草图几何体是蓝色的,这时草图处于不确定的状态,如图 9-9a 所示。在零件的早期设计阶段,往往没有足够的信息来定义草图,SolidWorks 允许用这样的草图来创建特征,允许设计师在有了更多的信息后,再逐步加入其他的定义,但这样做容易产生意想不到的结果,因此应尽可能地完整定义草图。未完整定义的草图可以拖动端点、直线或曲线,改变其形状。

(2) 完整定义

完整定义的草图是黑色的(系统默认的颜色设置),草图具有了完整的信息,即可以得到唯一确定的图形,如图 9-9b 所示。一般规则是用于特征造形的草图应该是完整定义的。

(3) 过定义

过定义的草图是红色的(系统默认的颜色设置),如图 9-9c 所示。这时草图中有重复或互相矛盾的约束条件,如多余的尺寸或互相冲突的几何关联,必须修正后才能使用。单个草图实体(相对于整个草图)也有草图状态。

(4) 无解

草图为降红色(系统默认的颜色设置),草图未解出。显示导致草图不能解出的几何体、几何关系和尺寸。

（5）无效几何体

草图为黄色（系统默认的颜色设置），草图虽解出但会导致无效的几何体，如零长度线段、零半径圆弧或自相交叉的样条曲线。

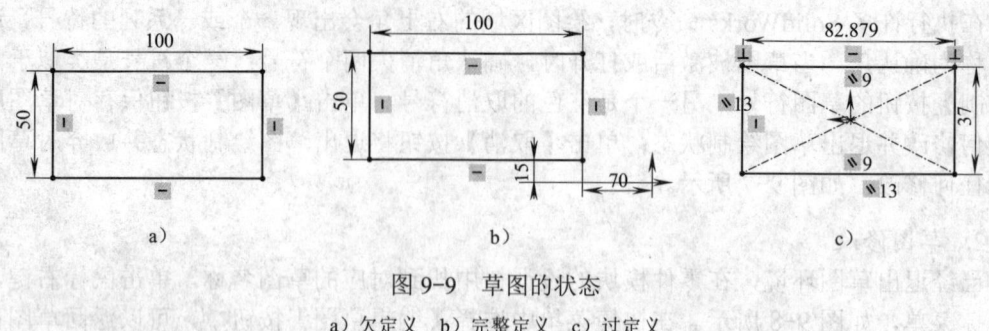

图 9-9　草图的状态
a）欠定义　b）完整定义　c）过定义

9.2　绘图命令

SolidWorks 的草图绘制命令很丰富，由于篇幅所限就不全部列举了。本节简单介绍其中常用的一些草图绘图命令。

9.2.1　直线

1. 绘制直线

单击【直线】按钮＼，此时光标就变成了 ＼ 形状。常用的绘制直线有以下两种方式：

- 单击—单击：单击左键，确定一个点，再单击左键确定另一个点，用这种方法可以连续画线。
- 单击—拖动：在绘图区用鼠标左键选择起始点，并按住鼠标左键不放拖动到结束点，松开鼠标，这样可以绘制单条直线。

在绘制直线的时候有时会出现黄色或者是蓝色的虚线，这是推理线。蓝色说明现在绘制的线条和推理线重合，黄色是不重合。有时在鼠标光标的右下角有个黄色的小方块，这是推理约束，如果在有推理约束的情况下绘制线条就能自动加入这个约束。同时在鼠标光标后面会显示直线的长度和角度，SolidWorks 中加入的约束默认为绿色，如图 9-10 所示。

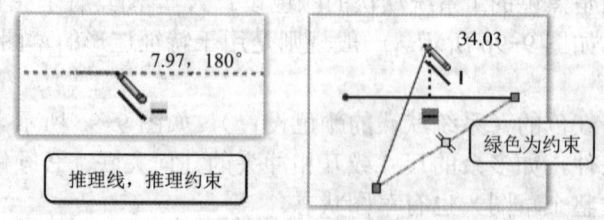

图 9-10　绘制直线

绘制直线的时候也可以直接绘制圆弧，绘制方法如图 9-11 所示。

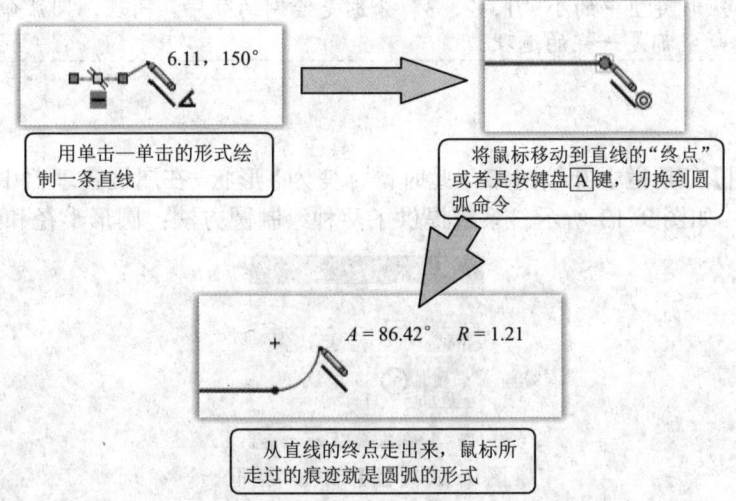

图 9-11 绘制直线过程中绘制圆弧

> **说明** 不要过于注重所绘制直线的精确长度,SolidWorks 是一个尺寸驱动式的软件,几何体的大小是通过为其标注的尺寸来控制的。因此,绘制草图的过程中只需要绘制近似的大小和形状即可,然后利用尺寸标注使其精确。

2. 结束绘制直线

当要结束绘制直线命令时,可以采用以下几种方式:
- 按下键盘的 Esc 键。
- 再次单击【直线】命令。
- 单击标准工具栏中的【选择】按钮 。
- 在绘图区单击鼠标右键,从快捷菜单中选择【选择】命令。
- 在绘图区双击鼠标左键。

9.2.2 矩形

在草图绘制状态下,单击【草图】工具栏中【边角矩形】按钮 □,此时鼠标指针变为 形状。绘制矩形也有两种方式(单击—单击,单击—拖动)。不一样的是左边的属性栏,提供了绘制矩形的 5 种方法,如图 9-12 所示。

图 9-12 【矩形】属性对话框

在矩形类型中,可以分别选择【边角矩形】 □、【中心矩形】 □、【三点边角矩形】 ◇、【三点中心矩形】 ◇ 和【平行四边形】 ▱。

> **说明** 矩形类型中的小"1、2、3"分别是绘制的顺序。同理,圆弧命令、圆命令、槽口命令都是一样的道理。

9.2.3 圆

单击【草图】工具栏中圆按钮 ⊙,此时鼠标变为 形状。在属性管理器中就会弹出【圆】的属性对话框,如图 9-13 所示。系统提供了两种绘制圆方法:圆形半径和三点画圆。

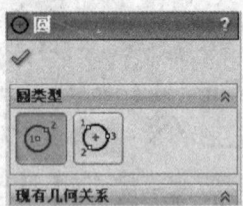

图 9-13 【圆】属性对话框

> **说明** 在选择状态下,可拖动光标修改圆或圆弧:①拖动边线或圆弧的端点改变圆或圆弧的半径;②拖动中心改变圆或圆弧的位置。

9.2.4 圆弧

单击【草图】工具栏圆弧按钮 ,此时鼠标指针变为 形状。在属性管理器中就会弹出【圆弧】的属性对话框,如图 9-14 所示。圆弧的绘制有 3 种方式:圆心/起/终点画弧、切线弧和三点画弧。

9.2.5 多边形

在草图绘制状态下,单击【草图】工具栏中【多边形】按钮 ,此时鼠标指针变为 形状。在属性管理器中弹出【多边形】属性对话框,如图 9-15 所示。可以通过输入多边形的边线数量,然后通过鼠标"单击—单击"的形式绘制。第一个点是多边形的定位点,第二个点是内切圆或者外接圆的半径。

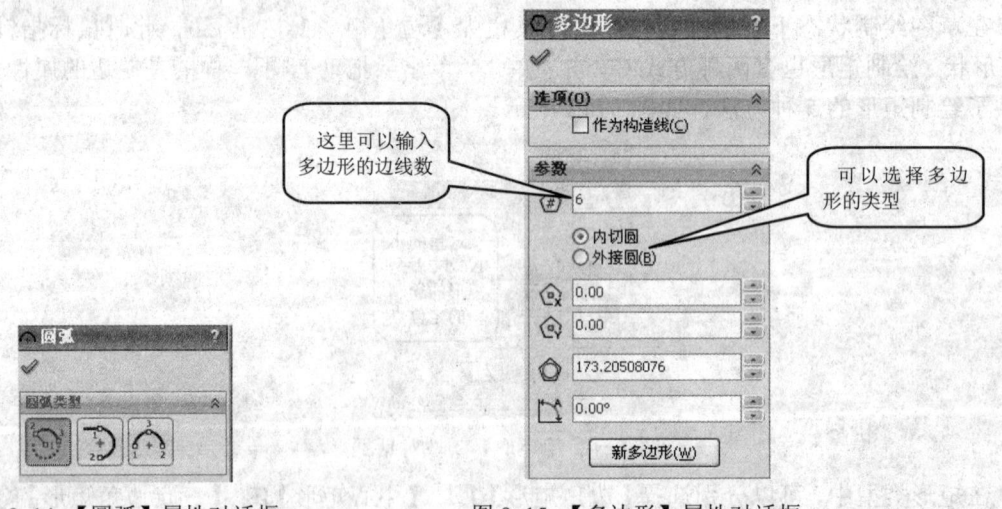

图 9-14 【圆弧】属性对话框   图 9-15 【多边形】属性对话框

9.2.6 椭圆、椭圆弧和抛物线的绘制

1. 椭圆的绘制

在草图绘制状态下，单击【草图】工具栏中【椭圆】按钮⊘，鼠标指针变为 形状。在属性管理器中弹出【椭圆】属性对话框。在绘图区单击确定椭圆中心，移动光标再确定椭圆的长轴（或短轴）端点，继续移动光标确定椭圆短轴（或长轴）端点，完成椭圆的绘制，如图 9-16 所示。

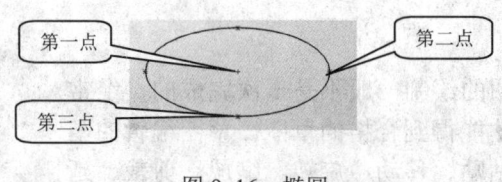

图 9-16 椭圆

2. 椭圆弧的绘制

在草图绘制状态下，单击【草图】工具栏中【部分椭圆】按钮⊘后，鼠标指针就变为 形状。在绘图区单击确定椭圆中心的位置，移动光标并再次单击鼠标确定椭圆的第一个轴，移动光标并继续单击鼠标确定椭圆的第二个轴，保留圆周引导线，围绕圆周移动光标以确定部分椭圆的范围并单击，如图 9-17 所示。设置好部分椭圆属性，单击【确定】按钮✓完成。

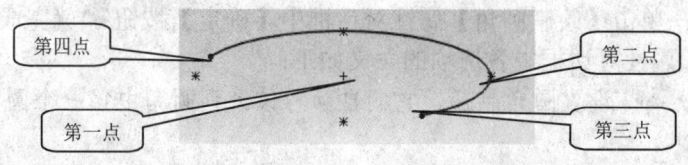

图 9-17 椭圆弧

3. 抛物线的绘制

在草图绘制状态下，单击【草图】工具栏中【抛物线】按钮∪，鼠标指针就变为 形状。在绘图区单击确定抛物线的焦点，再次单击鼠标以确定抛物线开口方向和极点位置，然后将指针移动到抛物线的起点处，沿抛物线轨迹绘制抛物线。完成抛物线的绘制，在属性管理器中弹出【抛物线】属性对话框，设置好各项属性后，单击【确定】按钮✓完成抛物线的绘制，如图 9-18 所示。

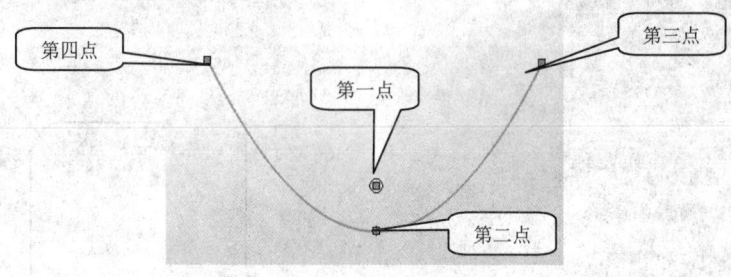

图 9-18 抛物线

9.2.7 槽口

在草图绘制状态下，单击【草图】工具栏中【槽口】按钮，鼠标指针变为 形状。在属性管理器中弹出【槽口】属性对话框，如图 9-19 所示。系统提供了【直槽口】、【中心点直槽口】、【三点圆弧槽口】、【中心点圆弧槽口】4 种不同的槽口。

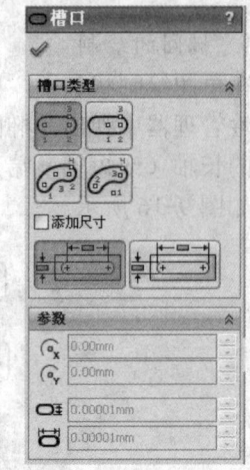

图 9-19 【槽口】属性对话框

9.3 图形编辑命令

在设计过程中，草图的绘制一般不是一次完成的，经常需要后期的修改和编辑才能得到合格的草图。草图编辑的基本操作有剪切、复制、粘贴、移动、旋转、缩放、剪裁、延伸和分割合并。

9.3.1 绘制圆角

【绘制圆角】命令是将两个草图实体交叉处裁剪掉角部，生成一个与两个草图实体都相切的圆弧，此命令在二维草图和三维草图中均可使用。

在草图绘制状态下，单击【草图】工具栏中【绘制圆角】按钮，此时在属性管理器中弹出【绘制圆角】属性对话框，如图 9-20 所示。设置好各选项后，单击两条直线或单击要绘制圆角的点，单击【绘制圆角】属性对话框中【确定】按钮就完成圆角的绘制。

【绘制圆角】属性对话框中各选项的含义如下：

- 圆角参数：设置圆角半径，它们自动与该系列圆角中第一个圆角具有相同的几何关系。
- 保持拐角处约束条件：选中此复选框，将保留虚拟交点，如果不选此项，且顶点具有尺寸或几何关系时，则会询问是否想在生成圆角时删除这些几何关系。
- 标注每个圆角的尺寸：选中此复选框，可将尺寸添加到每个圆角。当不选择此项时，在圆角之间添加相等几何关系，如图 9-21 所示。

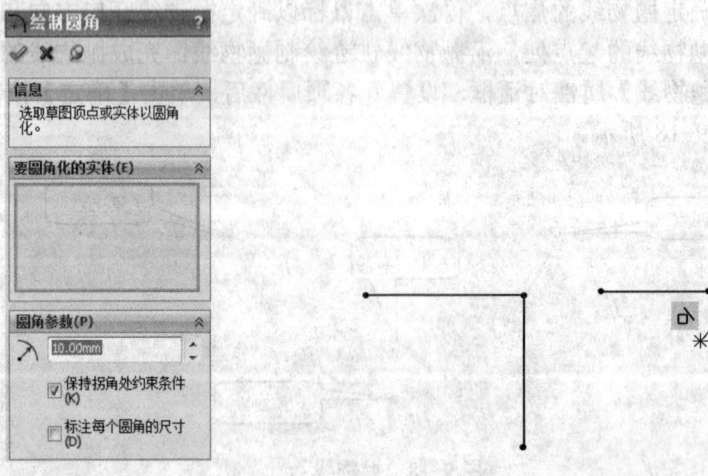

图 9-20 【绘制圆角】属性对话框   图 9-21 绘制圆角

9.3.2 绘制倒角

在打开的草图中单击【草图】工具栏中的【绘制倒角】按钮，此时在属性管理器中弹出【绘制倒角】属性对话框，如图9-22所示。设置好属性管理器各项参数后选择要倒角的点，此时鼠标指针变为形状。单击【绘制倒角】属性管理器中【确定】按钮就完成倒角的绘制，如图9-23所示。

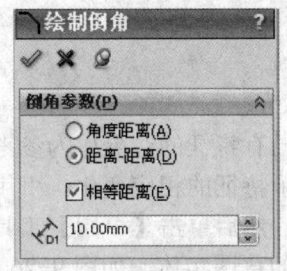 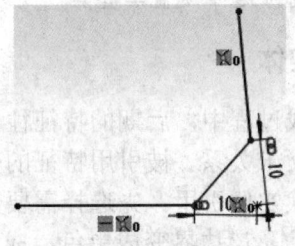

图 9-22　【绘制倒角】属性对话框　　　　图 9-23　绘制倒角

【绘制倒角】属性对话框中各选项的含义如下：
- 角度距离：选择此单选按钮，设置倒角的距离和倒角角度。
- 距离-距离：选择此单选按钮，设置两个倒角的距离。

9.3.3 等距实体

等距实体工具是以指定距离等距面、边线、曲线或草图实体来添加草图实体，即将其他特征的边线以一定的距离和方向偏移，偏移的特征可以是一个或多个草图实体、一个模型面、边线或外部的草图曲线。

在打开的草图中，选择一个或多个草图实体、一个模型面或一条模型边线。单击【草图】工具栏中的【等距实体】按钮，此时在属性管理器中弹出【等距实体】属性对话框，如图9-24所示。单击【确定】按钮，或在绘图区中单击，生成的等距实体如图9-25所示。

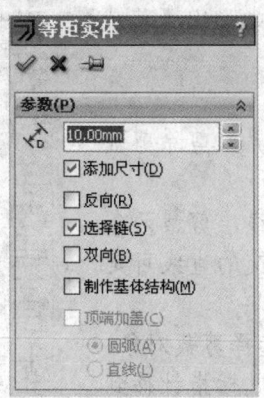 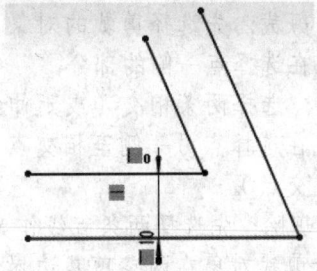

图 9-24　【等距实体】属性对话框　　　　图 9-25　等距实体

【等距实体】属性对话框中各选项的含义如下：
- 等距距离：设定数值以特定距离来等距草图实体。若想观阅一动态预览，按住鼠标左键并在图形区域中拖动指针。当释放鼠标键时，等距实体完成。

- 添加尺寸：在草图中包括等距距离。
- 反向：更改单向等距的方向。
- 选择链：生成所有连续草图实体的等距。
- 双向：在双向生成等距实体。
- 制作基体结构：将原有草图实体转换到构造性直线。
- 顶端加盖：通过选择双向并添加一顶盖来延伸原有非相交草图实体。可生成圆弧或直线为延伸顶盖类型。

9.3.4 转换实体

在特征形成过程中，后期的特征往往需要引用已有特征的边界作为参考，从而在两个特征之间形成父子关系。被引用特征的变化会引起子特征的相应变化。引用已有特征边界的方法就是转换实体引用。先选择需要借用的边界，然后单击【草图】工具栏中【转换实体引用】按钮，该边界变成黑色，成为完全定义的草图实体，如图9-26所示。

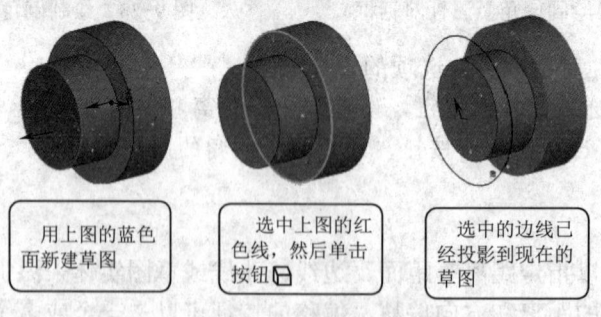

图 9-26 转换实体引用

9.3.5 剪裁实体

剪裁实体主要用于删除一个草图实体与其他草图实体相互交错产生的线段。如果草图没有与其他实体相交，则删除整个草图实体。单击【草图】工具栏中【剪裁实体】按钮，在属性管理器中弹出【剪裁】属性对话框，如图9-27所示。

【剪裁】属性对话框中各选项的含义如下：

- 强劲剪裁：先选择剪裁的对象，再选择剪裁边界，剪除剪裁对象在选择点一侧的部分。
- 边角：选择两条相交（或延伸线能相交）的直线，剪裁两条直线在选择点另一侧至相交点的部分（没有相交的直线可延伸至交点）。
- 在内剪除：先选择两条直线作为剪裁边界，再选择剪裁对象，剪除剪裁对象在两条剪裁边界之间的部分（当鼠标指针移到剪裁对象上时，被剪除的部分用红色表示）。
- 在外剪除：先选择两条直线作为剪裁边界，再选择剪裁对象，剪除剪裁对象在两条剪裁边界之外的部分（当鼠标指针移到剪裁对象上时，被剪除的部分用红色表示）。

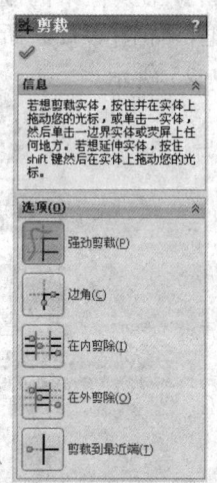

图 9-27 【剪裁】属性对话框

- 剪裁到最近端：剪裁的原则是"分割与剪裁"，即剪裁删除一个草图实体与其他草图实体相互交错产生的分段，如果草图实体没有与其他实体相交，则删除整个草图实体。将鼠标移动到草图实体上确定剪裁的部分，系统以红色显示被剪裁部分，单击鼠标左键完成剪裁。

9.3.6 延伸实体

使用【延伸草图】命令可用来增加草图实体的长度。使用延伸草图实体可将草图实体延伸到与另一个草图相遇。可以延伸的草图实体包括直线、中心线和圆弧。系统会自动判断并将操作对象延伸到最近的其他草图实体上。单击【草图】工具栏中【延伸实体】按钮，此时鼠标指针变为形状。将鼠标指针移动到实体上靠近欲延伸的一端，实体变成红色，并出现红色延伸线，单击鼠标左键，完成草图延伸操作。

9.3.7 镜像实体

对于有对称结构的草图来说，可以只画一侧，然后用草图镜像完成。草图镜像有两种操作方式：
- 先执行命令，再选择相应的草图特征。
- 先选择要镜像的草图特征，再执行命令。

单击【草图】工具栏中【镜像实体】按钮，打开【镜像】属性对话框，如图 9-28 所示。各项含义如下：
- 要镜像的实体：选择要镜像的所有实体，如图 9-29a 所示。
- 复制：选中该复选框表示镜像后，被镜像的实体仍然保留，如图 9-29a 所示，取消此复选框表示仅保留镜像后的草图实体，如图 9-29b 所示。
- 镜像点：选择镜像对称线。

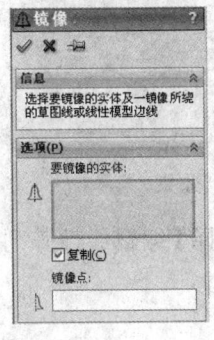
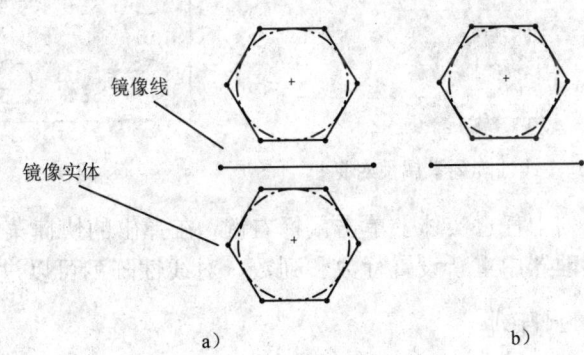

图 9-28 【镜像】属性对话框　　　图 9-29 镜像实体的效果
　　　　　　　　　　　　　　　　　a) 选中复制镜像效果 b) 不选复制镜像效果

 草图中要有中心线才会自动镜像。

9.3.8 草图阵列

阵列是将草图实体沿一个或两个轴复制生成多个排列图形。阵列有两种方式：一种是线性阵列；另一种是圆周阵列。

1. 线性阵列

在草图绘制状态下，单击【草图】工具栏中【线性阵列】按钮，此时鼠标指针就变为形状。在属性管理器中弹出【线性阵列】属性对话框，如图 9-30 所示。设置草图排列的位置，并选择要复制的草图实体，单击【确定】按钮，即完成线性阵列，如图 9-31 所示。

属性对话框中各选项的含义如下：
- 反向：单击该按钮可以变换 X 方向阵列的方向。
- 间距：表示 X 方向阵列的草图间的距离。
- 角度：利用它可以设置阵列的旋转角度。
- 要阵列的实体：通过鼠标在绘图区选择要阵列的草图实体。

图 9-30 【线性阵列】属性对话框

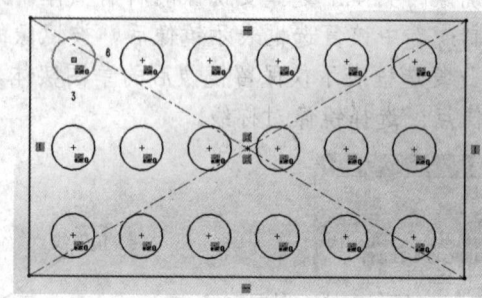

图 9-31 线性阵列效果

在阵列中任意实体上单击鼠标右键，在弹出的快捷菜单中选择【编辑线性阵列】命令，在属性管理器中重新设置行数和列数，对线性阵列可以进行编辑。

2. 圆周阵列

圆周阵列是将草图实体沿一个指定大小的圆弧或圆进行环状阵列。在草图绘制状态下，单击【草图】工具栏中【圆周阵列】按钮，在属性管理器中弹出【圆周阵列】属性对话框，如图 9-32 所示。

选择【圆周阵列】属性对话框中【要阵列的实体】列表框，然后在绘图区中选择要阵列的几何实体，在【参数】选项组中列表框中选择圆周阵列的圆心，在【数量】输入框中输入要阵列的个数。最后单击【确定】按钮，完成圆周阵列，阵列效果如图 9-33 所示。

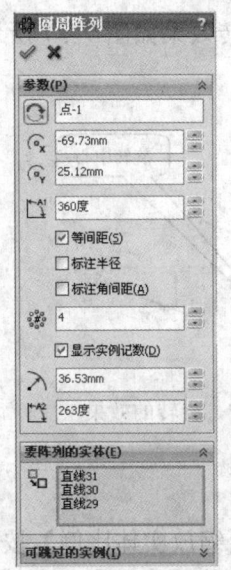 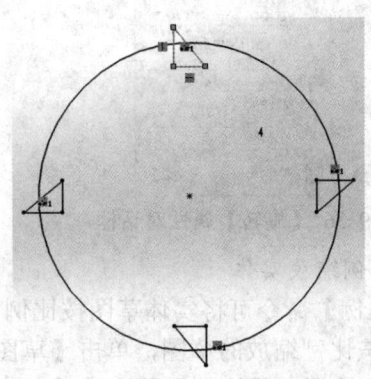

图 9-32 【圆周阵列】属性对话框　　图 9-33 圆周阵列的效果

9.3.9 移动/复制、旋转、按比例缩放和伸展实体

1. 移动/复制实体

【移动实体】命令可将指定的图素进行移动；【复制实体】命令可将指定的图素进行平移复制。

选择【草图】工具栏中【移动实体】按钮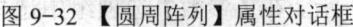，在属性管理器中弹出【移动】属性对话框，如图 9-34 所示。选择要移动的草图实体，单击鼠标右键，在图形中选择移动的基准点，拖动鼠标移动到目标点，如图 9-35 所示。单击【确定】按钮 ✓，完成移动，移动效果如图 9-35 所示。

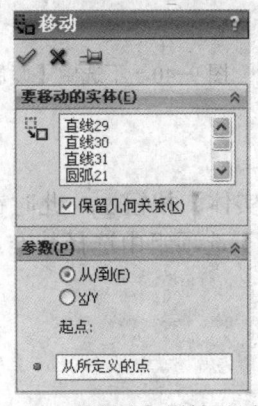 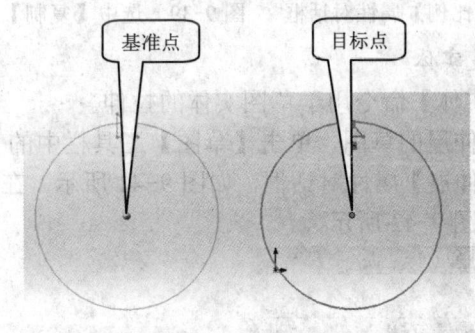

图 9-34 【移动】属性对话框　　图 9-35 移动实体

复制实体和移动实体的操作步骤完全相同，在这里就不再重复了。

2. 旋转实体

【旋转】命令是通过选择旋转中心及旋转的度数来旋转草图实体。

选择要旋转的草图，单击【草图】工具栏中的【旋转实体】按钮。在属性管理器中弹出【旋转】属性对话框，如图 9-36 所示。在【参数】选项组中的【旋转中心】选项中选择旋转所定义的点，此时鼠标指针就变为 形状。在【角度】数值框中设置旋转角度，或者将鼠标指针在绘图区中拖动,单击【确定】按钮 ,旋转效果如图9-37所示。

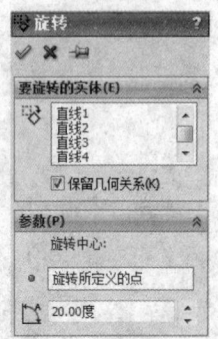

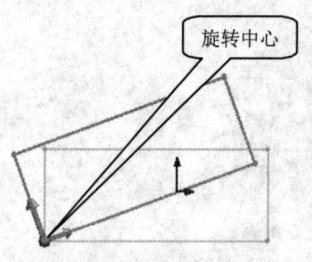

图9-36 【旋转】属性对话框　　图9-37 旋转的效果

3. 按比例缩放实体

【缩放比例】命令可将实体草图按比例放大或缩小。

选择要按比例缩放的草图,单击【草图】工具栏中的【缩放实体比例】按钮 ,此时在属性管理器中弹出【比例】属性对话框,如图9-38所示。在【参数】选项组中选择缩放点。【比例因子】 数值是按算术方法递增而不按几何体方法。如果选中【复制】复选框,则表示可以将草图按比例缩放并保留原来的草图,如图9-39和图9-40所示。

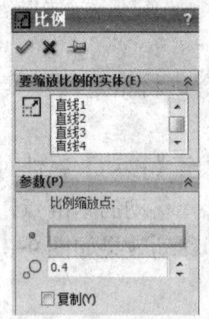
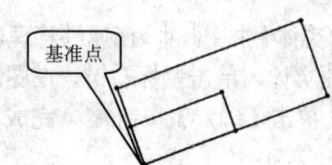

图9-38 【比例】属性对话框　　图9-39 选中【复制】复选框　　图9-40 不选中【复制】复选框

4. 伸展实体

【伸展实体】命令用于草图实体的拉伸。

选择要伸展的草图,单击【草图】工具栏中的【伸展实体】按钮 ,此时在属性管理器中弹出【伸展】属性对话框,如图9-41所示。在【参数】选项组中选择基准点,再选择目标点,如图9-42所示。

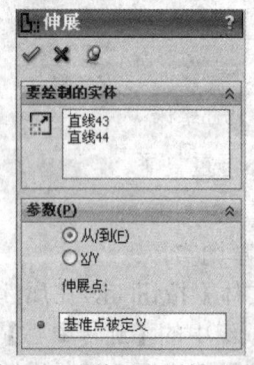
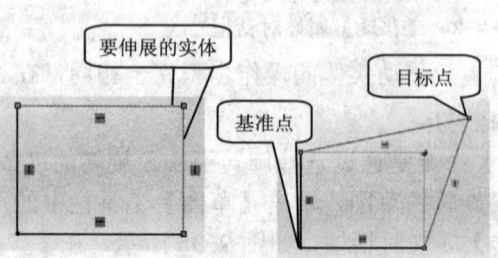

图9-41 【伸展】属性对话框　　图9-42 选择基准点和目标点

9.4 草图尺寸标注

SolidWorks 是参数化设计，开始绘制草图时可以比较随意，只要有一个大体的形状即可，然后通过加入尺寸约束其形状或位置。默认尺寸是主动尺寸，也就是说尺寸修改为多大，相应的图形也会及时更新。

9.4.1 智能尺寸

智能尺寸的操作方法比较简单，标注特征可以是点、直线、圆弧等。①选择两条平行直线可以标注其距离，如图 9-43 所示；不平行的就变为角度了，如图 9-44 所示。②选择三点可以标注角度，第一个点为交点，如图 9-45 所示。③选择圆可以标注直径，选择圆弧可以标注半径，如图 9-46 所示。④选择两条圆形线可以标注其圆心的距离，如图 9-47 所示。⑤按住 Shift 键选择圆形边线可以标注切线距离，如图 9-48 所示。标注的方法多种多样，既要看用户的习惯，也要看经验和实际的用途。

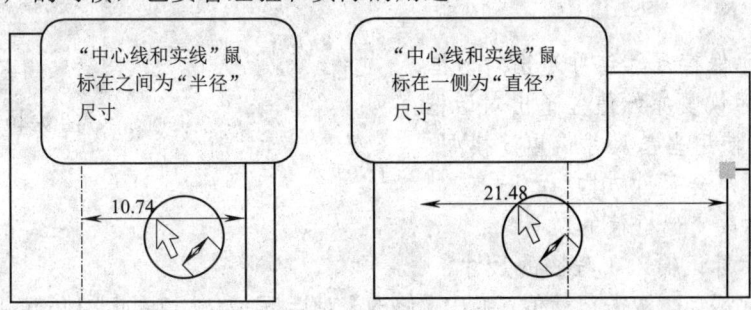

图 9-43 距离标注

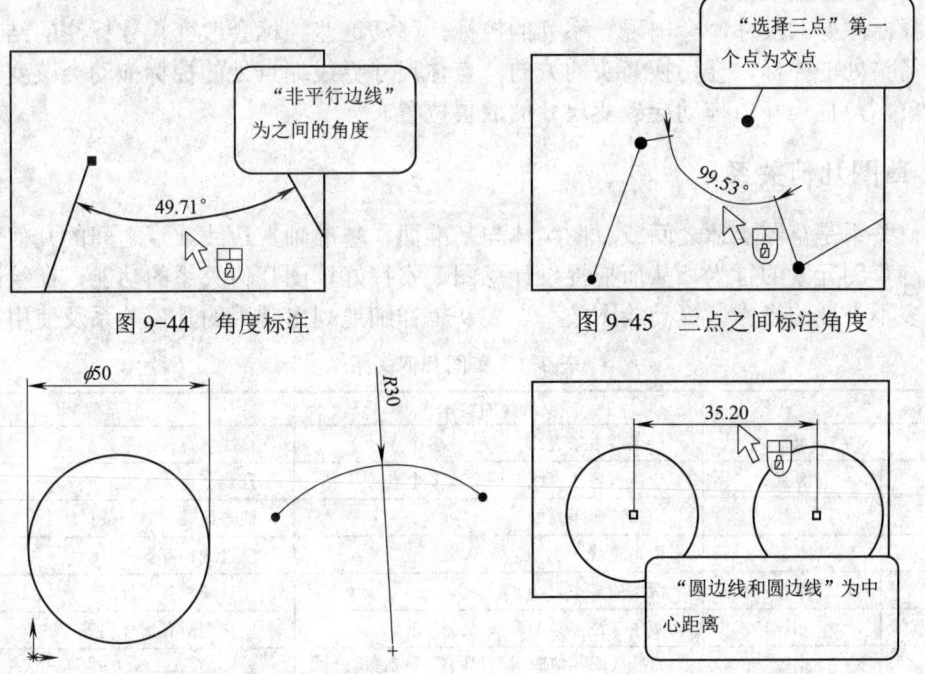

图 9-44 角度标注　　　　图 9-45 三点之间标注角度

图 9-46 直径和半径标注　　图 9-47 圆心距离标注

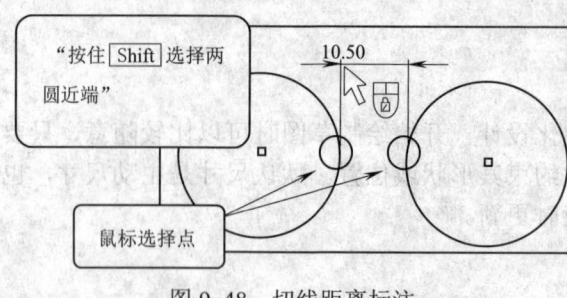

图 9-48 切线距离标注

9.4.2 尺寸的编辑修改

1. 修改尺寸值

在创建和编辑尺寸时,弹出【修改】对话框,如图 9-49 所示。框内显示的是当前测量尺寸,可直接输入正确的尺寸,来调整尺寸值的大小。

- ✓ 表示保存尺寸值并退出对话框。
- ✗ 表示恢复原始值并退出对话框。
- 表示使用当前尺寸值重建模型。
- 表示反转尺寸方向。
- ±? 表示改变选框值的增量。
- 表示标记输入工程图的尺寸。

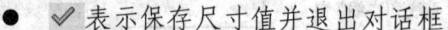

图 9-49 修改尺寸

尺寸标注完成后,双击尺寸值,弹出【修改】对话框,输入新的尺寸就可以改变尺寸值。

2. 改变尺寸标注的结果

选择标注好的尺寸,会出现一系列的控标,移动这些控标会改变尺寸标注的结果:单击尺寸箭头处的控标,会切换箭头的方向,点住尺寸界线端点处的控标拖动会改变尺寸标注的对象,点住尺寸值拖动会改变尺寸的放置位置。

9.4.3 草图几何关系

几何关系是草图实体之间或草图实体与基准面、基准轴、边线或点之间的几何约束,用来限制草图元素的行为,从而捕捉设计意图。掌握好草图几何关系的功能,在绘图时可省去许多不必要的操作,提高绘图效率。表 9-1 详细地列出常用的几何关系及使用效果。

表 9-1 草图几何关系

图 标	名 称	要选择的实体	使 用 效 果
—	水平	一条或多条直线,两个或多个点	直线(点)水平
∣	竖直	一条或多条直线,两个或多个点	直线(点)竖直
╱	共线	两条或多条直线	使直线处于同一条直线上
⊥	垂直	两条直线	使直线相互垂直
∥	平行	两条或多条直线	使直线相互平行
=	相等	两条(或多条)直线(或圆弧)	使它们所有尺寸相等
⌢	相切	直线(或其他曲线)和圆弧(或椭圆弧)其他曲线	使它们相切

(续)

图标	名称	要选择的实体	使用效果
	中点	一条直线（或圆弧或其他曲线）和一个点	使点位于其中心
	重合	一条直线（或圆弧或其他曲线）和一个点	使点位于直线（或圆弧或其他曲线）上
	固定	任何草图几何体	使草图几何体尺寸和位置保持固定，不可更改
	合并	两个点	使两个点合并为一个点
	交叉点	两点直线和一个点	使点位于两条直线的交叉点上
	全等	两段（或多段）圆弧	使它们位于同一个圆上
	同心	两个（或多个）圆（或圆弧）	使它们的圆心处于同一点
	对称	两个点（或线或圆或其他曲线）和一条中心线	使草图几何体保持中心线对称

9.4.4 添加草图几何关系

单击【添加几何关系】按钮可在草图实体之间或草图与基准面、基准轴等之间生成几何关系。在绘图区选择需要设定几何关系的几何实体，几何实体之间可能出现的几何约束关系出现在【添加几何关系】属性对话框中，从对话框中选择需要设定的几何关系，在【现有几何关系】列表框中显示添加的几何关系。

添加几何关系操作如下：

❶ 选择【草图】工具栏中【添加几何关系】按钮，或选择菜单中【工具】→【几何关系】→【添加】命令。

❷ 在草图中拾取要添加几何关系的实体。

❸ 拾取完实体在属性管理器中弹出【添加几何关系】属性对话框，如图9-50所示。【现有几何关系】选项中表示在未加关系之前几何实体间存在的几何关系，在下面信息栏显示所选实体的状态。

❹ 在【添加几何关系】选项中单列出所能添加的几何关系，选择完要添加的几何关系后，单击【确定】按钮，完成添加几何关系操作。

❺ 如果要删除添加的几何关系，则在【现有几何关系】列表框中右击该几何关系，在弹出的快捷菜单中选择【删除】命令即可，单击【确定】按钮。

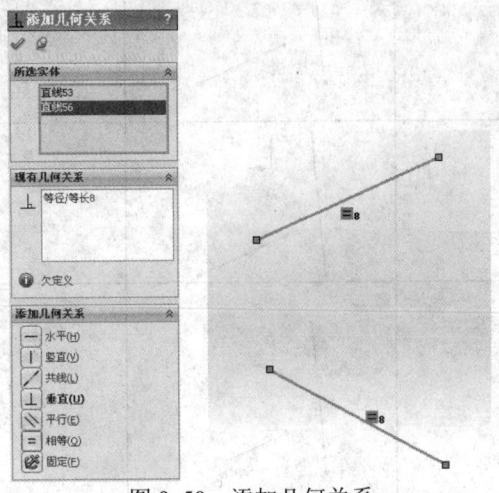

图9-50 添加几何关系

草图几何关系有很多类型。根据所选草图元素的不同，能够添加合理的集合关系类型也不同，既可以选择实体本身，也可以选择端点，甚至可以选择多种实体的组合。SolidWorks 会根据用户选择草图元素的类型，自动筛选可以添加的几何关系种类。表 9-2 列出常添加的几何关系约束的一些示例，但并不是全部。

表 9-2 常添加的几何关系约束

几何关系	加入几何关系前	加入几何关系后
将端点与另一条直线重合		
两端点重合		
两直线平行		
两直线垂直		
两直线共线		
两直线水平		
两直线竖直		

(续)

几何关系	加入几何关系前	加入几何关系后
两端点竖直	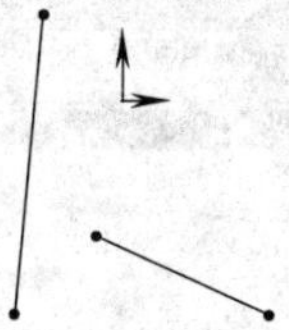	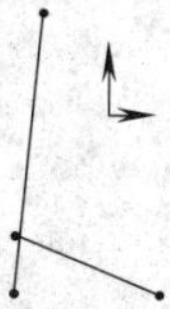
两端点水平	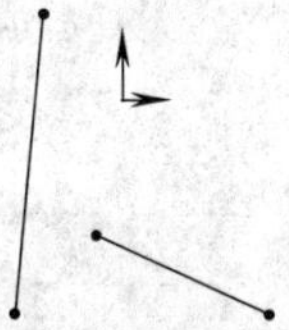	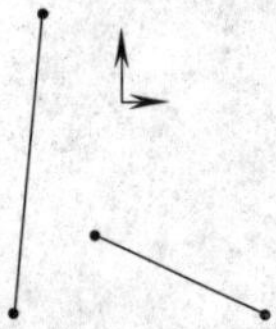
两直线相等	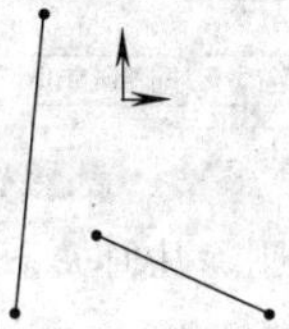	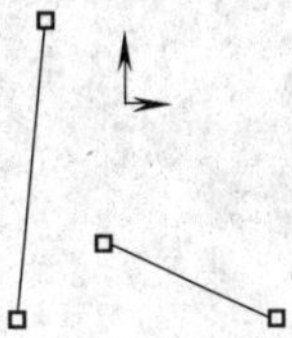
将一端点置于中点	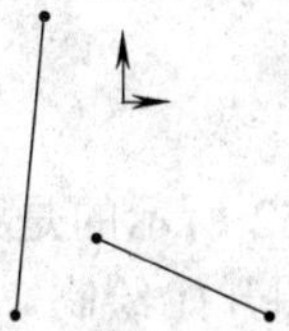	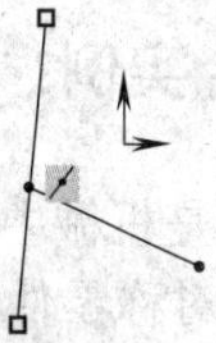
两圆相切	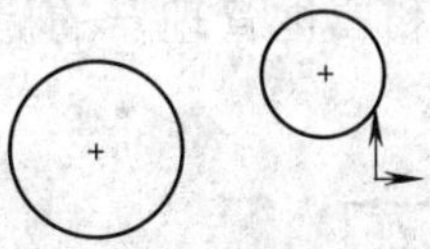	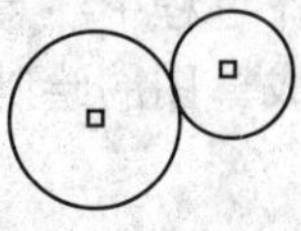
两圆相等	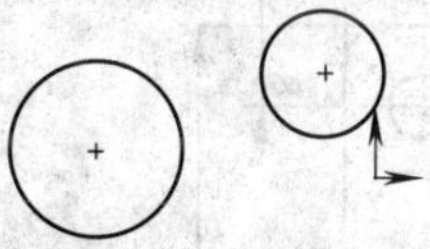	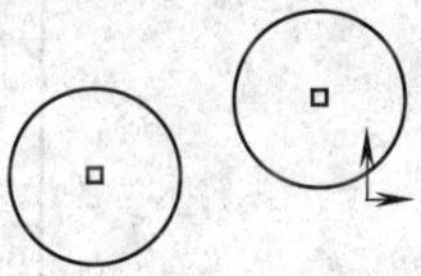
两圆共心	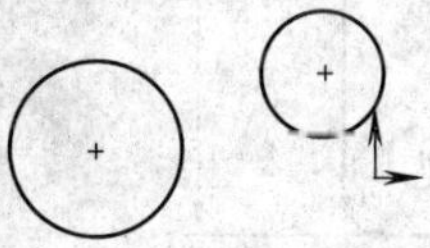	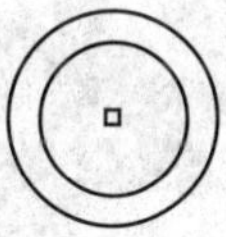

9.4.5 显示/删除几何关系

【显示/删除几何关系】按钮用来显示应用到草图中的几何关系,或删除不再需要的几何关系。单击【尺寸/几何关系】工具栏中的【显示/删除几何关系】按钮,在【显示/删除几何关系】对话框中可以显示草图中所有的几何约束,如图9-51所示。选择列表中的几何约束项,图形区中对应的草图实体会亮显。在下拉列表框中选择"所选实体"时,在图形区中选择几何实体,与之相关的几何约束显示在列表框中。单击【删除】或【全部删除】按钮,可以删除选中的或列表框中所有的几何关系。选中【压缩】复选框可以临时关闭几何约束,使之失效。

154 计算机绘图与三维造型

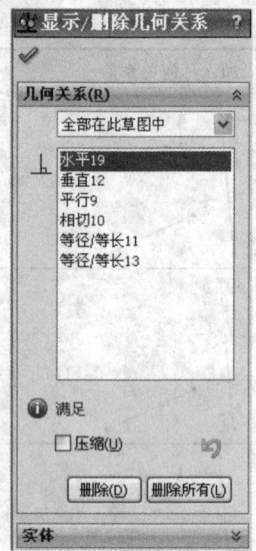

图 9-51 【显示/删除几何关系】对话框

9.5 综合实例：法兰盘的绘制

法兰盘是机械中很常见的零件。图 9-52 所示的是某法兰盘草图尺寸及效果图，结构比较简单，是对称零件。从新建法兰盘的草图开始绘制，逐步熟悉 SolidWorks 的【草图绘制】工具。操作过程中注意鼠标指针的变化和属性管理器的提示，同时也可尝试用不同的绘图工具来完成草图的绘制。

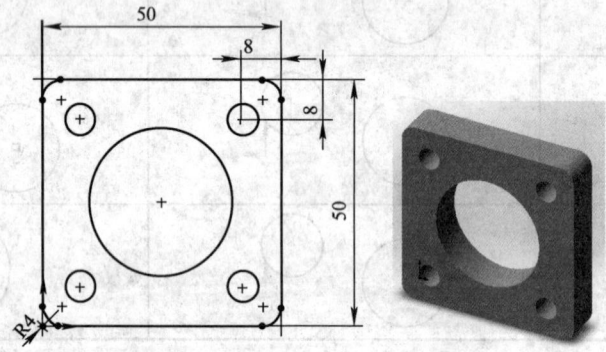

图 9-52 法兰盘草图尺寸及效果图

1. 草图的绘制

❶ 单击标准工具栏中的【新建】按钮，系统弹出【新建 SolidWorks 文件】对话框，单击【零件】按钮，单击【确定】按钮，进入 SolidWorks 2012 的零件工作界面。

❷ 单击【草图】工具栏中的【草图绘制】按钮，系统的属性管理器会弹出如图 9-53 所示的提示，在绘图区用鼠标左键单击【前视基准面】按钮，表明在前视基准面上绘制草图。

❸ 单击【草图】工具栏中的【矩形】按钮，将鼠标指针移到草图坐标原点，单击并移动光标以生成矩形，如图 9-54 所示，在移动光标时，鼠标指针会显示该矩形的尺寸。单击即完成矩形绘制。

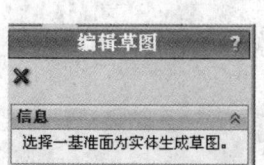
图 9-53 编辑草图的提示

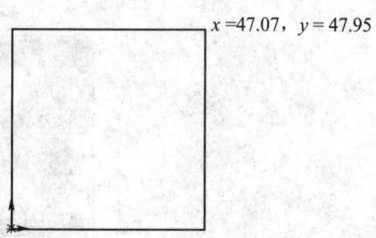
图 9-54 矩形

> **说明** 当用户在创建草图时，鼠标指针可动态改变，以提供草图实体的类型数据或指针相对于其他草图实体的距离数据，帮助用户方便快捷地确定草图形体的几何关系。在绘图时要注意鼠标指针形状的变化，它提供了有关指针的当前任务、位置和自动应用几何关系的反馈。

❹ 单击【草图】工具栏中的【智能尺寸】按钮，单击矩形的顶边，然后单击放置尺寸的位置，系统弹出如图 9-55 所示的【修改】对话框，在【修改】文本框中输入 50mm，单击【确定】按钮，草图根据新输入的尺寸更改大小。同理，将矩形的右侧边尺寸改为 50mm，如图 9-56 所示。

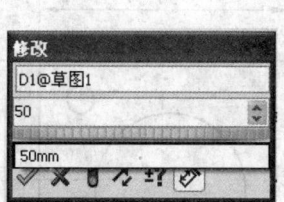
图 9-55 【修改】对话框

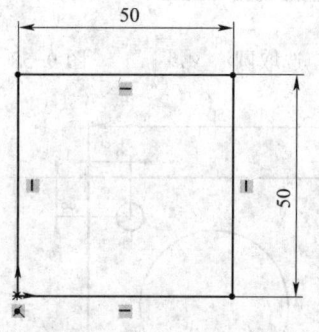
图 9-56 绘制矩形

❺ 单击【标准】工具栏中的【保存】按钮，将零件保存为"法兰盘"。
❻ 单击【草图】工具栏中的【圆】按钮，将鼠标指针移到矩形左侧边线的中点，出现蓝色推理线，再将鼠标指针移到矩形上边线的中点，此时鼠标指针变为如图 9-57 中所示的形状，表明鼠标指针位于两条边线中点的交点上，单击此处作为圆心，并移动鼠标指针以生成圆形，系统的属性管理器会弹出【参数】选项组，如图 9-58 所示。将【半径】文本框中的数值改为 15，单击属性管理器中【确定】按钮，完成圆的绘制。

> **说明** 推理线是绘图时出现的蓝色虚线（默认情况下）。绘图时，当鼠标接近高亮显示的提示时（如中点），推理线会将鼠标指针与已经绘制的直线或点对齐，或将鼠标指针与现有的模型几何体对齐，从而引导用户完成新实体的绘制。

❼ 单击【草图】工具栏中的【圆】按钮，将鼠标指针移到图 9-59 所示位置，绘制半径为 3mm 的圆。单击【智能尺寸】按钮，按图 9-60 所示标注各控制尺寸。
❽ 单击【草图】工具栏中的【中心线】按钮，将鼠标指针移到圆心位置，单击并移动鼠标指针到矩形边线外，再单击鼠标左键，生成中心线，绘制如图 9-61 所示的两条中心线。

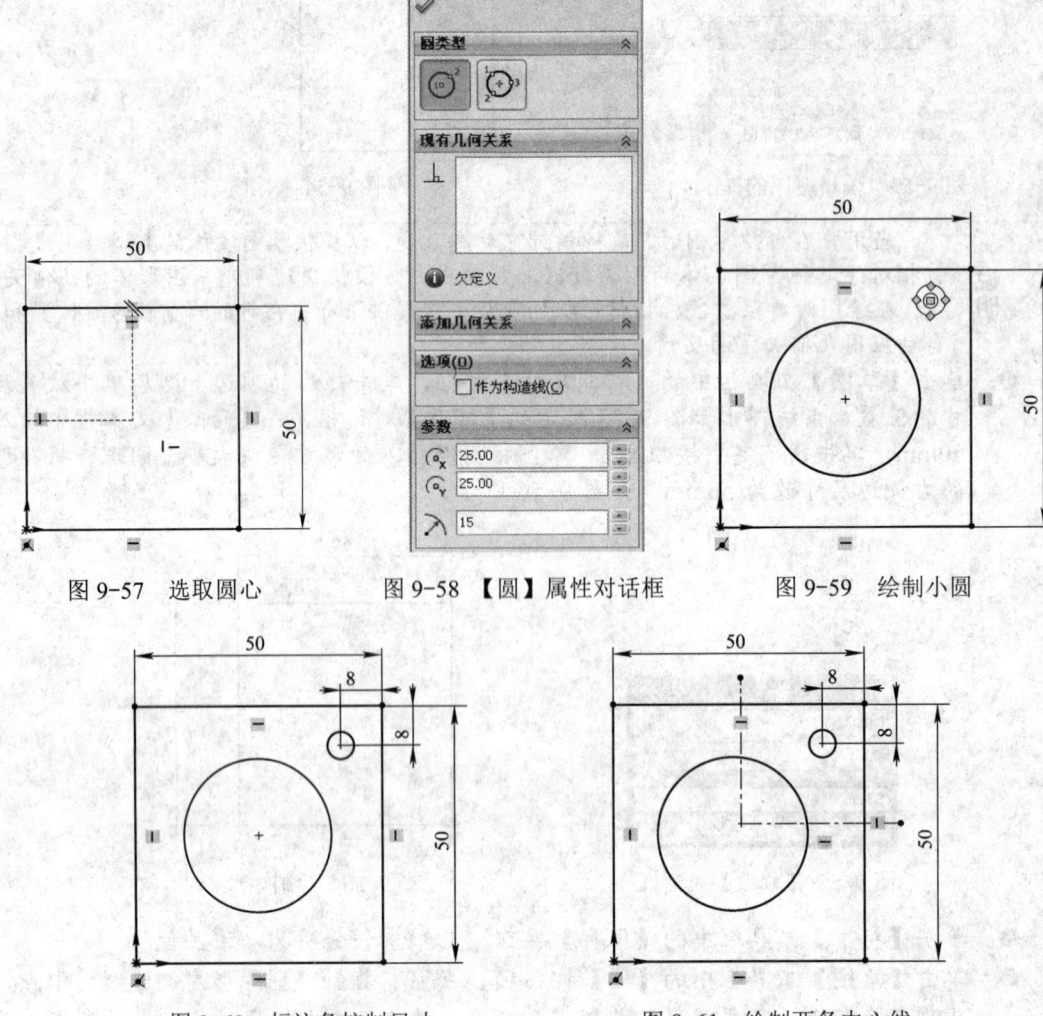

图 9-57 选取圆心　　图 9-58 【圆】属性对话框　　图 9-59 绘制小圆

图 9-60 标注各控制尺寸　　图 9-61 绘制两条中心线

⑨ 单击【草图】工具栏中的【镜像实体】按钮 ，系统的属性管理器弹出【镜像】属性对话框，选中图中小圆，观察【镜像】属性对话框中【选项】选项组中的【选择要镜像的实体】 列表框中会出现"圆弧 2"。移动鼠标指针到【选择镜像所绕的线性实体】 文本框中，单击鼠标左键，再将鼠标指针移到图中选取竖直的中心线，观察【选择镜像所绕的线性实体】文本框中会出现"直线 5"，如图 9-62 所示。单击属性管理器中的按钮 ，产生镜像实体。同理，选取水平的中心线为选择镜像所绕的线件实体，可镜像出另外两个圆，如图 9-63 所示。

⑩ 单击【草图】工具栏中的【绘制圆角】按钮 ，系统的属性管理器弹出【绘制圆角】属性对话框，如图 9-64 所示。将【半径】 文本框中的数值改为 4。分别在图中单击矩形的四条边，得到如图 9-65 所示的图形，单击属性管理器中的按钮 。单击【草图】工具栏中的【选择】按钮 ，按住键盘上的 Ctrl 键，在图中选取两条中心线，按键盘上的 Delete 键，将选取的对象删除。

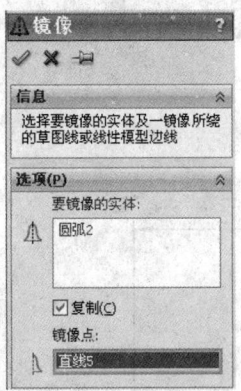

图 9-62 【镜像】属性对话框

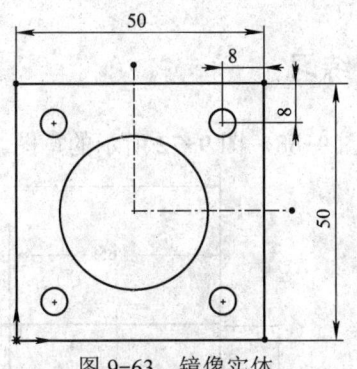

图 9-63 镜像实体

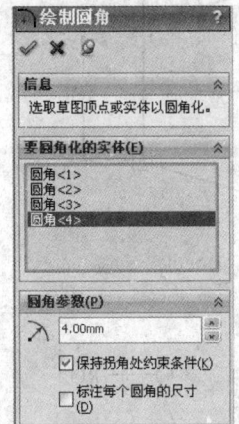

图 9-64 【绘制圆角】属性对话框

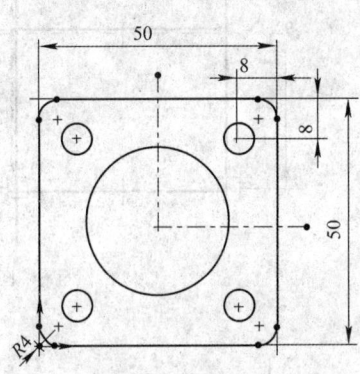

图 9-65 绘制圆角

 说明　　Ctrl 键和其他多数 Windows 下的应用软件一样，在选择对象时，按住键盘上的 Ctrl 键，可以实现多个对象的选择。

2. 实体的生成

❶ 单击【特征】工具栏中的【拉伸凸台/基体】按钮，系统弹出【凸台-拉伸】属性对话框，草图视图变为等轴测视图。默认情况下，拉伸深度设为 10mm，如图 9-66 所示。保留其他默认值，单击按钮✓，生成拉伸特征，如图 9-67 所示。

图 9-66 【凸台-拉伸】属性对话框

图 9-67 法兰盘实体

❷ 单击标准工具栏中的【保存】按钮,将文件存盘。

9.6 课后练习

绘制如图 9-68～图 9-72 所示的草图。

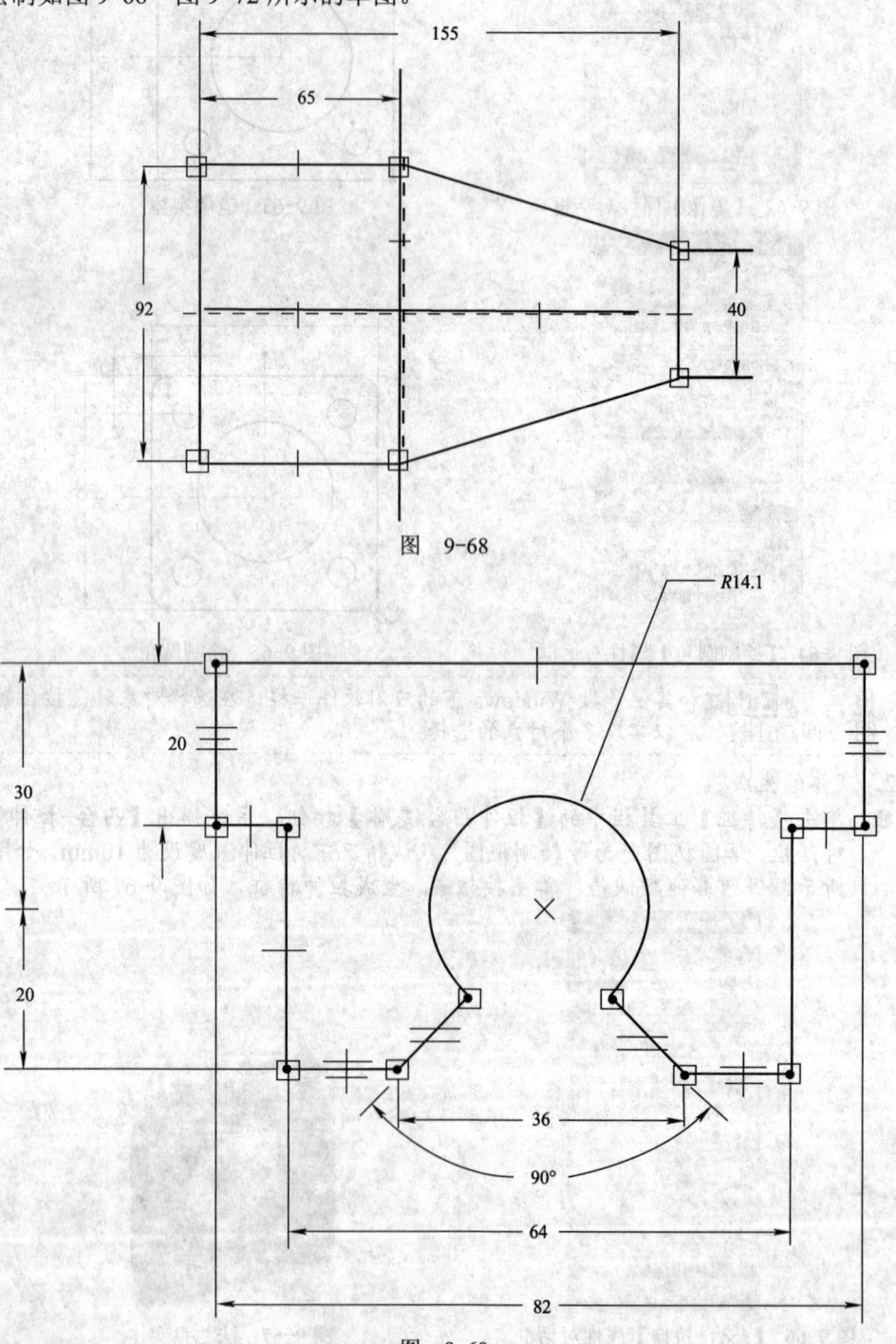

图 9-68

图 9-69

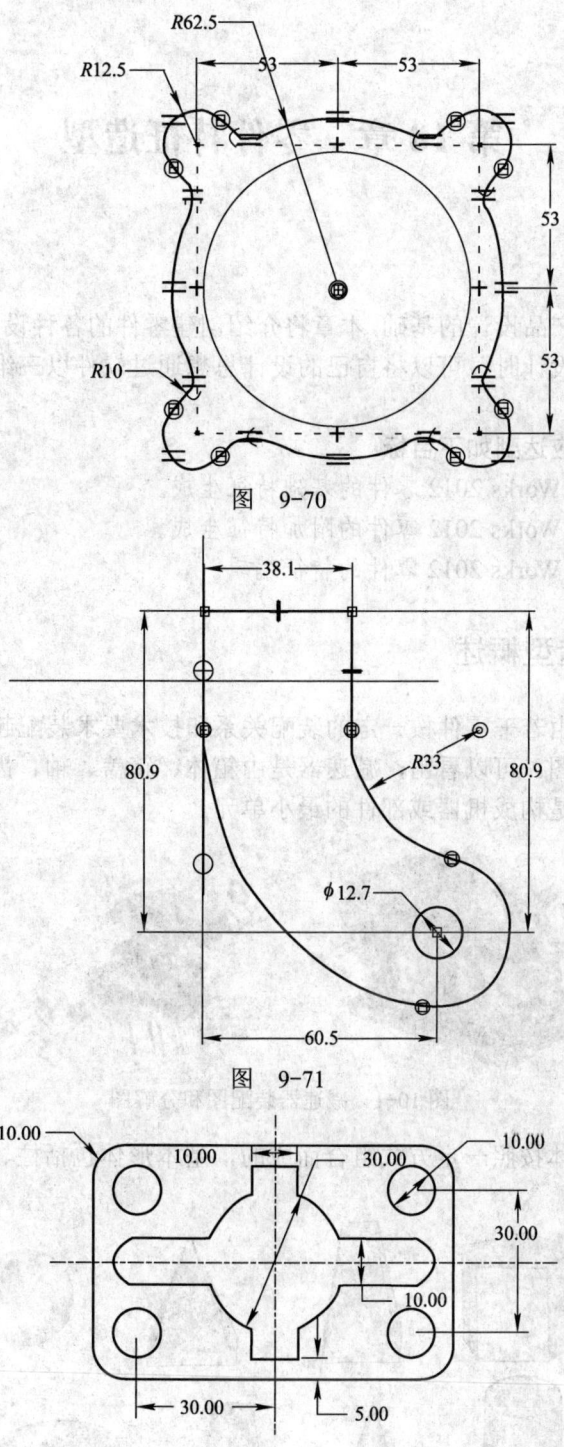

图 9-70

图 9-71

图 9-72

第 10 章　零件特征造型

【内容与要求】

零件设计是进行产品设计的基础,本章将介绍创建零件的各种设计方法及常用的工具,使设计者在进行产品设计时,可以将自己的设计思想通过软件以三维实体的形式直接加以实现。

通过学习,本章应达到如下目标:
- 掌握 Solid Works 2012 零件的基础特征生成。
- 掌握 Solid Works 2012 零件的附加特征生成。
- 掌握 Solid Works 2012 零件的特征编辑。

10.1　零件特征造型概述

机器或部件都是由若干零件按一定的装配关系和技术要求装配起来的。图 10-1 所示为减速器装配图和分解图。可以看出,减速器是由箱体、箱盖、轴、齿轮、螺栓螺母、端盖等零件组成的。零件是构成机器或部件的最小单元。

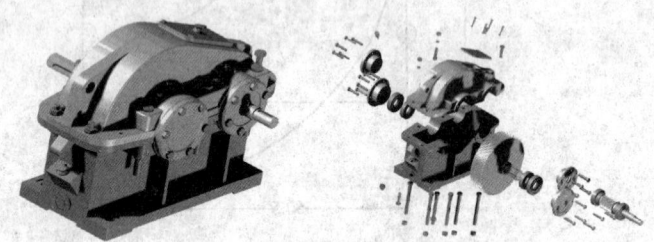

图 10-1　减速器装配图和分解图

零件是由基本形体按照一定方式组合而成的,基本形体包括柱、锥、台、球、环等,如图 10-2 所示。

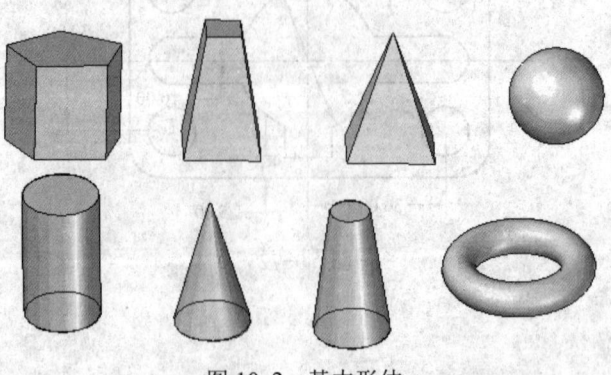

图 10-2　基本形体

因此，要想完成工业产品的三维建模，就应该从基本形体的三维建模开始，本章将以比较简单的基本形体的建模为例来介绍 SolidWorks 2012 主要的建模命令。

SolidWorks 中所应用的特征大致可以分为以下 3 类：

- 基础特征：完成最基本的三维几何造型任务，用于构建基本空间实体。基本特征通常要求先草绘出特征的一个或多个截面，然后根据某种形式生成基本特征。基础特征包括拉伸、旋转、扫描、放样等类型。
- 附加特征：对基础特征的局部进行细化操作，其几何形状是确定的，构建时只需要提供附加特征的放置位置和尺寸即可，如抽壳、倒角、筋等。
- 操作特征：针对基础特征和附加特征的整体操作，如阵列、复制、移动等。

SolidWorks 中零件设计的基本过程如图 10-3 所示。

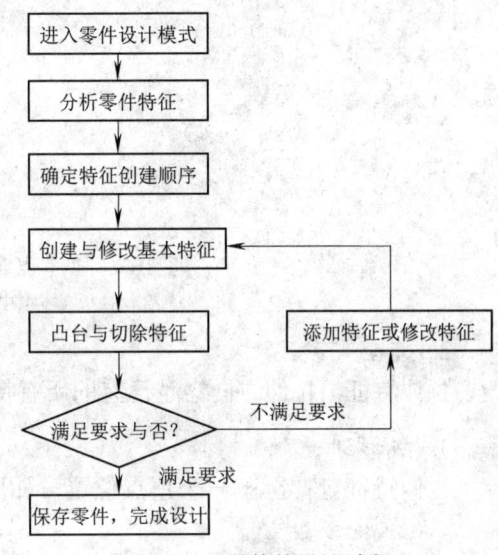

图 10-3　零件的设计过程

10.2　基础特征造型

10.2.1　拉伸凸台/基体

拉伸凸台/基体特征是将一个截面沿着与截面垂直的方向延伸，进而形成实体的造型方法。拉伸特征适合创建比较规则的实体。拉伸特征是最基本和常用的特征造型方法，而且操作比较简单，工程实践中的多数零件模型，都可以看做多个拉伸特征相互叠加或切除的结果。

单击【特征】选项卡中【拉伸凸台/基体】按钮 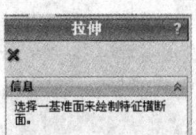，可以打开如图 10-4 所示的【拉伸】属性对话框，选择上视基本平面，绘制草图，退出草图后会弹出如图 10-5 所示的【凸台-拉伸】属性对话框。

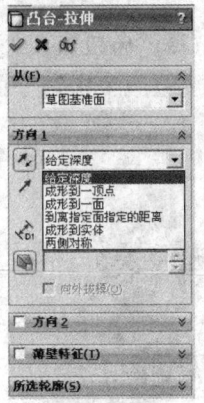

图 10-4　【拉伸】属性对话框　　　图 10-5　【凸台-拉伸】属性对话框

在【凸台-拉伸】属性对话框中，系统提供了 6 种方向来定义实体的拉伸长度。

1. 给定深度

如图10-6所示，直接指定拉伸特征的拉伸长度，这是最常用的拉伸长度定义选项。

　　　　　a)　　　　　　　　　　　　　　b)

图10-6　两种数值输入方法设定拉伸深度

a) 在操控板文本框中修改值　b) 拖动句柄修改值

2. 完全贯穿

拉伸特征沿拉伸方向穿越已有的所有特征。图10-7所示的是一个切除材料的拉伸特征。

3. 成形到一顶点

拉伸特征延伸至下一个顶点位置，如图10-8所示。

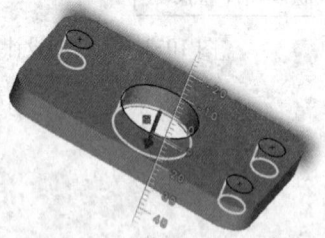 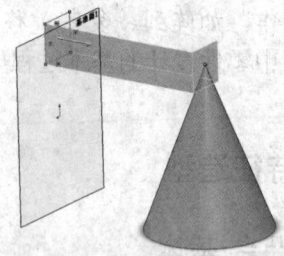

图10-7　切除材料的拉伸特征　　　　图10-8　成形到一顶点

4. 成形到一面

拉伸特征沿拉伸方向延伸至指定的零件表面或一个基准面，如图10-9所示。

5. 两侧对称

拉伸特征以草绘平面为中心向两侧对称拉伸，如图10-10所示。拉伸长度两侧均分，输入的深度是拉伸的总的深度。

6. 到离指定面指定的距离

拉伸特征延伸至距一个指定平面一定距离的位置，如图10-11所示。指定距离以指定平面为基准。

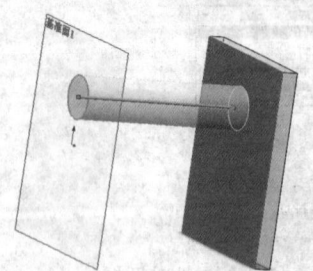 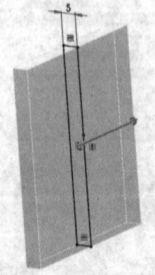 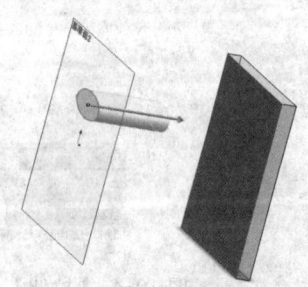

图10-9　成形到一面　　　图10-10　两侧对称　　　图10-11　到离指定面指定的距离

实例 绘制如图 10-12 所示的图形。

❶ 单击【新建】按钮，选择零件模块。
❷ 选择上视基本平面作为绘图平面，绘制如图 10-13 所示的草图。

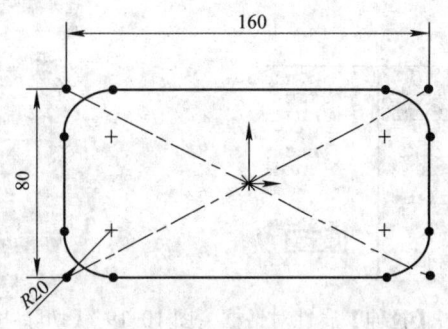

图 10-12　拉伸凸台实体　　　　　　图 10-13　绘制草图

❸ 单击绘图区右上角中的草图按钮，退出草图。
❹ 单击【特征】选项卡中【拉伸凸台/基体】按钮，打开如图 10-14 所示的【凸台-拉伸】属性对话框，单击按钮，生成如图 10-15 所示的实体。

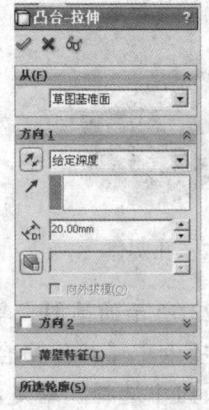

图 10-14　【凸台-拉伸】属性对话框　　　　图 10-15　拉伸实体

❺ 选择图 10-16 所示的绘图平面，选择【草图】命令，绘制如图 10-17 所示的草图。

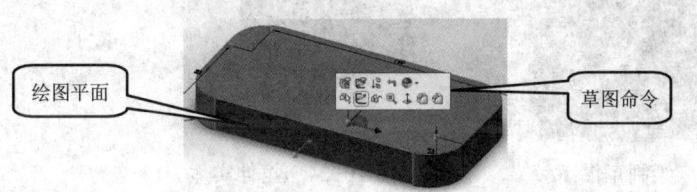

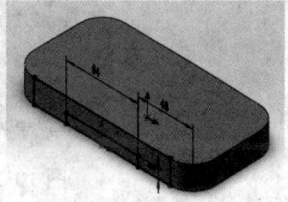

图 10-16　选择实体表面为绘图平面　　　　图 10-17　绘制草图

❻ 单击绘图区右上角中的草图按钮，退出草图。选择【特征】选项卡中【拉伸-切除】按钮，打开如图 10-18 所示的【拉伸】属性对话框，选择特征数中的"草图 2"，弹出如图 10-19 所示的【切除-拉伸】属性对话框，在【方向 1】选项组中选择"完全贯穿"，单击按钮，生成如图 10-20 所示的实体。

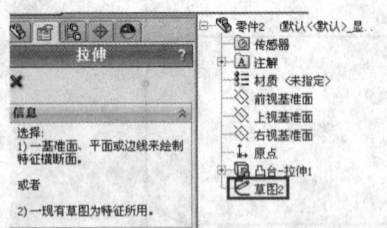 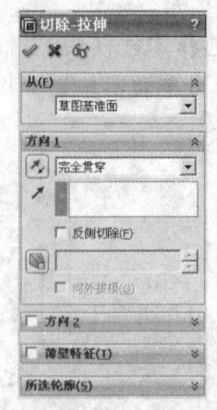 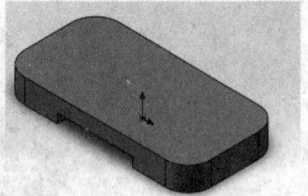

图 10-18 【拉伸】属性对话框　　图 10-19 【切除-拉伸】属性对话框　　图 10-20 槽实体

❼ 选择实体上表面作为绘制草图平面，绘制如图 10-21 所示的草图。单击绘图区右上角中的草图按钮，退出草图。单击【特征】选项卡中【拉伸-切除】按钮，【切除-拉伸】属性对话框的【方向 1】选项组中选择"完全贯穿"，单击按钮，生成如图 10-22 所示的实体。

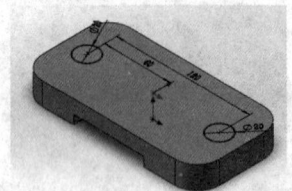 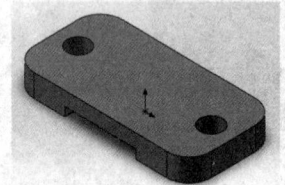

图 10-21 绘制草图　　　　　　图 10-22 孔实体

❽ 选择实体上表面作为绘制草图平面，绘制如图 10-23 所示的草图。单击绘图区右上角中的草图按钮，退出草图。单击【特征】选项卡中【拉伸凸台/基体】按钮，在【凸台-拉伸】属性对话框的【方向 1】选项组中选择"给定深度 50"，单击按钮，生成如图 10-24 所示的实体。

图 10-23 绘制草图　　　　　　图 10-24 拉伸实体

10.2.2 旋转凸台/基体

旋转工具主要用来创建具有回转性质的特征，如截面为圆或圆弧的特征，可以添加或移除材料。旋转凸台/基体特征是指将草绘截面绕指定的旋转中心线转一定的角度后所创建的实体特征。

【旋转凸台/基体】命令操作步骤如下：
❶ 单击【新建】按钮，选择零件模块。
❷ 选择前视基准面作为绘图平面，绘制如图 10-25 所示的草图；单击绘图区右上角中的草图按钮，退出草图。
❸ 单击【旋转凸台/基体】按钮，弹出如图 10-26 所示的【旋转】属性对话框，单击按钮，生成如图 10-27 所示的实体。

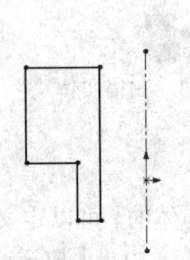
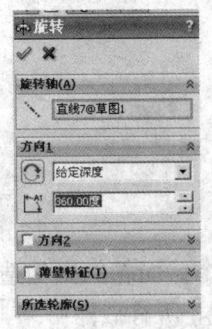
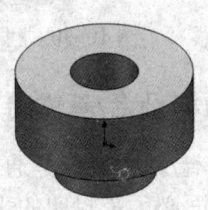

图 10-25　绘制草图　　图 10-26　【旋转】属性对话框　　图 10-27　旋转实体

10.2.3　扫描特征

扫描特征是一个或几个截面轮廓沿着一条或多条路径扫掠成实体。简单扫描特征由一条轨迹线和一个特征截面构成。由于要生成实体特征，所以无论轨迹线是否封闭，其特征截面必须是一个封闭图形，否则无法生成实体扫描特征。生成轮廓和路径两个草图的参考面要相互垂直。

【扫描】特征命令操作步骤如下：
❶ 单击【新建】按钮，选择零件模块。
❷ 选择上视基准面作为绘图平面，绘制如图 10-28 所示的轮廓草图；单击绘图区右上角中的草图按钮，退出草图。
❸ 选择前视基准面作为绘图平面，绘制如图 10-29 所示的路径草图；单击绘图区右上角中的草图按钮，退出草图。

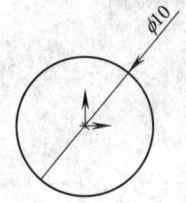

图 10-28　绘制轮廓草图　　　　图 10-29　绘制路径草图

❹ 单击【特征】工具栏中的【扫描】按钮，弹出如图 10-30 所示的【扫描】属性对话框，在【轮廓】选项中选择图 10-28 所示的轮廓草图，在【路径】选项中选择图 10-29 所示的路径草图，在【方向/扭转控制】选项中选择"随路径变化"，单击按钮，生成如图 10-31 所示的实体。

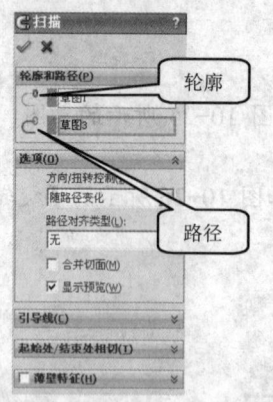 

图 10-30 【扫描】属性对话框　　　图 10-31 扫描实体

10.2.4 放样凸台/基体特征

放样凸台/基体特征是通过拟合多个截面轮廓来构造放样拉伸体的。可以定义多个截面和路径，截面必须是封闭的平面轮廓线，所有截面必须与路径相交。由于【放样凸台/基体】命令中路径不是必须的，所以一般该命令常用在不需指定路径的场合。与【扫描拉伸】命令类似，一般先用草图命令绘制好截面，然后执行放样凸台/基体特征的命令。

在这里，可以通过构建一个如图 10-32 所示的酒瓶来了解该命令的操作步骤：

❶ 单击【新建】按钮 ，选择零件模块。

❷ 选择上视基准面作为绘图平面，绘制如图 10-33 所示的草图，单击绘图区右上角中的草图按钮 ，退出草图。单击【特征】工具栏中的【拉伸凸台/基体】按钮 ，在弹出的【拉伸】属性对话框中输入参数，生成拉伸实体，如图 10-34 所示。

❸ 选择上视基准面作为绘图平面，绘制如图 10-35 所示的草图 2。

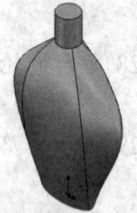 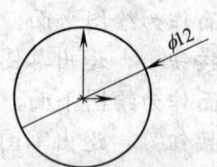

图 10-32 酒瓶　　　图 10-33 草图 1

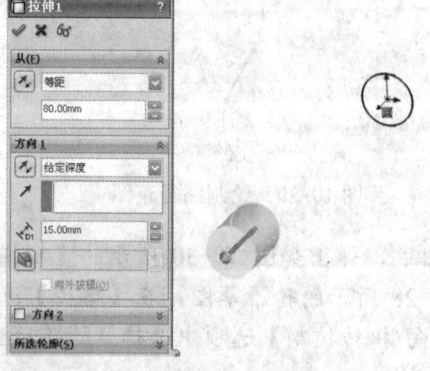 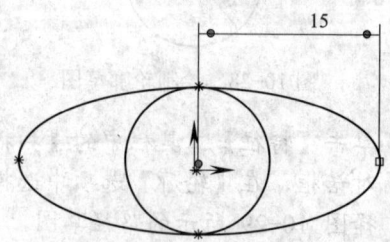

图 10-34 【拉伸】属性对话框　　　图 10-35 草图 2

❹ 单击【草图】工具栏中的【基准面】按钮，系统弹出【草图绘制平面】对话框，如图 10-36 所示，构建一个距离上视基准面距离为 55mm，单击按钮，生成一个平行平面。选择这个平行平面作为绘图平面，绘制如图 10-37 所示的轮廓草图；单击绘图区右上角中的草图按钮，退出草图。

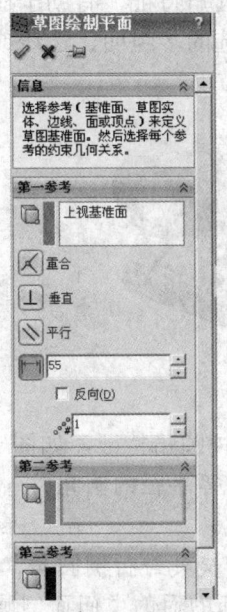

图 10-36 【草图绘制平面】对话框

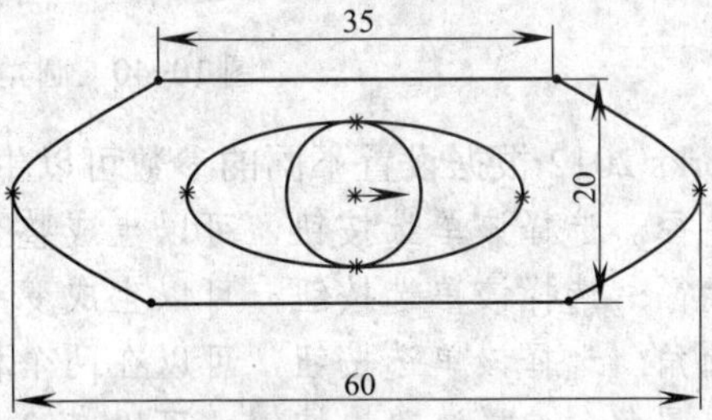

图 10-37 草图 3

❺ 单击【特征】工具栏中的【放样凸台/基体】按钮，弹出如图 10-38 所示的【放样】属性对话框，分别选取 3 个草图，生成如图 10-39 所示的实体。

图 10-38 【放样】属性对话框

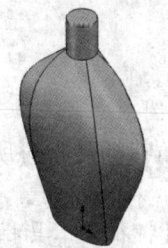

图 10-39 酒瓶实体

10.3 附加特征造型

10.3.1 圆角特征

圆角特征在零件设计中起着重要作用,在零件上加入圆角特征,有助于在造型上产生平滑变化的效果。圆角特征可以为一个面的所有边线、所选的多组面、边线或者边线环生成圆角特征,如图 10-40 所示。

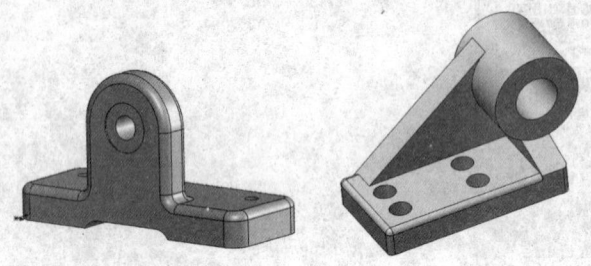

图 10-40 圆角的应用

SolidWorks 2012 根据设置不同的参数可以生成以下几种圆角特征,如图 10-41 所示。
- 等半径:选择该单选按钮,可以生成整个圆角都有等半径的圆角。
- 变半径:选择该单选按钮,可以生成变半径的圆角。
- 面圆角:选择该单选按钮,可以在两个相邻面的相交处进行倒圆角。
- 完整圆角:选择该单选按钮,可以在 3 个首尾相邻的面的中间面倒圆角,倒圆角后长度不变。

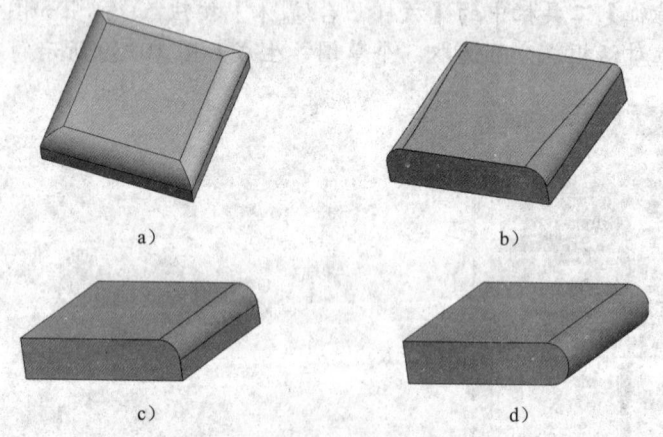

图 10-41 不同的圆角特征
a) 等半径 b) 变半径 c) 面圆角 d) 完整圆角

1. 等半径圆角

等半径圆角特征是指对所选边线以相同的圆角半径进行倒圆角的操作。等半径圆角的操作步骤如下:

❶ 单击【特征】工具栏上的【圆角】按钮 ，或选择菜单栏中的【插入】→【特征】→【圆角】命令。

❷ 在属性管理器中弹出【圆角】属性对话框,如图 10-42 所示。
❸ 设置【圆角】属性对话框中的各项参数后,单击按钮 ✓,完成操作。

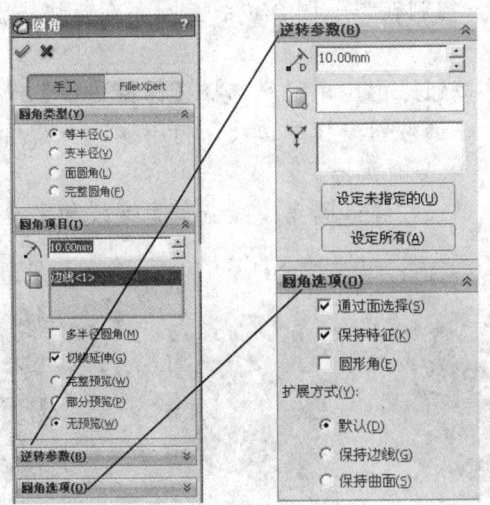

图 10-42 【圆角】属性对话框

(1)【圆角项目】选项
- 【半径】选项:设定圆角半径。
- 【边线、面、特征和环】选项:在图形区域中选择要圆角处理的几何实体。
- 【多半径圆角】复选框:以边线不同的半径值生成圆角。使用不同半径的 3 条边线可以生成边角,但不能为具有共同边线的面或环指定多个半径。
- 【切线延伸】复选框:将圆角延伸到所有与所选面相切的面。
- 【完整预览】单选按钮:用来显示所有边线的圆角预览。
- 【部分预览】单选按钮:只显示一条边线的圆角预览。按 A 键来依次观看每个圆角预览。
- 【无预览】单选按钮:可缩短复杂模型的重建时间。

(2)【逆转参数】选项
【逆转参数】选项使得圆角在混合曲面之间沿着零件边线进入圆角生成平滑的过渡,各选项含义如下:
- 【距离】选项:在顶点处设置圆角逆转距离。
- 【逆转顶点】文本框:在图形区域选择一个或者多个顶点。
- 【逆转距离】文本框:以相应的 【距离】数值列举边线数。
- 【设定未指定的】按钮:应用当前的 【距离】数值到 【逆转距离】下没有指定距离的所有项目。
- 【设定所有】按钮:应用当前的 【距离】数值到 【逆转距离】下所有项目。

(3)【圆角选项】选项
- 【通过面选择】复选框:应用通过隐藏边线的面选择边线。
- 【保持特征】复选框:如果应用一个大到可以覆盖特征的圆角半径,则保持切除或者凸台特征为可见。

- 【圆形角】复选框：生成含圆形角的等半径角。必须选择至少两个相邻边线使其圆角化，圆形角在边线之间有平滑过渡，可消除边线汇集处的尖锐合点。
- 【扩展方式】选项：控制在单一闭合边线上圆角在与边线汇合时的方式，如图10-43所示。
  - 【默认】单选按钮：由应用程序选择【保持边线】或者【保持曲面】选项。
  - 【保持边线】单选按钮：模型边线保持不变，而圆角调整，在许多情况下，圆角的顶总边线中会有沉陷。
  - 【保持曲面】单选按钮：圆角边线调整为连续和平滑，而模型边线更改以与圆角边线匹配。

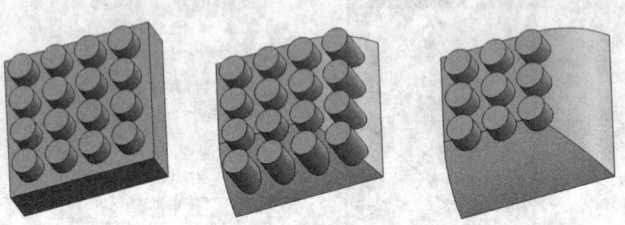

图10-43 圆角扩展方式

2. 变半径圆角

变半径圆角特征通过对进行圆角处理的边线上的多个点设定不同的圆角半径来生成圆角，从而制造出另类的效果。

变半径圆角特征的生成，可按下面步骤进行操作：

❶ 单击【特征】工具栏中的【圆角】按钮，或选择菜单栏中的【插入】→【特征】→【圆角】命令。

❷ 在【圆角】属性对话框中选择【变半径】单选按钮，如图10-44所示。

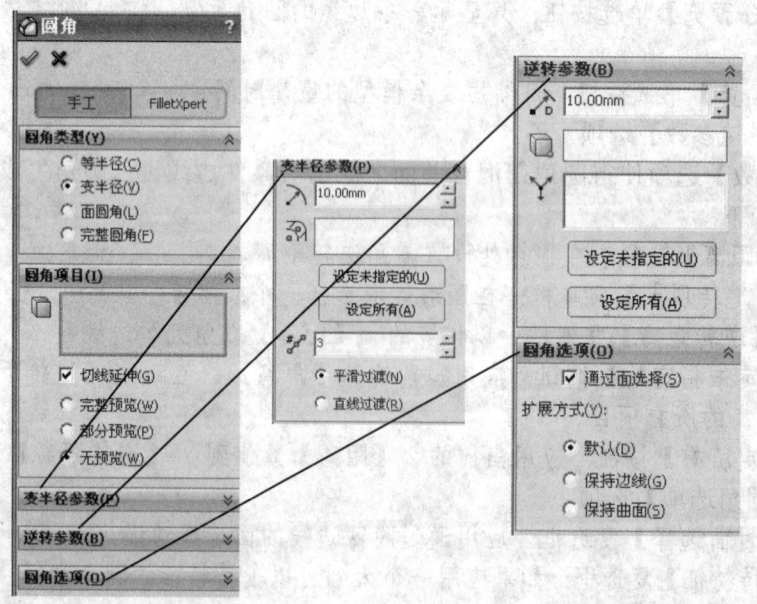

图10-44 【圆角】属性对话框

❸ 单击图标右侧的显示框,然后在右面的图形区域中选择要进行变半径圆角处理的边线。此时在右面的图形区域中系统会默认使用3个变半径控制点,分别位于边线的25%、50%和75%的等距离处。

❹ 在【变半径参数】选项下图标右边的显示框中选择变半径控制点,然后在半径图标右侧的微调框中输入圆角半径值。

❺ 如果要更改变半径控制点的位置,则可以用鼠标拖动控制点到新的位置。

❻ 如果要改变控制点的数量,则可以在图标右侧的微调框中设置控制点的数量。

❼ 在下面的过渡类型中选择过渡类型。

- 【平滑过渡】选项:生成一个圆角,当一个圆角边线与一个邻面结合时,圆角半径从一个半径平滑地变化为另一个半径。
- 【直线过渡】选项:生成一个圆角,圆角半径从一个半径线性地变化成另一个半径,但是不与邻近圆角的边线相结合。

其他两种倒圆角方式在这里就不详细介绍了。

10.3.2 倒角特征

【倒角】按钮是在两个面之间沿公共边构造斜角平面,如图10-45所示。在零件设计时,最好在模型接近完成时构造倒角特征。

单击【特征】工具栏中的【倒角】按钮,或选择菜单栏中的【插入】→【特征】→【倒角】命令,弹出【倒角】属性对话框,如图10-46所示。

图 10-45 倒角   图 10-46 【倒角】属性对话框

【倒角参数】选项组中各项含义如下:

- 【边线面或顶点】:在图形区中选择要倒角的边线、面或顶点。
- 【角度距离】单选按钮:通过设置角度和距离来生成倒角。选择该选项后对话框后会出现【距离】和【角度】参数项,如图 10-47 所示。【距离】参数应用到第一个所选的草图实体,【角度】参数应用到从第一个草图实体开始的第二个草图实体。
- 【距离-距离】单选按钮:通过设置距离和距离来生成倒角。选择该选项后对话框

后出现 【距离1】和 【距离2】参数项，如图10-48所示。【相等距离】复选框被选择后， 选项表示应用到两个草图实体。【相等距离】复选框被取消选择后， 【距离1】选项表示应用到第一个所选的草图实体， 【距离2】选项表示应用到第二个所选的草图实体。

- 【顶点】单选按钮：通过设置顶点来生成倒角，在与顶点相交的3个边线上分别指定到顶点的距离来生成倒角特征，如图10-49所示。

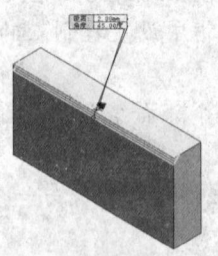 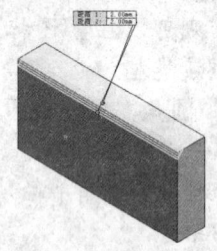 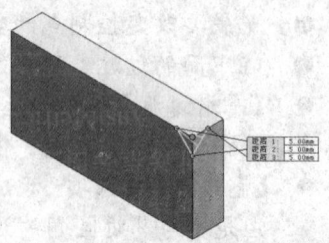

图10-47 角度-距离类型生成倒角　　图10-48 距离-距离类型生成倒角　　图10-49 顶点生成倒角

- 【保持特征】复选框：若选中该复选框，则当应用倒角特征时，会保持零件的其他特征。如果应用一个大到可覆盖特征的倒角半径，则选择该选项表示保持切除或凸台特征可见，如图10-50b所示；取消选择【保持特征】复选框以倒角形式包罗切除或凸台特征，如图10-50c所示。
- 【切线延伸】复选框：若选中该复选框，则表示将倒角延伸到所有与所选面相切的面。
- 【完整预览】单选按钮：若选中该单选按钮，表示选择该选项显示所有边线的倒角预览。
- 【部分预览】单选按钮：若选中该单选按钮，表示选择该选项只显示一条边线的倒角预览。按 A 键可以依次观看每个倒角预览。
- 【无预览】单选按钮：若选中该单选按钮，则该选项不预览，可以提高复杂模型的重建时间。

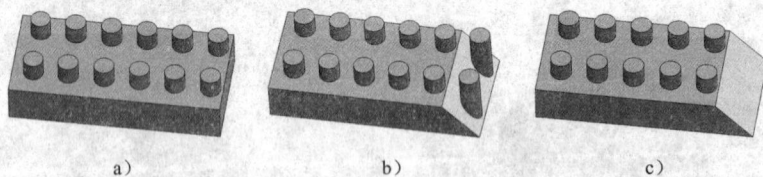

　　　　a)　　　　　　　　　b)　　　　　　　　c)

图10-50 保持特征选项的应用

a) 倒角之前的特征　b) 保持特征　c) 不选择保持特征

10.3.3 筋特征

如图10-51所示，【筋】按钮 对制造的零件起到加强和增加刚性作用。创建筋时，需要制定筋的厚度、位置、筋的方向和拔模角度。其具体的操作步骤如下：

❶ 单击【特征】工具栏中的【筋】按钮 ，或选择菜单栏中的【插入】→【特征】→【筋】命令。弹出如图10-52所示的【筋】平面选择对话框。

❷ 选择前视基准面作为绘图平面，绘制如图10-53所示的草图。单击绘图区右上角中的草图按钮 ，退出草图。

❸ 弹出如图 10-54 所示的【筋】属性对话框。输入筋板厚度,单击按钮 ✓,生成如图 10-55 所示的实体。

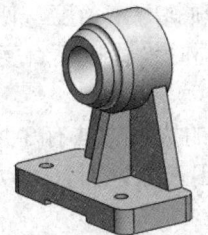
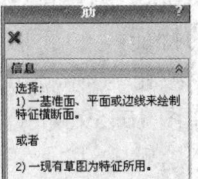

图 10-51 筋特征　　　　　　图 10-52 【筋】平面选择对话框

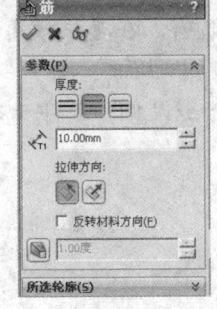
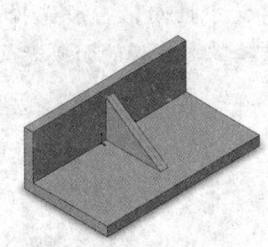

图 10-53 【筋】草图　　图 10-54 【筋】属性对话框　　图 10-55 筋实体

> **说明**　拉伸方向必须能与零件模型相交。筋的草图轮廓会自动延伸到模型轮廓上。

筋的草图可以简单,也可以很复杂,既可以简单到只有一条直线来形成筋的中心,也可以复杂到详细描述筋的外形轮廓。根据所绘制的草图的不同,所创建的筋特征既可以垂直于草图平面,也可以平行于草图平面进行拉伸。简单的筋草图既可以垂直于草图平面拉伸(见图 10-56),也可以平行于草图平面拉伸(见图 10-57);而复杂的筋草图只能垂直于草图平面拉伸(见图 10-58)。

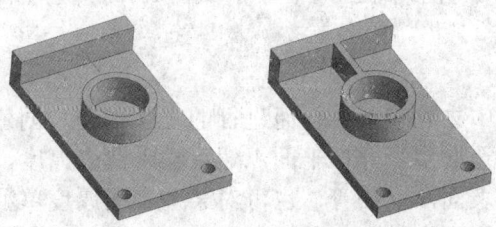

图 10-56 拉伸方向与筋草图平面垂直

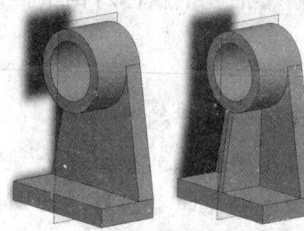

图 10-57 拉伸方向与筋草图平面平行　　　　图 10-58 复杂的筋草图

10.3.4 拔模特征

拔模特征是指在零件指定的面上按照一定的方向倾斜一定角度，使零件更容易从模型腔中取出。在 SolidWorks 中，可以在拉伸特征操作中同时设置拔模斜度，也可使用【拔模】命令创建一个独立的特征。

拔模特征的命令按钮为 。SolidWorks 2012 提供的拔模方法有 3 种，包括中性面、分型线、阶梯拔模，如图 10-59 所示。其中，中性面应用最广，而且可以满足大部分用户的要求。下面主要介绍这种方法。

操作步骤如下：

❶ 单击【拔模】按钮 ，系统会弹出【拔模】属性对话框，如图 10-59 所示。
❷ 在对话框中单击【中性面】选项，在【拔模角度】微调框中输入拔模角度。
❸ 定义中性面，一般选择底面为中性面。
❹ 选择需要拔模的面或者面链（一般是侧面）。单击按钮 ，生成如图 10-60 所示的实体。

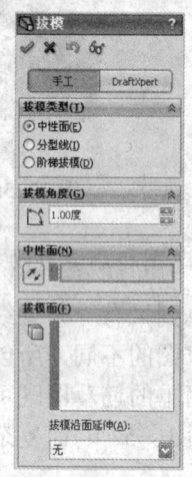
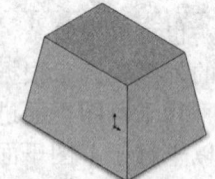

图 10-59 【拔模】属性对话框　　图 10-60 拔模实体

10.3.5 抽壳特征

抽壳命令是指从零件中去除多余材料而进行的实体构造。创建抽壳特征时，首先需要选取开口平面，系统允许选取多个开口平面，然后输入薄壳厚度，即可完成抽壳特征的创建。抽壳时通常指定各个表面厚度相等，也可对某些表面厚度单独进行指定，这样抽壳特征完成后，各个零件表面厚度不相等。

单击【特征】工具栏中的【抽壳】按钮 ，系统显示【抽壳】属性对话框，如图 10-61 所示。

- 【抽壳厚度】选项：确定抽壳完成后壳体的厚度。
- 【抽壳面】选项：抽壳参考平面，抽壳操作从这个平面开始。
- 【壳厚朝外】复选框：以抽壳面侧面为基准，抽壳厚度从基准面向外延伸。
- 【显示预览】复选框：在抽壳过程中显示特征，在选择面之前最好关闭显示预览，否则每次选择面都将更新预览，导致操作速度变慢。
- 【多厚度】选项：单独指定的表面厚度。

- 【多厚度面】选项：单独指定厚度的表面。

在模型上实现抽壳特征，其操作步骤如下：

❶ 在【特征】工具栏中，单击【抽壳】按钮 。

❷ 选择合适的实体表面，设置抽壳操作的厚度，完成特征创建。选择不同的表面，会产生不同的抽壳效果，如图 10-62 所示。

图 10-61 【抽壳】属性对话框

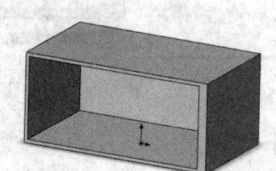
图 10-62 抽壳特征

10.3.6 异型孔向导特征

异型孔的类型包括：柱形沉头孔、锥形沉头孔、孔、直螺纹孔、锥形螺纹孔、旧制孔，如图 10-63 所示。根据需要可以选定异型孔的类型。

通过使用异型孔向导可以生成基准面上的孔，或者在平面和非平面上生成孔。生成异型孔步骤：设定孔类型参数、孔的定位以及确定孔的位置 3 个过程。

图 10-63 异型孔类型

1. 柱形沉头孔特征

在模型上生成柱形沉头孔特征的操作步骤如下：

❶ 打开或生成一个零件文件，在零件上选择要生成柱形沉头孔特征的平面。

❷ 单击【特征】工具栏中的【异型孔向导】按钮 ，此时弹出【孔规格】属性对话框，如图 10-64 所示。

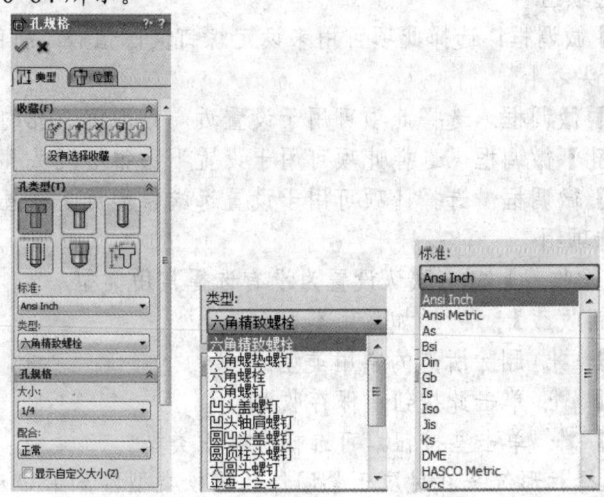
图 10-64 【孔规格】属性对话框

❸ 单击【孔规格】属性对话框中【柱形沉头孔】按钮，此时的【孔规格】属性对话框如图 10-65 所示，设置各参数。

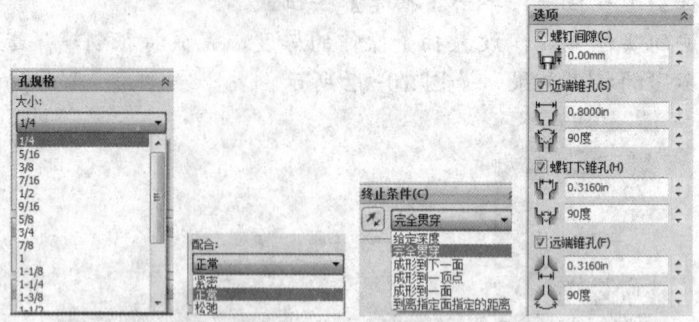

图 10-65 【柱形沉头孔】参数设置

(1)【孔类型】选项组
- 【标准】选项：利用该选项后的参数栏，可以选择与柱形沉头孔连接的紧固件的标准，如 ISO、AnsiMetric、JIS 等。
- 【类型】选项：利用该选项后的参数栏，可以选择与柱形沉头孔对应紧固件的螺栓类型，如六角凹头、六角螺栓、凹肩螺钉、六角螺钉、平盘头十字切槽等。一旦选择了紧固件的螺栓类型，异型孔向导会立即更新对应参数栏中的项目。

(2)【孔规格】选项组
- 【大小】选项：在下拉列表框中可以选择柱形沉头孔对应坚固件的尺寸，如 M5～M64 等。
- 【配合】选项：用来为扣件选择套合。分【紧密】、【正常】和【松弛】3 种，分别表示柱孔与对应的紧固件配合较紧、正常范围或配合较松散。

(3)【终止条件】选项组

【终止条件】选项组中的终止条件主要包括：给定深度、完全贯穿、成形到下一面、成形到一顶点、成形到一面、到离指定面指定的距离。

(4)【选项】选项组
- 【螺钉间隙】微调框：选择此项可用来设定螺钉间隙值，将使用文档单位把该值添加到扣件头之上。
- 【近端锥孔】微调框：选择此项可用于设置近端锥形沉头孔的直径和角度。
- 【螺钉下锥孔】微调框：选择此项可用于设置下头锥形沉头孔的直径和角度。
- 【远端锥孔】微调框：选择此项可用于设置远端锥形沉头孔直径和角度。

(5)【收藏】选项组
- 【应用默认/无收藏】：默认设置为没有选择常用类型。
- 【添加或更新收藏】：添加常用类型。
- 【删除收藏】：删除所选的常用类型。
- 【保存收藏】：单击此按钮，保存收藏。
- 【装入收藏】：单击些按钮，可选择一常用类型。

❹ 根据标准选择柱形沉头孔对应于紧固件的螺栓类型，如 ISO 对应的六角凹头、六角螺栓、凹肩螺钉、六角螺钉、平盘头十字切槽等。

❺ 根据需要和孔类型在【终止条件】选项组中设置终止条件选项。
❻ 根据需要在【选项】选项组中设置各参数，设置柱形沉头孔的参数后，选择【位置】标签，通过鼠标拖动孔的中心到适当的位置，此时鼠标指针变为形状，在模型上选择孔的大致位置。
❼ 如果需要定义孔在模型上的具体位置，则需要在模型上插入草绘平面，在草图上定位，单击【草图】工具栏中的【智能尺寸】按钮，像标注草图尺寸那样对孔进行尺寸定位。
❽ 单击【绘制】工具栏中的【点】按钮，将鼠标移动到将要的孔的位置，此时鼠标指针变为形状，按住鼠标移动其到想要移动的点，如图10-66所示。重复上述步骤，便可生成指定位置的柱形沉头孔特征。

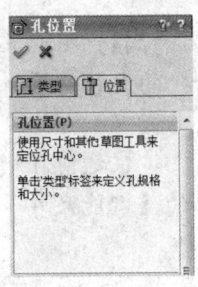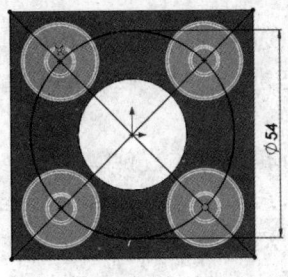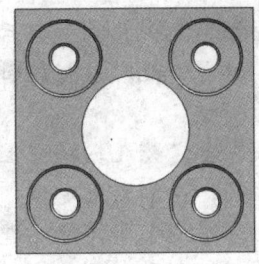

图10-66 孔位置定义

2. 锥形沉头孔特征

锥形沉头孔特征基本与柱形沉头孔类似，锥形沉头孔特征的生成可以采用下面的操作步骤：

❶ 打开或者生成一个零件文件，在零件上选择要生成锥形沉头孔特征的平面。
❷ 单击【特征】工具栏中的【异型孔向导】按钮，或选择菜单栏中的【插入】→【特征】→【孔】→【向导】命令，弹出【孔规格】属性对话框。
❸ 选择设计树中【孔规格】属性对话框下的【锥形沉头孔】按钮，此时的【孔规格】对话框如图10-67所示，从参数栏中选择与锥形沉头孔连接的紧固件标准，如ISO、AnsiMetric、JIS等。

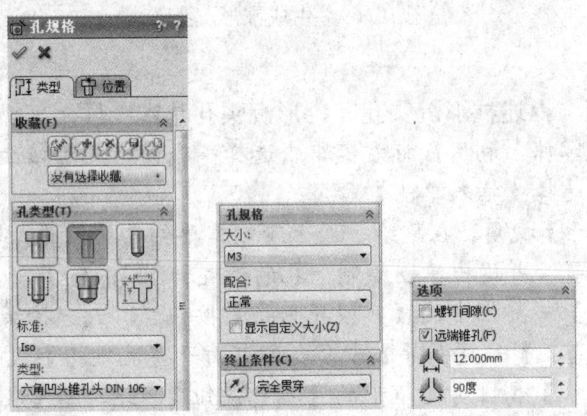

图10-67 选择锥形沉头孔后的【孔规格】属性对话框

❹ 根据标准在【孔规格】属性对话框中选择锥形沉头孔对应于紧固件的螺栓类型，如 ISO 对应的六角凹头锥孔头、锥孔平头、锥孔提升头等。
❺ 根据条件和孔的类型在【终止条件】选项组中设置终止条件选项。
❻ 根据需要在如图 10-66 所示的【选项】选项组中设置各参数。
❼ 如果想自己确定孔的特征，可以在如图 10-68 所示的【显示自定义大小】复选框中设置相关参数。

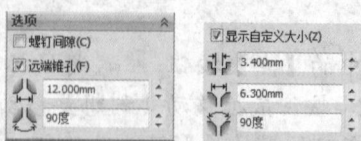

图 10-68 锥形沉头孔位置选择

❽ 设置锥形沉头孔的参数后，选择【位置】标签，通过鼠标指针拖动孔的中心到适当的位置，此时鼠标指针变为形状。在模型上选择孔的大致位置，如图 10-68 所示。
❾ 如果需要定义孔在模型上的具体位置，则需要在生成孔特征之前在模型上插入草绘平面，在草图上定位，然后单击【草图】工具栏中的【智能尺寸】按钮，像标注草图尺寸那样对孔进行尺寸定位。
❿ 单击【绘制】工具栏中的【点】按钮，将鼠标指针移动到将要的孔的位置，此时鼠标指针变为形状，按住鼠标移动其到想要移动的点，重复上述步骤，便可生成指定位置的锥形沉头孔特征。单击【确定】按钮，完成孔的生成与定位，如图 10-69 所示。

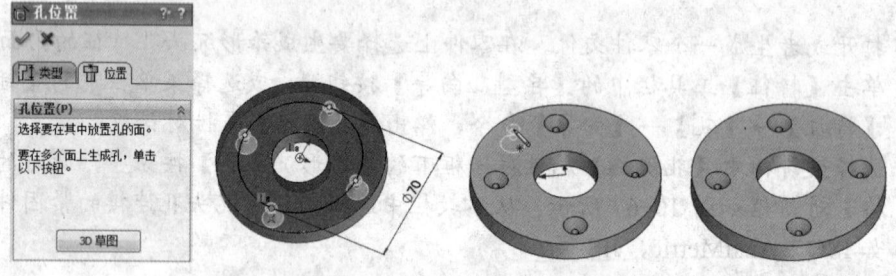

图 10-69 生成锥形沉头孔

3. 孔特征

孔特征操作过程与上述柱形沉头孔、锥形沉头孔基本一样，其操作步骤如下：

❶ 在新打开的零件上利用鼠标右键单击选择一个面，此时该面变为绿色，在弹出的快捷菜单中选择【插入草图】命令。
❷ 选择【正视于】视角，在草绘平面上绘制需要钻孔的位置，单击【点】按钮，选择孔中心位置，并退出草图绘制，孔的位置如图 10-69 所示。
❸ 单击【特征】工具栏中的【异型孔向导】按钮，或选择菜单栏中的【插入】→【特征】→【孔】→【向导】命令，即可打开【孔规格】设计树。
❹ 单击【孔规格】属性对话框下的【孔】按钮，此时的【孔规格】属性对话框如图 10-70 所示，设置其中的各个选项。

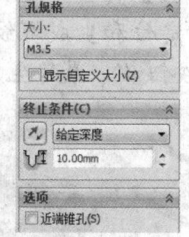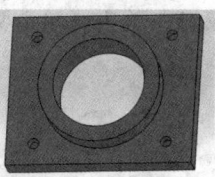

图 10-70　选择孔后的【孔规格】设计树

❺ 根据条件和孔类型在【终止条件】选项组中设置终止条件选项。
❻ 根据需要在【选项】选项组中确定选择【远端锥孔】复选框用于设置远端处的直径和角度。
❼ 设置柱形沉头孔的参数后,选择【位置】标签,通过鼠标拖动孔的中心到适当的位置,单击要放置孔的平面,此时鼠标指针变为 形状。
❽ 单击【确定】按钮 ,完成孔的生成与定位。

4. 螺纹孔特征

在模型上插入螺纹孔特征,其操作步骤如下:

❶ 打开一个零件文件,在零件上选择要生成螺纹孔特征的平面,如图 10-71 所示。插入草绘平面,确定螺纹孔的位置。
❷ 单击【特征】工具栏中的【异型孔向导】按钮 ,或选择菜单栏中的【插入】→【特征】→【钻孔】→【向导】命令,弹出【孔规格】属性对话框。
❸ 单击【孔规格】选项下的【螺纹孔】按钮 ,在参数栏中对螺纹孔的参数进行设置,如图 10-72 所示。
❹ 根据标准在【孔规格】对话框的参数栏中选择与螺纹孔连接的紧固件标准,如 ISO、DIN 等。
❺ 选择螺纹类型,如螺纹孔和底部螺纹孔,并在【大小】下拉列表框中选择螺纹尺寸。
❻ 在如图 10-72 所示的【终止条件】选项组对应的参数中设置螺纹孔的深度,在【螺纹线】属性对应的参数中设置螺纹线的深度,注意按 ISO 标准,螺纹线的深度要比螺纹孔的深度至少小 4.5mm。

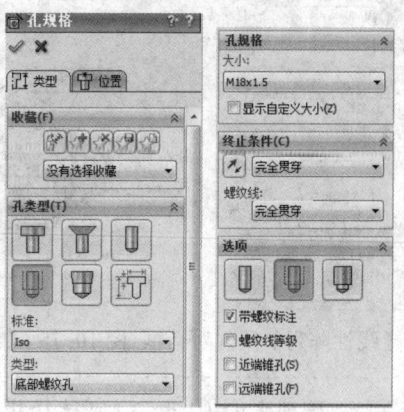

图 10-71　要插入螺纹特征的零件　　图 10-72　选择螺纹孔后的【孔规格】设计树

❼ 在【选项】选项组中选择"带螺纹标注"或"无螺纹线标注",并确定"螺纹线等级"。
❽ 设置螺纹孔参数后,单击【位置】标签,选择螺纹孔安装位置,其操作步骤与柱形沉头孔一样,对螺纹孔进行定位和生成螺纹孔特征。
❾ 设置各选项后,单击【确定】按钮,最终生成的螺纹孔特征效果如图10-73所示。

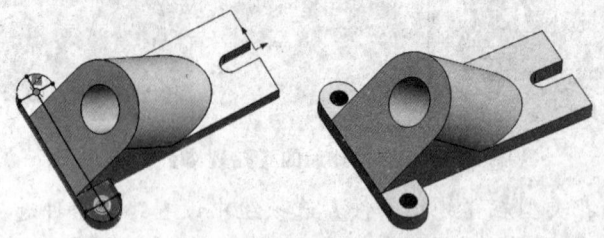

图10-73 定位螺纹孔

10.4 操作特征造型

10.4.1 线性阵列特征

线性阵列特征是指在一个方向或两个相互垂直的直线方向上生成的阵列特征,它的命令按钮为。操作步骤如下:
❶ 单击【特征】工具栏中的【线性阵列】按钮,系统显示【线性阵列】属性对话框,如图10-74所示。
❷ 在【方向1】选项组中,设置方向1、间距和沿方向1的阵列数目,如图10-75所示。
❸ 在【方向2】选项组中,设置方向2、间距和沿方向2的阵列数目,如图10-75所示。
❹ 在【要阵列的特征】选项中,选择要阵列的特征。
❺ 单击【矩形阵列】按钮,系统会弹出【矩形阵列】对话框。
❻ 设置各选项后,单击【确定】按钮,最终生成的线性阵列特征效果如图10-76所示。

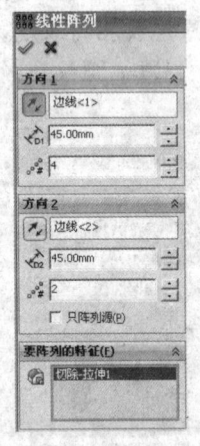 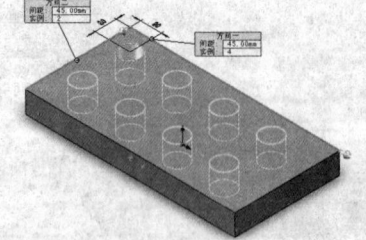 

图10-74 【线性阵列】属性对话框　　图10-75 【线性阵列】的方向选择　　图10-76 线性阵列

 说明　　阵列方向(1和2)可选择模型边线。阵列的方向可通过阵列的方向箭头调整。

10.4.2 圆周阵列特征

圆周阵列特征是指阵列特征绕着一个基准轴进行特征复制，它主要用于圆周方向特征均匀分布的情形。圆周阵列的命令按钮为 ❋。

圆周阵列的操作步骤与线性阵列相似。

❶ 单击【特征】工具栏中的【圆周阵列】按钮❋，系统显示一个【圆周阵列】属性对话框，如图 10-77 所示。
❷ 在【参数】选项组中，设置阵列轴、阵列的角度和阵列数目，如图 10-78 所示。
❸ 在【要阵列的特征】选项中，选择要阵列的特征。
❹ 设置各选项后，单击【确定】按钮 ✓，最终生成的圆周阵列特征效果如图 10-79 所示。

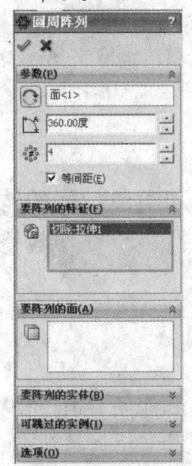
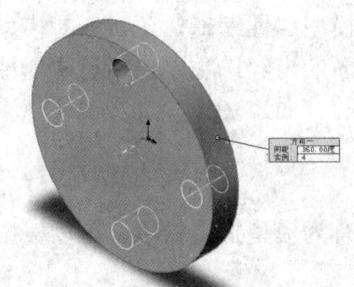
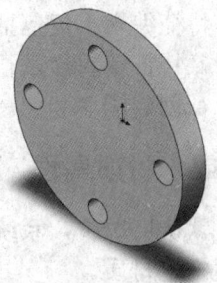

图 10-77 【圆周阵列】属性对话框　　图 10-78 【圆周阵列】的参数设置　　图 10-79 圆周阵列

10.4.3 镜像特征

镜像特征是指以基准面为参考生成镜像复制命令，如图 10-80 所示。

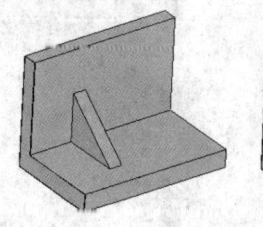
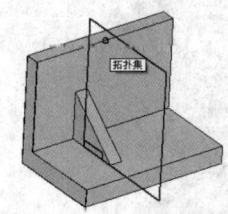
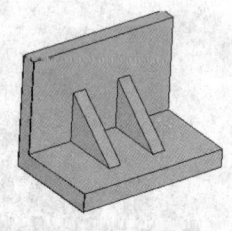

图 10-80 镜像特征

复制后的特征与原始特征相关联，如果原始特征被更改或者删除，则镜像复制也会相应更新。镜像特征不能直接修改。

操作步骤如下：

❶ 单击【特征】工具栏中的【镜像】按钮 ❋，系统显示【镜像】属性对话框，如图 10-81 所示。
❷ 在【镜像】属性对话框中，指定右视基准面作为执行特征镜像操作的参考平面；

选取一个或多个要镜像的特征，如图 10-82 所示。

❸ 设置各选项后，单击【确定】按钮✔，最终生成的镜像特征效果如图 10-83 所示。

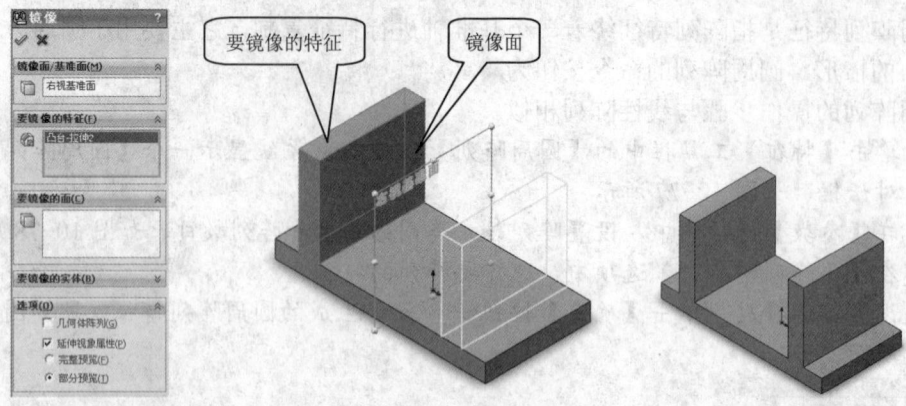

图 10-81 【镜像】属性对话框　　图 10-82 【镜像】的参数设置　　图 10-83 镜像实体

10.5 特征编辑

特征编辑不仅包括整个模型属性编辑，还包括对模型中的实体和组成实体的特征进行编辑。特征编辑涉及很多方面的内容，主要包括材质属性、外观属性、特征参数修改、修改特征创建顺序和信息统计等方面。

10.5.1 材质属性

默认情况下，系统并没有为模型指定材质，可以根据加工实际零件所使用的材料，为模型指定材质。

操作步骤如下：

❶ 打开任意一个零件，如图 10-84 所示的虎钳钳身。

❷ 在如图 10-85 所示的设计树中选择 材质 <未指定> 选项。

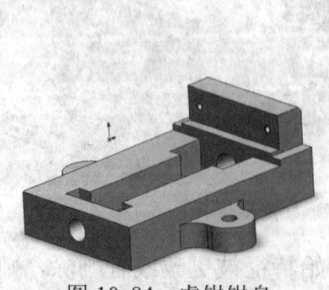

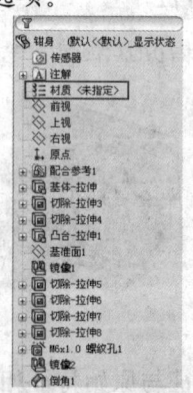

图 10-84 虎钳钳身　　　　图 10-85 设计树

❸ 单击鼠标右键，弹出如图 10-86 所示的快捷菜单，选择【可锻铸铁】选项，查看赋予材质后的模型。

❹ 选择设计树中 材质 <未指定> 选项。单击鼠标右键，选择【编辑材料】命令，弹出如图 10-87 所示的【材料】对话框，选择新材料"灰铸铁"，单击【应用】和【关

闭】按钮可查看赋予新材质后的模型。

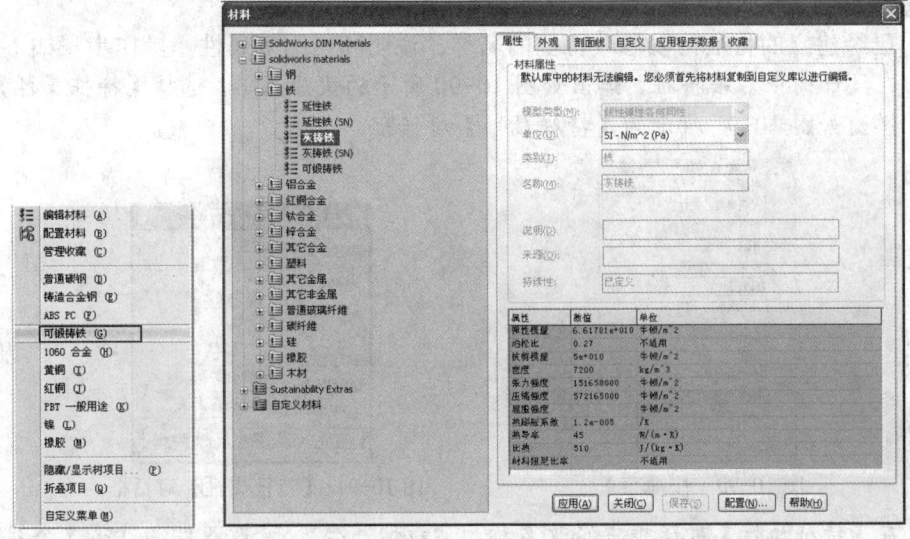

图 10-86 【材质】快捷菜单　　　　图 10-87 【材料】对话框

10.5.2 外观属性

无论是模型，还是实体或单个特征，都可以修改其表面的外观属性，在这里主要介绍颜色的显示和修改。

操作步骤如下：

❶ 单击【前导视图】工具栏中的【编辑外观】按钮，弹出如图 10-88 所示的外观属性对话框。

❷ 选择外观属性对话框中的【所选几何体】选项，可以分别选择不同的零件、面、实体或特征来添加不同的颜色。

❸ 单击【颜色】选项中的【主要颜色】框，弹出如图 10-89 所示的【颜色】对话框，选择色块，单击【确定】按钮，即可修改实体的颜色。

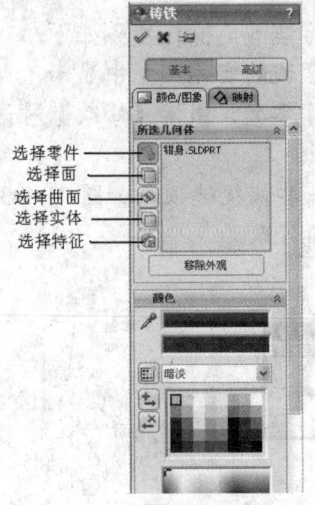
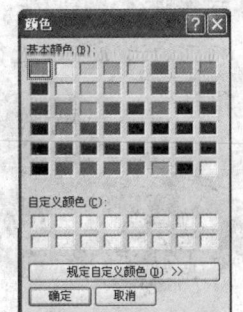

图 10-88 外观属性对话框　　　　图 10-89 【颜色】对话框

10.5.3 特征属性

对于已经建立的特征可以修改特征的名称、说明和压缩等属性。操作步骤如下：

❶ 在设计树中右击特征，弹出如图 10-90 所示的快捷菜单，选择【特征属性】命令，弹出如图 10-91 所示的【特征属性】对话框。

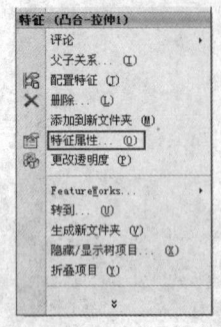
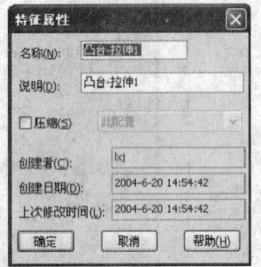

图 10-90　快捷菜单　　　　　　　图 10-91　【特征属性】对话框

❷ 在【特征属性】对话框中修改名称为"拉伸凸台"，修改说明为"第二个拉伸体"，单击【确定】按钮，则在设计树中更换了新的名称。

【特征属性】对话框列出了特征的所有属性：

- 名称：列出所选特征的名称。
- 说明：用于对特征作进一步的解释或注释。
- 压缩：选中该复选框后，表示当前特征将被压缩。选中是将对象（包括特征和零件等）暂时从当前环境中消除，从而降低模型的复杂程度，提高操作速度。压缩特征不仅使其不在图形区中显示，而且可以消除该特征对模型的影响。
- 创建者：创建特征者的名称。
- 创建日期：创建特征的日期和时间。
- 上次修改时间：最后保存零件的日期和时间。

10.5.4 特征参数的修改

特征创建完成后，可以对特征的参数或草图进行修改。操作步骤如下：

❶ 在设计树中选择要修改的特征，则在绘图区域的实体模型中显示了该特征的几何参数，如图 10-92 所示。双击要修改的尺寸参数，激活【修改】对话框，修改尺寸，单击【接受】按钮。

❷ 选择要修改的特征，在该特征的上方出现一些快捷选项，如图 10-93 所示。分别选择相应的选项即可进行特征和草图的编辑修改。

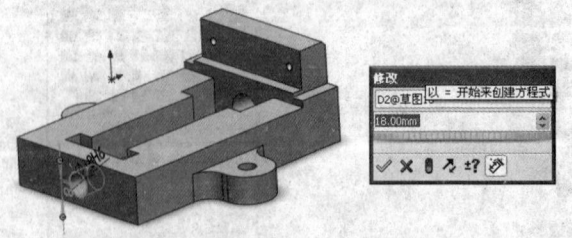
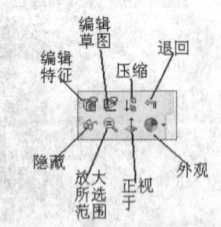

图 10-92　修改特征参数　　　　　　图 10-93　快捷选项

10.6 综合实例

10.6.1 实例一：减速器箱体造型

减速器箱体一般由支承墙、轴承座、凸台、法兰及筋等结构组成，可铸造或压铸，也可以焊接，详细的操作步骤如下：

1. 基础特征造型

❶ 单击【新建】按钮，选择零件模块。

❷ 箱体基体造型。选择上视基准面绘制如图 10-94 所示的草图，单击绘图区域右上角中的草图按钮，退出草图。单击【特征】选项卡中【拉伸凸台/基体】按钮，打开如图 10-95 所示的【凸台-拉伸】属性对话框，单击按钮，生成如图 10-96 所示的实体。

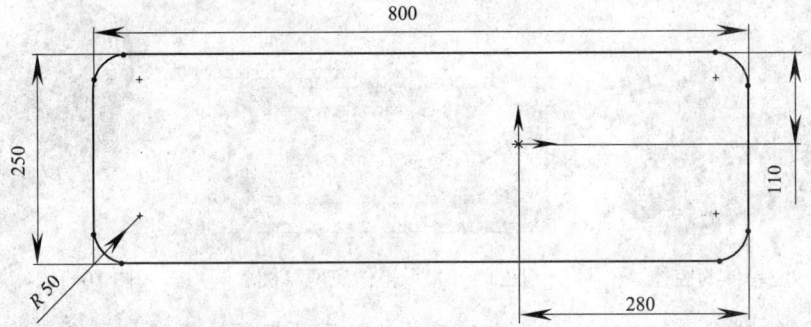

图 10-94 箱体基体草图

 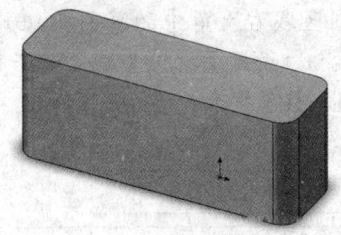

图 10-95 【凸台-拉伸】属性对话框   图 10-96 箱体基体

❸ 建立装配凸缘。选择箱体基体顶面作为绘图平面，选择【转换实体引用】命令，将基体顶面轮廓投影到草图绘制平面，选择【等距实体】命令，设置等距距离为 50mm，装配凸缘草图如图 10-97 所示。单击绘图区域右上角中的草图按钮，退出草图。单击【特征】选项卡中【拉伸凸台/基体】按钮，选择反向，设定拉伸深度为 20mm，单击按钮，完成装配凸缘如图 10-98 所示。

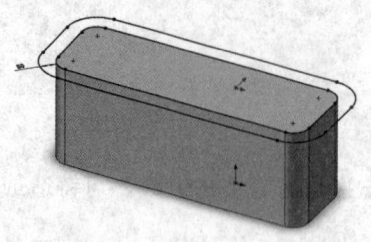 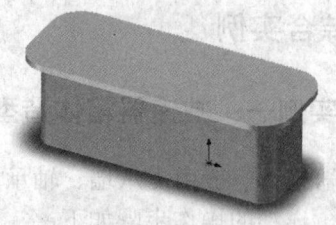

图 10-97　装配凸缘草图　　　　　图 10-98　装配凸缘

❹ 生成腔体。单击【特征】工具栏中的【抽壳】按钮，选择箱体顶面为"移除面"，设置抽壳厚度为 20mm，完成特征创建，如图 10-99 所示。

❺ 建立箱体底座。选择上视基准面绘制如图 10-100 所示的草图，单击绘图区域右上角中的草图按钮，退出草图。单击【特征】选项卡中【拉伸凸台/基体】按钮，选择反向，设定拉伸的深度为 40mm，单击按钮，生成如图 10-101 所示的实体。

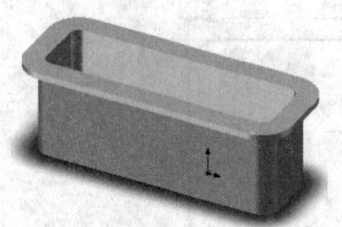 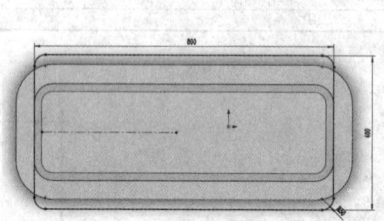 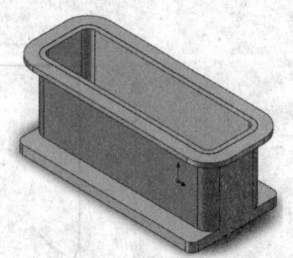

图 10-99　箱体的腔体　　　　图 10-100　箱体底座草图　　　　图 10-101　箱体底座

❻ 建立轴承孔凸台。选择箱体内侧面作为绘图平面，选择【转换实体引用】命令，将箱体上轮廓边线投影到草图绘制平面，绘制草图如图 10-102 所示。约束右半圆的圆心与原点"竖直"，单击绘图区域右上角中的草图按钮，退出草图。单击【特征】选项卡中【拉伸凸台/基体】按钮，设定拉伸深度为 100mm，单击按钮，完成轴承孔凸台如图 10-103 所示。

❼ 切除轴承孔。选择轴承孔凸台侧面作为绘图平面，绘制草图如图 10-104 所示，单击绘图区域右上角中的草图按钮，退出草图。单击【特征】选项卡中【拉伸切除】按钮，设定【拉伸】属性对话框的终止条件为"成形到下一面"，单击按钮，如图 10-105 所示。

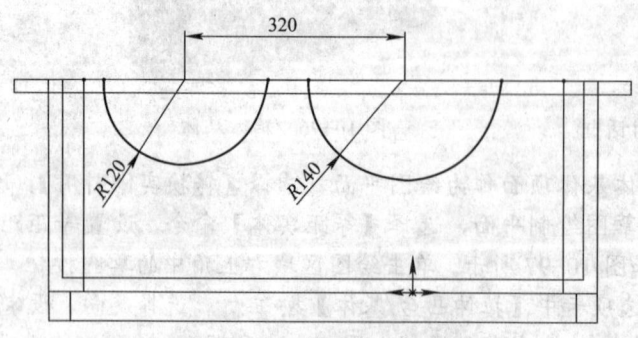 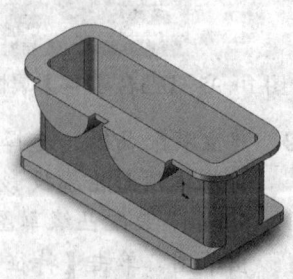

图 10-102　轴承孔凸台草图　　　　　图 10-103　轴承孔凸台

2. 附加特征造型

❶ 建立加强筋。选择箱体的前端面,选择【插入】→【参考几何体】→【基准面】命令,创建一个与箱体前端面相聚60mm的基准面,并在基准面上绘制如图10-106所示的草图。退出草图,单击【特征】工具栏中的【筋】按钮,设置厚度为两侧,输入厚度值20mm,单击按钮,如图10-107所示。

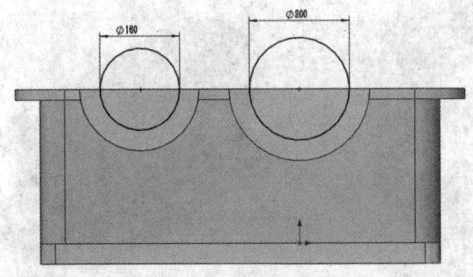
图10-104 切除轴承孔草图

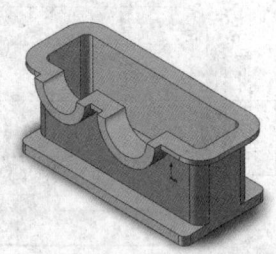
图10-105 切除轴承孔

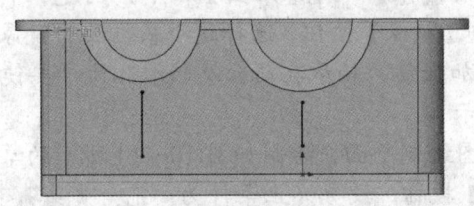
图10-106 加强筋草图

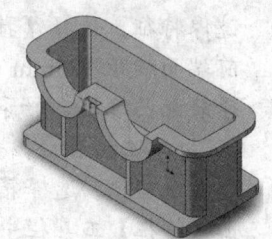
图10-107 加强筋

❷ 建立轴承端盖螺纹孔。选择轴承孔凸台前端面作为绘图平面,用构造线绘制如图10-108所示的草图,定义螺纹孔定位点,单击按钮,退出草图。单击【特征】工具栏中的【异型孔向导】按钮,在【孔规格】对话框中选择"直螺纹孔",在弹出的对话框中输入如图10-109所示的参数,分别选中4个螺纹孔定位点,单击按钮,并隐藏螺纹孔定位草图,如图10-110所示。

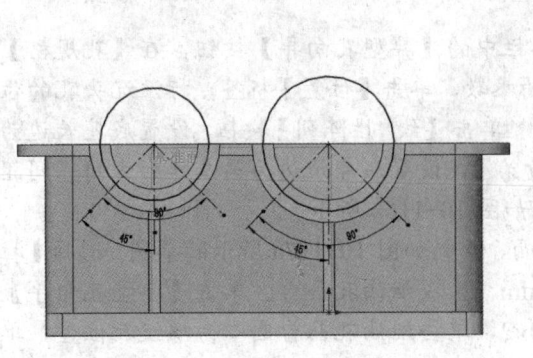

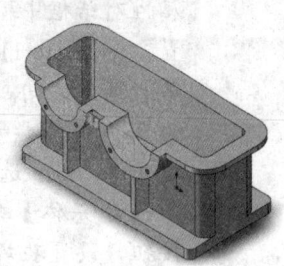

图10-108 螺纹孔定位草图　　图10-109 【孔规格】属性对话框　　图10-110 螺纹孔

❸ 建立装配凸缘孔。选择装配凸缘顶面作为绘图平面，绘制如图10-111所示的草图，约束5个圆"相等"。上边两个圆的圆心水平，下边3个圆的圆心水平，单击按钮 ✓，退出草图。单击【特征】工具栏中的【拉伸切除】按钮，设置终止条件为"成形到下一面"，单击按钮 ✓，如图10-112所示。

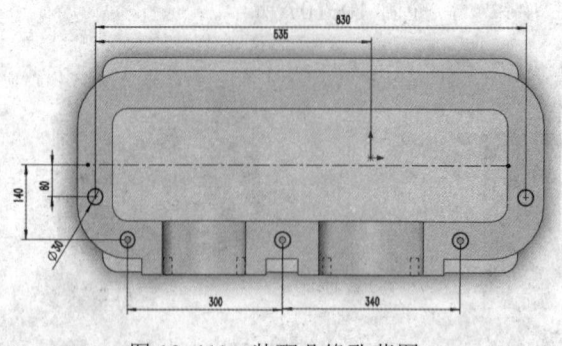

图 10-111 装配凸缘孔草图　　　　图 10-112 装配凸缘孔

❹ 镜像特征。选择【插入】→【参考几何体】→【基准面】命令，创建一个与箱体前端面相距125mm的基准面。单击【镜像】按钮，选择这个基准面为镜像面，选择装配凸缘孔、轴承端盖螺纹孔、加强筋、轴承孔凸台及轴承孔为"要镜像的特征"，单击按钮 ✓，如图10-113所示。

❺ 建立底座槽。选择箱体侧面作为草图绘制平面，绘制如图10-114所示的草图，单击【特征】工具栏中的【拉伸切除】按钮，设置终止条件为"完全贯穿"，单击按钮 ✓，如图10-115所示。

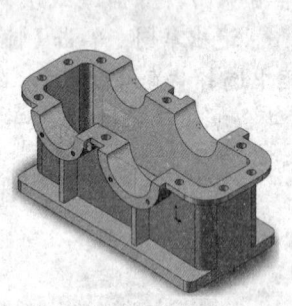 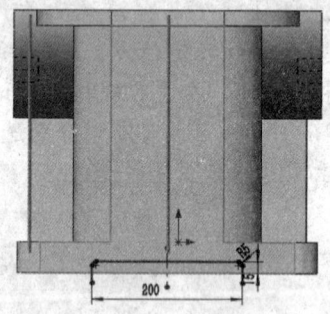 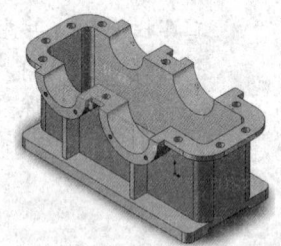

图 10-113 镜像特征　　　图 10-114 底座槽草图　　　图 10-115 底座槽

❻ 建立底座安装孔。单击【特征】工具栏中的【异型孔向导】按钮，在【孔规格】属性对话框中输入如图10-116所示的参数，单击【位置】标签，标注沉头孔的位置，如图10-116a所示，单击按钮 ✓。单击【线性阵列】按钮，设置底座长边为第一阵列方向，间距为600mm，数量为2，设置底座短边为第二阵列方向，间距为330mm，数量为2，单击按钮 ✓，如图10-116b所示。

❼ 建立泄油孔。选择箱体侧面为绘图平面，绘制如图10-117a所示的草图。选择【拉伸凸台/基体】命令，设定深度为10mm，生成泄油孔凸台。单击【异型孔向导】按钮，设置孔规格为螺纹孔GB M30×2，单击泄油孔凸台圆心为螺纹孔位置，单击按钮 ✓，如图10-117b所示。

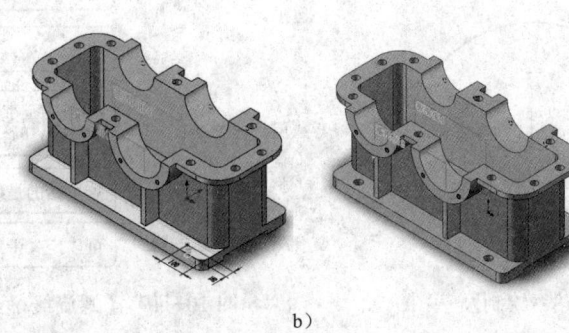

a)　　　　　　　　　　　　　　b)

图 10-116　建立底座安装孔

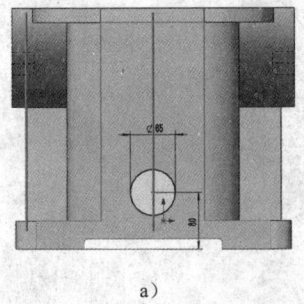
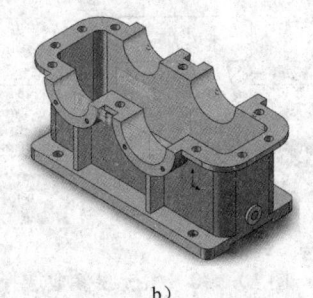

a)　　　　　　　　　　　　　　b)

图 10-117　泄油孔

❽ 单击【保存】按钮，保存零件名称为"减速器箱体"。

10.6.2　实例二：受压弹簧

在 SolidWorks 中，弹簧的绘制一般是利用【螺旋线】命令，首先形成弹簧的螺旋走向，然后螺旋曲线的端部法向绘制一个基准面，最后通过【扫面】命令成型。

❶ 单击【新建】按钮，选择零件模块。

❷ 选择前视基准面为绘制草图平面，绘制如图 10-118 所示的草图。

❸ 选择【插入】→【曲线】→【螺旋线/涡状线】命令，弹出【螺旋线/涡状线】属性对话框，如图 10-119 所示。

❹ 对于实际的弹簧，大都是两端压平磨扁的，实际上就是螺距变化了，所以要绘制两端压平的弹簧，在图 10-119 所示的对话框中选择【可变螺距】单选按钮，弹出一张表格，如图 10-120 所示。表格中，第一行的圈数是 0，螺距是 10mm；第二行的圈数是 2，螺距是 50mm；这两行表示从第 0 圈到第 2 圈，直径均匀地从 120mm 变化到 120mm，也就是没有变化，螺距均匀地从 10mm 变化到 50mm。单击按钮，如图 10-121 所示。

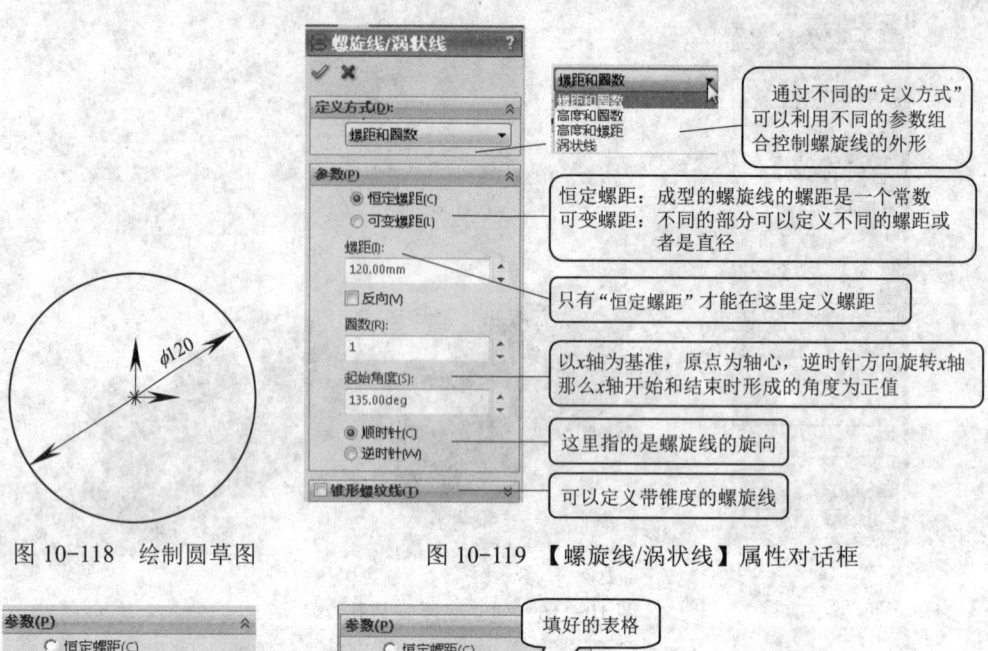

图 10-118　绘制圆草图　　　　　图 10-119　【螺旋线/涡状线】属性对话框

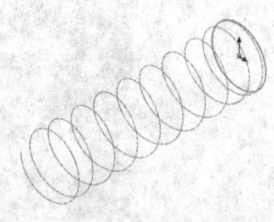

图 10-120　螺旋线参数选择　　　　图 10-121　变螺距螺旋线

❺ 选择【插入】→【参考几何体】→【基准面】命令，选择螺旋线和它的一个端点，系统会在绘图区域显示黄色的预览，单击按钮✓，如图 10-122 所示。在新建的基准面上绘制如图 10-123 所示的草图。

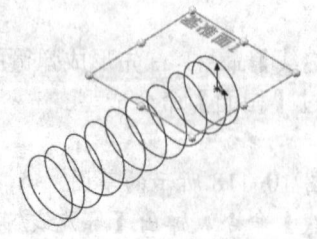 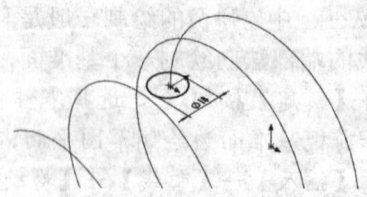

图 10-122　构建基准面　　　　　图 10-123　绘制草图

❻ 单击【特征】工具栏中的【扫描】按钮，选择圆形截面作为扫面拉伸的草图，选择螺旋线作为扫描的路径。注意将相应的选择框点成蓝色再作相应的选择，单击按钮✓，如图 10-124 所示。

❼ 选择上视基准面作为绘图平面，绘制如图 10-125 所示的草图，矩形内应包含弹簧端部。单击绘图区域右上角中的草图按钮　，退出草图。单击【特征】选项卡中【拉

伸切除】按钮，在终止条件中选择"两侧对称"，切除长度只要大于弹簧的最外直径即可，单击按钮 ✓，生成如图 10-126 所示的实体，即为两端磨平的压缩弹簧。

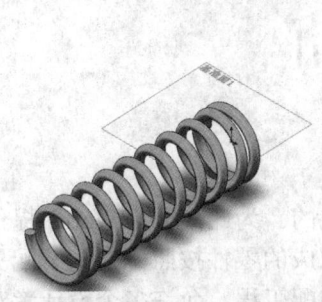 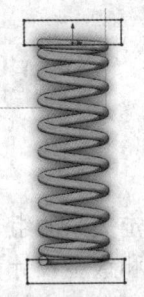 

图 10-124　扫描实体　　图 10-125　绘制拉伸切除的草图　　图 10-126　压缩弹簧

❽ 单击【保存】按钮，保存零件名称为"压缩弹簧"。

10.7　课后练习

完成图 10-127 所示的造型练习。

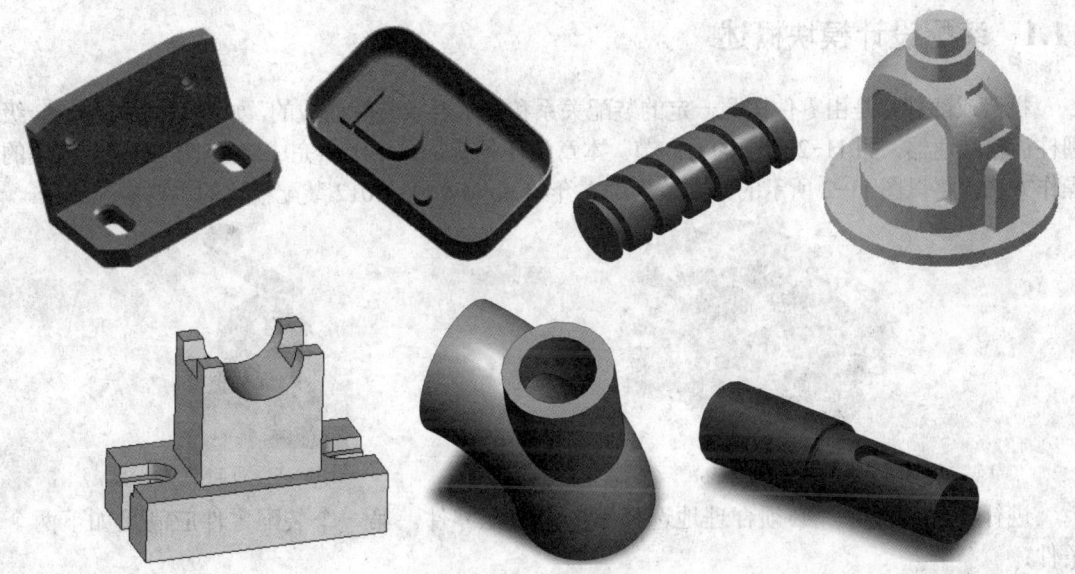

图 10-127　造型练习图

第 11 章 装 配 设 计

【内容与要求】

一个产品是通过若干个零件按照一定关系的组合而形成的。为此,SolidWorks 提供了强大的装配设计模块,通过将零件造型和钣金设计环境中生成的零件按照一定的装配关系进行装配,从而完成装配体设计。Solid Edge 支持并行的装配工程,允许多个设计者对同一个装配项目进行操作,并且可以即时访问设计组内其他成员的当前设计。

本章应达到如下目标:
- 掌握 SolidWorks 2012 装配关系的用法。
- 掌握 SolidWorks 2012 零部件的基本操作。
- 掌握 SolidWorks 2012 装配爆炸视图的生成与操作。

11.1 装配设计模块概述

机器或部件都是由零件按照一定的装配关系和技术要求装配而成的,如图 11-1 所示的一级圆柱齿轮减速器,图 11-2 所示的万向节。本章的任务就是介绍用来完成这些工作的装配模块的操作方法。将以图 11-2 所示的万向节为例,介绍 SolidWorks 2012 装配模块的主要装配流程。

图 11-1 一级圆柱齿轮减速器

图 11-2 万向节

进行零件装配时,必须合理地选择第一个装配零件。第一个装配零件应满足如下两个条件:

1) 应是整个装配模型中最为关键的零件。
2) 用户在以后的工作中不会删除该零件。

零件之间的装配关系也可形成零件之间的父子关系。在装配过程中,已存在的零件称为父零件,与父零件相装配的后来的零件称为子零件,子零件可单独删除,而父零件不行,删除父零件时,与之相关联的所有子零件将一起被删除,因而删除第一个零件就删除了整个装配模型。

11.1.1 SolidWorks 的装配术语

在利用 SolidWorks 进行装配建模之前,初学者必须先了解一些装配术语,这有助于后面的课程学习。

(1) 零部件

在 SolidWorks 中，零部件就是装配体中的一个组件（组成部件）。零部件可以是单个部件（即零件），也可以是一个子装配。零部件是由装配体引用而不是复制到装配体中。

(2) 子装配体

组成装配体的这些零件称为子装配体。当一个装配体成为另一个装配体的零部件时，这个装配体也可称为子装配体。

(3) 装配体

装配体由多个零部件或其他子装配体所组成的一个组合体。装配体文件的扩展名为".sldasm"。

装配体文件中保存了两方面的内容：一是进入装配体中各零件的路径；二是各零件之间的配合关系。一个零件放入装配体中时，这个零件文件会与装配体文件产生链接的关系。在打开装配体文件时，SolidWorks 要根据各零件的存放路径找出零件，并将其调入装配体环境。所以装配体文件不能单独存在，要和零件文件一起存在才有意义。

(4) 自下而上装配

自下而上装配是指在设计过程中，先设计单个零部件，在此基础上进行装配生成总体设计。这种装配建模需要设计人员交互地给定配合构件之间的配合约束关系，然后由 SolidWorks 系统自动计算构件的转移矩阵，并实现虚拟装配，如图 11-3 所示。

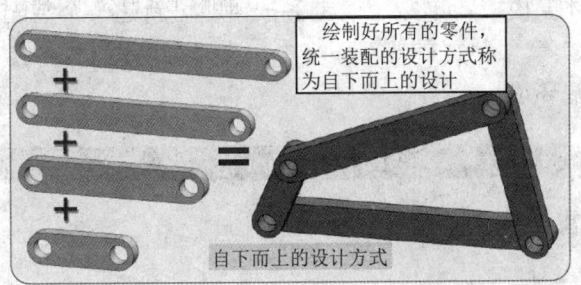

图 11-3 自下而上的设计方式

(5) 自上而下装配

自上而下装配是指在装配级中创建与其他部件相关的部件模型，是在装配部件的顶级向下产生子装配和部件（即零件）的装配方法，即先由产品的大致形状特征对整体进行设计，然后根据装配情况对零件进行详细的设计，如图 11-4 所示。

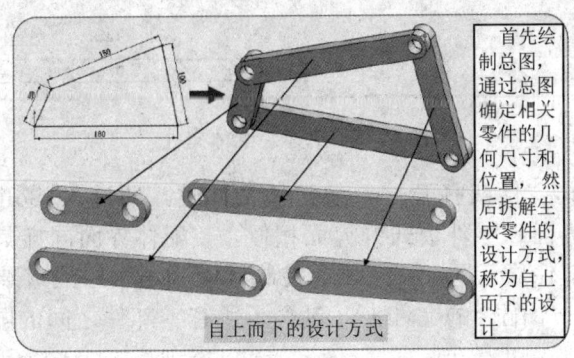

图 11-4 自上而下的设计方式

（6）混合装配

混合装配是将自上向下装配和自下向上装配结合在一起的装配方法。例如，先创建几个主要部件模型，再将其装配在一起，然后在装配中设计其他部件，即为混合装配。在实际设计中，可根据需要在两种模式间切换。

（7）配合

配合是在装配体零部件之间生成几何关系。当零件被调入到装配体中时，除了第一个调入的之外，其他的都没有添加配合，位置处于任意的"浮动"状态。在装配环境中，处于"浮动"状态的零件可以分别沿3个坐标轴移动，也可以分别绕3个坐标轴转动，即共有6个自由度。

（8）关联特征

关联特征是用来在当前零件中通过对其他零件中几何体上进行绘制草图、投影、偏移或加入尺寸来创建几何体。关联特征也是带有外部参考的特征。

11.1.2 装配环境的进入

进入装配体环境有两种方法：第一种是新建文件时，在弹出的【新建 SolidWorks 文件】对话框中选择【装配体】模板，单击【确定】按钮即可新建一个装配体文件，并进入装配环境，如图11-5所示。第二种是在零件环境中，选择菜单栏【文件】→【从零件制作装配体】命令，切换到装配环境。

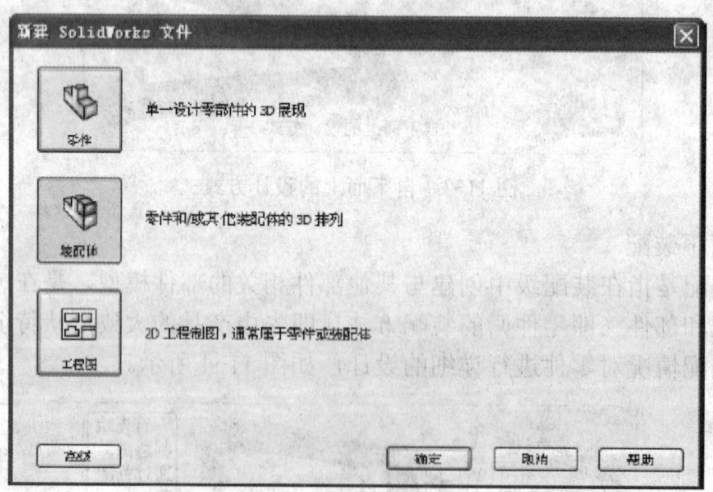

图 11-5 新建装配体文件

当新建一个装配体文件或打开一个装配体文件时，即进入 SolidWorks 装配环境。SolidWorks 装配操作界面和零件模式的界面相似，装配体界面同样具有菜单栏、工具栏、设计树、控制区和零部件显示区。在左侧的控制区中列出了组成该装配体的所有零部件。在设计树最底端还有一个配合的文件夹，包含了所有零部件之间的配合关系，如图11-6所示。

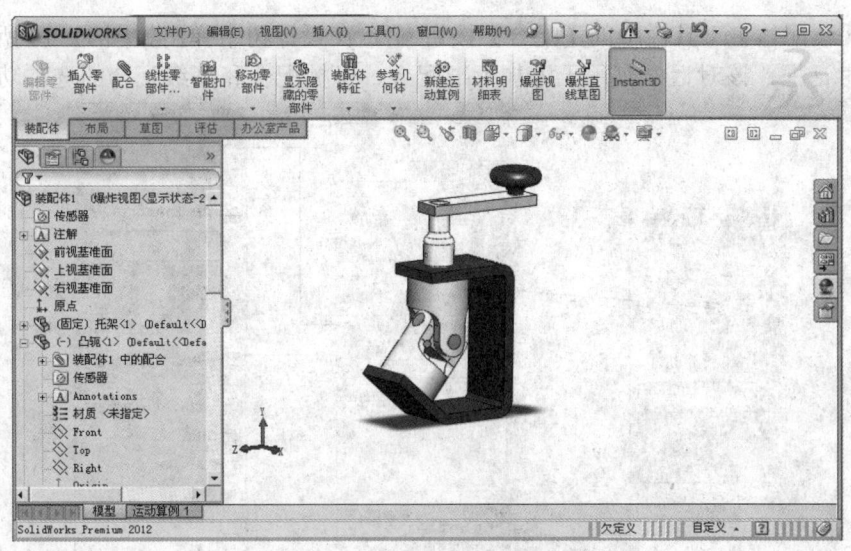

图 11-6 SolidWorks 装配操作界面

11.2 零部件的装配关系

11.2.1 零部件的配合

SolidWorks 的装配关系综合解决了零件装配的各种情况。装配零件的过程，实际就是定义零件与零件之间装配关系的过程。进入装配模块，在设计树中弹出【开始装配体】属性对话框，如图 11-7 所示。

单击图 11-7 对话框中的【要插入的零件/装配体】选项下的【浏览】按钮，出现【打开】对话框，调入第一个零件模型并放置在装配体的原点处，即零件原点与装配原点重合，如图 11-8 所示。单击【装配体】工具栏中的【插入零部件】按钮，调入一个与第一个零件模型有装配关系的零件，在合适的位置单击以放置零件，如图 11-9 所示。

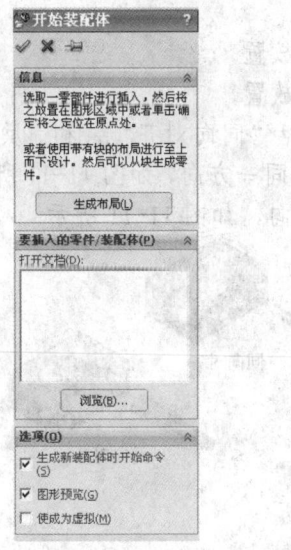

图 11-7【开始装配体】属性对话框　　图 11-8 调入第一个零件　　图 11-9 调入第二个零件

单击【装配体】工具栏中的【配合】按钮，在设计树中弹出如图 11-10 所示的【配合】属性对话框，该对话框有用于添加标准配合、机械配合和高级配合的选项功能。

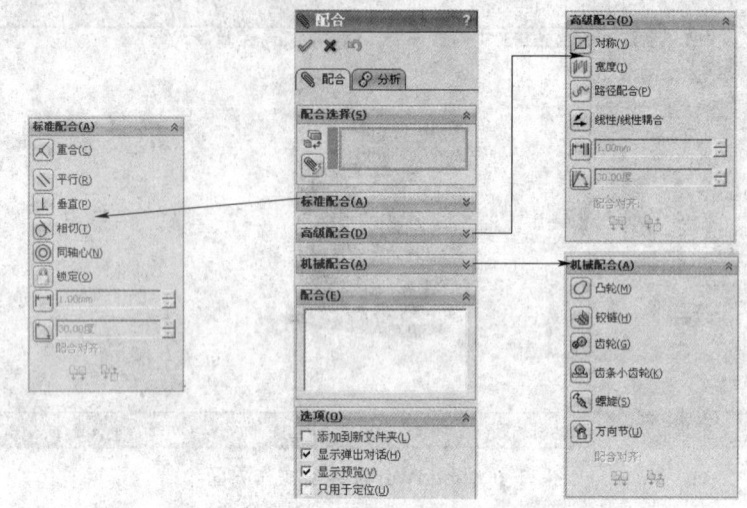

图 11-10 【配合】属性对话框

11.2.2 标准配合

该选项组用于选择配合类型。SolidWorks 提供了 9 种标准配合类型。

- 重合：将所选面、边线及基准面定位（相互组合或与单一顶点组合），使其共享同一个无限基准面。定位两个顶点使它们彼此接触。
- 平行：使所选的配合实体相互平行。
- 垂直：使所选配合实体以彼此间 90° 角度而放置。
- 相切：使所选配合实体以彼此间相切而放置（至少有一选择项必须为圆柱面、圆锥面或球面）。
- 同轴心：使所选配合实体放置于共享同一中心线。
- 锁定：保持两个零部件之间的相对位置和方向。
- 距离：使所选配合实体以彼此间指定的距离而放置。
- 角度：使所选配合实体以彼此间指定的角度而放置。
- 配合对齐：设置配合对齐条件。配合对齐条件包括"同向对齐"和"反向对齐"。"同向对齐"是指与所选面正交的向量指向同一方向，如图 11-11 所示。"反向对齐"是指与所选面正交的向量指向相反方向，如图 11-11 所示。

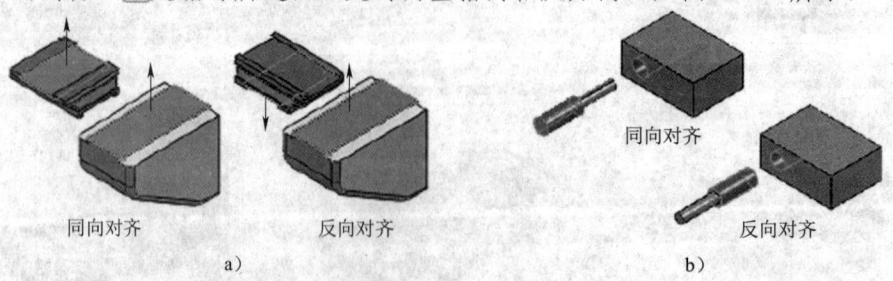

图 11-11 配合对齐
a）平面的配合对齐 b）圆柱面的配合对齐

11.2.3 高级配合

【高级配合】选项组提供了相对比较复杂的零部件配合类型。
- 对称配合回：强制使两个相似的实体相对于零部件的基准面或平面或者装配体的基准面对称，如图 11-12 所示。
- 宽度配合剛：使零部件位于凹槽宽度内的中心，如图 11-13 所示。

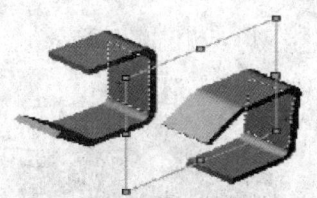
图 11-12　对称配合

图 11-13　宽度配合

- 路径配合：将零部件上所选的点约束到路径，如图 11-14 所示。
- 线性/线性耦合配合：在一个零部件的平移和另一个零部件的平移之间建立几何关系，如图 11-15 所示。

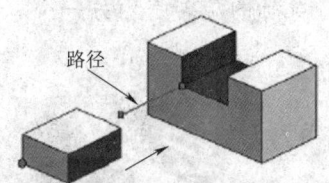
图 11-14　路径配合

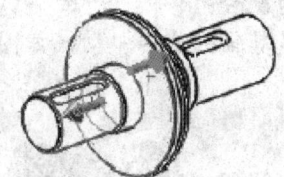
图 11-15　线性/线性耦合配合

- 距离配合：允许零部件在距离配合一定数值范围内移动，如图 11-16 所示。
- 角度配合：允许零部件再角度配合一定数值范围内移动，如图 11-17 所示。

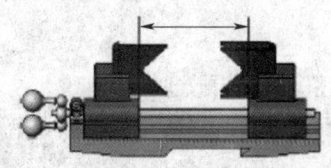
图 11-16　距离配合

图 11-17　角度配合

11.2.4 机械配合

在【机械配合】选项组中提供了 6 种用于机械零部件装配的配合类型。
- 凸轮配合：也是一个相切或重合配合类型，它允许将圆柱、基准面或点与一系列相切的拉伸曲面相配合，如图 11-18 所示。
- 铰链配合：将两个零部件之间的移动限制在一定的旋转范围内，其效果相当于同时添加同心配合和重合配合，如图 11-19 所示。
- 齿轮配合：会强迫两个零部件绕所选轴相对旋转，齿轮配合的有效旋转轴包括圆柱面、圆锥面、轴和线性边线，如图 11-20 所示。

- 齿条小齿轮配合 ![icon]：通过齿条和小齿轮配合，某个零部件（齿条）的线性平移会引起另一零部件（小齿轮）作圆周旋转，反之亦然，如图11-21所示。

图11-18 凸轮配合

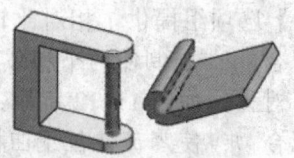

图11-19 铰链配合

图11-20 齿轮配合

图11-21 齿条小齿轮配合

- 螺旋配合 ![icon]：将两个零部件约束为同心，还在一个零部件的旋转和另一个零部件的平移之间添加几何关系，如图11-22所示。
- 万向节配合 ![icon]：一个零部件（输出轴）绕自身轴的旋转是由另一个零部件（输入轴）绕其轴的旋转驱动，如图11-23所示。

图11-22 螺旋配合

图11-23 万向节配合

11.3 装配实例

本节以一个比较完整的万向节的装配为例，说明整个的装配过程。

11.3.1 曲柄部件的装配

❶ 进入装配模块，在设计树中弹出【开始装配体】属性对话框，单击【浏览】按钮，调入第一个零件"曲柄-转轴"并放置在装配体的原点处，如图11-24所示。

❷ 单击【装配体】工具栏中的【插入零部件】按钮 ![icon]，调入第二个零件"曲柄-摇臂"，在合适的位置单击以放置零件，如图11-25所示。

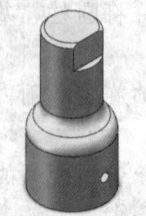

图11-24 曲柄-转轴

图11-25 曲柄-摇臂

❸ 单击【装配体】工具栏中的【配合】按钮，在设计树中弹出如图 11-26 所示的【配合】属性对话框，分别选择曲柄摇臂和曲柄转轴中的圆柱面，选择"同心"配合，单击确认。

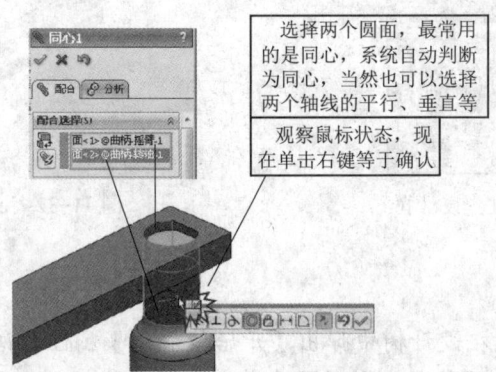

图 11-26 曲柄摇臂和曲柄转轴的同心配合

❹ 分别选择曲柄摇臂和曲柄转轴中的两个平面，如图 11-27 所示，选择"平行"配合，单击确认。

❺ 分别选择曲柄摇臂和曲柄转轴中的两个平面，如图 11-28 所示，选择"重合"配合，单击确认。

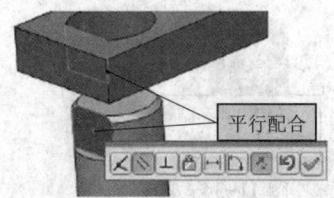 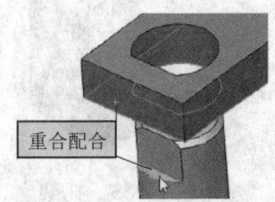

图 11-27 平行配合　　　　　　　　图 11-28 重合配合

❻ 重复上述步骤，继续调入第三个零件"曲柄-把手"，单击【装配体】工具栏中的【配合】按钮，分别选择曲柄摇臂和曲柄把手中的圆柱面，如图 11-29 所示，选择"同心"配合，单击确认。

❼ 分别选择曲柄摇臂和曲柄把手中的两个平面，如图 11-30 所示，选择"重合"配合，单击确认。

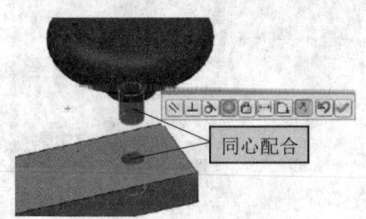 

图 11-29 同心配合　　　　　　　　图 11-30 重合配合

❽ 前面所添加的配合关系都在设计树中，如图 11-31 所示。可以像修改零件特征一样修改这些配合，装配完的曲柄部件如图 11-32 所示。

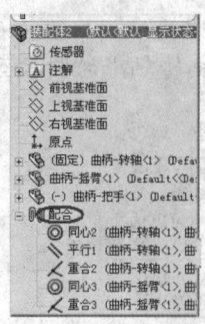
图 11-31　设计树

图 11-32　曲柄部件

11.3.2　建立总装配

❶ 进入装配模块,在设计树中弹出【开始装配体】属性对话框,单击【浏览】按钮,调入第一个零件"托架"并放置在装配体的原点处,如图 11-33 所示。

❷ 单击【装配体】工具栏中的【插入零部件】按钮 ,调入第二个零件"凸轭",在合适的位置单击以放置零件;单击【装配体】工具栏中的【配合】按钮 ,分别选择托架内孔和凸轭外圆,如图 11-34 所示,选择"同心"配合,单击确认。

图 11-33　托架

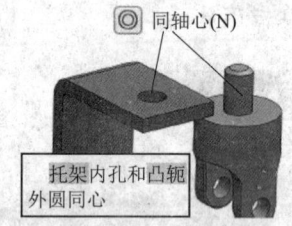
图 11-34　同心配合

❸ 分别选择托架内表面和凸轭外圆凸台,如图 11-35 所示,选择"重合"配合,单击确认。

❹ 单击【装配体】工具栏中的【插入零部件】按钮 ,调入"曲柄"部件,在合适的位置单击以放置;单击【装配体】工具栏中的【配合】按钮 ,分别选择曲柄-转轴内孔中的平面和凸轭外圆平台,如图 11-36 所示,选择"平行"配合,单击确认。

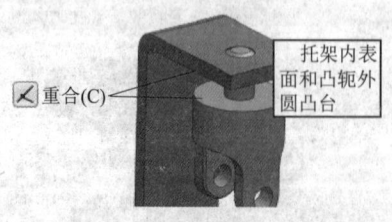
图 11-35　重合配合

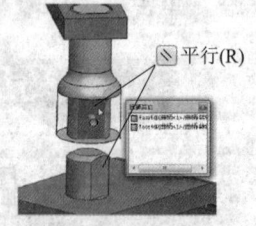
图 11-36　平行配合

> **说明**　有时候需要选择一些零件里面的面,但不容易选择,这时可以在需要选择面位置单击鼠标右键,在弹出的快捷菜单中选择【选择其他】命令,就可以选择里面的面了。

❺ 分别选择曲柄-转轴底平面和托架上表面,选择"距离"配合,距离大小为 1mm,如图 11-37 所示,单击确认。分别选择曲柄-转轴内孔面和凸轭外圆面,如图 11-38

所示,选择"同心"配合,单击确认。

图 11-37　距离配合

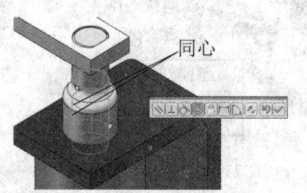

图 11-38　同心配合

至此,总装配体中有零件托架、零件凸轭和部件曲柄,其中托架为固定件。如果装配正确,则现在鼠标左键拖动手柄即能实现带动凸轭回转。

插入装配体的部件,其中的配合关系将被锁定,效果相当于整个部件是铸造到一起的。要想解除这些锁定,可以在设计树中左键选择"曲柄",然后选择"零部件属性",如图 11-39 所示。在【零部件属性】对话框中(见图 11-40),选择"柔性",这样在子装配中定义的配合就能起作用了。

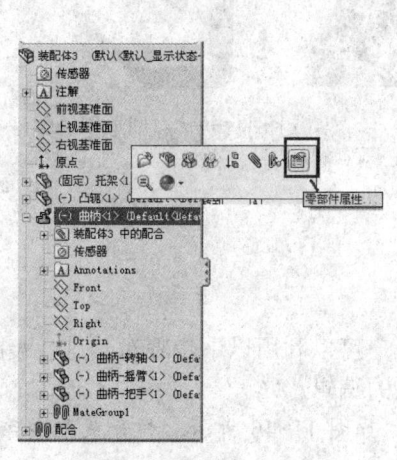

图 11-39　设计树

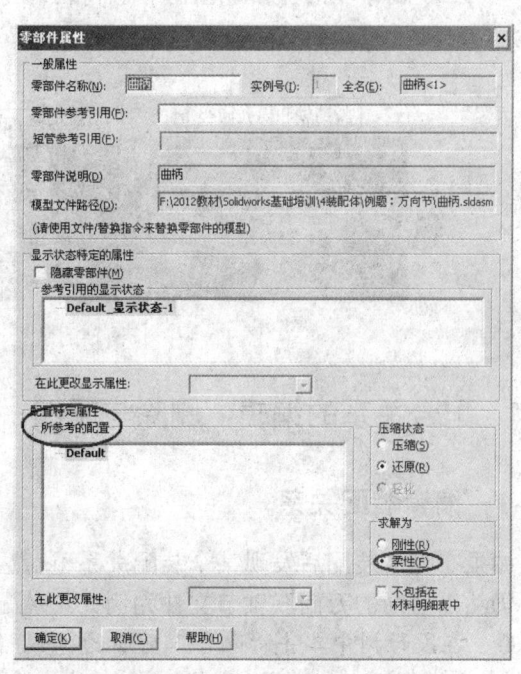

图 11-40　【零部件属性】对话框

❻ 单击【装配体】工具栏中的【插入零部件】按钮,调入"十字叉"零件,在合适的位置单击以放置;单击【装配体】工具栏中的【配合】按钮,选择任意一侧的凸轭孔和十字叉孔,添加"同心"配合;选择任意一侧的凸轭平面和十字叉平面,添加"重合"配合,如图 11-41 所示。

❼ 单击【装配体】工具栏中的【插入零部件】按钮,调入"凹轭"零件,在合适的位置单击以放置;单击【装配体】工具栏中的【配合】按钮,选择凹轭底面和托架斜平面,添加"平行"配合,如图 11-42 所示。选择凹轭孔和十字叉孔,添加"同心"

配合；选择凹轭平面和十字叉平面，添加"重合"配合，如图11-43所示。

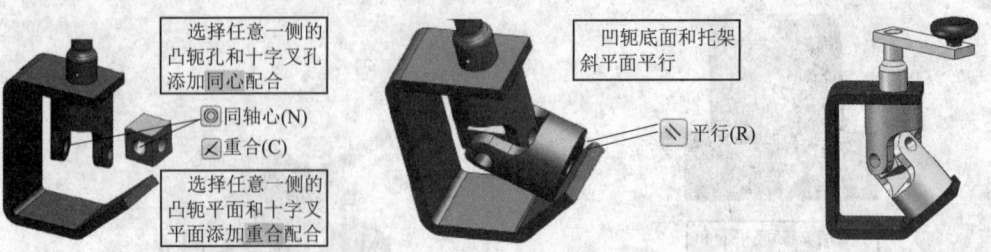

图11-41 十字叉的装配　　图11-42 凹轭与托架平行配合　　图11-43 凹轭的装配

❽ 单击【装配体】工具栏中的【插入零部件】按钮，调入"长销轴"零件；单击【装配体】工具栏中的【配合】按钮，选择凸轭孔和长销轴圆柱面，添加"同心"配合，如图11-44所示。选择凸轭圆面和长销轴端面，添加"相切"配合，如图11-44所示。

❾ 单击【装配体】工具栏中的【插入零部件】按钮，调入"短销轴"零件；单击【装配体】工具栏中的【配合】按钮，选择凹轭孔和短销轴圆柱面，添加"同心"配合。选择凹轭圆面和短销轴端面，添加"相切"配合。用同样的方法，装配上另一侧的短销轴，装配完的万向节如图11-45所示。

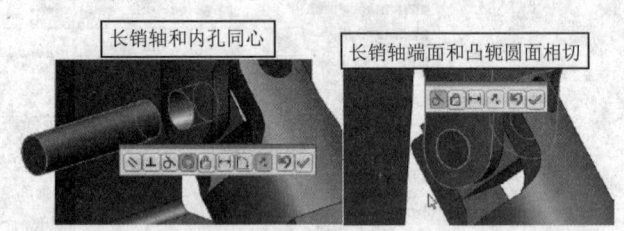
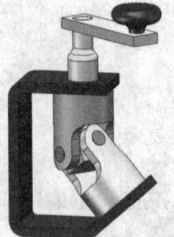

图11-44 长销轴的装配　　　　图11-45 万向节的装配

11.4 配合关系的编辑、删除与压缩

11.4.1 编辑装配关系

如果在完成装配后发现某个装配关系不合适，用户可以利用以下步骤对其进行装配编辑，仍然以前面的万向联轴节文件为例介绍装配关系的编辑。

❶ 在设计树中单击"配合"前面的"+"符号，如图11-46所示，打开装配关系。

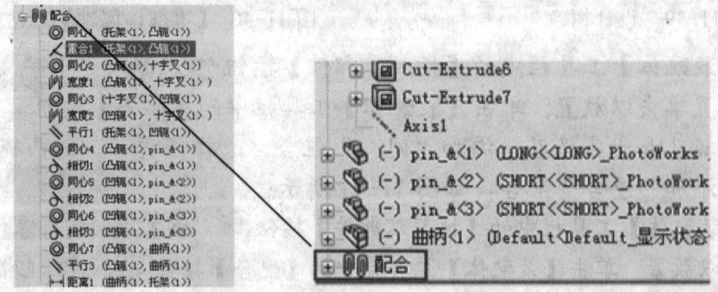

图11-46 设计树中的配合

❷ 选择需要编辑的装配关系，单击鼠标右键，在弹出的快捷菜单中选择【编辑特征】选项，如图 11-47 所示。出现如图 11-48 所示的【配合】属性对话框，按照需要修改各项配合设置。

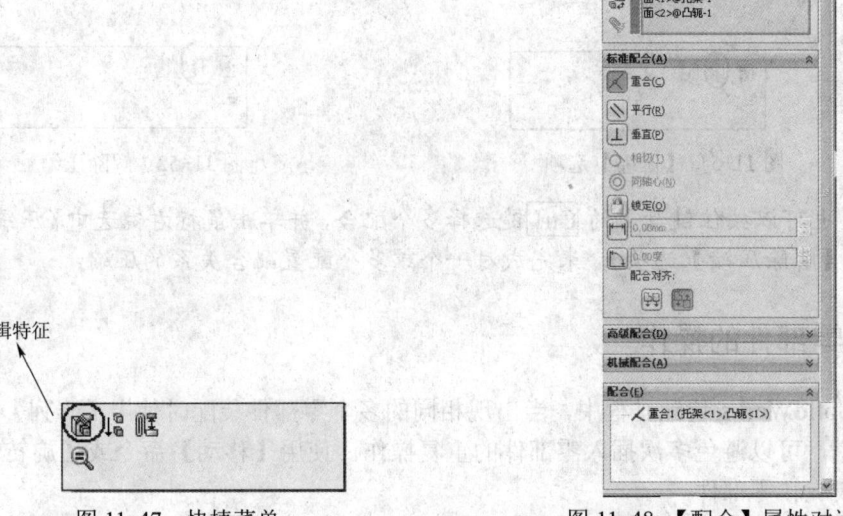

编辑特征

图 11-47　快捷菜单　　　　　　　　图 11-48　【配合】属性对话框

❸ 单击【确定】按钮完成对装配关系的编辑。在这种情况下，SolidWorks 用新的装配关系取代旧的装配关系对模型进行重建，完成对装配关系的编辑。

11.4.2　删除装配关系

用户可以在需要时删除配合关系。当用户删除配合关系时，该配合关系会在装配体的所有配置中被删除。在设计树中，选择想要删除的配合关系，单击鼠标右键，弹出如图 11-49 所示的快捷菜单，选择【删除】选项，或者选中配合关系后按键盘上的 Delete 键，出现【删除确认】对话框，如图 11-50 所示。单击【是】按钮以确认删除。

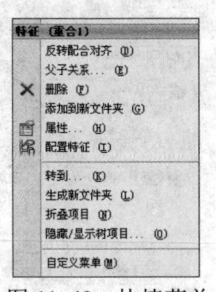
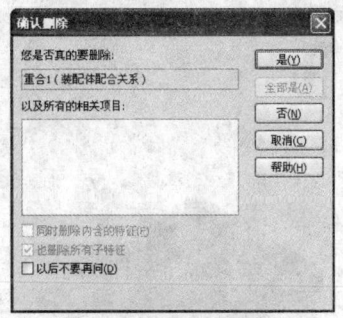

图 11-49　快捷菜单　　　　　　图 11-50　【删除确认】对话框

11.4.3　压缩配合关系

用户可以压缩配合关系以阻止其被解出。这使用户不必过定义装配体就可以尝试不同类型的配合。在激活的配置中压缩配合关系。

❶ 在设计树中，用鼠标右键单击要压缩的配合关系，然后在快捷菜单中选择【压缩】选项，如图 11-51 所示。

❷ 如果要解除对配合的压缩，请重复该过程，然后选择【解除压缩】选项，如图 11-52 所示。

图 11-51 【压缩】选项　　　　　　　　图 11-52 解除压缩

❸ 也可以按住键盘上的 Ctrl 键选择多个配合，并单击鼠标右键选中【压缩】选项（或【解除压缩】选项），来完成对一个或多个配置配合关系的压缩。

11.5 零部件的操作

在 SolidWorks 装配过程中，当出现相同的多个零部件装配时使用【阵列】命令或【镜像】命令，可以避免多次插入零部件的重复操作。使用【移动】命令或【旋转】命令，可以平移或旋转零部件。

11.5.1 线性零部件阵列

此种阵列类型可以生成零部件的线性阵列。操作步骤如下：

❶ 采用"重合"与"同心"配合，将两个零件装配在一起，如图 11-53 所示。

❷ 单击【装配体】工具栏中的【线性零部件…】按钮，设计树中显示【线性阵列】属性对话框，如图 11-54 所示。

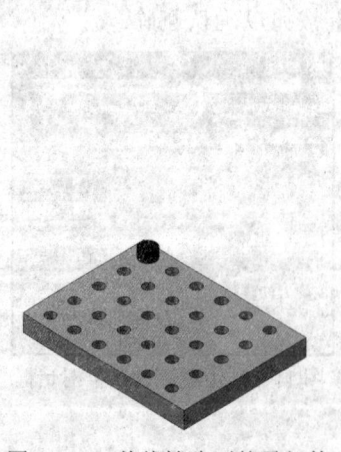
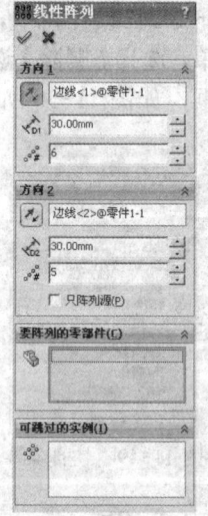

图 11-53 待线性阵列的零部件　　　图 11-54 【线性阵列】属性对话框

❸ 分别指定线性阵列的方向 1、方向 2，以及各方向的间距、实例数，选择要阵列的

零部件，如图 11-55 所示。单击确定，线性阵列零部件如图 11-56 所示。

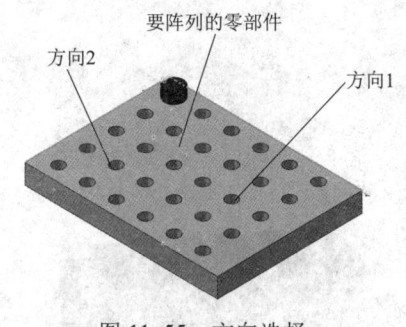 

图 11-55　方向选择　　　　　　　图 11-56　线性阵列零部件

> 提示：若要将阵列中的某个零部件跳过，在激活【要跳过实例】选项后，再选择要跳过显示的零部件即可。

11.5.2　圆周零部件阵列

此种阵列类型可以生成零部件的圆周阵列。操作步骤如下：

❶ 采用"重合"与"同心"配合，将两个零件装配在一起，如图 11-57 所示。

❷ 单击【装配体】工具栏中的【圆周零部件阵列】按钮，设计树中显示【圆周阵列】属性对话框，如图 11-58 所示。

❸ 分别指定圆周阵列的阵列轴、角度和实例数（阵列数）及要阵列的零部件后，就可以生成零部件的圆周阵列，如图 11-59 所示。

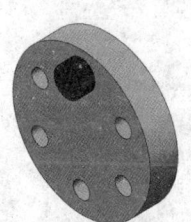 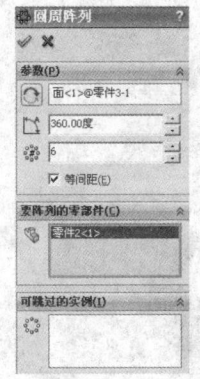 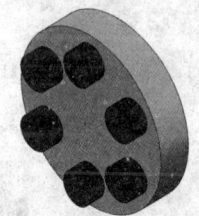

图 11-57　待圆周阵列的零部件　图 11-58　【圆周阵列】属性对话框　图 11-59　圆周阵列零部件

11.5.3　镜像零部件

当固定的参考零部件为对称结构时，可以使用【镜像零部件】命令来生成新的零部件。操作步骤如下：

❶ 打开已有的装配体如图 11-56 所示。

❷ 单击【装配体】工具栏中的【镜像零部件】按钮，设计树中显示【镜像零部件】属性对话框，如图 11-60 所示。

❸ 选择镜像基准面、要镜像的零部件后，单击确定，生成镜像零部件如图 11-61 所示。

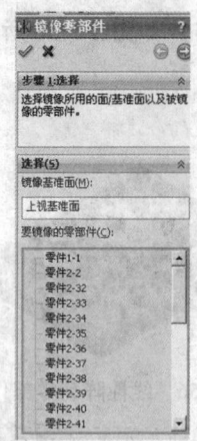

图 11-60 【镜像零部件】属性对话框

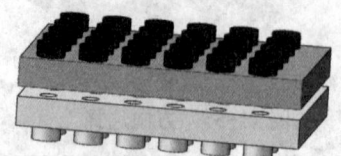

图 11-61 镜像零部件

11.5.4 移动或旋转零部件

利用移动零件和旋转零件功能，可以任意移动处于浮动状态的零件（即不完全约束），如图 11-62 所示的轴就是处于浮动状态。如果该零件被部分约束，则在被约束的自由度方向上是无法运动的。利用此功能，在装配中可以检查哪些零件是被完全约束的。

在【装配体】工具栏中单击【移动零部件】按钮，设计树将显示【移动零部件】属性对话框，如图 11-63 所示。选择处于浮动状态的零部件，按住鼠标左键，即可移动零部件。【移动零部件】属性对话框和【旋转零部件】属性对话框的选项设置是相同的。

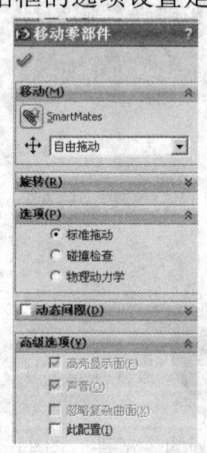

图 11-62 浮动状态的零部件   图 11-63 【移动零部件】属性对话框

11.6 干涉检查

在复杂的装配体中，仅仅通过观察很难确定零件间存在干涉问题。在 SolidWorks 的装配体中，用户可以在装配体中进行干涉检查并显示干涉的体积。如果零件间存在干涉，则系统将在对话框中列出存在的干涉。当用户在检查列表中选择某个干涉后，在图形区将高亮显示相关的干涉体积，并在对话框中显示造成干涉的零件。

这里以万向联轴节为例来检查装配体当前状态是否发生干涉。具体操作步骤如下：

❶ 打开已有的装配体，单击如图 11-64 所示的【干涉检查】按钮。
❷ 在如图 11-65 所示的对话框中单击【计算】按钮，系统会根据所选项目进行计算，如果有干涉在结果下面，则会显示所有的干涉，没有则显示"无干涉"。

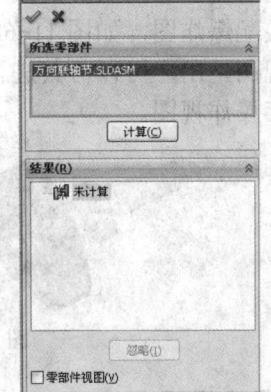

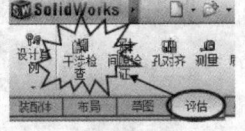

图 11-64 【干涉检查】按钮　　　图 11-65 【干涉检查】对话框

❸ 如果发生干涉，则在如图 11-66 所示的对话框中的【结果】框中出现干涉的零件。在【结果】框中选择一个干涉，那么发生干涉的零件会变成透明的（见图 11-67），干涉区域会变成红色的显示。选择"干涉"下的零部件，对应的零件会变成高亮的显示。

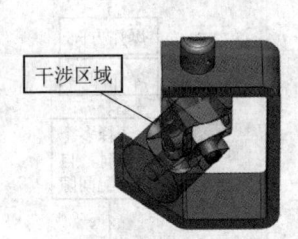

图 11-66 【干涉检查】属性对话框　　　图 11-67 干涉区域

❹ 有些情况，干涉是人为加入的，如过盈配合。这样的干涉可以在【干涉检查】属性对话框中，选择相应的干涉，然后单击【忽略】按钮即可。还有一种情况，在作有限元分析之前，需要了解整个装配接触面的情况。可以在【干涉检查】属性对话框的【选项】选项组中选中【视重合为干涉】复选框，这样只要两个零件是接触的，也就是间隙为零，就可以清楚地找到这些边、线和面。
❺ 找到干涉零件后，就可以根据不同的情况来修改编辑零件，这里就不详细讲述了。

11.7 爆炸视图

如果需要更清楚地观察零件的组成结构、装配形式，则可将装配图分解成零件，这种表达形式叫做装配爆炸图，如图 11-68 所示。装配体可在正常视图和爆炸视图之间切换。一旦创建爆炸视图，用户可以对其进行编辑，还可以将其引入二维工程图，并可用激活状态的配置来保存爆炸视图。

图 11-68 装配爆炸图

11.7.1 整体爆炸视图

使用【爆炸视图】命令，可以爆炸装配体的所有零件，【爆炸视图】命令根据零件之间的装配关系自动定义爆炸方向。操作步骤如下：

❶ 在【装配体】命令集下，单击主工具栏中的【爆炸视图】按钮，系统弹出【爆炸】对话框，如图 11-69 所示。

❷ 单击【接受】命令按钮，生成爆炸视图，如图 11-70 所示。

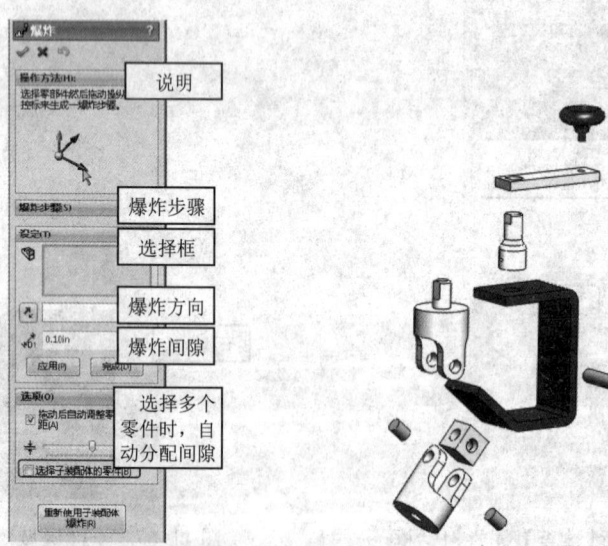

图 11-69 【爆炸】对话框　　　　图 11-70 爆炸视图

❸ 单击设计树中的【配置管理器】按钮，当前配置自动添加了一个叫"爆炸视图1"的"派生配置"，如图 11-71 所示。这个派生出来的配置下面包含了刚才的爆炸步骤，可以在这里编辑每一个步骤。

 注意　　虽然现在是爆炸状态，但是配合关系犹在，因此不会影响到它的正确运动。

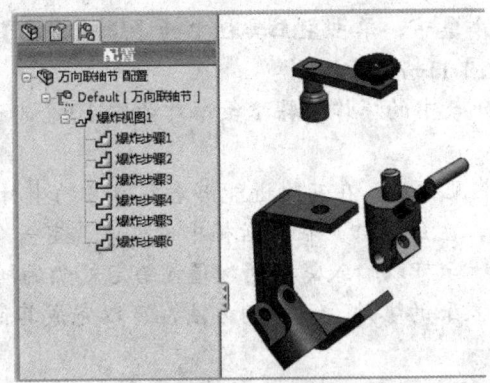

图 11-71 配置管理器

【爆炸】对话框中各选项组及选项含义如下：

- 【爆炸步骤】选项组：该选项组用于收集爆炸到单一位置的一个或多个所选零部件。要删除爆炸视图，可以删除爆炸步骤中的零部件。
- 【设定】选项组：该选项组用于设置爆炸视图的参数。
- 爆炸步骤的零部件：激活此列表，在图形区选择要爆炸的零部件，随后图形区将显示三重轴，如图 11-72 所示。
- 爆炸方向：显示当前爆炸步骤所选的方向。可以单击【反向】按钮改变方向。
- 爆炸距离：输入值以设定零部件的移动距离。
- 应用：单击此按钮，可以预览移动后的零部件位置。
- 完成：单击此按钮，保存零部件移动的位置。
- 拖动后自动调整零部件间距：选中此复选框，将沿轴心自动均匀地分布零部件组的间距。
- 调整零部件链之间的间距：拖动滑块来调整放置的零部件之间的距离。
- 选择子装配体的零件：选中此复选框，可选择子装配体的单个零部件。反之，选择整个子装配体。
- 重新使用子装配体爆炸：使用先前在所选子装配体中定义的爆炸步骤。
- 除了在对话框中设定爆炸参数来生成爆炸视图外，用户还可以自由拖动三重轴的轴来改变零部件在装配体中的位置，如图 11-73 所示。

图 11-72 显示三重轴

图 11-73 拖动三重轴改变零部件位置

11.7.2 爆炸单个零部件

使用【爆炸视图】命令，不仅可以爆炸装配体的所有零件，还可以只爆炸所选择的子装配件的零件。操作步骤如下：

❶ 在【装配体】命令集下，单击主工具栏中的【爆炸视图】按钮，系统弹出【爆炸】对话框，如图 11-74 所示。

❷ 将【爆炸步骤】列表中的爆炸步骤 1 至爆炸步骤 10 全部选中，单击鼠标右键，选择【删除】命令。

❸ 选择"曲柄"子装配体后，在其附近能够看到参考的坐标，可以拖动对应的箭头，如图 11-75 所示，生成爆炸。在对话框中也可以选定一个爆炸的方向，在爆炸间隙，如图 11-76 所示可以输入需要的数值，给定精确的间隙。单击【应用】按钮，即可完成曲柄子装配的爆炸。同样的方法，可以完成其他零部件的爆炸。

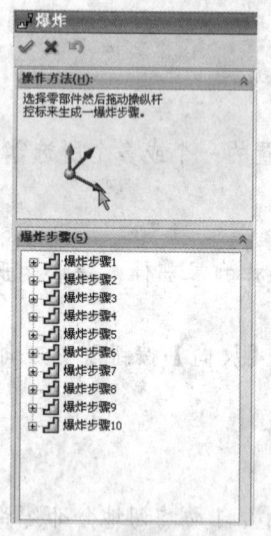
图 11-74 【爆炸】对话框

图 11-75 曲柄子装配

图 11-76 设定距离和方向

 如果需要爆炸子装配体中的零部件，一种方法是在设计树中选定相应的零件，然后给定爆炸间隙；另一种方法，可以选择【爆炸】对话框中的【选择子装配体的零件】复选框，然后在绘图区域找到相应的零件即可操作。

11.8 课后练习

1. 简述各种装配关系。
2. 装配图的各零件需要完全约束吗？为什么？
3. 简述装配体的爆炸分解过程。

第12章 钣金设计

【内容与要求】

本章重点介绍 SolidWorks 2012 钣金模块常用的操作命令。通过本章的学习,用户可以了解 SolidWorks 2012 的钣金造型的功能特点以及常用的操作方法。

本章应达到如下目标:
- 了解钣金设计的基本知识。
- 掌握钣金模块常用特征命令的使用。
- 学会使用钣金模块创建常见的钣金零件。

12.1 钣金设计概述

钣金是指针对金属薄板(通常在 6mm 以下)的一种综合冷加工工艺,包括剪、冲/切/复合、折、焊接、铆接、拼接、成型(如汽车车身)等。其显著的特征就是同一零件厚度一致。

钣金零件具有重量轻、强度高、导电(能够用于电磁屏蔽)、成本低、大规模量产性能好等特点,目前在电子电器、通信、汽车工业、医疗器械等领域得到了广泛应用。例如,在计算机机箱、手机、车辆中,钣金是必不可少的组成部分。图 12-1 所示为常见的钣金零件。

随着钣金的应用越来越广泛,钣金零件的设计变成了产品开发过程中很重要的一环,机械工程师必须熟练掌握钣金零件的设计技巧,使得设计的钣金零件既满足产品的功能和外观等要求,又能使得冲压模具制造简单、成本低。

图 12-1 常见钣金零件

12.1.1 基础知识

钣金零件是一种比较特殊的实体模型,通常有折弯、褶边、法兰、转折、圆角等结构,还需要展开、折叠等操作,SolidWorks 2012 为满足这些需求定制了丰富的钣金命令。

钣金设计模块是 SolidWorks 2012 核心应用模块之一,它提供了将钣金设计与加工过程进行数字化模拟的功能,具有较强的工艺特点。SolidWorks 2012 的钣金功能拥有独特的用户自定义特征库,因此能大大提高设计速度,简化设计过程。SolidWorks 2012 钣金设计集成在零件设计模块中,因此其相关操作和零件设计基本相同。

12.1.2 相关概念

1. 钣金厚度

钣金零件是指一种壁厚均匀的薄壁零件。使用钣金工具建立特征时，如果使用开环草图建立基体法兰，则钣金零件的厚度相当于壁厚；如果使用闭环草图建立基体法兰，则钣金零件的厚度相当于拉伸特征深度。

2. 折弯半径

钣金件折弯时，为了避免外表面产生裂纹，需要制定钣金折弯时的折弯半径。折弯半径是指折弯内角的半径。

3. 折弯系数

折弯系数是指用于计算钣金展开的折弯算法，包括常用的 K-因子、折弯扣除、折弯系数表和折弯补偿等方法。

4. 钣金规格表

SolidWorks 2012 提供了钣金规格表，即将常用的钣金规格利用 Excel 表格保存下来，建立钣金零件时，用户可以直接从规格表中读取已经定义好的钣金参数。这些参数包括：钣金厚度、可用的折弯半径、K-因子等。SolidWorks 提供了钣金规格表的样本，默认保存在 "Program Files\SolidWorks Corp\SolidWorks\lang\chinese-simplified\Sheet Metal Gauge Tables" 文件夹中，用户可以参考 "sample table - aluminum - metric units.xls" 文件建立自定义的钣金规格表。

5. 释放槽

为了保证钣金折弯的规整，避免撕裂以及出现折弯时的干涉冲突，必要的情况下应该在展开图中专门对折弯两侧的部分建立一个切口，这种切口称为"释放槽"。

在建立法兰的过程中，SolidWorks 可以根据折弯相对于现有钣金的位置自动给定释放槽，称为"自动切释放槽"。钣金零件中默认的释放槽类型可以在建立第一个基体法兰特征时给定，包括：矩圆形、矩形和撕裂型 3 种形式，如图 12-2 所示。

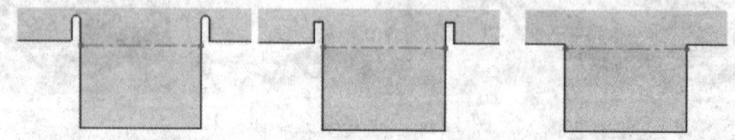

图 12-2 释放槽的 3 种形式

除自动建立释放槽以外，用户可以通过拉伸切除特征，人工建立释放槽；也可以利用"边角剪裁"工具建立释放槽。

12.1.3 基本界面介绍

启动 SolidWorks 2012 进入零件设计模块，选择【插入】→【钣金】命令，即可打开【钣金】菜单，如图 12-3 所示；或者将鼠标箭头放在工具栏附近单击鼠标右键，会弹出快捷菜单，如图 12-4 所示，选中【钣金】命令，即可打开【钣金】面板，如图 12-5 所示。

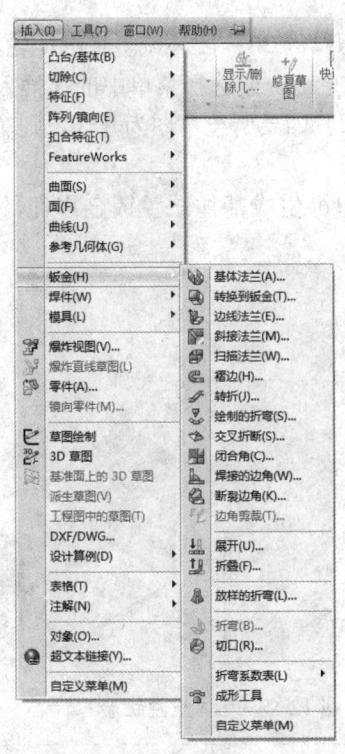

图 12-3 【钣金】菜单

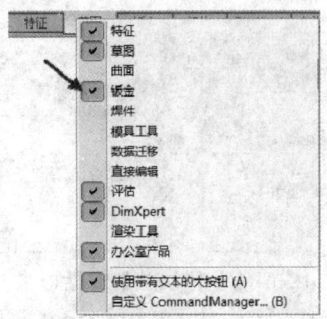

图 12-4 右键快捷菜单

图 12-5 【钣金】面板

创建钣金特征时,首先要创建钣金基本特征,如基体法兰/薄片,然后在前面创建的主体基础上添加附加特征,或者另称为子特征。设计完成后,存盘退出,若还需要修改,则选择需修改的特征,进行修改再编辑。

12.2 钣金模块常用特征

在 SolidWorks 中主要有以下两种设计钣金零件的方式:
- 创建一个零件,然后将其转换到钣金。
- 使用钣金特定的特征来生成零件为钣金零件。

SolidWorks 2012 的钣金特征命令很丰富,限于篇幅所限,本节只介绍最常用的一部分特征命令,其他命令读者可以自行练习。

12.2.1 基体法兰

基体法兰特征是钣金零件的第一个特征,该特征建立后,系统就会将该零件标记为钣金零件,折弯也将被添加到适当位置。

生成基体法兰特征的操作步骤如下:

1) 编辑生成一个标准的草图,该草图可以是单一开环、单一闭环或多重封闭轮廓的草图。

2) 单击【钣金】面板中的【基体法兰/薄片】按钮 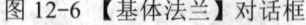,或选择菜单中的【插入】→【钣金】→【基体法兰】命令,会出现【基体法兰】对话框。如果所绘草图为开环,则对话框中会多出【方向】选项组,如图12-6所示。

3) 设置相关参数,然后单击【确定】按钮 ,即可生成基体法兰钣金零件,如图12-7所示。

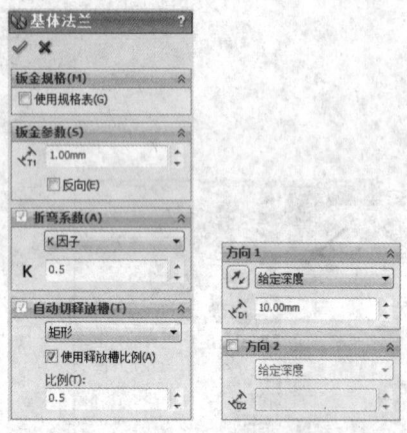
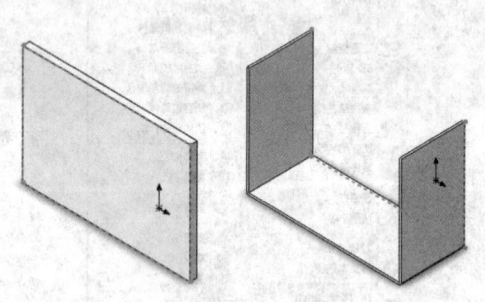

图12-6 【基体法兰】对话框　　　　图12-7 基体法兰钣金零件

> 提示 初学者可以先利用默认参数生成钣金零件。

12.2.2 边线法兰

边线法兰特征是将法兰添加到钣金零件的所选边线上。生成边线法兰特征的操作步骤如下:

1) 首先生成一个基体钣金零件,然后执行下面的步骤。

2) 单击【钣金】面板中的【边线法兰】按钮,或选择菜单栏中的【插入】→【钣金】→【边线法兰】命令,会出现【边线-法兰】对话框,如图12-8所示。各选项组展开以后如图12-9所示。

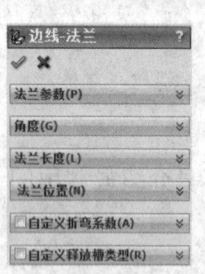
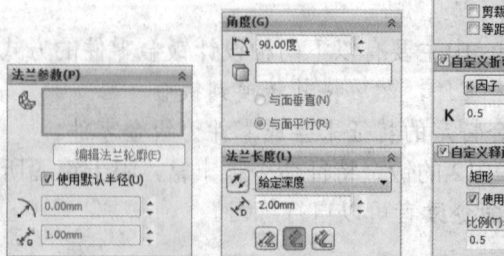

图12-8 【边线-法兰】对话框　　　　图12-9 【边线-法兰】对话框展开

3) 在图形区域选择要放置特征的边线。

4) 在如图12-9所示的【法兰参数】选项组中,单击【编辑法兰轮廓】按钮,可以编辑轮廓的草图。

5）若要使用不同的折弯半径，则应取消选择【使用默认半径】复选框，然后根据需要设置折弯半径。

6）在【角度】与【法兰长度】选项组中，分别设置法兰角度、长度、终止条件及其相应参数值等。

7）在【法兰位置】选项组中设置法兰位置；如果要移除邻近折弯的多余材料，则可选择【剪裁侧边折弯】复选框；如果要从钣金体等距排列法兰，则选择【等距】复选框，然后设定等距终止条件及其相应参数。

8）选择并设置【自定义折弯系数】和【自定义释放槽类型】选项组下的相应参数。

9）单击【确定】按钮，即可生成边线法兰，如图 12-10 所示。

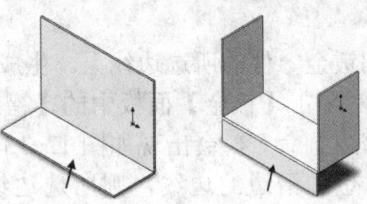

图 12-10 边线法兰

> 提示：使用边线法兰特征时，所选边线必须为线形，且系统会自动将厚度设定为钣金零件的厚度，轮廓的一条草图直线必须位于所选边线上。

12.2.3 斜接法兰

斜接法兰特征可将一系列法兰添加到钣金零件的一条或多条边线上。

斜接法兰的草图必须遵循以下条件：运用斜接法兰特征时，斜接法兰的草图可以包括直线或圆弧，也可以包括一条以上的连续直线，草图基准面必须垂直于生成斜接法兰的第一条边线。

生成斜接法兰特征的操作步骤如下：

1）在钣金零件中生成一个符合标准的草图。

2）单击【钣金】面板中的【斜接法兰】按钮，或选择菜单栏中的【插入】→【钣金】→【斜接法兰】命令，会出现如图 12-11 所示的【斜接法兰】对话框。

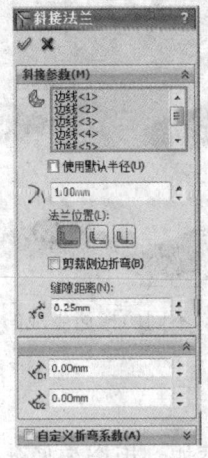

图 12-11 【斜接法兰】对话框

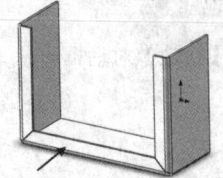

图 12-12 斜接法兰

3）系统会选定斜接法兰特征的第一条边线，且图形区域中将出现斜接法兰的预览，在图形区域选择要斜接的边线。

4）若要选择与所选边线相切的所有边线，则单击所选边线中点处出现的【延伸】按钮 。

5）在【斜接参数】选项组中，若要使用不同的折弯半径（而非默认值），则需取消选择【使用默认半径】复选框，然后根据需要设置折弯半径。

6）设置其他相关参数，然后单击【确定】按钮 ，即可生成斜接法兰，如图12-12所示。

> 提示 如果使用圆弧生成斜接法兰，圆弧不能与厚度边线相切。圆弧可与长边线相切，或通过在圆弧和厚度边线之间放置一小的草图直线。

12.2.4 褶边

褶边特征可将褶边添加到钣金零件的所选边线上。生成褶边特征的操作步骤如下：

1）在打开的钣金零件中，单击【钣金】面板中的【褶边】按钮 ，或选择菜单栏中的【插入】→【钣金】→【褶边】命令，会出现如图12-13所示的【褶边】对话框。

2）在图形区域中，选择想加褶边的边线，则所选边线出现在【边线】选项组的列表框中。

> 提示 在使用该工具时，所选边线必须为直线，而斜接边角被自动添加到交叉褶边上，如果选择多个要添加褶边的边线，则这些边线必须在同一个面上。

3）设置材料方向、开闭环、类型和大小等参数，然后单击【确定】按钮 ，即可完成褶边造型，如图12-14所示为不同类型的褶边。

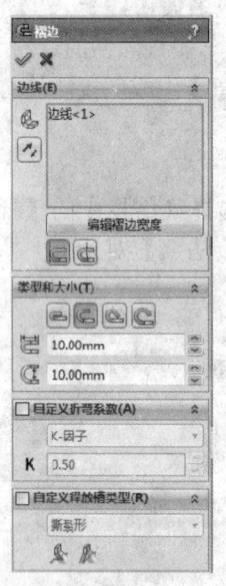

图 12-13 【褶边】对话框

图 12-14 不同的褶边生成的钣金

12.2.5 转折

转折特征是通过从草图线生成两个折弯而将材料添加到钣金零件上。

在钣金零件上生成转折特征的操作步骤如下:

1) 在要生成转折的钣金零件的面上绘制一条直线。

> **注意** 草图必须只包含一条直线;直线不需要是水平和垂直直线;折弯线长度不一定非得与正在折弯的面的长度相同。

2) 单击【钣金】面板中的【转折】按钮,或选择【插入】→【钣金】→【转折】命令,然后选择所绘直线,会出现如图 12-15 所示的【转折】对话框。

3) 在要转折的钣金零件上选择一个固定面。

4) 依次设定【转折等距】、【转折位置】、【转折角度】等参数,然后单击【确定】按钮,即可完成转折造型,如图 12-16 所示为转折特征实例。

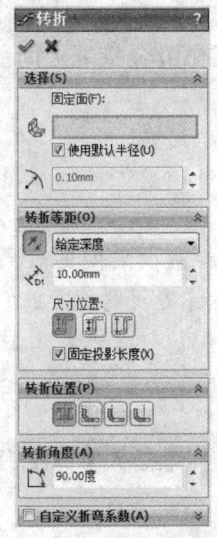
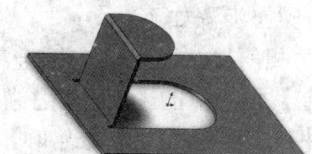

图 12-15 【转折】对话框　　图 12-16 转折特征

12.2.6 绘制的折弯

使用绘制的折弯特征可在钣金零件处于折叠状态时将折弯线添加到零件中,可将折弯线的尺寸标注到其他折叠的几何体中。

生成绘制的折弯特征的操作步骤如下:

1) 在钣金零件的平面上绘制一条直线。此外还可在生成草图前(但在选择基准面后)选择绘制的折弯特征,当选择绘制的折弯特征时,一个草图在基准面上打开。

> **提示** 绘制折弯特征时,草图中只允许是直线,在每个草图中可添加一条以上的直线,但折弯线长度不一定非得与正折弯的面的长度相同。

2) 单击【钣金】面板中的【绘制的折弯】按钮,或选择【插入】→【钣金】→【绘制折弯】命令,会出现如图 12-17 所示的【绘制的折弯】对话框。

3) 选择一个不因折弯而移动的面作为固定面。

4) 依次设定相关参数,然后单击【确定】按钮,即可完成绘制折弯造型,如图 12-18 所示为绘制的折弯特征实例。

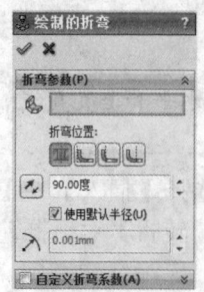 

图 12-17 【绘制的折弯】对话框　　图 12-18 绘制的折弯特征

12.2.7 闭合角

用户可以在钣金法兰之间添加闭合角。闭合角特征在钣金特征之间添加材料。包括以下功能：
- 通过为想闭合的所有边角选择面来同时闭合多个边角。
- 关闭非垂直边角。
- 将闭合边角应用到带有 90°以外折弯的法兰。
- 调整缝隙距离指由边界角特征所添加的两个材料截面之间的距离。
- 调整重叠/欠重叠比率指重叠的材料与欠重叠材料之间的比率。
- 闭合或打开折弯区域。

闭合一个角的操作步骤如下：

1）用基体法兰和斜接法兰生成一钣金零件。

2）单击【钣金】面板中的【闭合角】按钮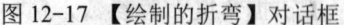，或选择【插入】→【钣金】→【闭合角】命令，会出现如图 12-19 所示的【闭合角】对话框。

3）选择角上的一个平面，作为要延伸的面。

4）依次设定边角类型等相关参数，然后单击【确定】按钮，即可完成闭合角造型，如图 12-20 所示。

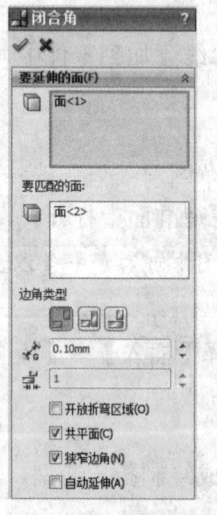 

图 12-19 【闭合角】对话框　　　　图 12-20 闭合角

12.2.8 切口

切口特征是生成一个沿所选模型边线的断口。

切口特征除了用在钣金零件中,也可以添加到非钣金零件中。生成切口特征的操作步骤如下:

1)生成一个具有相邻平面且厚度一致的零件,这些相邻平面形成一条或多条线性边线或一组连续的线性边线。

2)利用草图绘制工具来绘制通过平面的单一线性实体(在顶点开始并在顶点结束)。

3)单击【钣金】面板中的【切口】按钮,或选择菜单栏中的【插入】→【钣金】→【切口】命令,会出现如图 12-21 所示的【切口】对话框。

4)在切口参数下面选择刚刚绘制的线性草图。

5)设定方向和距离,然后单击【确定】按钮,即可完成切口造型,如图 12-22 所示。

> 提示 根据默认,在两个方向插入切口。在每次单击【更改方向】按钮时,切口方向都切换到一个方向,接着是另一方向,然后返回到两个方向。

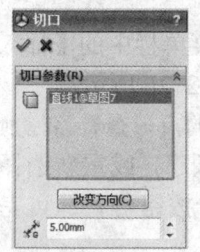

图 12-21 【切口】对话框

图 12-22 切口特征

12.2.9 展开与折叠

使用展开和折叠特征可在钣金零件中展开和折叠一个或多个折弯。如果要在具有折弯的零件上添加特征,如钻孔、挖槽或折弯的释放槽等,则必须将零件展开或折叠。

1. 展开

使用展开特征可在钣金零件中展开一个或多个折弯,具体操作步骤如下:

1)单击【钣金】面板中的【展开】按钮,或选择菜单栏中的【插入】→【钣金】→【展开】命令,会出现如图 12-23 所示的【展开】对话框。

2)选择固定面,选择一个或多个折弯作为要展开的折弯,然后单击【确定】按钮,即可完成展开,如图 12-24 所示。

2. 折叠

使用折叠特征可在钣金零件中折叠一个或多个折弯,具体操作步骤如下:

1)在钣金零件中,单击【钣金】面板中的【折叠】按钮,或选择菜单栏中的【插入】→【钣金】→【折叠】命令,会出现如图 12-25 所示的【折叠】对话框。

2)选择固定面,选择一个或多个折弯作为要折叠的折弯,然后单击【确定】按钮,即可完成折叠。

图 12-23 【展开】对话框　　图 12-24 折弯的展开　　图 12-25 【折叠】对话框

12.2.10 放样折弯

在钣金零件中可以生成放样的折弯。放样的折弯同放样特征一样,使用由放样连接的两个草图。基体法兰特征不能与放样的折弯特征一起使用,且放样的折弯不能被镜像。

生成放样的折弯的操作步骤如下:

1)生成两个单独的开环轮廓草图。

> 提示　两个草图必须符合下列准则:草图必须为开环轮廓;轮廓开口应同向对齐以使平板型式更精确;草图不能有尖锐边线。

2)单击【钣金】面板中的【放样折弯】按钮，或者选择菜单栏中的【插入】→【钣金】→【放样折弯】命令,会出现【放样折弯】对话框,如图 12-26 所示。

3)在图形区域中选择两个草图,确认选择想要放样路径经过的点,查看路径预览。

4)如有必要,单击【上移】或【下移】按钮来调整轮廓的顺序,或重新选择草图将不同的点连接在轮廓上。为钣金零件设定厚度,然后单击【确定】按钮，即可完成放样折弯,如图 12-27 所示。

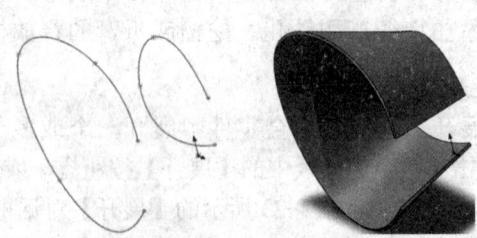

图 12-26 【放样折弯】对话框　　图 12-27 生成放样的折弯

12.2.11 断开边角

断开边角特征是从钣金零件的边线或面切除材料。当钣金零件被折叠或展开时,可使用断开边角工具,如果在钣金零件处于展开模式时使用该工具,则 SolidWorks 在零件被折叠时会压缩断开边角。

在钣金零件上生成断开边角的操作步骤如下:

1)首先生成钣金零件。

2) 单击【钣金】面板中的【断开边角】按钮，或选择菜单栏中的【插入】→【钣金】→【断开边角】命令，会出现如图 12-28 所示的【断开-边角】对话框。

3) 选择需要断开的边角边线或法兰面，此时在图形区域中显示断开边角的预览。

4) 设置好断开类型，然后单击【确定】按钮，即可完成断开边角，如图 12-29 所示。

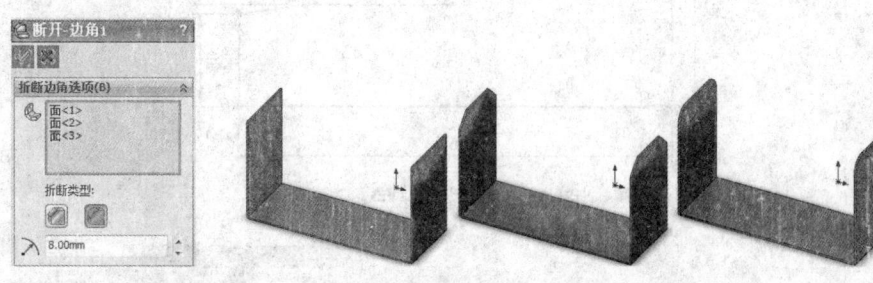

图 12-28 【断开-边角】对话框　　　图 12-29 断开边角实例

12.3 钣金设计实例

12.3.1 题目简介

打印机端口支架是用来安装打印机相关端口的一个钣金零件支架，如图 12-30 所示为该支架的完成图及展开图。本节依此作为实例来介绍一个完整钣金件的创建过程。

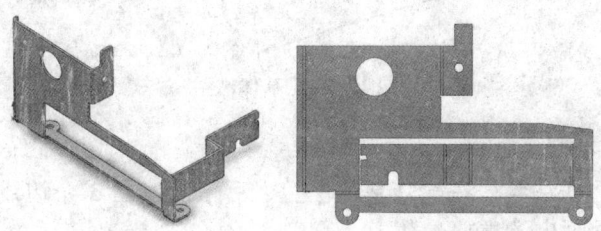

图 12-30 打印机端口支架完成图及展开图

本零件的主要知识点包括：利用闭环草图建立基体法兰特征、边线法兰特征、展开/折叠特征、转折特征、绘制的折弯特征。

12.3.2 操作过程

1. 绘制草图

首先在前视基准面上绘制草图，如图 12-31 所示。该草图用于建立钣金零件中的第一个基体法兰特征。

2. 创建基体法兰

使用绘制的草图建立基体法兰，给定法兰的厚度为 1mm，给定钣金零件的默认折弯系数为 K-因子，使用默认的数值 0.5。给定默认释放槽类型为矩圆形，比例为 0.5，如图 12-32 所示。

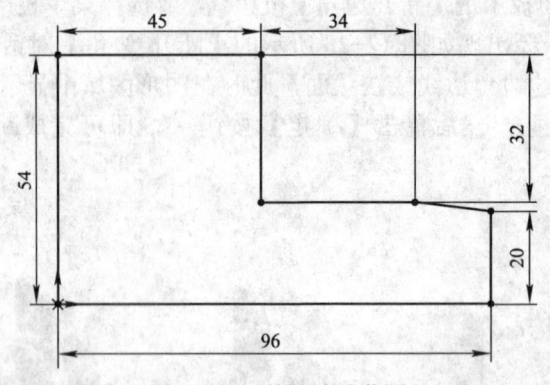

图 12-31　基体法兰草图

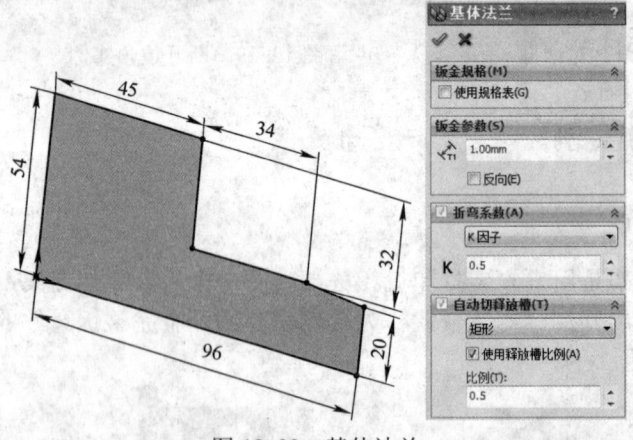

图 12-32　基体法兰

3．建立边线法兰

本例中有 3 个边线法兰，在建立基体法兰之后依次建立 3 个边线法兰，如图 12-33～图 12-35 所示，图中列出了重要参数。

3 个边线法兰完成后，如图 12-36 所示。

图 12-33　边线-法兰 1　　　　　　　　图 12-34　边线-法兰 2

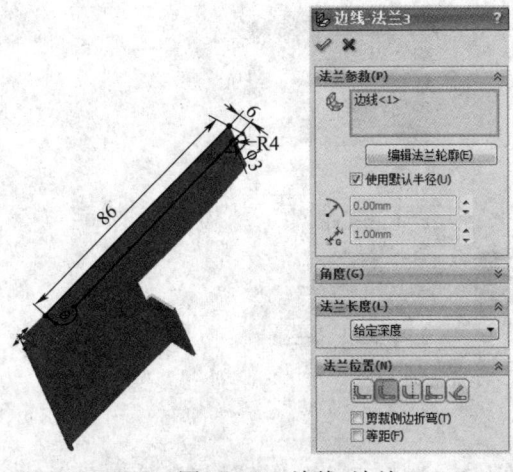

图 12-35　边线-法兰 3　　　　　图 12-36　边线法兰完成

4. 展开钣金

使用【展开】工具展开钣金中的所有折弯。如图 12-37 所示，单击【展开】按钮，选择固定面，单击【收集所有折弯】按钮，展开折弯。

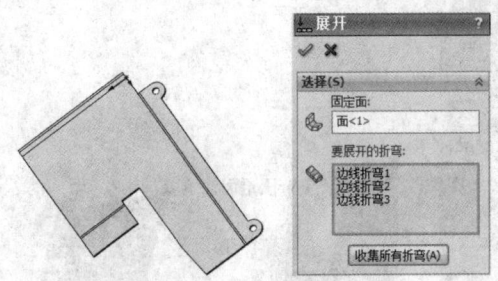

图 12-37　展开钣金

5. 切除特征

本步骤使用一个拉伸切除特征完成，也可以使用多个拉伸切除特征来完成，切除的尺寸如图 12-38 所示。切除后结果如图 12-39 所示。

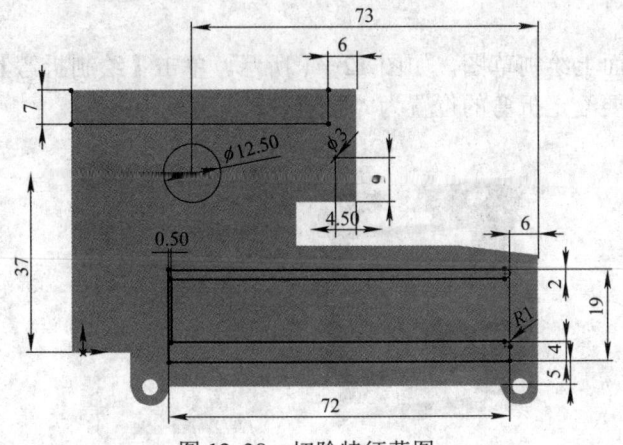

图 12-38　切除特征草图

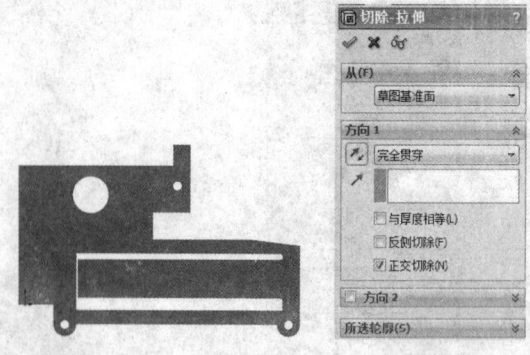

图 12-39 切除特征

6. 转折

转折特征的草图是一条简单的直线，如图 12-40 所示。单击【转折】按钮建立转折特征，需要注意固定面的选取并修改折弯半径为 0.1mm。

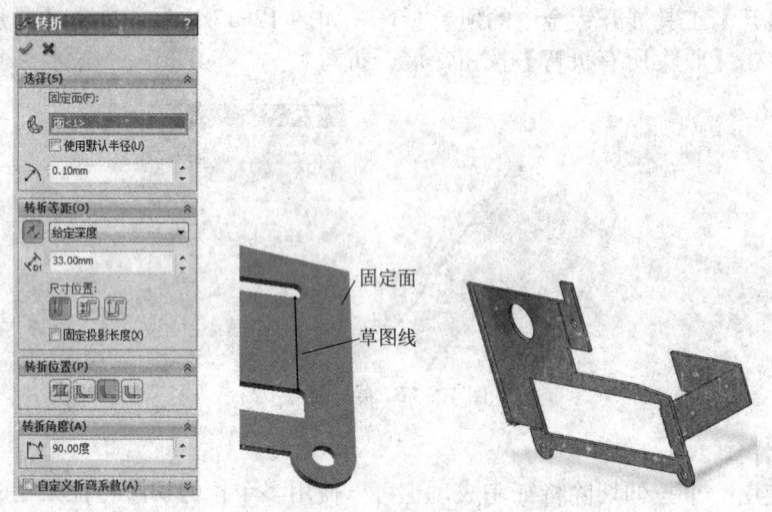

图 12-40 转折特征

7. 绘制折弯

在转折后的平面上绘制草图，如图 12-41 所示。单击【绘制折弯】按钮，建立绘制的折弯特征，这里需要给定折弯的位置为"材料在外"。

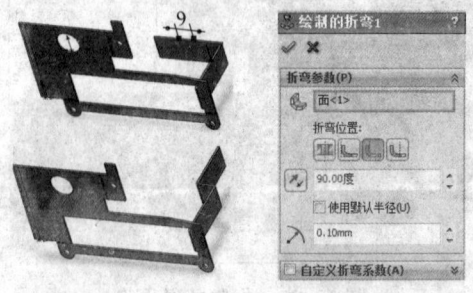

图 12-41 绘制的折弯特征

8. 折叠钣金

使用【折叠】工具,将前面步骤中展开的钣金折弯再次折叠,如图 12-42 所示。

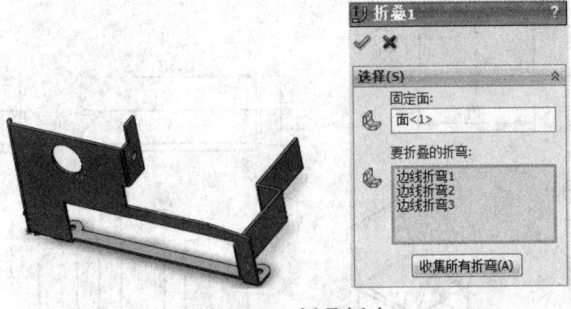

图 12-42 折叠钣金

9. 切除特征

绘制草图,并建立拉伸切除特征,如图 12-43 所示。

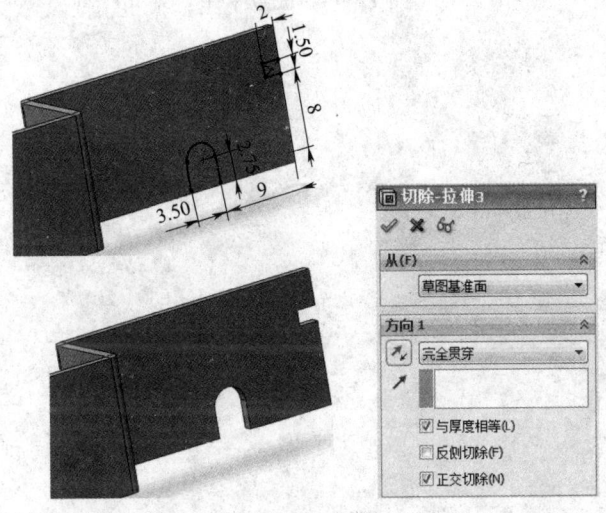

图 12-43 切除特征

10. 圆角特征

使用钣金特征中的【断开边角】工具来建立相关圆角,最终结果如图 12-30 所示。

12.4 课后练习

1. 定义钣金零件首选的方法是什么。
2. 对于边线法兰特征必须创建草图吗?为什么?
3. 对于斜接法兰特征,起始/结束处等距指的是什么?
4. 边角剪切可用于非钣金零件吗?
5. 完成图 12-44 所示的钣金零件的创建。

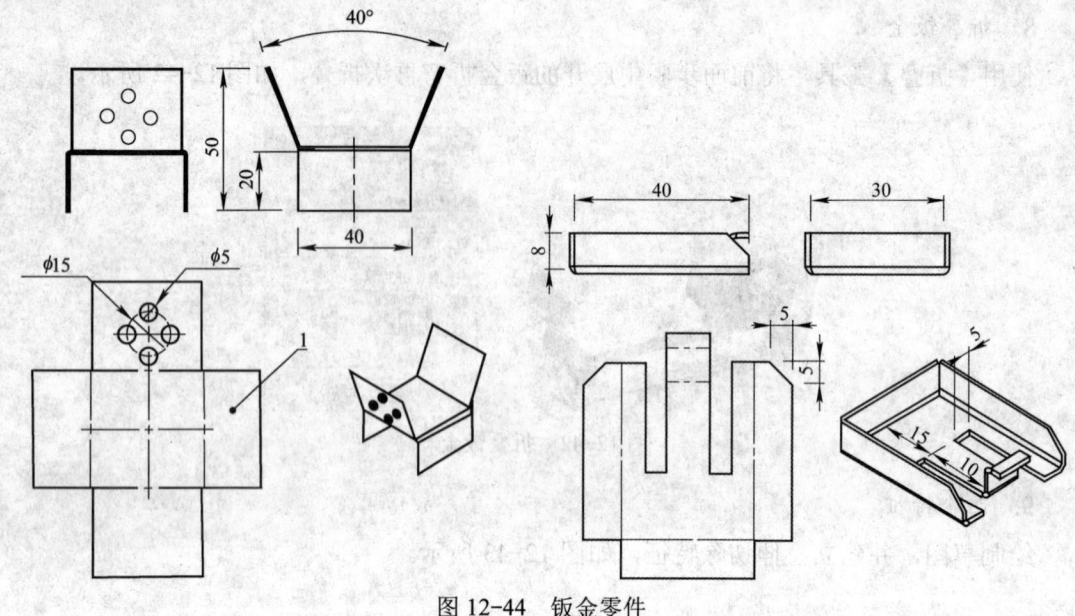

图 12-44 钣金零件

第 13 章 二维工程图样的自动生成

【内容与要求】

SolidWorks 能够根据零件造型和装配体自动生成工程图样。在工程图中可以生成各个基本视图及辅助视图,同时可以标注尺寸、公差公差和注释。本章用实例介绍工程图的生成方法。

本章应达到如下目标:
- 了解工程图界面。
- 掌握工程图规范的设置方法。
- 掌握工程图中视图的生成方法。
- 掌握工程图中视图编辑的方法。
- 掌握工程图中的尺寸标注方法。
- 掌握工程图中注释的标注方法。
- 掌握装配体工程视图的画法。

13.1 工程图界面

单击【新建】按钮,出现【新建 SolidWorks 文件】对话框,如图 13-1 所示。

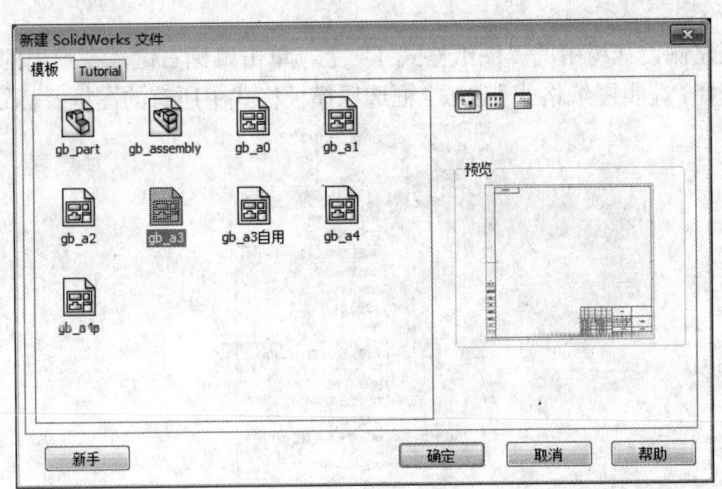

图 13-1 【新建 SolidWorks 文件】对话框

选择"gb-a3",单击 确定 按钮,进入工程图界面,如图 13-2 所示。

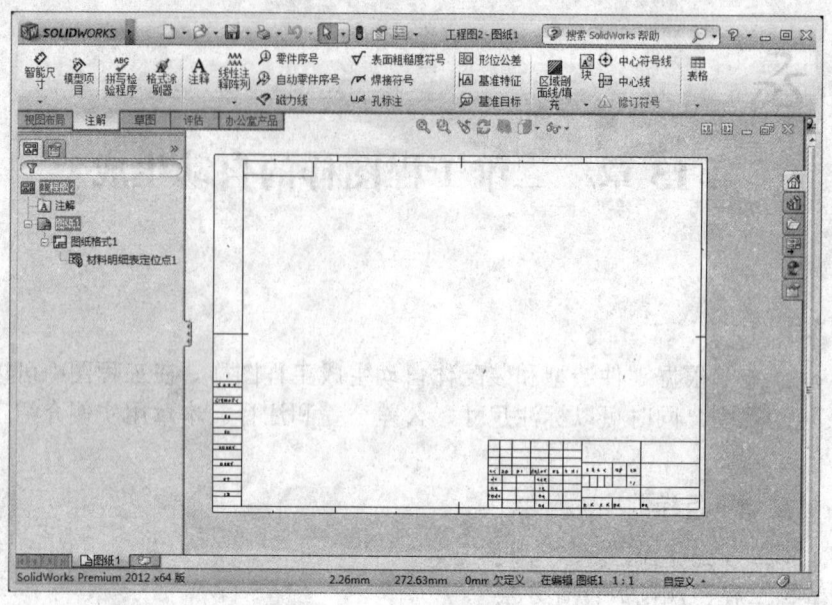

图 13-2 工程图界面

13.2 建立工程图模板文件

工程图模板文件包括工程图的图幅大小、标题栏格式、标注样式、文字样式等内容。SolidWorks 2012 自带了多种模板格式，用户可以根据需要直接选择使用。为了方便读者学习，SolidWorks 2012 中建立模板文件的相关命令。本节以自定义的方式建立一个全新的模板文件。

13.2.1 绘制图框及标题栏

1. 删除默认图框及标题栏

将鼠标移至左侧设计树中的"图纸格式1"上，单击鼠标右键，在弹出的如图 13-3 所示的快捷菜单中选择【编辑图纸格式】选项，框选原模板格式中所有的图框及标题栏，然后删除。

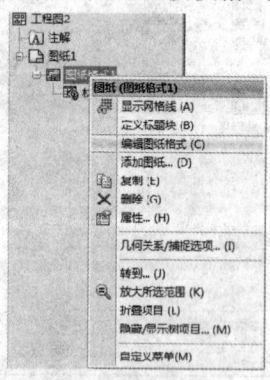

图 13-3 右键快捷菜单

2. 绘制新图框及标题栏

打开【草图】工具栏，绘制一个 420×297 的矩形，然后选择矩形的四条边线，将图层

第 13 章　二维工程图样的自动生成　229

改为"轮廓实线层",如图 13-4 所示。

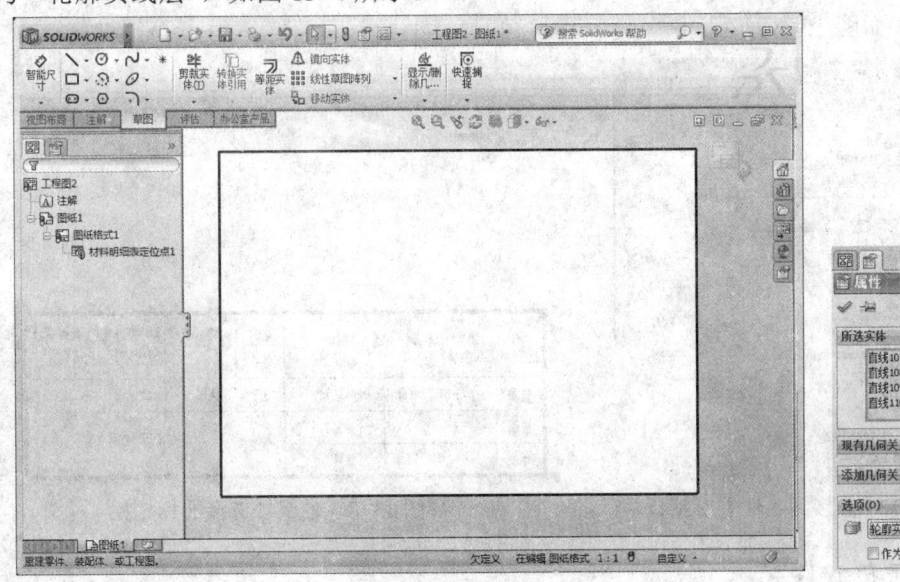
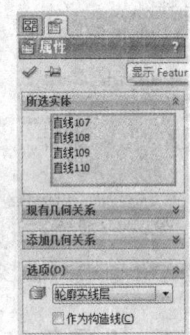

图 13-4　绘制矩形并更改图层

按照图 13-5 的尺寸及格式绘制标题栏,绘制完成后,选择菜单中的【视图】→【隐藏/显示注解】命令将所注尺寸隐藏。

3．添加注释文字

单击【注解】工具栏中的【注释】按钮添加标题栏中的文字,需以后填写内容的空白处,也要添加空白注释。

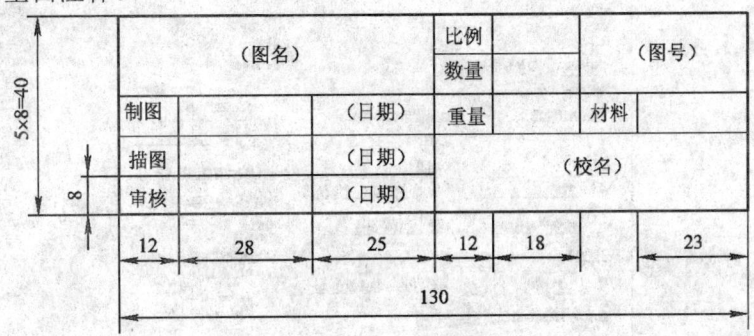

图 13-5　标题栏格式

4．链接到属性

对于需要变化的内容,比如"图名"、"校名"、"图号"以及需要以后填写内容的空白注释处,除了每一张工程图都可以手动填写以外,在 SolidWorks 中一般采用"连接到属性"的方式来定义。

单击相应注释文字,会弹出【注释】对话框,如图 13-6 所示。单击【链接到属性】按钮 ,会弹出【链接到属性】对话框,选中【图纸属性中所指定视图中模型】单选按钮,然后选择相应的字段名称(比如"图名"可以选择"SW-图纸名称","比例"

图 13-6　【注释】对话框

后面的空白注释可以选择"SW-视图比例"等），如图 13-7 所示。分别设置属性链接以后，标题栏会类似如图 13-8 所示。

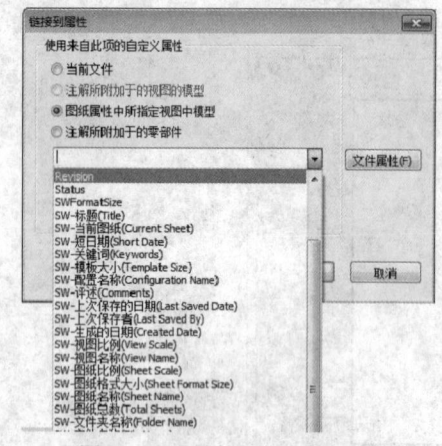

图 13-7 【链接到属性】对话框   图 13-8 带属性链接的标题栏

13.2.2 设置尺寸样式

选择菜单【工具】→【选项】命令，出现【系统选项】对话框，选择【文档属性】标签，单击【尺寸】选项，出现【尺寸】对话框，如图 13-9 所示。根据国标进行相关设置（初学者建议保持各选项为默认即可）。

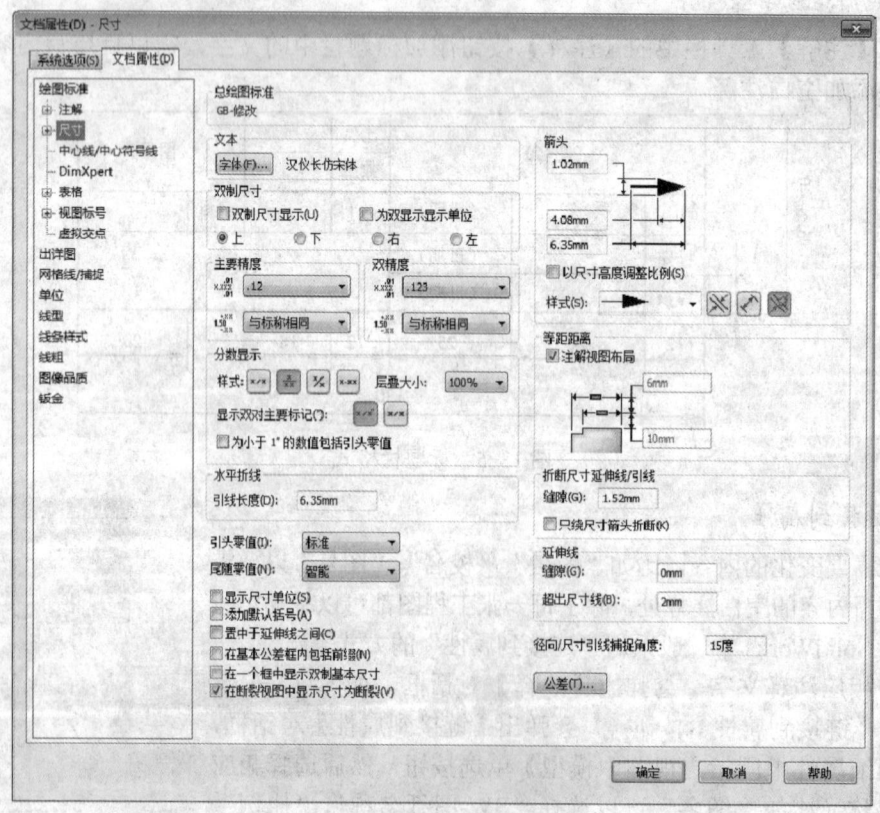

图 13-9 【尺寸】对话框

13.2.3 保存模板

右击特征管理器中【图纸 1】选项,从快捷菜单中选择【编辑图纸】命令,完成工程图模板设置。

选择菜单中【文件】→【另存为】命令,打开【另存为】对话框,在【保存类型】下拉列表框中选择"工程图模板(*.drwdot)",此时文件的保存目录会自动切换到SolidWorks 安装目录:\data\Templates,输入文件名为"a3-gb 自用",单击 保存(S) 按钮,生成新的工程图模板文件。

13.3 视图的生成

本节以实例的方式来介绍 SolidWorks 2012 工程图各种视图的生成方法。

13.3.1 标准视图

标准视图是根据模型不同方向的视图建立的视图,标准视图依赖于模型的放置位置。标准视图包括标准三视图、模型视图和相对位置视图。

1. 标准三视图

利用标准三视图可以为模型同时生成 3 个默认正交视图,即主视图、俯视图和左视图。主视图是模型的"前视"视图,俯视图和左视图分别是模型在相应位置的投影。

下面以一个支架为例来说明标准三视图的创建方法。操作步骤如下:

1) 单击【新建】按钮 ,出现【新建 SolidWorks 文件】对话框,选择"a3-gb 自用",单击 确定 按钮,新建一个工程图文件。

2) 单击【视图布局】工具栏中的【标准三视图】按钮 ,出现【标准三视图】对话框,如图 13-10 所示。单击 浏览... 按钮,出现【打开】对话框,选择"支架",单击 打开 按钮,建立标准三视图,如图 13-11 所示。

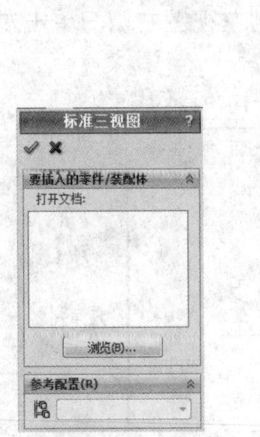
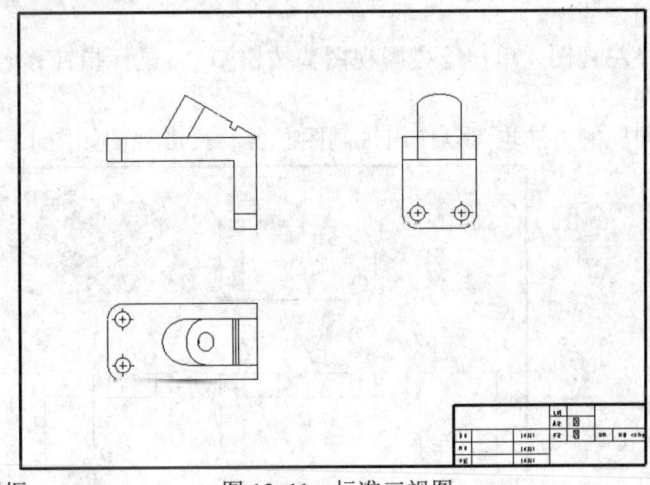

图 13-10 【标准三视图】对话框　　　　　图 13-11 标准三视图

2. 模型视图

模型视图可以根据现有零件添加正交或命名视图。

单击【视图布局】工具栏中的【模型视图】按钮 ,在图纸区域选择任意视图,出现【模型视图】对话框,如图 13-12 所示。选择"等轴测",在图纸区域选择合适位置,单击左键,建立等轴测视图,如图 13-13 所示。

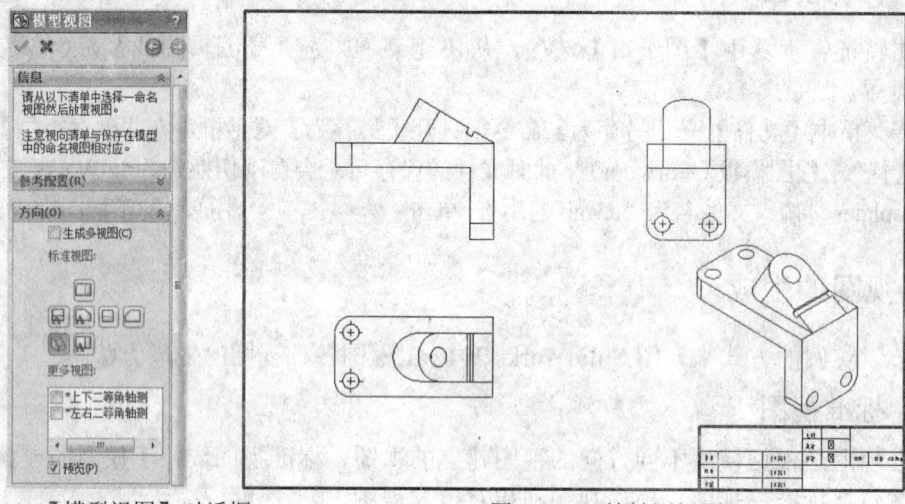

图 13-12 【模型视图】对话框　　　　图 13-13 等轴测视图

13.3.2 派生视图

派生视图是由其他视图派生的,包括投影视图、辅助视图、旋转视图、剪裁视图、局部视图、剖面视图、断开的剖视图和断裂视图。

1. 投影视图

投影视图是根据已有视图,通过正交投影生成的视图。

选择主视图,单击【投影视图】按钮,将鼠标指针移到主视图左侧,单击左键,作出右视图。

选择主视图,单击【投影视图】按钮,将鼠标指针移到主视图上方,单击左键,作出仰视图。

选择左视图,单击【投影视图】按钮,将鼠标指针移到左视图右侧,单击左键,作出后视图。

用同样的方法也可以作出轴测图。各种投影视图如图 13-14 所示。

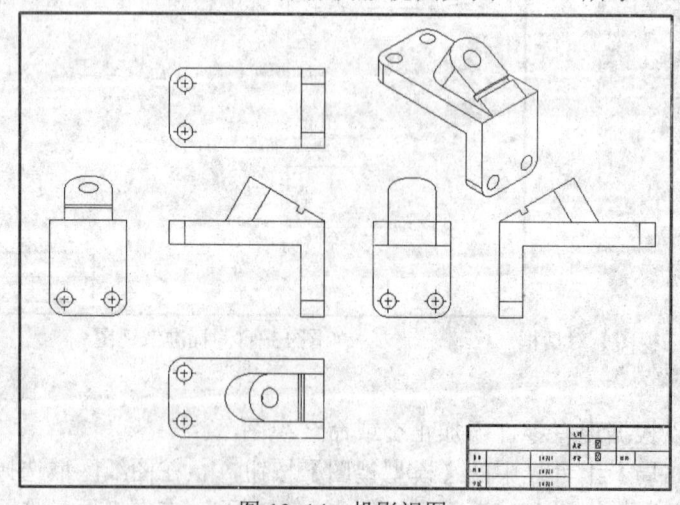

图 13-14 投影视图

2. 辅助视图

辅助视图相当于机械图样国标中的斜视图,用来表达机体倾斜结构。

删除前面的多余视图,单击【辅助视图】按钮,选择主视图中的斜边线,如图 13-15 所示。将鼠标指针移到所需位置,单击左键,放置视图,如有需要,则可以选中【辅助制图】对话框中的【反转方向】复选框,如图 13-16 所示。将标注的文字和箭头拖动到适当的位置。

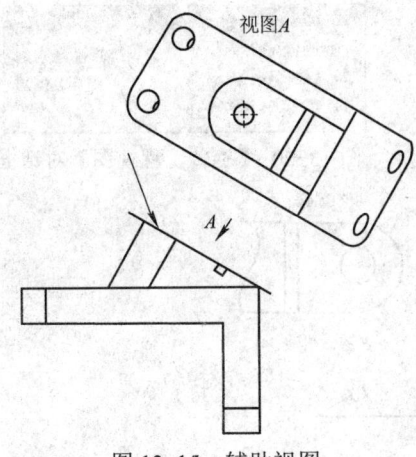
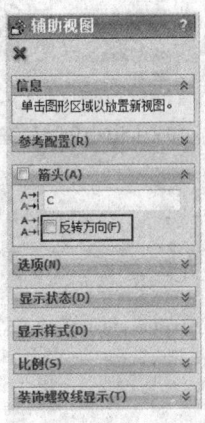

图 13-15　辅助视图　　　　　　图 13-16　【辅助视图】对话框

依次选择刚生成的斜视图中的需要隐藏的边线,然后单击如图 13-17 所示的临时工具条中的【隐藏/显示边线】按钮,将所选边线隐藏,然后利用草图中的【样条曲线】命令绘制波浪线,结果如图 13-18 所示。

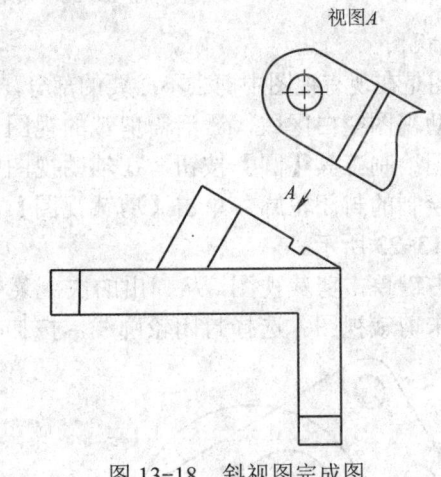

图 13-17　临时工具条　　　　　　图 13-18　斜视图完成图

提示　选择菜单【工具】→【选项】命令,在【文档属性】标签下选择【尺寸】选项卡,从中可以更改箭头大小;在【视图标号】选项卡中的【辅助视图】选项组中,可以更改辅助视图箭头文字和标号文字的大小。

3. 旋转视图

通过旋转视图,可将视图绕其中心点转动任意角度,或通过旋转视图将所选边线设置为水平或竖直方向。

用鼠标右键单击辅助视图边界空白区，从快捷菜单中选择【缩放/平移/旋转】→【旋转视图】命令，如图 13-19 所示；出现【旋转工程视图】对话框，如图 13-20 所示；在【工程视图角度】文本框内输入合适的角度，单击 应用 按钮，关闭对话框。

选择辅助视图，将其移动到合适位置，并且修改注释内容，结果如图 13-21 所示。

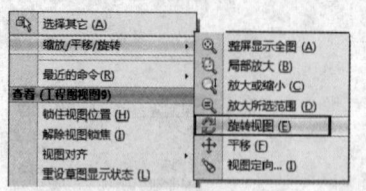

图 13-19　右键快捷菜单

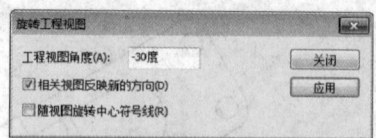

图 13-20　【旋转工程视图】对话框

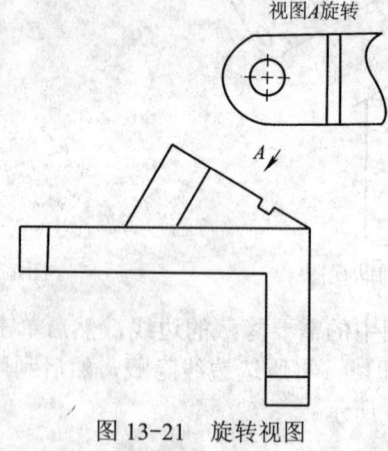

图 13-21　旋转视图

4. 剪裁视图

剪裁视图是在现有视图中剪去不必要的部分，使得视图所表达的内容既简练又突出重点。

双击辅助视图空白区域，激活需剪裁的视图。

单击草图绘制工具【圆】按钮，在辅助视图中绘制封闭轮廓线，如图 13-22 所示。

选择所绘制的封闭轮廓，单击【剪裁视图】按钮，视图多余部分被剪掉，完成剪裁视图，如图 13-23 所示。

用鼠标右键单击剪裁视图，从弹出的快捷菜单中选择【剪裁视图】→【移除剪裁视图】命令，出现未剪裁视图。选择封闭轮廓线，按 Delete 键，即可恢复视图原状。

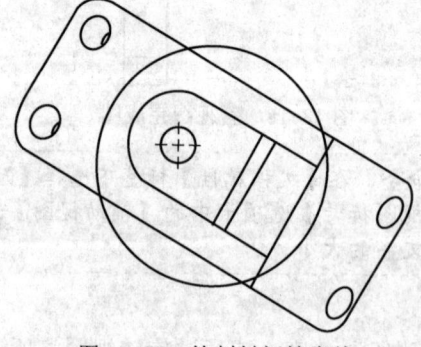

图 13-22　绘制封闭轮廓线

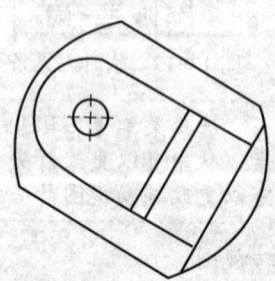

图 13-23　剪裁视图

5. 局部视图

局部视图用来放大显示现有视图某一局部的形状，相当于机械图样国标中的局部放大图。

单击【局部视图】按钮 ⒶⒶ，在预建局部视图的部位绘制圆，此时会显示【局部视图】对话框，如图 13-24 所示。可以在对话框中设置标注文字的内容和大小以及视图放大比例。用鼠标指针移到所需位置，单击左键，放置视图，如图 13-25 所示。

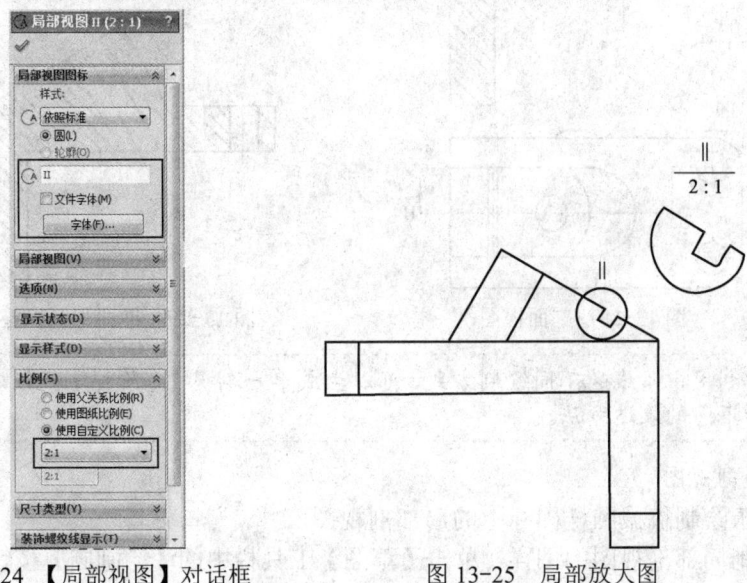

图 13-24　【局部视图】对话框　　　图 13-25　局部放大图

6. 剖面视图

剖面视图用来表达机体的内部结构，用该命令可以绘制机械图样国标中的全剖视图和半剖视图。

选中俯视图，单击【中心线】按钮，绘制中心线，如图 13-26 所示。要求中心线通过圆心，且要超过视图中几何体边线。

按下 Ctrl 键，复选 3 条中心线，单击【剖面视图】按钮，出现生成剖面视图提示，将鼠标指针移到所需位置，单击左键，放置视图，出现【剖面视图】对话框，如图 13-27 所示。选中【反转方向】复选框，单击【确定】按钮，结果如图 13-28 所示。

单击转折处多余线条，从弹出的快捷菜单中选择【隐藏边线】命令；单击【注解】工具栏中的【中心线】按钮可以方便地在对称结构处绘制中心线，最终结果如图 13-29 所示。

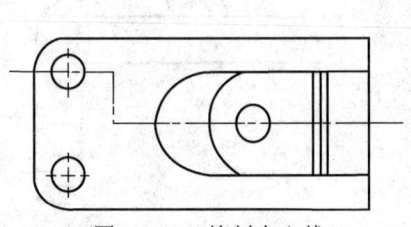

图 13-26　绘制中心线

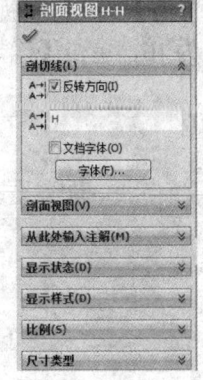

图 13-27　【剖面视图】对话框

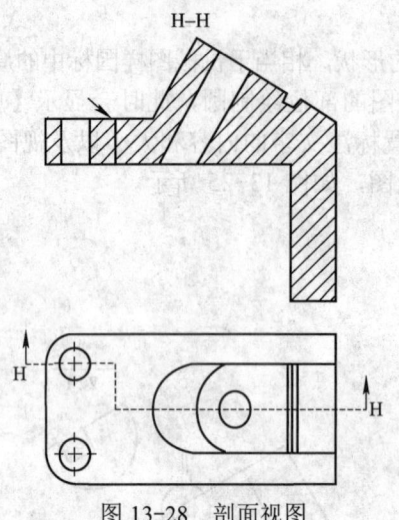
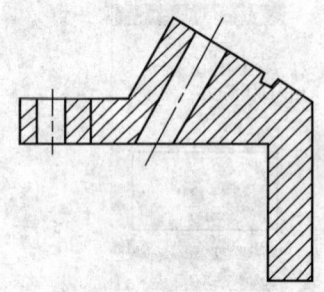

图 13-28　剖面视图　　　　　图 13-29　剖面视图修整

> **提示**　利用中心线的不同绘制方式，可以生成单一剖视图、阶梯剖视图以及旋转剖视图等不同的表达方法。

7. 断开的剖视图

该命令用于绘制机械图样国标中的局部剖视图。

选择需绘制局部剖视图的图样，单击【草图】工具栏中的【绘制圆】按钮 ◎，绘制圆，如图 13-30 所示。

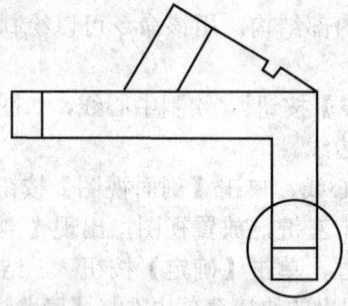

图 13-30　绘制圆

选取圆，单击【断开的剖视图】按钮，出现【断开的剖视图】对话框，如图 13-31 所示。"深度"设置为 10，单击【确定】按钮 ✓，绘制中心线后结果如图 13-32 所示。

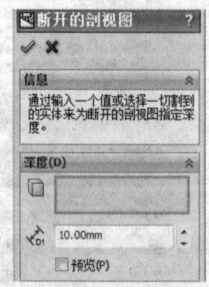
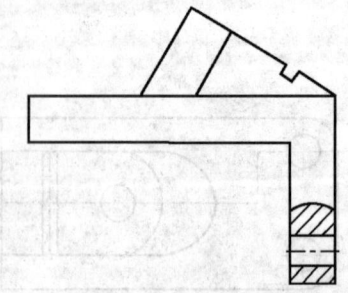

图 13-31　【断开的剖视图】对话框　　　　图 13-32　局部剖视图

8. 断裂视图

对于较长的机件（如轴、杆、型材等），沿长度方向的形状一致或按一定规律变化，可用【断裂视图】命令将其断开后缩短绘制，而与断裂区域相关的参考尺寸和模型尺寸反映实际的模型数值。

建立一个较长件的主视图，以一根轴的工程图为例。

单击【断裂视图】按钮，选择主视图，弹出【断裂视图】对话框，如图 13-33 所示。修改"缝隙大小"以及"折断线样式"，此时视图中出现一条竖直折断线，如图 13-34 所示。

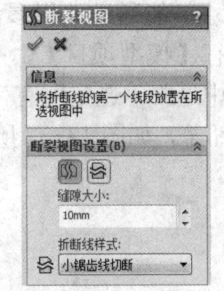

图 13-33 【断裂视图】对话框

用鼠标指针拖动断裂线到所需位置，单击【确定】按钮，结果如图 13-35 所示。

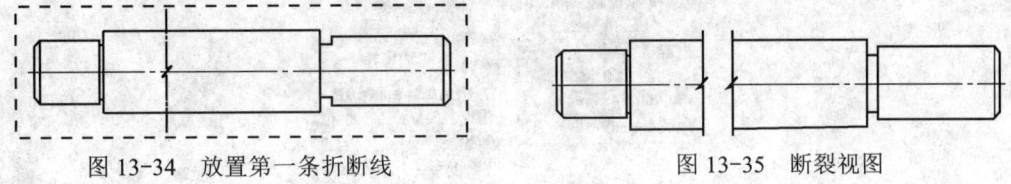

图 13-34 放置第一条折断线　　　　　图 13-35 断裂视图

13.4 工程图尺寸标注

在工程图中标注尺寸，一般先将生成每个零件特征时的尺寸插入到各个视图中，然后通过编辑、添加尺寸，使标注的尺寸达到正确、完整、清晰和合理的要求。

SolidWorks 2012 工程图的尺寸标注功能强大，本节只简单介绍最常用的命令使用方法。

13.4.1 自动标注尺寸

打开前面用到的支架工程图，如图 13-36 所示。

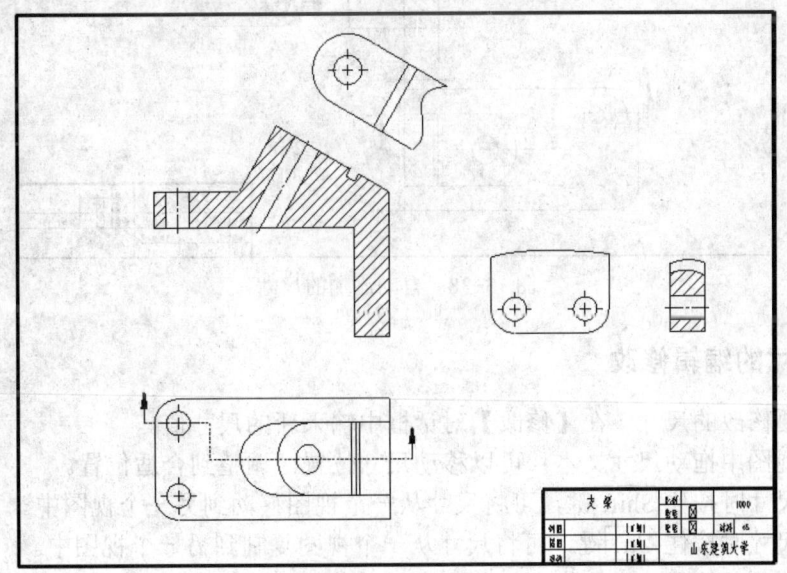

图 13-36 标注尺寸前

单击【注解】工具栏中的【模型项目】按钮，自动添加尺寸，添加的模型尺寸属于驱动尺寸，能通过编辑参考尺寸的数值来更改模型。

执行【模型项目】命令后，出现【模型项目】对话框，选择"整个模型"，在【尺寸】选项组中选择"选定所有"，"消除重复"，选中【将项目输入到所有视图】复选框，单击【确定】按钮，如图13-37所示。执行【模型项目】命令后，自动标注的尺寸如图13-38所示。

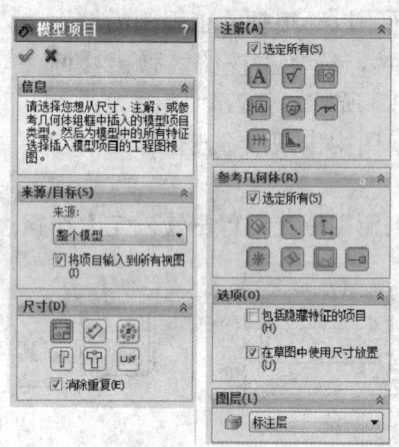

图13-37 【模型项目】对话框

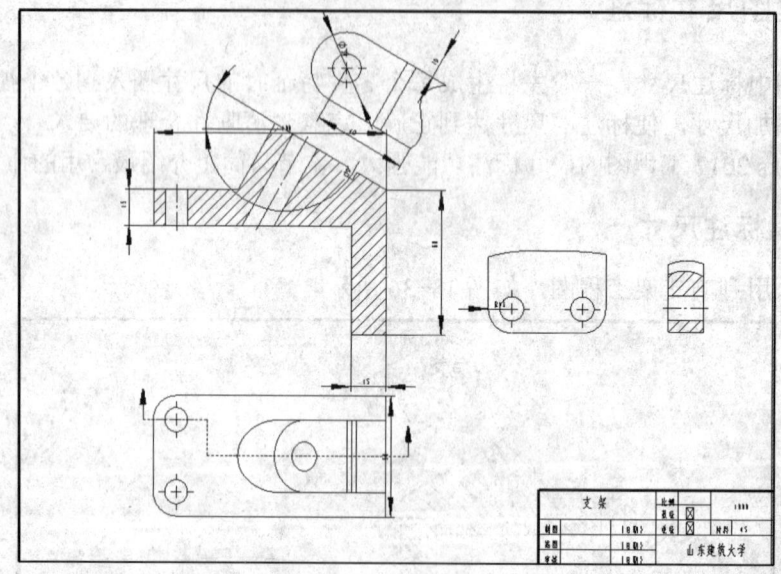

图13-38 自动添加的尺寸

13.4.2 尺寸的编辑修改

双击需要修改的尺寸，在【修改】对话框中输入新的尺寸值。

在工程视图中拖动尺寸文本，可以移动尺寸位置，调整到合适位置。

在拖动尺寸时按住 Shift 键，可将尺寸从一个视图移动到另一个视图中。

在拖动尺寸时按住 Ctrl 键，可将尺寸从一个视图复制到另一个视图中。

选择需要删除的尺寸，按 Delete 键即可删除指定尺寸。

双击某一尺寸，可以打开【尺寸】对话框，如图 13-39 所示。在对话框里可以对"数值"、"引线"以及文字等内容进行修改。

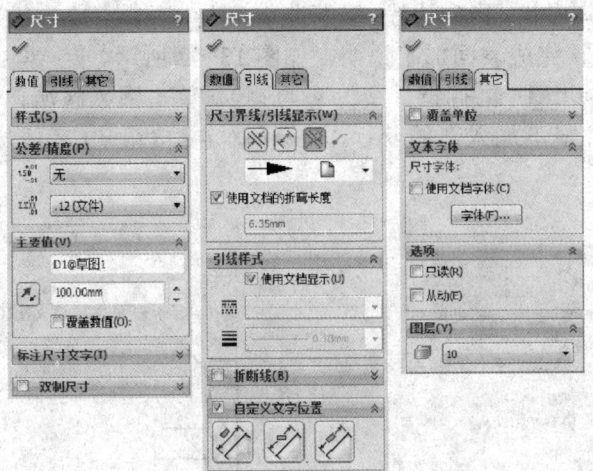

图 13-39 【尺寸】对话框

需要添加的尺寸，可以单击【注释】工具栏中的【智能尺寸】按钮来添加。
修改调整完毕，如图 13-40 所示。

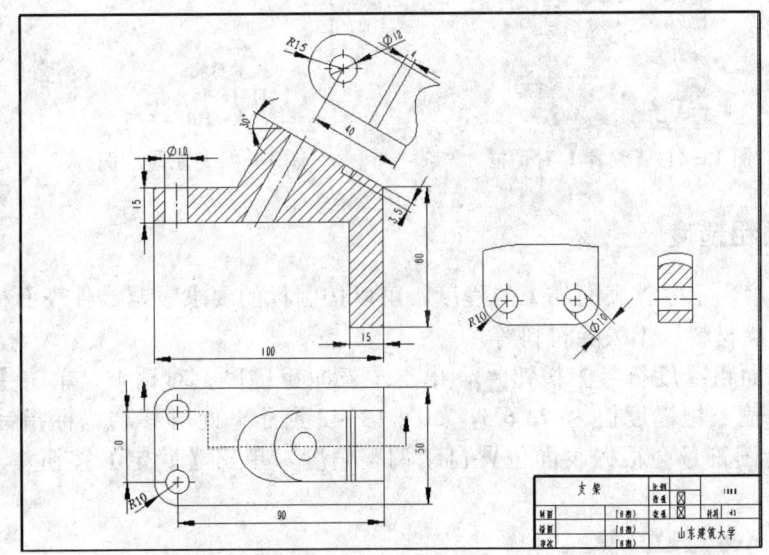

图 13-40 尺寸完成图

13.5 工程图其他标注

工程图中描述与制造过程相关的标示符号都是工程图注解，包括注释、表面粗糙度、形位公差等。

13.5.1 文本注释

利用文本注释，可以在工程图中的任意位置添加文本，如添加工程图中的"技术要求"

等内容。

单击【注解】工具栏中的【注释】按钮A，弹出【注释】对话框，如图13-41所示。此时鼠标指针变为形状，指向边线，鼠标指针变为形状，单击确认，输入注释内文字，单击【确定】按钮，完成表面加工说明，如图13-42所示。

单击【注释】按钮A，鼠标指针变为形状，单击图纸区域，输入注释内文字，按Enter键，在现有的注释下加入新的一行，单击【确定】按钮，完成技术要求，如图13-42所示。

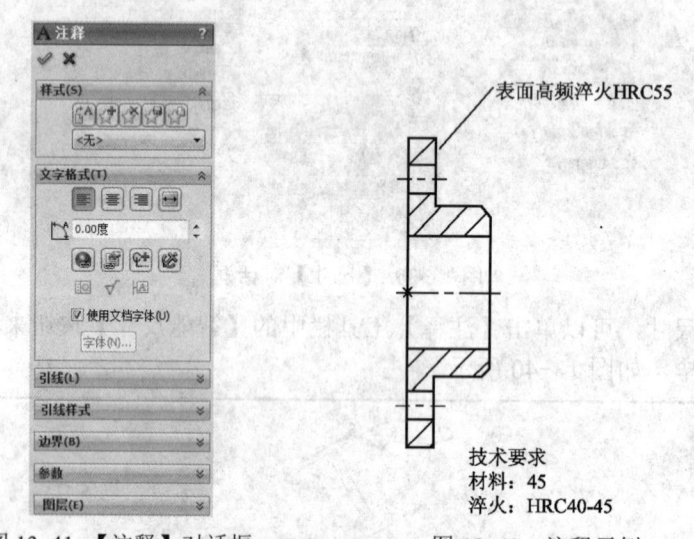

图13-41 【注释】对话框　　　　图13-42 注释示例

13.5.2 表面粗糙度

表面粗糙度表示零件表面加工的程度。可以按国标的要求设定零件表面粗糙度，包括基本符号、去除材料、不去除材料等。

单击【表面粗糙度符号】按钮，出现【表面粗糙度】对话框，单击【要求切削加工】按钮，输入粗糙度值为 Ra 6.3，如图13-43所示。此时移动鼠标指针靠近需标注的表面，粗糙图符号会根据表面位置自动调整角度，单击【确定】按钮，完成标注，如图13-44所示。

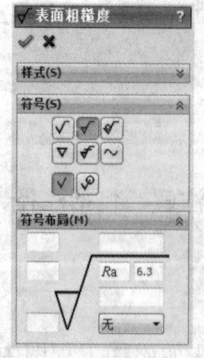
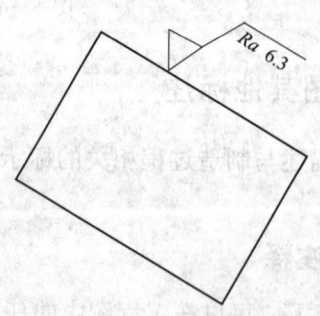

图13-43 【表面粗糙度】对话框　　　　图13-44 粗糙度示例

符号说明：
- ☑基本。
- ☑要求切削加工。
- ☑禁止切削加工。
- ▽JIS 基本。
- ▽JIS 研磨。
- ～JIS 未加工。

> 提示：不关闭【表面粗糙度】对话框，可添加多个表面粗糙度符号。

13.5.3 几何公差

在工程图中可以添加几何公差，包括设定几何公差的代号、公差值、原则等内容，同时可以为同一要素生成不同的几何公差。

> 提示：国家标准 GB/T1182—2008 将形位公差改称为几何公差，SolidWorks 2012 仍沿用形位公差的叫法。

单击【形位公差】按钮，出现【形位公差】对话框及【属性】对话框。在【形位公差】对话框里设置引线样式（一般选中"引线"及"垂直引线），如图 13-45 所示；在【属性】对话框内选择形位公差符号，设定公差值以及基准等内容，如图 13-46 所示，在图纸区域单击放置形位公差。如果需要添加其他形位公差，则可继续添加，最后单击【确定】按钮☑即可，示例如图 13-47 所示。

在绘图区域中拖动形位公差或其箭头，可以移动形位公差位置。双击形位公差，可以编辑形位公差。

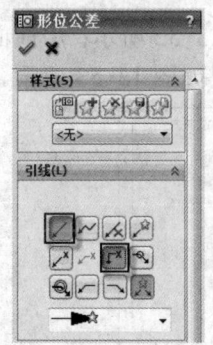 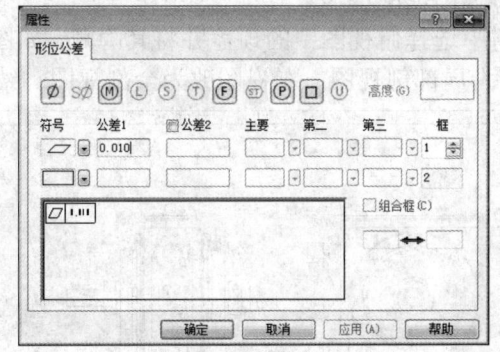 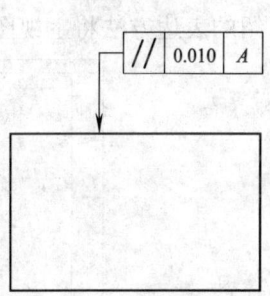

图 13-45 【形位公差】对话框　　图 13-46 【属性】对话框　　图 13-47 形位公差示例

13.5.4 基准符号

单击【基准特征】按钮，出现【基准特征】对话框，如图 13-48 所示。SolidWorks 2012 默认的基准符号不符合新国标的规定，因此要设定一下：去掉【引线】选项卡中【使用文件样式】前面的对号，此时对话框变为如图 13-49 所示。选中"方形"及"实三角形"，设置完毕，选择要标注基准的位置，单击确认，拖动预览，单击确认，单击【确定】按钮☑，完成基准特征，如图 13-50 所示。

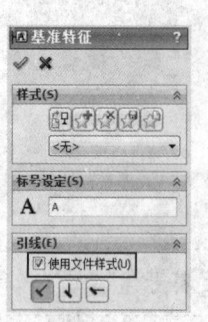 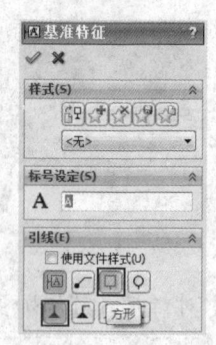 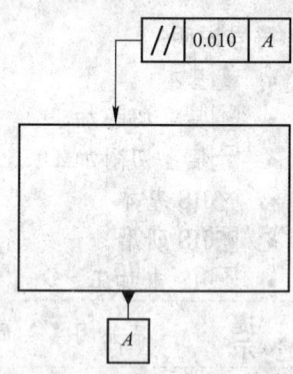

图 13-48 【基准特征】对话框 1　　图 13-49 【基准特征】对话框 2　　图 13-50 基准特征示例

13.6 装配工程图

SolidWorks 2012 中装配工程图的生成方法和零件工程图类似，读者可以参考上一节介绍的各种表达方法进行学习。本节主要简单介绍装配工程图生成时，零件明细表、零件编号的生成方法。

13.6.1 装配工程图生成

下面以一个齿轮箱为例来介绍装配工程图的创建方法。

1）单击【新建】按钮，出现【新建 SolidWorks 文件】对话框，选择"a2-gb"，单击 确定 按钮，新建一个工程图文件。

2）单击【视图布局】工具栏中的【标准三视图】按钮，出现【标准三视图】对话框，单击 浏览... 按钮，出现【打开】对话框，选择绘制好的齿轮箱装配图，单击 打开 按钮，建立标准三视图，如图 13-51 所示。

3）在左侧特征设计树中选择俯视图中的顶盖并将其隐藏，如图 13-52 所示；用前面介绍的表达方法将主视图改为局部剖视图，左视图改为全剖视图，结果如图 13-53 所示。

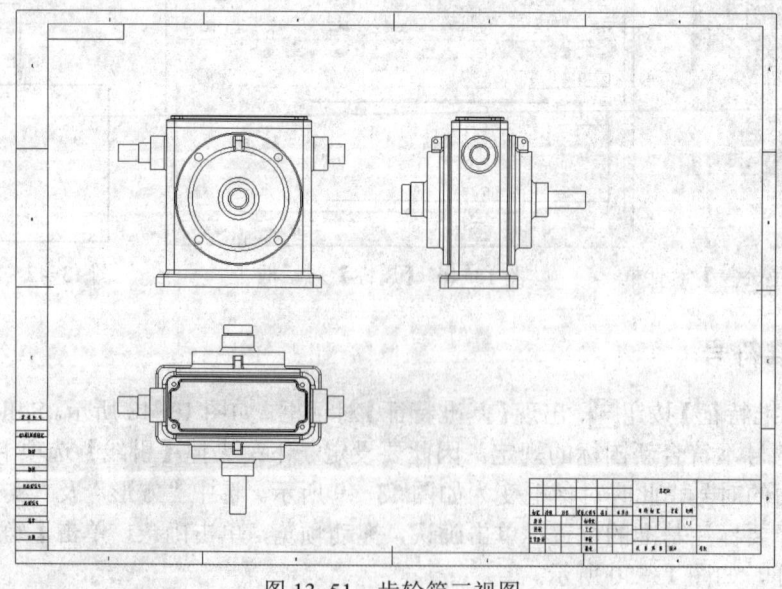

图 13-51　齿轮箱三视图

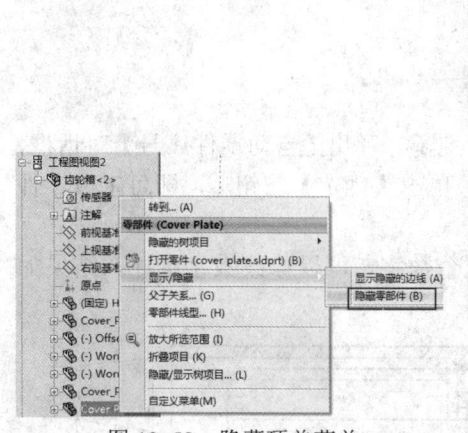

图 13-52　隐藏顶盖菜单　　　　图 13-53　修改三视图

13.6.2　生成材料明细表

明细表是装配工程图不可缺少的。不同的用户可以根据自己的需要设计自己的明细表。SolidWorks 2012 支持用 Excel 等软件制作的表格，篇幅所限，这里就不介绍了。下面利用 SolidWorks 2012 自带的明细表模板来简单介绍明细表的生成。

1）首先在设计树中选择【材料明细表定位点】→【设定定位点】选项，如图 13-54 所示，然后在绘图区选择标题栏右上角作为定位点。

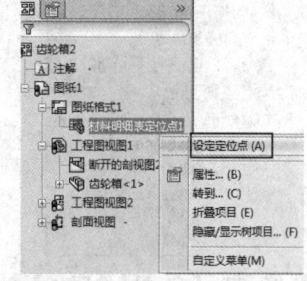

2）选择【插入】→【表格】→【材料明细表】命令，然　图 13-54　设定定位点菜单
后在【材料明细表】对话框中选择 ":\Program Files\SolidWorks Corp\SolidWorks\lang\chinese-simplified" 路径，选中其中的 "gb-bom-material" 模板文件，选中【附加到定位点】复选框，选择【缩进】单选按钮，如图 13-55 所示。单击【确定】按钮，即可生成符合国标的材料明细表，如图 13-56 所示。

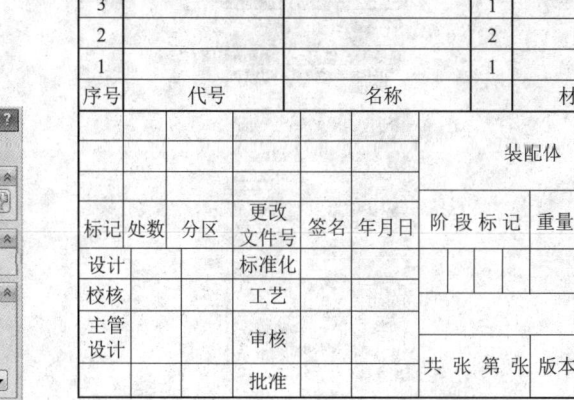

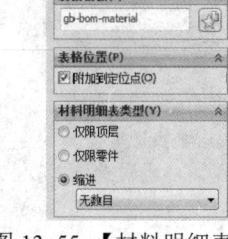

图 13-55　【材料明细表】对话框　　　　图 13-56　材料明细表

3）可以直接填写明细表内的内容或者利用"属性链接"自动添加内容。

13.6.3 生成零件序号

1. 自动零件序号

1）单击【注解】工具栏中的【自动零件序号】按钮，弹出【自动零件序号】对话框，如图 13-57 所示。选择主视图，然后设定相关参数，单击【确定】按钮，即可生成零件序号。

2）拖动每一个序号，可以调整位置，双击每一个数字，可以修改数字顺序，结果如图 13-58 所示。

图 13-57 【自动零件序号】对话框

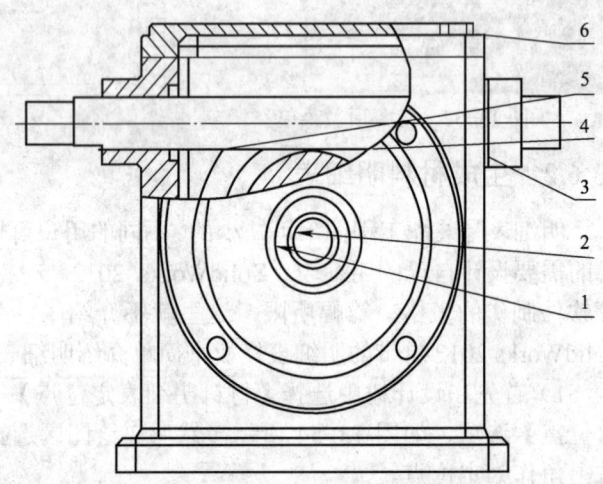

图 13-58 自动零件序号

2. 手动零件序号

如果使用【自动零件序号】命令生成的序号不完整或者错误较多，则可以使用手动零件序号逐个添加。

单击【注解】工具栏中的【零件序号】按钮，弹出【零件序号】对话框，如图 13-59 所示，然后设定相关参数，拖动鼠标指针安放序号，单击【确定】按钮，即可手动生成零件序号，如图 13-60 所示。

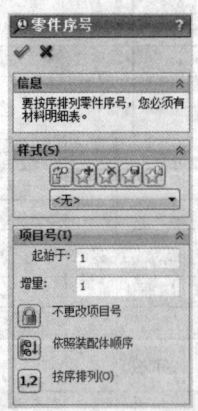

图 13-59 【零件序号】对话框

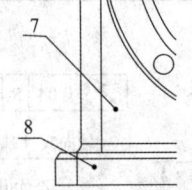

图 13-60　手动生成零件序号

> 提示：单击【确定】按钮 ✓ 之前,可以连续手动添加多个序号。

13.6.4　完善装配工程图

装配图上尺寸比较少,主要包括总体尺寸、配合尺寸、安装尺寸、规格尺寸等,可以手动逐一添加,这里不再赘述。

使用【注释】命令添加相关技术要求,即可完成一张完整的装配工程图了。

13.7　课后练习

1. SolidWorks 工程图文件的扩展名是什么?
2. 描述工程图格式与工程图模板的差异。
3. 如何向工程图中插入标准三视图?
4. 如何在一个注解上添加多条引线?
5. 在工程图中如何显示和隐藏边线?
6. 如何改变视图的比例?
7. 什么是局部视图?如何创建局部视图?
8. 完成图 13-61 和图 13-62 所示的零件造型并完成工程图。

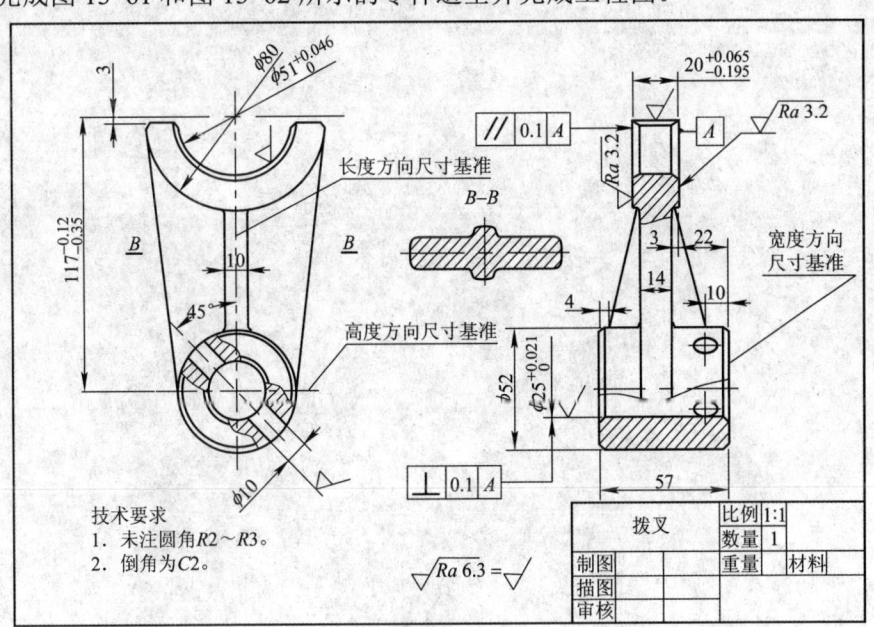

图 13-61　零件造型 1

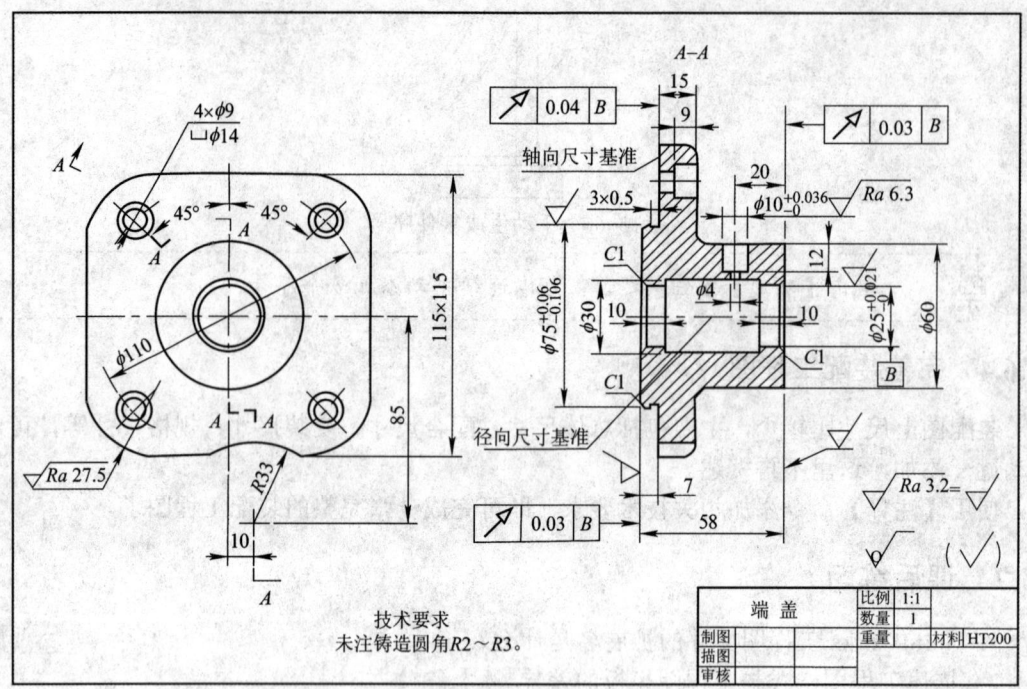

图 13-62 零件造型 2

第 14 章 其他应用

【内容与要求】

　　SolidWorks 2012 除了常用的零件、装配、钣金、工程图应用模块以外，还包括了其他丰富的应用，如运动仿真动画、受力分析、焊接件等。限于篇幅所限，本章只对这些应用进行一些简单介绍。

　　本章应达到如下目标：
- 了解运动仿真及动画的基本操作。
- 了解静力分析的基本方法。
- 了解焊接件的基本创建方法。

14.1 运动仿真及动画

14.1.1 基础知识

　　机构运动仿真能够对装配模型进行运动仿真。其方法是首先利用自动或人为的方式指定固定件和运动件，然后根据装配关系定义各关节的运动特性，在此基础上进行运动仿真。

　　在 SolidWorks 2012 中，运动仿真动画是通过定义运动算例的方法来实现的。运动算例是装配体模型运动的图形模拟。除了运动，还可以将诸如光源和相机透视图之类的视觉属性融合到运动算例中。

　　运动算例不更改装配体模型或其属性。它们模拟并动画模型规定的运动。可使用 SolidWorks 配合在建模运动时约束零部件在装配体中的运动。

　　在运动算例中，一般使用 MotionManager（运动管理器）来管理动画，此为基于时间线的界面，包括以下运动算例工具。

1. 动画

可使用动画来动态模拟装配体的运动。
- 添加马达来驱动装配体一个或多个零件的运动。
- 使用设定键码点在不同时间规定装配体零部件的位置。动画使用插值来定义键码点之间装配体零部件的运动。

2. 基本运动

可使用基本运动在装配体上模仿马达、弹簧、接触和引力。基本运动在计算运动时考虑到质量。基本运动计算相当快，所以可将之用来生成使用基于物理的模拟的演示性动画。

3. 运动分析

运动分析可在 SolidWorks premium 的 SolidWorks Motion 插件中使用。可使用运动分析

在装配体上精确模拟和分析运动单元的效果（包括力、弹簧、阻尼以及摩擦）。运动分析使用计算能力强大的动力求解器，在计算中考虑到材料属性和质量及惯性，还可使用运动分析来标绘模拟结果供进一步分析。

此外，还可使用 MotionManager 工具栏来更改视点、显示属性以及生成描绘装配体运动的可分发的演示性动画。

14.1.2 运动仿真实例

本节以实例的方式简单介绍机构运动仿真的方法和过程。

1）打开<安装目录>\samples\handson\addmotor\4bar1.sldasm。单击【装配体】工具栏中的【新建运动算例】按钮，此时在下方会出现【MotionManager】工具栏，如图 14-1 所示。

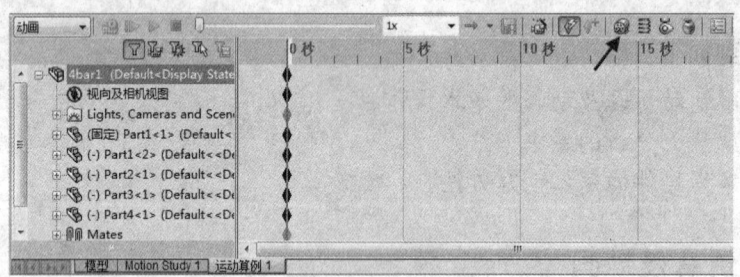

图 14-1 【MotionManager】工具栏

2）单击【马达】按钮，在【马达】对话框中单击【旋转马达】按钮。对于【马达方向】，选择图形区域中的面 "面<1>@Part2-1"。单击【马达方向】按钮以匹配该图像的马达方向。在【运动】选项组中，对于选择 "等速"，速度设为 30，然后单击【确定】按钮，如图 14-2 所示。

3）在【MotionManager】工具栏中用鼠标右键单击 4bar1 的持续时间键，然后选择【编辑关键点时间】命令，如图 14-3 所示。在弹出的【编辑时间】对话框中将持续时间改为 "6.00 秒"，如图 14-4 所示。单击【从头播放】按钮，如图 14-5 所示，即可观察运动效果。

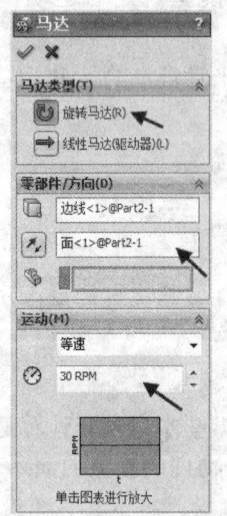

图 14-2 【马达】对话框

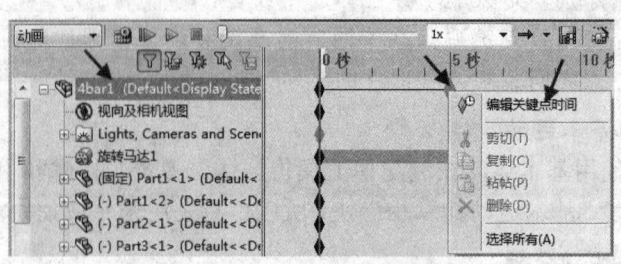

图 14-3 编辑关键点时间

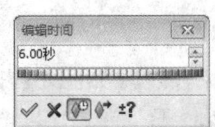
图 14-4 【编辑时间】对话框

图 14-5 【从头播放】按钮

4）在【MotionManager】设计树中扩展打开【配合】按钮,对于"Concentric 2",用鼠标右键单击"2 秒钟"位置,在弹出的快捷菜单中选择【放置键码】选项,如图 14-6 所示。在 4 秒钟处为"Concentric 2"放置另一个键码,如图 14-7 所示。然后将时间栏拖动到 2 秒钟,右键单击【MotionManager】设计树中的"Concentric 2"并选择【压缩】命令。此时将压缩 2 秒钟和 4 秒钟标记之间的配合,如图 14-8 所示。单击【计算】按钮,播放动画查看效果。

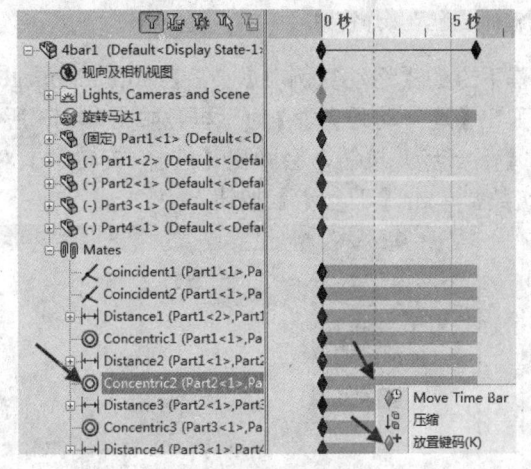

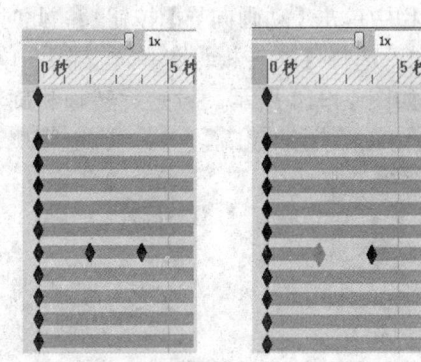

图 14-6 放置键码 1　　　图 14-7 放置键码 2　　　图 14-8 压缩

5）创建一个新文件夹,如起名为"运动算例"。单击位于绘图区右侧的【设计库】按钮,然后单击【添加文件位置】按钮,找到新建的"运动算例"文件夹,然后单击确定,如图 14-9 所示。在设计库中选取"运动算例",从【MotionManager】设计树用右键单击"旋转马达 1"然后选取【添加到库】命令,如图 14-10 所示。在弹出的【添加到库】对话框中起一个合适的名字,然后选取"运动算例"文件夹,然后单击按钮,如图 14-11 所示,即可保存马达设置以便在其他运动算例中使用。

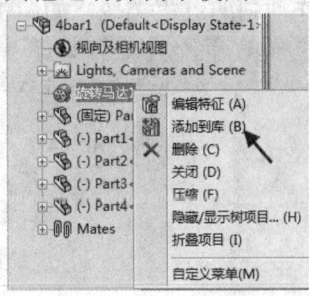

图 14-9 添加文件夹　　　图 14-10 添加到库　　　图 14-11 【添加到库】对话框

14.1.3　简单动画实例

SolidWorks 2012 除了可以实现装配体的运动仿真以外,还可以方便地实现旋转展示、爆炸、爆炸恢复等动画效果，下面简单介绍一下。

假设前面已经完成了一个装配体的装配及爆炸视图的操作，如图14-12所示的齿轮箱。

图14-12 齿轮箱的装配及爆炸视图

1）打开齿轮箱的装配体文件，单击屏幕下方的【运动算例 1】，在【MotionManager】工具栏中单击【动画向导】按钮，此时会弹出【选择动画类型】对话框，如图14-13所示。

2）选择【旋转模型】单选按钮，单击【下一步】按钮，会弹出【选择-旋转轴】对话框，如图14-14所示。设定旋转轴和旋转次数，单击【下一步】按钮。

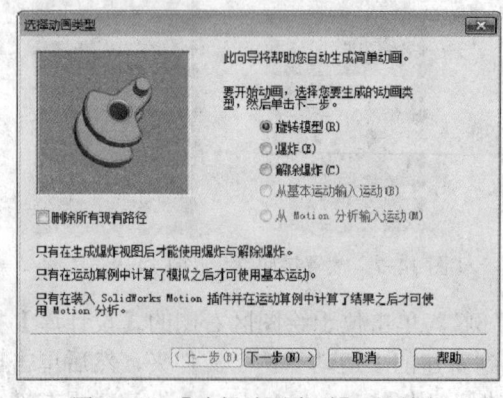
图14-13 【选择动画类型】对话框

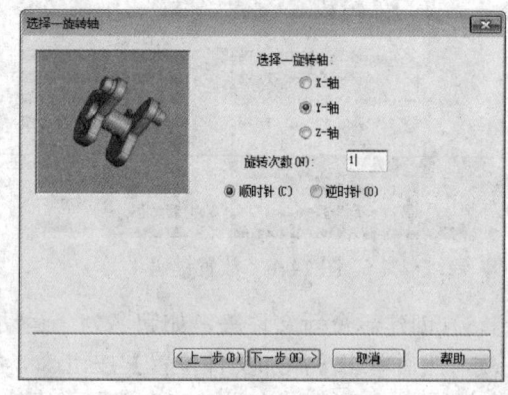
图14-14 【选择-旋转轴】对话框

3）在弹出的如图14-15所示的【动画控制选项】对话框中设置时间，单击【完成】按钮，即可生成旋转动画，生成的键码图如图14-16所示。播放动画即可查看效果。

4）生成爆炸动画和解除爆炸动画的过程类似，如图14-17所示为爆炸动画的键码图。

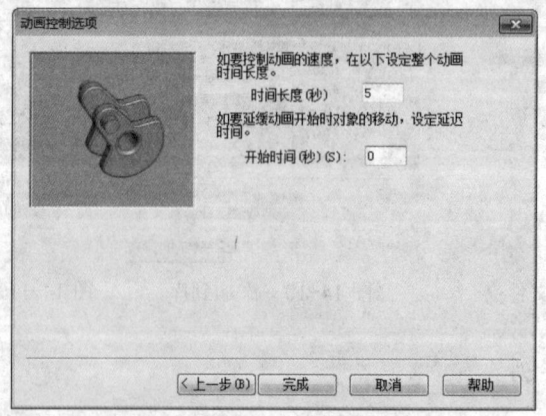

图14-15 【动画控制选项】对话框

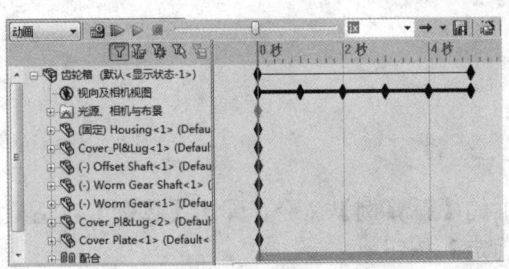 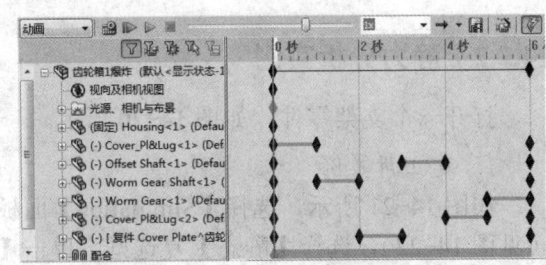

图 14-16　旋转动画的键码图　　　　　图 14-17　爆炸动画的键码图

14.2 静力分析

14.2.1 基础知识

SolidWorks 2012 包括一个完成的有限元插件 SolidWorks Simulation 以及一个简化的有限元模块 SimulationXpress。

SimulationXpress 为 SolidWorks 用户提供了一个容易使用的初步应力分析工具,它使用的设计分析技术与 SolidWorks Simulation 用来进行应力分析的技术相同。SolidWorks Simulation 的产品系列可提供更多的高级分析功能。二者的基本操作步骤大体是类似的:指定材料、夹具、载荷,进行分析和查看结果。

分析结果的精确度取决于材料属性、夹具和载荷。要使结果有效,指定材料属性必须准确描述零件材料,夹具与载荷也必须准确描述零件的工作条件。

本节以一个简单的实例来简单介绍 SolidWorks Simulation 插件的使用方法。

选择菜单中的【工具】→【插件】命令,弹出【插件】对话框,如图 14-18 所示。选中【SolidWorks Simulation】复选框单击【确定】按钮。此时就会添加【Simulation】面板,如图 14-19 所示。

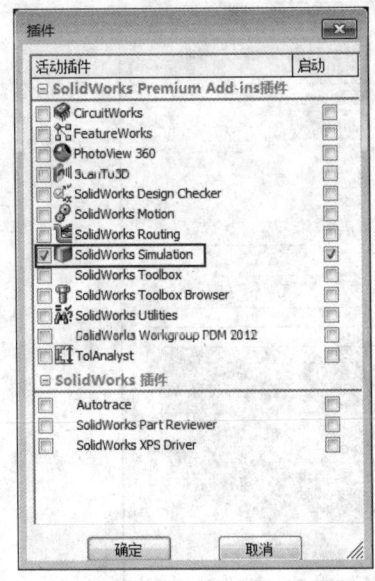 

图 14-18　【插件】对话框　　　　　　图 14-19　【Simulation】面板

14.2.2 静力分析实例

打开一个支架零件，如图 14-20 所示。

1. 建立新算例

如图 14-21 所示，选择【Simulation】面板中的【新算例】命令，弹出【算例】对话框（见图 14-22），选择【静态】复选框，单击【确定】按钮。

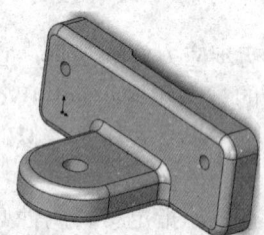

图 14-20 支架

图 14-21 【新算例】命令

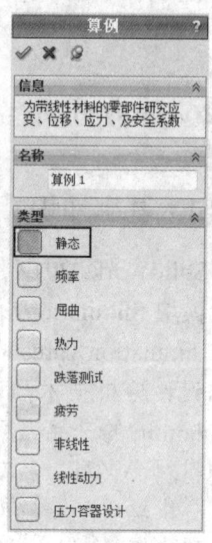

图 14-22 【算例】对话框

2. 指定材料

单击【Simulation】面板中的【应用材料】按钮，弹出【材料】对话框，如图 14-23 所示。选择"合金钢"，然后依次单击【应用】按钮 应用(A) 和【关闭】按钮 关闭(C)。

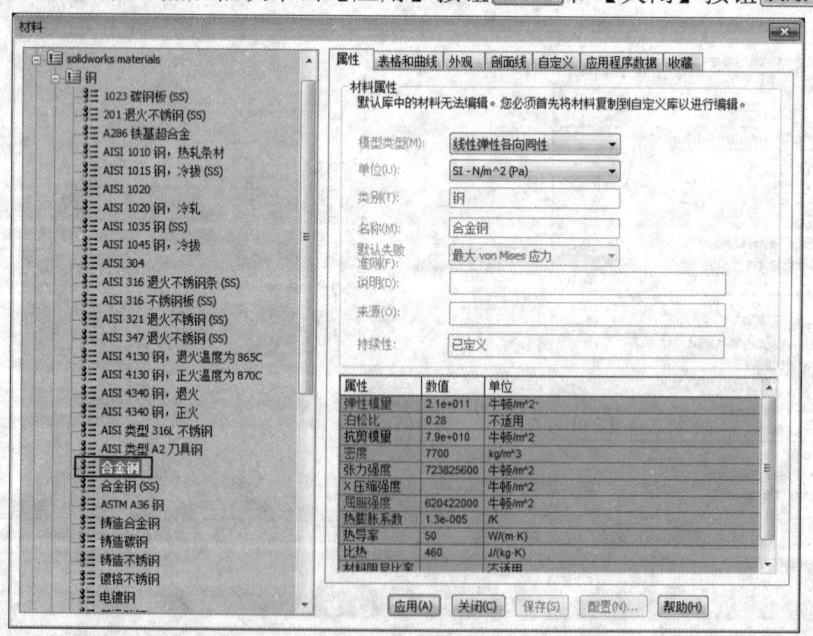

图 14-23 【材料】对话框

3. 添加夹具

如图 14-24 所示，选择【Simulation】面板中的【固定几何体】命令，弹出【夹具】对话框（见图 14-25）。此时选择零件的底部两个面，如图 14-26 所示。最后单击【确定】按钮。

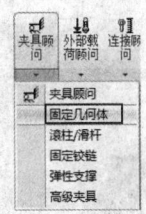  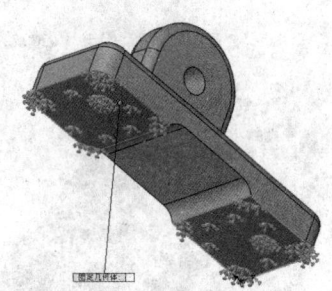

图 14-24 选择【固定几何体】命令　　图 14-25 【夹具】对话框　　图 14-26 选择底面

4. 添加外部载荷

选择【Simulation】面板中的【力】命令，如图 14-27 所示。弹出【力/扭矩】对话框，如图 14-28 所示。此时选择如图 14-29 所示的面，将力的大小设定为"1000N"，单击【确定】按钮。

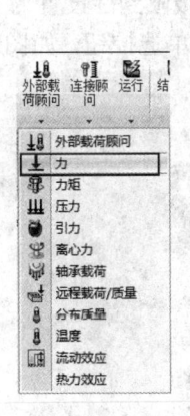 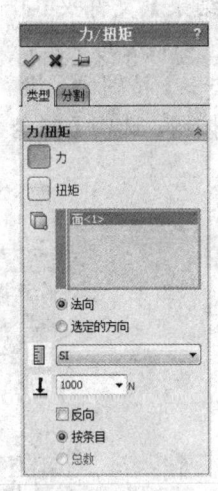 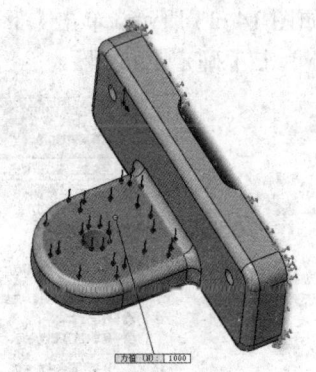

图 14-27 选择【力】命令　　图 14-28 【力/扭矩】对话框　　图 14-29 选择受力面

5. 运算受力结果

单击【Simulation】面板中的【运行】按钮，经过运算，即可得到静力分析结果，如图 14-30 所示。

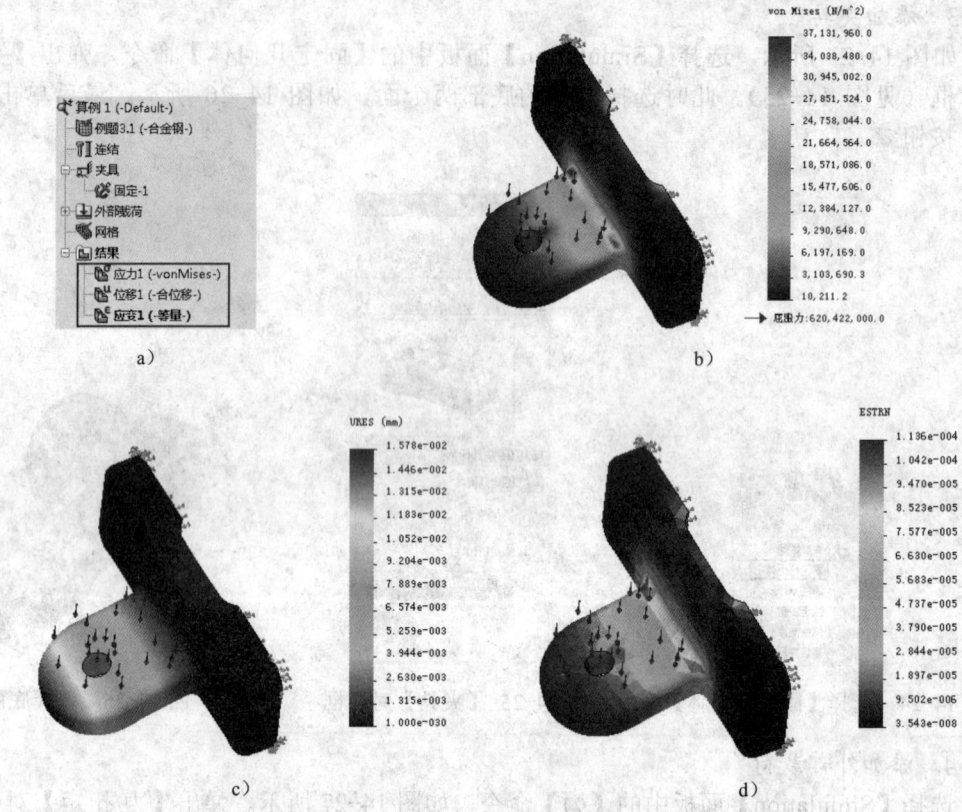

图 14-30 静力分析结果

a)【静力分析】算例树　b)应力结果　c)位移结果　d)应变结果

在 Simulation 算例树中右键单击【结果】文件夹，然后选择"定义安全系数图解"，如图 14-31 所示。左侧特征树显示【安全系数】对话框，如图 14-32 所示。将"准则"项设为"最大 von Mises 应力"，单击【下一步】按钮。将"设定应力极限到"设置为"屈服力"，如图 14-33 所示。单击【下一步】按钮。选中【安全系数分布】单选控钮，如图 14-34 所示。单击【确定】按钮。

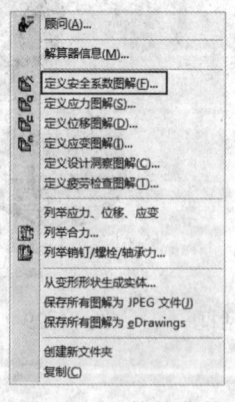
图 14-31　快捷菜单

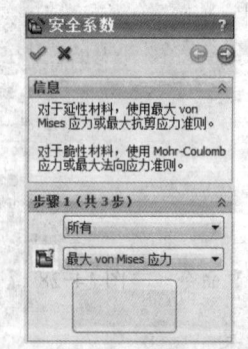
图 14-32　【安全系数】对话框 1

显示模型的安全系数分布图解，如图 14-35 所示。由图解可以看出该零件上各部分的安全系数。

图 14-33 【安全系数】对话框 2　　图 14-34 【安全系数】对话框 3　　图 14-35 安全系数分布

6. 生成算例报告

单击【Simulation】面板中的【报表】按钮，在弹出的【报告选项】对话框中（见图 14-36）设置【报表分段】列表框，填写【标题信息】选项组，以及在下方的文档设置中指定报表的名称、格式及保存路径。设置完成后单击【出版】按钮完成零件的分析过程。

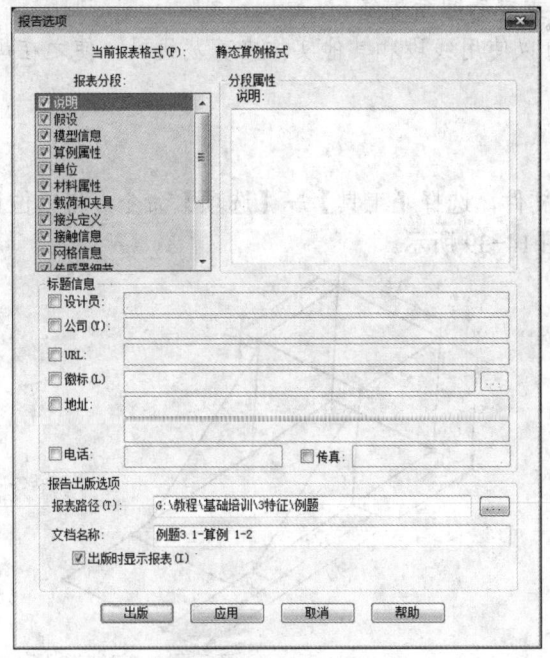

图 14-36 【报告选项】对话框

14.3 焊接件设计

14.3.1 基础知识

打开 SolidWorks 2012，新建一个零件文件，在面板区域单击右键，弹出快捷菜单，如图 14-37 所示。选择"焊件"，即可打开【焊件】面板，如图 14-38 所示。

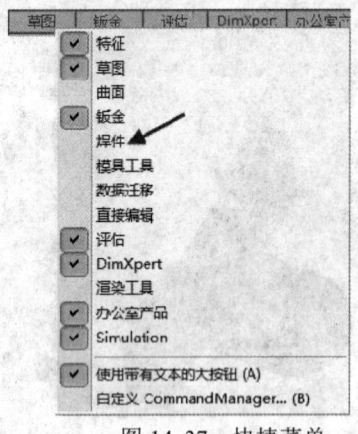

图 14-37 快捷菜单

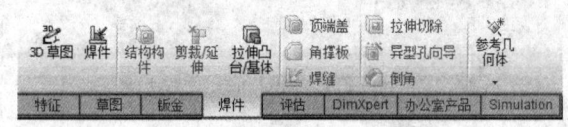

图 14-38 【焊件】面板

面板内常用命令作用如下：
- 结构构件：在焊件零件中添加或编辑结构构件时出现。
- 角撑板：可加固两个交叉带平面的结构构件之间的区域。
- 顶端盖：闭合敞开的结构构件。
- 焊缝：可在任何交叉的焊件实体（如结构构件、平板焊件、或角撑板）之间添加全长、间歇、或交错圆角焊缝。
- 剪裁/延伸：可以使用线段和其他实体来剪裁线段，使之在焊件零件中正确对接。

14.3.2 焊接件实例

1）新建一个零件文件，选择【工具】→【选项】命令，将单位设为英寸。使用 3D 草图工具，绘制草图如图 14-39 所示。

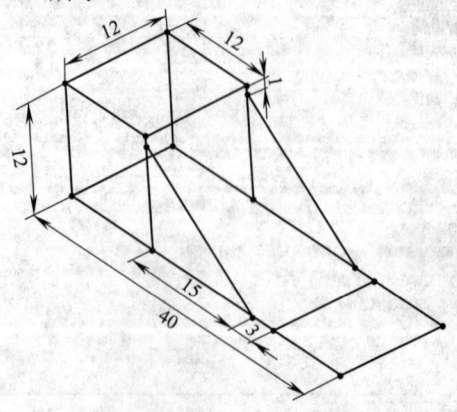

图 14-39 3D 草图

2）打开【焊接】面板，单击【结构构件】按钮，在【结构构件】对话框中按照如图 14-40 所示进行设置，选取最下面的 4 条边线，如图 14-41 所示。

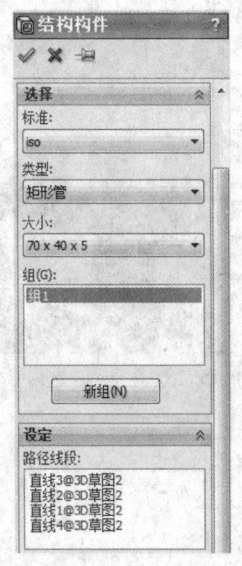

图 14-40 【结构构件】对话框

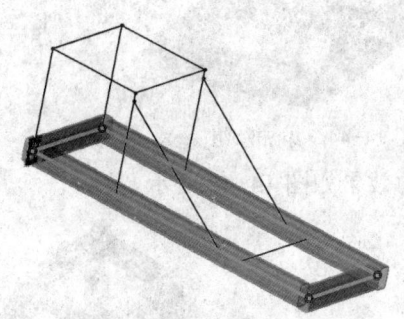

图 14-41 选取 4 条边线

单击连接处的点，选择合适的连接方式，如图 14-42 所示。

由于钢管在下料的时候，会比实际设计的长度短一些，所以如果不预留出距离，实际加工时会放不进去。设置钢管间的缝隙，设为"0.05in"，如图 14-43 所示。

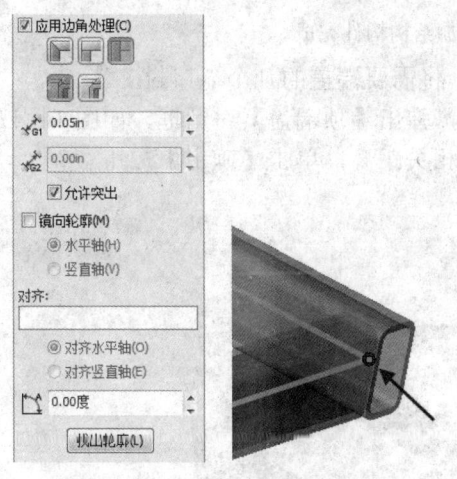

图 14-42 选取连接方式

图 14-43 留出间隙

3）单击【新组】按钮，然后选取如图 14-44 所示的边线，并设置不同组之间的缝隙为 0.1in。

按照同样的做法，添加余下的 5 组焊件。注意，添加两根成角度的焊管时，需要调整钢管的位置。这里用到了对齐，如图 14-45 所示。

图 14-44 添加新组

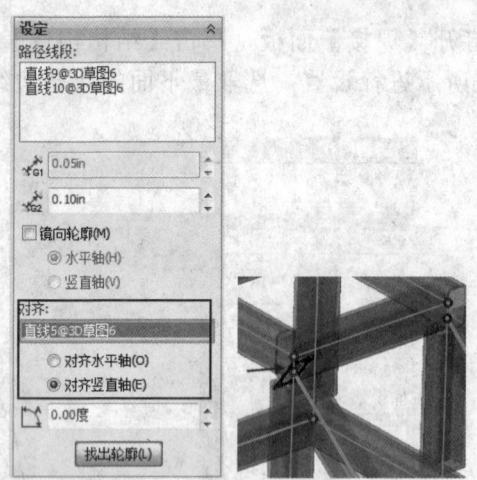
图 14-45 对齐垂直轴

完成后的效果如图 14-46 所示。

图 14-46 添加结构构件完成

4）下面插入顶端盖。插入顶端盖特征，将需要端盖的几个端口封上。

单击【焊件】面板中的【顶端盖】按钮，弹出【顶端盖】对话框，如图 14-47 所示。选择需要封口的端面，设置"厚度方向"及相关距离，单击【确定】按钮 ✓。

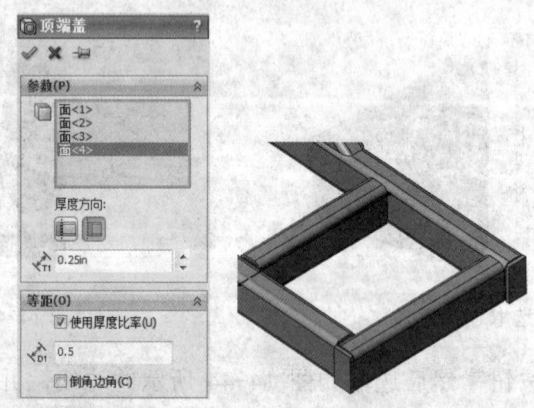
图 14-47 添加顶端盖特征

5）选择【特征】面板中的【参考几何体】→【基准面】命令，如图 14-48 所示。在如图 14-49 所示的【基准面】对话框中选择等距平面，距离上视基准面 2.5in，建立一个基准面,如图14-50所示。

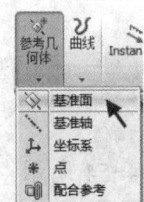

图14-48 【基准面】菜单　　　　　图14-49 【基准面】对话框

6）在上步骤制作的基准面上绘制草图,如图14-51所示。

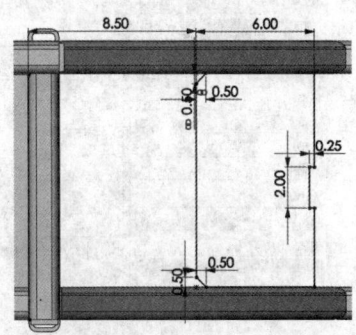

图14-50　新建基准面　　　　　　图14-51　绘制草图

7）单击【焊件】面板中的【拉伸凸台/基体】按钮插入拉伸凸台特征,厚度设为0.5in,如图14-52所示。

图14-52　拉伸凸台

8）单击【焊件】面板中的【倒角】按钮,插入倒角特征,如图14-53所示。

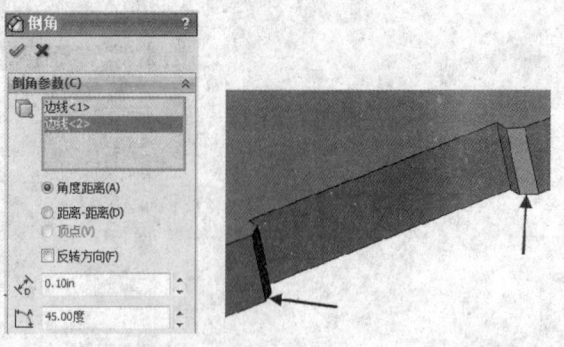

图 14-53 插入倒角特征

9)打开【焊接】面板,单击【结构构件】按钮,如图 14-54 所示。插入 C 槽,并旋转合适的角度,单击【找出轮廓】按钮,调整槽钢到合适的位置,如图 14-55 所示。

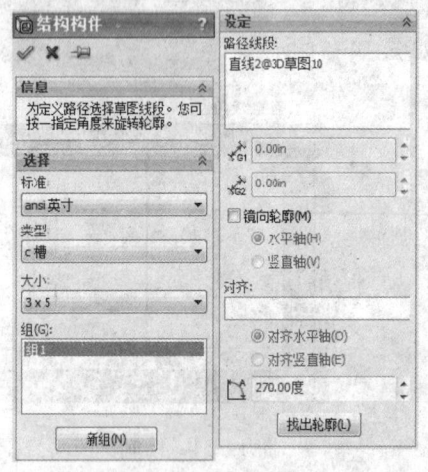

图 14-54 插入 C 槽

图 14-55 调整位置

10)绘制如图 14-56 所示的草图,使用拉伸切除工具,深度选为完全贯穿,如图 14-57 所示。

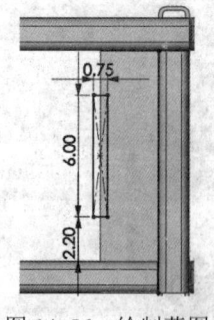

图 14-56 绘制草图

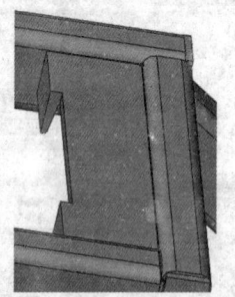

图 14-57 拉伸切除

11)在如图 14-58 所示的面间添加焊缝。
12)在如图 14-59 所示的位置添加角撑板。

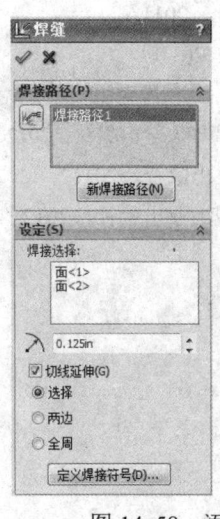 　　　　　　　

图 14-58　添加焊缝　　　　　　　　　　图 14-59　添加角撑板

焊件完成图如图 14-60 所示。

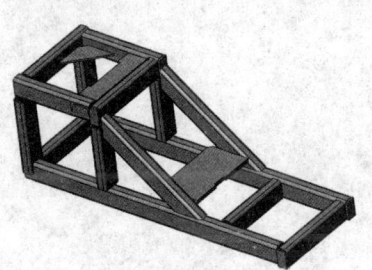

图 14-60　焊件完成图

14.4　课后练习

1. 简述运动算例中【马达】命令的作用。
2. 如何编辑修改运动算例中的时间？
3. SolidWorks Simulation 中添加夹具有几种方式？
4. SolidWorks Simulation 如何校验安全系数？

参 考 文 献

[1] 廖希亮，陈清奎．计算机绘图与三维造型[M]．北京：机械工业出版社，2003．
[2] 汤爱君．AutoCAD 绘图与 Solid Edge 三维造型[M]．北京：中国电力出版社，2011．
[3] 李志国，等．AutoCAD 2011 中文版基础教程[M]．北京：清华大学出版社，2011．
[4] 晏孝才．AutoCAD 实训教程[M]．北京：中国电力出版社，2008．
[5] CAD\CAM\CAE 技术联盟．SolidWorks 2012 中文版从入门到精通[M]．北京：清华大学出版社，2012．
[6] 张忠将，等．SolidWorks 2010 机械设计从入门到精通[M]．北京：机械工业出版社，2011．
[7] 王敏，等．SolidWorks 2012 中文版机械设计完全自学手册[M]．北京：机械工业出版社，2012．